财务与会计系列教材

管理会计学（第四版）

Guanli Kuaijixue

主　编　潘学模
副主编　李玉周　张　力　李海燕

西南财经大学出版社
Southwestern University of Finance & Economics Press

图书在版编目(CIP)数据

管理会计学/潘学模主编．—4 版．—成都：西南财经大学出版社，2014.8
(2016.6 重印)
ISBN 978 - 7 - 5504 - 1515 - 7

Ⅰ.①管… Ⅱ.①潘… Ⅲ. 管理会计 Ⅳ.①F234.3

中国版本图书馆 CIP 数据核字(2014)第 169476 号

管理会计学(第四版)
主　编:潘学模
副主编:李玉周　张力　李海燕

责任编辑:邓克虎
封面设计:何东琳设计工作室
责任印制:封俊川

出版发行	西南财经大学出版社(四川省成都市光华村街 55 号)
网　　址	http://www.bookcj.com
电子邮件	bookcj@foxmail.com
邮政编码	610074
电　　话	028 - 87353785　87352368
照　　排	四川胜翔数码印务设计有限公司
印　　刷	四川森林印务有限责任公司
成品尺寸	180mm × 230mm
印　　张	28
字　　数	485 千字
版　　次	2014 年 8 月第 4 版
印　　次	2016 年 6 月第 2 次印刷
印　　数	3001— 6000 册
书　　号	ISBN 978 - 7 - 5504 - 1515 - 7
定　　价	39.80 元

前 言

管理会计于20世纪上半叶产生于西方资本主义国家。它是为适应社会经济发展和企业经营管理的要求,在传统会计的基础上派生出来的一个新的会计分支。经过几十年的发展,管理会计逐步建立起了一些基本理论和基本方法,但这些理论和方法都由于管理会计本身的历史较短而需要有一个逐步完善和发展的过程。随着知识经济时代的到来,经济全球化进程的日益加快,市场竞争的日趋激烈,企业管理人员产生了更充分地运用会计手段来加强企业经营管理的渴求,其中就包括运用管理会计的基本理论和基本方法,这在客观上促进了管理会计的应用和发展。由于企业经营管理的要求是多种多样的、千变万化的、没有边际的,因而,为它服务的管理会计的理论和方法,也必然显得较为繁杂和难以规范,这就导致了管理会计的基本内容至今还没有得到准确的界定,但这正好使管理会计有了更大的发展空间。

本书是几位作者在借鉴国内外管理会计相关文献的基础上,根据自身多年的教学经验和大学教育的规律与特点共同编写的。编写本书的基本思路是:作为一本教材,要在有限的教学时间内,让学生尽可能地掌握管理会计的基本概念、基本理论和基本方法。鉴于此,本书将管理会计的基本内容控制在一定的范围之内,即通常所称的基础性管理会计。同时,为了扩大学生的视野,简要地介绍了与管理会计发展相关的部分新领域——作业成本计算和战略管理会计。我们试图在管理会计发展新领域方面做一点探索。

为方便读者学习,本书在每章的开头,撰写了该章的学习要点,将各章的基本内容及重点作一简要介绍;在每章的后面,附上了思考题;在第二、三、四、五、六、七、八、九等章后面附上了计算题。

本书由西南财经大学会计学院潘学模教授担任主编，西南财经大学会计学院李玉周副教授、张力老师、李海燕老师担任副主编。潘学模编写第一、二、三、五、九章，李玉周编写第四、七章，张力编写第六、八章，李海燕编写第十、十一章。全书由潘学模总纂定稿。

本书可作为大专院校、自学考试、函授及在职人员培训等使用的教材，也可作为实际工作者的参考用书。

限于作者水平，书中难免有不完善之处，诚望读者指正。

编　者

2014 年 7 月

目　录

第一章
总　论

学习要点

管理会计作为一门应用型的学科，其基本内容包括两个大的方面：理论体系与方法体系。本章主要就管理会计理论体系方面的内容加以介绍。

掌握好管理会计的基本概念是学习管理会计的切入点。管理会计的基本概念可以从学科和工作两个方面去加以认识。在学习管理会计的基本概念时，有必要认识管理会计的形成与发展，要认识到管理会计的形成与发展是受到管理与企业组织形式演变的影响。

在此基础上，本章就管理会计的一些基本理论问题进行了讨论，包括管理会计的基本假设、对象、目标、职能，管理会计信息的质量特征等。此外，为了更好地理解管理会计的基本特点，本章还介绍了管理会计与财务会计的关系、管理会计在企业组织系统中的地位等内容。

鉴于管理会计的理论与方法是适应资本主义生产发展的要求而产生的，如何结合我国国情加以有效运用，是需要慎重考虑的问题。因此，本章还就学习管理会计应注意的问题进行了阐述。

第一节　管理会计的基本概念

关于管理会计(Managerial Accounting)的基本概念，我们可以从管理会计作为一门独立的学科和作为一项专门的工作两个方面去加以认识。

作为一门独立的学科,我们将其称为管理会计学。从管理会计学的名称可知,它是会计学与管理学相互渗透、相互结合的产物。它既有会计学的内容,又有管理学的内容,但又不等于会计学加管理学。在会计学与管理学两个学科中,管理会计学产生的主要基础还是会计学。因此,我们认为,管理会计学是以会计学为基础,在吸收了管理学以及其他相关学科的内容后形成的一门具有边缘学科性质的新兴学科。

作为一项专门的工作,我们将其称为管理会计。管理会计,顾名思义,就是为管理服务的会计。管理会计的名称证明了管理会计仍属于会计的范畴,它是一个新的会计分支,只不过管理会计在传统会计工作内容的基础上增加了一些与管理有关的内容。对于管理会计的基本概念,目前国内外学术界众说纷纭,尚不统一。但我们认为,纵观各种观点,都有一些共同的认识,比如:管理会计仍属于会计范畴,管理会计是一个信息处理系统等。基于此,我们认为,管理会计可以定义为:管理会计是向企业(或单位)管理当局提供与计划、控制、决策、考核等有关的信息的会计信息处理系统。

关于这个定义,需要说明几点:

第一,关于"单位"。管理会计虽然主要是适应企业经营管理的需要而产生的,但是,随着时代的发展,管理会计的理论与方法已逐渐应用于一些非企业组织。因此,我们在定义中加了"单位"二字,表明管理会计不仅仅广泛运用于企业组织,同时还应用于其他非企业组织。但为了表述方便,在本书以后的论述中,仍以企业组织为主。

第二,"计划、控制、决策、考核"。这几个名词都反映了管理的一些基本职能,同时也反映了会计的一些基本职能,如控制就是会计的基本职能之一。

第三,信息处理系统。这说明了管理会计是一个会计信息的处理系统。"处理"二字很重要,它说明了管理会计与管理的主要区别。管理会计与管理都与信息有关,但是管理会计只是对搜集到的信息按一定的要求进行加工处理,并向管理当局提供经过处理的信息;而管理则是根据得到的信息进行决策。一个是处理与提供信息,一个是根据信息进行决策,这反映了管理会计与管理的根本区别。

第二节 管理会计的形成和发展

一、管理会计的形成

一种新的理论、方法或学科的出现,需要同时具备两个条件:一是社会的需要;二是客观现实的可能。管理会计正是社会的需要和客观现实的可能的产物。

会计是随着管理的需要而产生,随着经济的发展而发展的。从某种意义上讲,会计是社会经济发展的一面镜子。社会经济发展的程度,都会在会计工作中反映出来。有什么样的经济,就有什么样的会计工作与之相适应。管理会计就是适应经济发展和企业经营管理的客观要求而产生的。

人们可以从两个方面看管理会计的形成过程。

1. 从管理的发展阶段看管理会计的形成

管理会计作为会计和管理两门学科相互渗透和结合的产物,它的形成必然与管理的发展过程有着密切联系。

19 世纪末,资本主义的工业企业还没有创造出一套建立在科学理论基础之上的管理方法。资本家只是单纯地以其个人的主观意志对工人和企业的生产经营活动进行管理,缺少一个科学的、严谨的对工人劳动成本进行评价和考核的标准。工人们付出了很多劳动,但所得甚少。这就极大地挫伤了工人的积极性,使工人的生产潜力不能充分发挥出来,其结果是极大地限制了生产力的发展。

为了适应生产力发展和经营管理本身的需要,20 世纪初,被西方称为“科学管理之父”的泰罗,在制造企业中创立了一整套科学管理制度,这就是人们所称的“泰罗制”。泰罗主张在企业管理中,要用精确的调查研究和科学知识来代替个人的判断,也就是要对产品的生产过程进行周密的观察、计量、分析和评价,制定各种标准,要求工人使用“标准”的工具,通过“标准”的动作,耗用不超过“标准”的时间来制造产品,并用这些标准来对工人的劳动成果进行评价和考核。泰罗倡导的这些管理方法,目的是要尽可能地提高劳动生产率。与这一管理方法相适应,在会计核算工作中,出现了标准成本的概念,并运用标准成本来对生产过程中的成本费用进行预算、控制和考核。具体做法是将实际成本与标准成本对比,找出差异,以便及时加以控制和实行考核。标准成本方法在编制企业预算和对工作效率的考核中,起到了很重要的作用。

此后,人们在实践中又发现,按成本与产量之间的关系即成本特性,可以将企业的全部成本划分为固定成本和变动成本两大类,以此来对企业的经济活动进行计划、控制和考核,更为客观合理。与此相适应,各种与成本划分有关的方法,例如成本—数量—利润分析方法、变动成本计算法以及弹性预算编制方法等,也应运而生。这就为构建管理会计的理论和方法体系打下了一定的基础。

泰罗制的推行使当时美国的劳动生产率大大提高。但泰罗制仍有局限性,主要是它只注意到提高各种生产作业的效率,降低生产成本,而对如何有效地调动工人的劳动积极性,全面有效地提高整个企业的生产效率方面,则考虑不够。工人们的劳动变得紧张而又单调,不得不整天在生产现场疲于奔命。这又引起了工人的不满,从而影响到生产效率的提高。

为了平息工人们日益增长的不满情绪,专门研究人的行为、动机和需要的人际关系学说便逐渐形成了。这一学说的代表人物梅奥等人主张应用心理学、社会学等方面的研究成果来研究人的行为的规律性,并将其研究结果应用到企业管理上。这一学说的主要目的是缓和劳资之间的紧张关系,改善人与人之间的关系,激发工人的劳动积极性,从而使劳动者个人的目标同企业的目标尽量一致起来。这一学说还建议资本家在管理企业时,可以适当将一部分权力和责任下放给各级、各部门,并实施目标管理,尽可能听取和采纳下级对企业经营管理活动的意见。这就产生了一定程度上和一定范围内的分权管理形式。会计工作为了适应企业经营管理上的这一变化,逐渐地形成了责任会计等理论和方法。责任会计的出现,是企业管理形式发生变化的结果,也是人际关系学说(后来发展成为行为科学)在会计工作上的应用,同时,也是传统会计在吸收了管理科学和行为科学的基本原理后所建立起来的管理会计特有的理论和方法。责任会计的理论和方法的建立大大丰富了管理会计的理论和内容。

2. 从西方企业组织形式的演变看管理会计的形成

西方资本主义国家的企业组织形式主要可分为三大类:独资企业、合伙企业和公司企业。在资本主义产生初期,企业经营的主要形式是前两种类型,即独资企业形式和合伙企业形式。这两种类型企业的共同特点是:业主既是企业的所有者,又是企业的经营者,也就是说,业主既拥有企业的所有权,又拥有企业的经营权。这样,企业的所有权和经营权是统一的。又由于这两种类型企业拥有的人数较少,生产规模不大,经营业务也不复杂,因此,传统会计的记账、算账、报账等工作,能够满足这两种类型企业的日常经营管理的需要。

随着经济的迅速发展，企业生产规模不断扩大，企业所需的资金需求量也不断增大。为适应这一形势发展的要求，股份公司组织形式迅速发展起来，并在资本主义经济中占据了重要地位。股份公司的特点是其所有者是股票的持有者——股东，股东拥有对股份公司的所有权。但由于股东分散在全国甚至世界各地，他们不可能，也没有兴趣和必要都参与公司日常的经营管理，因而由全体股东召开大会，选举出董事会，并由董事会聘任总经理来执掌公司的日常经营管理权。这样，在股份公司组织形式下，股东拥有公司的所有权，以总经理为代表的公司各级管理人员拥有公司的经营管理权。这就形成了所有权和经营权的分离。

所有权和经营权的分离，对会计提出了特殊要求。一方面，会计要为企业外部的股东以及与企业有利害关系的机构、团体和个人提供充分反映企业过去已经发生的经济活动情况的财务报表，以满足他们各方面的需要；另一方面，会计又要为以总经理为首的公司内部各级管理人员提供经营管理所需要的信息资料。这样，传统的会计便分为两个分支——财务会计和管理会计。提供财务报表，反映企业的经营情况，主要为企业外部有经济利害关系的机构、团体和个人等服务的会计，称为财务会计（Financial Accounting）。这些机构、团体和个人有投资人（即股东）、银行及其他债权人、税务机构、证券管理机构以及潜在的投资人等。而以适应企业经营管理需要，从各方面提供信息资料，为企业内部管理服务的会计，称为管理会计。

由此可见，管理会计是以会计学和管理学为基础，以提高经济效益为目的，以一系列特定的技术、方法为手段，向企业管理当局提供与规划、决策、控制和考核等有关的信息的信息系统。它是在企业所有权和经营权相分离之后，为适应企业内部管理的需要而形成的与传统会计有所区别的一个新的会计分支。

二、管理会计的发展

第二次世界大战后，随着经济的不断发展，西方的企业组织发生了较大变化：企业的生产规模越来越大，企业的人员不断增加，企业的机构由一个地区扩展到若干地区，由国内扩展到国外，出现了众多的跨国公司。跨国公司的出现，使企业之间的激烈竞争由国内转向了国际，世界范围内的经济竞争加剧了。

鉴于经济的发展和竞争的加剧，传统的管理方式已不能满足管理的要求，因而产生了现代化管理。现代化管理是一整套管理理论和方法的总称，它的主要特征可以归纳为以下几个方面：

（1）适应市场需要，以销售为中心开展管理工作，加强竞争意识，不断开拓市场。

（2）实行专业化协作生产，打破部门、行业、企业之间的界限，通过协作关系，使各企业形成一个有机的系统。

（3）在管理方法上，定性分析与定量分析相结合。

（4）广泛使用电子计算机进行日常的经营管理工作。

（5）重视调动劳动者和上下左右各部门的工作积极性，最大限度地提高劳动生产率。

企业为了在激烈的市场竞争中求得生存和发展，同时为了适应现代化管理的要求，客观上对会计工作提出了更高的要求，至少要求加强两方面的工作：一方面，由于企业经营规模不断扩大，需要运用会计手段加强对企业经济活动的管理，进行内部控制和考核；另一方面，由于竞争日益加剧，市场行情变化莫测，企业需要加强预测、决策工作，要求会计工作提供管理上所需要的有关预测、决策等方面的信息资料。这两方面的工作是传统的记账、算账、报账的财务会计所难以胜任的。这就必然刺激和加速具有预测、控制、决策、分析和考核等职能的为企业内部管理服务的管理会计的进一步发展。特别是随着科学技术的飞速发展，社会科学和自然科学的各个学科的不断发展和相互渗透，各种数学方法（如运筹学、数理统计学），行为科学和电子计算机等广泛应用于管理会计，使管理会计逐渐发展成为具有一定基本理论和专门方法的新的会计分支。

进入20世纪70年代后，管理会计在世界范围内进一步发展，其理论和方法（比如预算控制、责任会计等理论和方法）不仅应用于制造企业和服务性行业等，而且还应用于各种非营利组织。这使得管理会计在经济活动中所发挥的作用越来越大。

此外，西方国家的各种管理会计组织的建立、职称的设定和刊物的发行，对管理会计理论和方法的不断丰富、发展和完善，起到了极大的推动作用。

在美国，美国会计师协会（NAA）、美国会计学会（AAA）等主要的会计组织下面，都设有致力于研究和推动管理会计发展的管理会计协会。在美国，公认的会计职称有两种：注册管理会计师（CMA）和注册会计师（CPA）。二者之间的差别是，注册管理会计师主要从事企业内部的各种咨询、审计工作，为企业领导人员的决策出谋划策；而注册会计师则是一种独立的职业，受企业委托，对企业的各种财务报表进行独立、客观、公正的审计，并对审计结论承担法律责任。

在我国，从20世纪70年代末才开始逐渐引进、介绍管理会计知识。随着对外开放的深入,国际经济交往不断增多,有关管理会计的知识在我国很快得到传播,其理论和方法已逐步应用于工作实践。广大会计工作者在全面学习和掌握管理会计的基础上,根据我国国情,加以应用,为提高企业的经营管理水平,提高企业经济效益,做出了应有的贡献。

总而言之,管理会计的形成和发展是经济发展的必然产物。它丰富了会计科学的内容,扩展了会计的职能,使会计在经济管理中发挥着越来越大的作用。

第三节 管理会计的基本假设

管理会计的基本假设是管理会计人员为实现管理会计目标,对某些未被确切认识的管理会计现象,以客观事实为依据而做出的合乎情理的判断。这些未被确切认识的管理会计现象之所以存在,主要原因是存在一些无法正面予以论证的事物,因而只能事先确定一种假设。如果对这种假设并无令人信服的反证足以证明它的错误,则假定这种假设可以成立。

管理会计的基本假设是研究管理会计其他基本理论的基础,是构建管理会计基本理论框架体系的基础。在我国,学术界对管理会计的基本假设的探讨不多,认识也不统一。综合各家之言,参考财务会计的基本假设,我们认为,管理会计应建立以下基本假设。

一、会计主体假设

会计主体是会计为之服务的特定单位。这个特定单位,既可以是某一个企业、事业、团体、组织及其内部独立核算的单位,也可以是需要编制合并会计报表的企业集团。会计主体强调的是一个会计为之服务的经济实体,而不是一个法人实体。会计主体与法人实体并不是同一概念。它们之间的关系是:法人实体必然是会计主体,而会计主体不一定是法人实体。比如:企业内部独立核算单位,可以是会计主体,但它并不是法人实体;企业集团可以是会计主体,因为要编制合并会计报表,但它却不是法人实体。

确立会计主体假设,实际上是确立管理会计工作对象运作的空间范围,也就是我们常说的“实体概念”。离开了“实体概念”,管理会计就失去了为之服务的特定对象,管理会计工作也就失去了意义和作用。

二、持续经营假设

持续经营是指企业的生产经营活动将按照既定的目标持续下去，在可以预见的将来，企业不会面临破产或清算。如果企业因破产、经营期限到期、被兼并、被撤销等各种原因而不再持续经营，那么，企业就不复存在，管理会计工作也就失去了为之服务的特定对象。

持续经营假设的更深层次意义还在于：管理会计工作的重心是面向未来，为企业未来的经济活动提供规划、决策、控制和考核等所需的信息资料。因此，企业只有持续经营，管理会计才有可能发挥其应有的作用。

三、会计期间假设

会计期间是指为会计主体持续不断的经营活动所确定的起讫期间。管理会计中的会计期间假设，实际上就是对管理会计工作在运行时间上的界定。管理会计的工作重点是为企业内部各级管理人员服务的。企业内部的管理要求多种多样，管理会计必须适应这些多种多样的要求。表现在会计期间的划分上，管理会计必须更具有灵活性。例如，为了加强企业内部管理，强化内部控制，管理会计提供信息的期间可以在财务会计期间的基础上，再短到一旬、一周、一天等；为了满足企业筹资、投资等活动的需要，管理会计提供信息的期间可以长到三年、五年、十年等。

四、货币时间价值假设

货币时间价值是指等量的货币在不同时点上具有不同的价值，其基本原理是，货币拥有者放弃现在使用货币的机会而进行投资，按投资时间的长短而计算报酬。

管理会计是为企业管理人员提供与未来经济活动相关的决策所需的信息资料的。未来的经济活动尚未发生，且涉及的时间较长（如几年、十几年等），所以，管理会计在提供决策者所需的信息资料时必须要考虑货币的时间价值。

五、成本划分假设

此处的成本划分是特指按成本特性（指成本总额与数量之间的一种依存关系，详见本书第二章）将全部成本划分为固定成本和变动成本。按成本特性划分成本，是管理会计的大多数方法应用的基础。应当说，管理会计的诸多原理和方法都是建立在按成本特性划分成本的基础之上的。例如，本—量—利分析、短期经营决策分析、弹性预算编制方法、标准成本制定、责任会计等，都涉及按成本特性划分成本。

成本划分之所以是一种假设，是因为这种划分带有一定的限制条件，如"在一定范围内"这个假设条件下才成立，超出"一定范围"，固定成本和变动成本本身也会发生变动。此外，对实务中大量存在的混合成本，要采用一定的方法进行分解，这种分解是带有一定主观随意性的，不可能划分得十分准确。

第四节 管理会计的对象

管理会计的对象有两层含义：一是管理会计学作为一门学科的研究对象，包括管理会计的基本理论、基本方法、与其他学科的关系、今后的发展前景等；二是指管理会计作为一项工作的对象。本书讨论的是管理会计工作的对象。

研究和确定管理会计对象，有助于人们认识管理会计的本质，有助于确定管理会计的地位和工作范围，有助于确定管理会计的方法体系。

从已掌握的国外资料来看，专门对管理会计对象进行研究的著述很少。20 世纪 80 年代初期，管理会计被引进我国后，我国学术界就开始研究管理会计对象，但研究成果不多，认识也不统一。

围绕管理会计对象问题，学术界形成了以下几种主要观点：

1. 现金流动论

这种观点认为，现金流动是现代管理会计这一特定领域有关内容的集中和概括。其理由是：为适应现代化管理的需要，企业会计的工作重点转向现金流动分析。这是因为现金流动具有最大的综合性，通过分析现金流动的动态，可以将企业生产经营中的资金、成本等几方面综合起来进行统一评价，为企业改善经营管理水平、提高经济效益提供重要的综合的信息。同时，现金流动又具有很大的敏感性，通过分析现金流动的动态，可以把企业生产经营的主要方面和主要过程全面、系统而及时地反映出来。掌握了现金流动情况，就等于牵住了企业生产经营的"牛鼻子"，可以在预测、决策、计划、控制等各个环节更好地发挥积极能动作用。①

① 余绪缨．管理会计[M]．北京：中国财政经济出版社，1990.

2. 价值差量论

这种观点认为,现代管理会计的对象就是价值差量。其理由在于:对“差量”的分析贯穿于管理会计基本内容的始终。例如:从成本特性分析入手,将成本表述为产量的函数,掌握它们之间的依存关系,即增减动态,就是分析成本的差量;本—量—利分析中保本点与目标利润下的销售额之间的差量;短期经营决策分析中不同方案的差别收入和差别成本;长期投资决策分析中的某一方案的投资与收回之间的价值差量,以及不同方案之间的投资回报率的差异比较;预算控制中预算额与实际发生额之间的差异;标准成本系统中标准成本与实际成本的差异;责任会计中责任成本与实际成本的差异等。这些差异中,既有价值差量,也有实物差量和劳动差量,但价值差量是实物差量和劳动差量的综合表现。由此可见,在现代管理会计中,价值差量的内容最为广泛,无所不在,因此,价值差量是现代管理会计的对象。①

3. 资金总运动论

这种观点认为,现代管理会计的对象是以企业一级过去资金运动为基础的,企业及所属各级过去、现在和将来的资金总运动。其理由是:事物运动的基本形式是空间和时间。就资金运动而言,从空间方面看,可分为企业一级和企业所属机构、各分支机构中的多层次运动;从时间方面看,又是由过去、现在和将来的资金运动所形成的一个不间断的流。时空交错,便构成一个网络结构的资金运动系统。在这一资金运动系统中,管理会计的对象涵盖了所有时空的资金运动,而财务会计仅以过去的资金运动为对象。②

4. 资金运动的规划与控制论

这种观点认为,具有中国特色的管理会计的对象应是企业(单位)经营(活动)过程中资金运动的规划与控制。其理由是:会计的对象是资金运动,管理会计是社会经济发展和现代化管理的产物,它突出了会计的规划和控制职能,涉及资金运动的许多方面,体现整个企业(单位)资金运动的全过程。管理会计通过全面预算管理规划和控制企业(单位)的活动,通过责任预算规划和控制各级内部单位的活动,所以,管理会计从时空观上把过去、现在、未来的整体及局部的资金运动作为自己的对象。这种资金运动是一个完整的资金运动系统,它以资金运动的规划与控

① 青光源. 试论现代管理会计的对象[J]. 会计研究,1986(3).
② 孙宝厚. 管理会计对象管见[J]. 会计研究,1987(3).

制为核心。[①]

5. 其他观点

关于管理会计的对象,还有其他一些观点,如:

(1)现代管理会计的对象是企业资金的流量。[②]

(2)管理会计研究的对象应该是企业未来经济活动的经济效益。[③]

(3)管理会计的对象可归纳为:企业资金运动的方向、数量与时间对经济效益关系的分析研究和控制。[④]

(4)真正能作为管理会计对象的,还是价值运动。[⑤]

我们认为,对管理会计对象的认识,要考虑以下几个因素:

第一,管理会计是会计的两个重要领域之一,因此,管理会计的对象与财务会计的对象不可能完全没有联系。

第二,管理会计工作既然有存在的必要,就说明财务会计与管理会计相互不能替代,因此,在各自的对象上必然有区别。

第三,财务会计最大的特点是统一性,即必须严格依照法律和行业规范从事一切工作。管理会计最大的特点是灵活性,即根据企业(单位)管理人员的需要而灵活开展工作。它们各自的工作特点对各自的对象的界定有着极大的制约作用。

第四,财务会计主要从事核算工作,其工作领域相对固定和有限;管理会计是为企业管理人员服务,这种服务的空间是相对无限的。这就意味着管理会计的工作内容和工作方法还会随着社会经济和科学技术的发展而扩展。

基于以上几个因素,我们发现,要对管理会计的对象给出一个比较确切的界定,是比较困难的。尤其是在社会经济飞速发展的今天,企业对管理会计工作提出了更高的要求,出现了战略管理会计、环境管理会计、宏观成本管理会计等新的领域。这样,要对管理会计对象进行界定就更难了。

从学术研究的角度,我们认为,即使困难,也还是有必要暂时对管理会计的对象做一个界定。我们认为,管理会计的对象是企业资本运动的合理性和有效性。其具体内涵是:

---

① 丁节连. 中国管理会计学对象管窥[J]. 会计之友,1989(5).
② 候本领. 也谈现代管理会计的对象[J]. 会计研究,1986(6).
③ 刘敦孝. 管理会计几个理论问题探讨. 1987 年中国会计学会年会交流资料.
④ 郭盛儒. 试论管理会计的对象[J]. 会计研究,1983(4).
⑤ 王正德,宋建文. 价值差量不能作为管理会计的对象[J]. 会计研究,1987(2).

第一，企业的资本运动必须体现企业效益、职工效益和社会效益三者相统一。

第二，企业的资本运动必须兼顾企业、职工和社会三者的当前利益和长期利益。

第三，企业的资本运动必须做到法律上可依、情理上合理、方法上适用、实践中可行。

第五节　管理会计的目标

目标，是人们在行动之前，根据需要在观念上为自己设计的要达到的目的或结果。管理会计基本理论的建立要以管理会计的目标为起点。管理会计的目标是整个管理会计理论体系的基础。管理会计的目标要解决的主要问题是：为什么要提供管理会计信息，向谁提供管理会计信息，提供哪些管理会计信息等。

关于管理会计的目标，目前会计理论界也有不尽一致的看法。

我们认为，结合考虑管理会计现阶段的情况以及未来发展，可以将管理会计的目标确定为管理会计最高目标和具体目标两种。

管理会计的最高目标是在充分考虑社会效益的同时实现企业价值最大化。实现企业价值最大化，是企业发展的终极目标，但企业价值最大化的实现前提是要兼顾社会效益。不兼顾社会效益的企业，是会夭折的，是不能持久的。例如：为了企业发展，而不顾及环境保护；为了一时的经济效益，而不顾及生产的产品和提供的服务对社会带来的不良影响等。事实证明，成功并且持续发展的企业，总是把社会效益放在第一位的。不考虑或很少考虑社会效益的企业，是短视的企业。从事管理会计工作的人员在为企业管理人员提供相关信息时，出于职业道德，应当在客观的同时考虑社会效益与企业效益，并且以此作为自己的最高工作目标。

管理会计的具体目标是在充分考虑企业发展战略的同时为企业提供与规划、控制、决策、考核等相关的信息。管理会计是一个信息系统，在为企业提供有关信息时，不能单独地、就事论事地提供信息。管理会计提供的任何信息都应是在综合考虑了企业发展战略后所产生的信息。充分考虑了企业的发展战略，才能站在企业发展的制高点，提供的信息才具有战略性、前瞻性、适用性。

我们在确定管理会计的目标时，把社会效益和企业发展战略两个要素作为重要条件，这是从世界经济发展的历史、现状中总结出来的重要经验。

第六节　管理会计的职能

职能是指事物的内在功能。管理会计的职能是指管理会计固有的功能。

我们认为,认识管理会计的职能,必须首先认识管理会计的性质,因为性质决定职能。关于管理会计的性质,目前会计学术界比较一致的看法是:管理会计是一个信息处理系统。从管理会计的产生、形成、现状和发展来看,对管理会计的性质做这样的表述应当说基本上是适当的。在社会经济和科学技术日益信息化的今天,企业内部的管理信息系统将会日益完善,会计信息系统(包括管理会计信息系统)只是企业管理信息系统的一个子系统。企业管理信息系统本身是管理者实施管理的一个工具,因而,管理会计作为一个信息处理系统,也仅仅是管理的一个工具。这是管理会计的性质的特点之一。

但是,从管理会计产生、形成和发展的过程来看,管理会计又与管理本身的发展演变紧密相连。管理会计是适应企业内部经营管理需要而产生和发展起来的。因此,管理发展到什么水平,管理会计就相应发展到什么水平;管理有什么需要,管理会计就要尽量提供信息满足这些需要;管理具有什么职能,管理会计相应地也会具有这些职能(只不过这些职能体现的强弱度不同,在具体方式上也有所不同)。由于管理会计与管理之间具有这样的一些关系,因此,管理会计具有一定的管理职能,故管理会计又可以被认为是管理的一个组成部分。这是管理会计的性质的特点之二。

此外,管理会计是在传统会计的基础上演变和发展起来的一门新兴学科,它以会计基本内容为基础,吸收了管理学、管理心理学、数学、统计学等诸多学科的内容,形成了一门独立的边缘学科。但无论怎样,管理会计毕竟是从会计学基础上发展起来的,从它的基本内容、现今状况以及可以预见的未来发展来看,管理会计仍然属于会计范畴。这样,管理会计又是广义会计的一个组成部分。这是管理会计的性质的特点之三。

从以上分析可见,管理会计具有管理工具、管理的组成部分和广义会计的组成部分这样三个特点,这三个特点决定了管理会计职能的特点,那就是:既具有管理的某些职能的特征,又具有会计的某些职能的特征。

综上所述,我们认为,管理会计具有规划、决策分析、控制和考核四个职能。

1. 规划职能

规划是在对企业的历史资料进行分析和对企业未来经济活动进行预测的基础上，对企业未来经济活动所做出的策划。规划带有预测的功能，但又不完全是预测。因为预测通常被理解为通过对与企业未来经济活动有关的因素进行分析判断而得出一组数据或结论，从这一点来看，预测作为管理的一种方式或手段，其功能已履行完毕。规划则是在预测数据和资料的基础上进行的更高层次的分析和判断，具有筹划或策划的作用。在这个层次上，管理会计提供的资料已不仅仅是数据资料，而是带有对若干预测数据的具体应用的说明。规划具有计划的功能。计划是管理最重要的职能之一，它全面规划企业的未来经济活动和发展方向，具有其他职能不可替代的作用。企业的大政方针通过计划而确立。计划是一种设想、一个目标，而判断这种设想和目标是否正确，则要由管理会计等管理信息系统通过预测分析来进一步提供各种相关数据，通过这些数据说明原来的设想或目标是否可行，如不可行，则要做相应的调整。从这一点来看，管理会计的规划职能实际上是为企业管理的计划职能服务的。

管理会计的本—量—利分析、全面预算以及 20 世纪 80 年代以后兴起的战略管理会计等内容，应当是管理会计规划职能的体现。

2. 决策分析职能

决策分析是指管理会计根据规划的资料，制定出供企业管理当局进行决策的若干可行方案，并对这些方案的可行性、方案编制的假设条件及限制条件、方案实施的前提条件、方案实施中应注意的问题以及该方案的优点及不足之处等，进行全面的分析及说明。管理会计提供的是决策方案以及对这些方案的分析。企业管理当局根据管理会计提供的决策方案及相关的分析资料，选出最合理方案。由此可见，决策是由企业最高管理当局做出的，而不是由管理会计人员做出的。管理会计在企业整个决策过程中，发挥的是决策分析或咨询的职能，而不是决策职能。

管理会计的短期经营决策分析、长期投资决策分析等内容是管理会计决策分析职能的具体体现。

3. 控制职能

控制是一种判断目标是否正在完成的过程，如果不是正在完成，则如何修改目标或设法完成已定的目标。控制的目的在于使实际的经济活动严格地按照目标进行，或通过调整目标使实际的经济活动与目标相协调。

控制既是管理的一个重要职能，也是会计的一个重要职能。在管理会计的四个职能（规划、决策分析、控制、考核）中，控制职能重点在事中，起着承前启后的重要作用。

管理会计中的全面预算、标准成本、责任会计等，都可以被认为是管理会计控制职能的体现。

4. 考核职能

考核又叫业绩考核，就是将预算或标准与实际业绩进行比较，对企业各个部门或人员的工作做出评价。考核的目的不在于奖惩，而在于激励。

考核职能在管理会计四个职能中，是按时间序列排列的最后的一个职能，鉴于此，这个职能履行的好坏，对管理会计其他几个职能能否正常发挥起着十分重要的作用。

管理会计中的全面预算、标准成本、责任会计等内容是管理会计考核职能的体现。

第七节　管理会计信息的质量特征

管理会计是管理信息系统的一个子系统，提供有用的信息是管理会计的基本工作。什么是有用的信息，有用的信息有什么样的特征？这就是管理会计信息的质量特征要解决的问题。

结合管理会计工作的性质、工作内容、服务对象等因素，我们认为管理会计信息具有以下质量特征。

1. 相关性

相关性是管理会计信息的最重要的质量特征之一。从管理会计提供信息的角度看，相关是指与决策有关。管理会计提供的信息，对决策人的决策行为具有影响或产生作用，那么，这种信息就具有相关性。相关性有四个特点：一是未来性，即管理会计所提供的信息都必须是与未来的行为有关的信息，因为只有未来的行为才需要决策；二是多样性，即管理会计提供的信息结果应当不止一项，而至少应是两项或两项以上，只有两项或两项以上的信息结果才需要进行决策；三是不等性，管理会计提供的各项信息结果必须用货币金额表现，而且各自金额应当是不相等的，只有不相等的预期结果，才需要进行决策；四是特定性，即管理会计提供的任何一项信息都是针对特定目的的，与该特定目的的决策相关，而不是与任何决策都相关。

2. 合法性

合法性是指管理会计提供的信息必须遵循与该信息有关的国家法律、法规的规定。合法性是管理会计信息的又一个重要的质量特征，在我国目前加强法制建设、依法治国的时候，合法性显得尤其重要。管理会计是为企业管理当局的决策提供参谋和咨询意见的，企业的决策如果导致了违法的行为，将会给企业带来灾难性的后果。

3. 公允性

公允性是指管理会计提供的信息是在遵循有关的法律、法规及行业规范等的前提下，根据历史资料和预测数据，公平合理地、实事求是地、不偏不倚地表述意见。与合法性相比，公允性更强调合理性。强调合理性的依据来源于法律、法规及行业规范等在有关规定方面的弹性。在具有弹性的有关规定范围之内，合理性就显得十分重要。例如，固定资产折旧年限的确定、预期投资报酬率的取值、销售费用及管理费用的预测等。应当说，管理会计信息的公允性特征在很大程度上决定了管理会计信息的质量，因为管理会计人员可以在具有弹性的区间内进行取值，从而导致不同的信息结果。

4. 及时性

及时性是指管理会计应当能够为企业管理当局的决策提供及时、迅速的信息。在激烈的市场竞争中，企业无时无刻不在进行决策，这就要求管理会计能够提供最为及时的信息，以供企业管理人员决策使用。过时的信息不能用于决策，是非相关信息。及时性要求管理会计建立完善的信息系统。但是，由于管理会计信息系统处理的信息大量的是未来的预测信息，而预测信息更多的是靠人的主观判断得出，因此，主观的判断要建立在缜密的调查研究基础之上，这就需要一定时间。只有经过大量调查研究得出的判断才是比较正确的结论。由此可见，及时性与信息结果的正确性之间存在一定矛盾。当这种矛盾产生的时候，管理会计更重视及时性，因为只有及时的信息才是相关信息，即使这些信息不一定十分准确，仍可供决策者参考；而如果不及时，即使再正确的信息，也是非相关信息，对决策者来说毫无用处。

除了上述四个特征以外，激励性、成本与效益配比性、可理解性等也可以列为管理会计信息的质量特征。激励性是指管理会计提供给管理当局的信息一旦被采纳后，应当对企业全体人员起到一种激励的作用，使他们能够共同为此目标而奋斗，同时自己也得到相应的经济利益回报；成本与效益配比性是指管理会计为提供相关信息而花费的成本应当与该信息所带来的收益相匹配，必须是收益大于成本；

可理解性是指管理会计提供的信息能够被决策人所理解，只有决策人能够理解的信息才能影响他们的决策。

我们认为，相关性、合法性、公允性、及时性四个特征是管理会计信息质量特征中最重要的特征，而激励性、成本与效益配比性和可理解性三个特征是在前面四个特征的基础上发展出来的。因此，可以说，前四个特征是基础特征，是最重要的质量特征，而后三个特征则是附加特征，相对来说是稍次要的质量特征。

第八节 管理会计与财务会计的关系

关于管理会计与财务会计的关系，目前学术界比较统一的看法是：两者同属企业会计信息系统，既有区别，又有联系。

一、管理会计与财务会计的区别

管理会计作为与财务会计并列的相对独立的会计子系统，必然具备其特殊性，这就是说，二者之间必然存在区别。

管理会计与财务会计的区别可以归纳为以下几个方面：

1. 主要目的不同

主要目的不同是管理会计与财务会计最主要的区别，其他的区别都是由这个区别派生出来的。财务会计的主要目的是对企业的经济活动进行核算，主要为企业外部各有关方面提供反映企业的财务状况和经营成果的财务信息。管理会计的主要目的是通过收集、加工、处理有关信息，为企业内部各管理层提供经营管理上所需的管理信息。

对于财务会计和管理会计的目的，不能绝对化。财务会计也要为企业内部经营管理提供财务信息，并且这些财务信息对企业经营管理决策而言是十分有用的信息。但由于财务会计对外提供财务信息是其法定的职责，因此，相比之下，对外提供财务信息是其主要目的。同样，由于经济发展和市场竞争的需要，企业外部的有关方面也要求企业提供有关管理会计方面的信息（例如企业的投资可行性分析报告、项目盈利预测等），这样，管理会计也有必要向企业外部有关方面提供管理信息，但这毕竟不是管理会计工作的最主要的目的。

2. 在遵循公认会计原则方面不同

财务会计必须严格遵循“公认会计原则”（在我国则为企业会计准则和会计制度），具有统一性。例如，要求统一的货币量度、统一的报表格式、定期编制财务报表、核算必须准确等。管理会计则不受公认会计原则或会计制度的约束，其处理方法根据企业管理的实际情况和需要而确定，具有较大的灵活性。

需要说明的是，管理会计在遵循会计准则和会计制度方面具有灵活性，并不是说可以完全摆脱会计准则和会计制度的约束，只是说具有较大的灵活性，而在某些方面仍然要受其约束，如费用摊销方法、折旧计提方法等方面。

3. 工作对象的范围不同

财务会计工作对象的范围主要是企业整体，以整个企业为对象，提供集中、概括的财务会计信息，据以对企业的财务状况和经营成果做出综合的评价与考核。管理会计虽然也服务于整个企业的经营管理，但其重点在于企业的各个局部，如各车间、各部门，甚至各种产品、各个职工等。

4. 工作的着眼点不同

财务会计注重反映过去已经发生的经济活动，着眼点是过去，进行事后算账；管理会计则在分析过去、控制现在的同时，更注重规划未来，即进行事前的预测、规划和决策分析。

5. 对人员的素质要求不同

财务会计主要是对过去的经济活动进行如实反映，当然也对事中的经济活动进行控制，其职能主要是反映和控制，对财务会计人员的素质要求是具备基本的会计专业知识、核算技能和监督技能。管理会计则要在分析过去、控制现在的基础上，着重筹划未来，其职能包括规划、决策分析、控制和考核。因此，对管理会计人员来讲，需要具备更为广博的知识。

二、管理会计与财务会计的联系

关于管理会计与财务会计的联系，可以从三个方面去认识。一是过去的联系；二是现在的联系；三是未来的联系。从过去来看，管理会计是适应经济管理的需要，从传统会计中分离出来的一个会计分支，因此，管理会计起源于会计领域；从现在来看，管理会计无论是名称还是工作内容，都离不开财务会计，因为管理会计无论其作用如何，提供的信息总是与会计信息相关，总是以价值信息为主，因而总是属于会计领域；从未来发展来看，管理会计将在作业成本计算与作业管理、质量成本会计、人力资源会计、资本成本会计、行为会计、信息资源会计、委托—代理会计、战略管理会计等方面发展。[①] 但无论如何，始终与“会计”分不开，管理会计离开了会计特征，也就失去了自身存在的价值。例如，战略管理会计的出现，可能使管理会计逐渐从管理工具地位（信息系统）走向管理决策地位，但这只是一种设想。因为，战略管理是企业管理的一个组成部分，是决定企业生死存亡的重大管理行动，是企业管理当局的最重要的决策。战略管理会计只是为战略管理服务，是提供有关信息资料的，无论如何，它代替不了战略管理本身。

通过以上分析，可以将管理会计与财务会计的联系归纳如下：

1. 基础相同

管理会计与财务会计都是在传统会计的基础之上形成和发展起来的，两者都出自传统会计，有着相同的“血缘”。

2. 同属会计信息系统

现代社会已进入信息社会。会计是提供信息的，因此，会计实质上是一个信息系统。财务会计信息系统是基础，管理会计则根据企业经营管理上的要求，根据财务会计提供的信息，以及从财务会计信息系统以外取得的有关信息进行加工计算，从而提供管理会计信息。目前管理会计发展的新领域很多，但无论怎样发展，管理会计都必须借助财务会计系统提供的财务信息，以此作为其工作基础，并且提供的信息仍然是以价值信息为主。所以，从长远来看，财务会计与管理会计仍应属于同一会计信息系统。

3. 共同遵循一些基本的会计核算原理

财务会计和管理会计都要遵循一些基本的会计核算原理，如折旧方法、费用摊销、纳税计算、收入认定、成本结转等。财务会计和管理会计都需要合理确定折旧方法；在费用摊销上都要遵循公允性原则；纳税计算上都要遵循国家的税法及有关规定；在收入认定及成本结转方面，要遵循企业会计准则以及配比原则等。

第九节 管理会计的内容体系

关于管理会计的内容，目前有不同的表述。有的称为管理会计的主要内容，有

① 余绪缨．管理会计学［M］．北京：中国人民大学出版社，1999.

的称为管理会计的基本内容，也有的称为管理会计的基本体系。这些不同的表述，反映出学术界对管理会计内容的认识程度不统一。有的仅仅是粗略概括出管理会计的基本内容，并未从一个"体系"的角度去认识；有的则已把管理会计的内容作为一个较为完整的体系来进行研究。

由于管理会计出现的时间不长，又是一门多种学科相互结合、相互渗透的综合性学科，因此，要严格地界定管理会计的基本内容是比较困难的。目前，从国外有关著述来看，有些著述在论述管理会计的内容时，还兼述了财务会计的某些内容。

我们认为，目前对管理会计的内容体系做出归纳或表述，既有可能性，又有一定难度。可能性在于，管理会计形成至今已有近 80 年的时间，经过业内人士的努力探索，目前已基本形成管理会计的框架体系，也就是"基础性管理会计"基本内容框架体系。这部分管理会计的内容属基本定型的内容，无论进行怎样的分类和归纳，基本内容总是相对统一和固定的。因此，建立管理会计的内容体系具有可能性。难度在于，社会经济的不断发展，科学技术的不断提高，都会给管理会计带来很大的发展契机和空间。从这一点来看，管理会计的基本内容是"发散型"的，而不是"收敛型"的。既然它是"发散型"的，要对其未来发展的内容进行归纳，是较为困难的。因此，建立管理会计的内容体系又有一定的难度。

然而，管理会计学科的不断发展，不能成为不对管理会计的内容体系进行归纳和总结的理由。事物既有发展性，也有相对稳定性。基于此，我们从管理会计的整个形成过程和已可预见的未来发展趋势出发，综合各家之言，试对管理会计的内容体系做出如下归纳。

管理会计的基本内容可以按其形成和发展过程划分为两部分：基础性管理会计和未来发展新领域。

基础性管理会计又可以分为三大部分：基本理论、基本前提和基本方法。基本理论包括基本概念、基本假设、管理会计的对象、管理会计的目标、管理会计的职能、管理会计的信息特征以及管理会计与财务会计的关系等。基本前提是按成本特性划分成本，其理由是管理会计的大多数方法都是建立在按成本特性划分成本的基础之上的。基本方法包括本—量—利分析法、变动成本法、短期经营决策分析、长期投资决策分析、全面预算、标准成本系统、责任会计等。如前所述，介绍这些基本方法的基本原理及其应用，便构成了基础性管理会计的主要内容。

未来发展新领域是指管理会计会随着经济的发展和企业经营管理的要求而不断开拓新领域，吸收新内容，从而发展成为一门更为新型的学科和一项更适应未来经济发展要求的管理工作。作业成本计算、质量成本会计、人力资源管理会计、行为会计、战略管理会计、环境会计等,这些内容都是目前会计界讨论的热门话题。

综上所述,我们可以将管理会计的内容体系进行归纳,如图1-1所示。

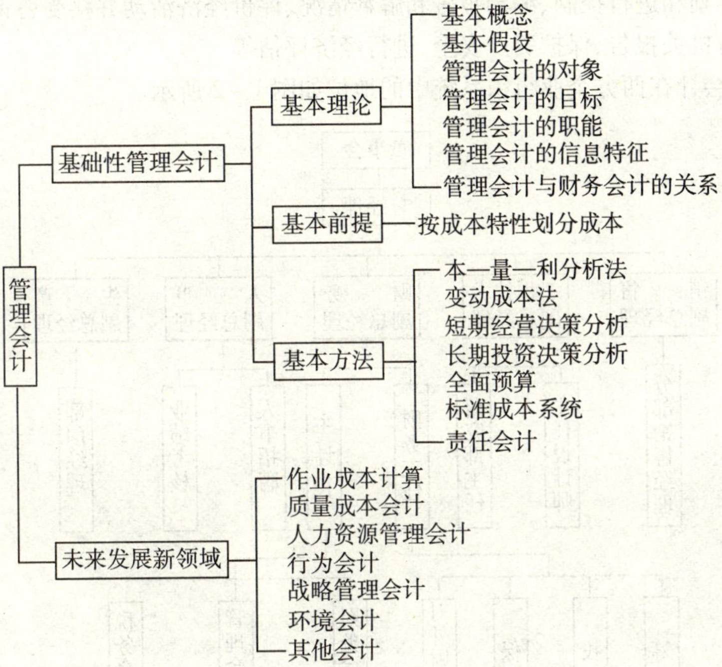

图1-1

第十节　管理会计在企业组织系统中的地位

要了解管理会计在企业组织系统中的地位,首先需要了解西方企业的组织结构。

西方企业的组织结构因企业性质不同而不尽一致。现以从事产品制造的公司为例加以说明。公司的所有权属于股东,通过股东大会选举出董事会,由董事会任命或聘请总经理负责整个公司的日常经营管理活动。在总经理之下,设有销售、工程技术、财务、人事、生产等几个主要管理部门,每个部门由一名副总经理负责。在财务副总经理之下，设有财务主任（treasurer）和主计长（controller）。财务主任负责筹资、投资、保险和对外财务往来等工作。主计长相当于我国企业中的总会计师，负责所有会计方面的工作，如财务会计、管理会计、税务会计等工作，具体来说包括：编制计划和进行控制、编制报告和解释情况、评价经济活动并接受咨询、税务管理、向政府机关报告、保护资产安全、进行经济评估等。

管理会计在西方企业组织系统中的地位如图1－2所示。

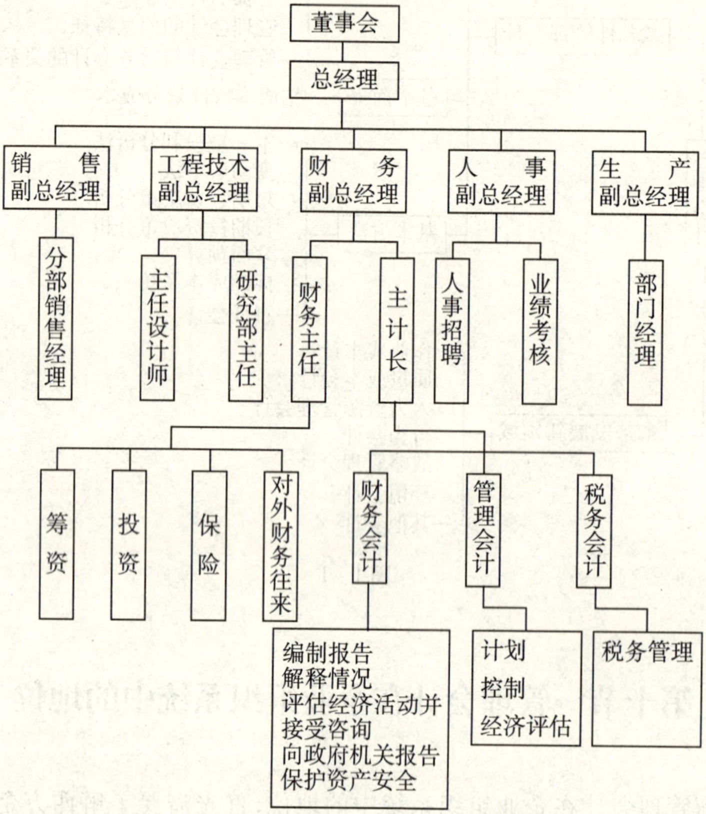

图1－2

在主计长的职责范围内，管理会计（主要指前三项职责）处于举足轻重的地位。在西方，人们干脆把主计长称为“管理会计执行人员”或“负责管理会计工作的高级人员”。主计长除对本部门实行管理外，还为管理当局充当参谋角色，常被比做“轮船的领航员”，协助“船长”工作，引导和通知“船长”如何使“轮船”保持正确的航向，顺利地驶向目的地。主计长对其他专业机构也是扮演参谋角色，而并不对其直接进行管理。然而现代观念主张，主计长应当通过编制报告和解释相关资料等活动来行使其权力和施加影响，或者采取某种态度，迫使其他管理部门做出与企业目标一致的合理决策。不仅如此，当主计长根据总经理授权制定统一的会计程序，要求有关部门提供会计信息时，就不再是以主计长这一参谋身份而是以最高管理当局代表的身份来发言的。

第十一节 学习管理会计应注意的问题

管理会计的理论和方法是适应资本主义生产发展的需要而产生的，我们在应用时，必须认真考虑，看看这些理论和方法是否适合中国的国情和企业的实际，企业是否具备应用这些理论和方法的条件等。下面分别加以具体说明。

一、要结合企业的实际

管理会计主要是为企业内部管理服务的，所以，使用什么管理会计方法，要视企业的不同情况而定，要看本企业是否具备使用这些方法的条件。有的方法，国外企业能采用，国内企业则不能照搬套用；同样的方法，有的企业运用的效果好，有的企业运用的效果则不太理想。这就说明，方法的采用，要因国而异，因企业而异，甚至因人而异。

例如，本—量—利分析法，许多人认为它是管理会计中适用性较强的一种预测分析方法。有的企业采用这种方法，对企业的经营管理工作起了很大作用。但这种方法的应用是以某些假设条件为前提的。比如，要把所有成本按照成本特性严格划分为固定成本和变动成本（许多企业目前尚难做到），所有的相关资料和数据都要正确可靠，产销基本平衡，价格变化不大等。如果企业做不到这些，那么，运用本—量—利分析法来进行预测，就可能达不到预期的目的。

二、定性分析与定量分析相结合

管理会计的特点之一是将数学引进到会计中来，使会计管理朝着定量化方向发展。一门科学的定量化，表明了这门科学的成熟程度。会计中运用数学，使会计工作更趋完善，更具有科学性。但是，经济活动是纷繁复杂的。固然，人们能从这些纷繁复杂的经济活动中找出一些带有规律性的东西并用数学模型将其表达出来，但是，数学模型的建立，多是在对若干经济现象进行抽象的基础上，在若干假设条件下进行的，而人们的经济活动又是十分具体的。要把抽象的数学模型运用于具体的经济活动，还需要运用辅助手段，这就是定性分析。

我们以前只搞定性分析，不搞定量分析，致使工作中出现许多失误，这是应该引以为戒的。然而，也不能从一个极端走到另一个极端，即只注重定量分析，不注重定性分析，这同样会带来损失。较好的办法还是二者相结合。对一个具体的经济问题，首先要做定性分析，从社会效益和经济效益两个方面同时考虑，调查研究，收集资料，分析情况。其次要根据有关的数据资料，进行定量分析。最后，再做定性分析，即根据已有的各种可行方案，再三权衡利弊，然后加以决策。这个过程概括起来就是：定性分析→定量分析→定性分析。

定性分析和定量分析是从事经济活动不可缺少的方法，二者必须兼用。只定量不定性，未免过于教条，经济活动并非像数学那样绝对，一成不变。只定性不定量，则决策无根据，目标不明确，未免有失偏颇，定性分析本身也落不到实处。

三、要做大量的基础工作

管理会计是一门多源头的学科，它吸收了许多现代化科学管理的精华，形成一些专门的方法。要想很好地应用这些方法，需要做大量的基础工作。

1. 提高人员素质

这里的人员包括企业管理人员和财会人员。人员的素质如何，对管理会计工作的开展影响极大。从事管理会计工作，需要具备较为广博的知识，即不但要熟悉财务会计工作，还要懂得其他相关知识，如管理学、统计学、管理心理学、市场学等，还要熟悉本企业的生产技术情况。要做到这些，就必须提高人员的素质，要使所有的相关人员，不仅熟悉财务会计工作内容，而且还能从事管理会计工作。

2. 使企业全体人员都具有会计观念

企业的目标要靠企业全体人员的共同努力才能达到。会计是一种价值管理，涉及面广，与企业的每一项经济活动和每一个人都有联系。所以，在企业中要实行会计管理，还需要靠企业中每个成员自觉行动，也就是要使每个成员的观念和行为都能与会计管理的目标统一起来，使他们在进行每一项经济活动时，都能从经济效益的角度去思考和行动。这一点十分重要。许多企业认为，这是企业经营能否成功的最为关键的因素之一。

3. 要建立能及时提供准确资料的信息系统

管理人员开展工作的根据就是各种有关的数据资料。能否及时准确地收集和提供数据资料，是管理会计能否发挥固有职能的关键所在。及时准确地提供信息，就能使管理人员做出正确的判断和决策。管理会计涉及的面很广，因此需要的数据资料也较多，如会计核算资料、产销情况、市场变化、职工劳动态度、国家的政策法令以及技术发展情况等。简言之，需要一切与决策有关的资料。因此，在企业中，就应当考虑建立一个管理信息系统。系统的建立应当考虑涉及范围的全面，资料收集的及时、准确以及传递方式的简便等。如财务子系统可根据责任会计的原理，在企业的车间、职能部门、工段、班组等设置核算员，以便及时准确地收集、汇总各种有关资料；生产部门、供销部门以及人事部门子系统，提供生产进度、劳动生产率、工时利用情况、材料采购、产品销售、市场情况、职工劳动态度等信息资料。管理会计人员必须能得到所有这些资料，才能参与企业的管理，才能为企业管理当局提供准确可靠的预测、控制、决策和考核等所需的资料。

综上所述，管理会计的出现，使传统会计发生了根本的变化，主要表现在会计的职能扩大了，即不仅具有传统会计的职能，还兼具了管理的某些职能。不仅如此，管理会计的出现，还使人们在经济观念上发生了一些变化。就是说，人们在考虑经济问题的同时，要运用一些新的重要的概念，如固定成本和变动成本、货币的时间价值、年金、现金流量、复利、全面预算与控制等概念。这些概念的产生和应用，使人们在认识问题、分析问题和解决问题时，更全面、更实际、更科学，从而有助于人们在工作中减少失误。

思考题

1. 什么是管理会计?
2. 管理会计的形成和发展与哪些因素有关?
3. 管理会计的基本假设与财务会计的基本假设有何异同？为什么?
4. 如何表述管理会计的对象?
5. 如何表述管理会计的目标?
6. 管理会计有哪些基本职能？为什么具有这些基本职能?
7. 管理会计信息的质量特征有哪些?
8. 管理会计与财务会计有何区别与联系?
9. 如何看待管理会计的基本内容?
10. 管理会计在应用中需要注意哪些问题?

第二章
成本特性和变动成本法

学习要点

在学习了第一章有关管理会计基本理论的基础上，从第二章开始，将系统介绍管理会计的基本方法。

本章的内容包括两个部分：成本特性和变动成本法。

成本特性是成本总额与数量之间的一种依存关系。按成本特性可将成本划分为固定成本与变动成本。按成本特性划分成本，是运用管理会计基本方法的基础，也就是说，管理会计的大部分专门方法的产生和运用，都是建立在将成本划分为固定成本与变动成本的基础之上的。

变动成本法是管理会计的一种基本方法。学习这种方法可以从三个方面去加以掌握：第一，它是在将成本划分为固定成本与变动成本的基础之上而产生的；第二，它是一种计算产品成本的专门方法；第三，这种成本计算方法更多的是一种原理上的探讨，或运用于企业内部管理中，而很少向企业外部提供。

第一节　成本及其分类

一、成本的基本概念

按照马克思主义的观点，所谓成本，就是商品生产中耗费的活劳动和物化劳动的货币表现。马克思认为:“按照资本主义方式生产的每一个商品 W 的价值,用公式来表示是 W = c + v + m。如果我们从这个产品价值中减去剩余价值 m,那么,在商品中剩下的,只是一个在生产要素上耗费的资本价值 c + v 的等价物或补偿价值。”[①]具体来说,成本就是企业为生产和销售一定数量的产品和提供一定数量的劳务所支出的费用总和。

在西方资本主义社会,经济学家们把成本表述为:“为了获得某些产品或劳务而做出的牺牲,这种牺牲可以用支付的现金、转移的财产以及提供的劳务等来衡量。”[②]

由于这个定义不仅是对成本的解释,还涉及到费用的支出和资产的获得等,所以,在理解成本的概念时,还有必要认识成本、费用、资产三个概念之间的关系。

西方会计学家认为,成本、费用和资产三个概念既有区别,又有联系。如果成本具有可以识别的未来服务的功效,那么,成本就是资产。比如,预付保险费就可以被看作资产,因为它具有未来服务的功效,这种预付款提供了一种保护,可以保护企业不受到影响经济活动方面的损失。如果资产所含的功效已被使用,这部分被使用过的资产的功效就成为费用[③]。按照这种观点,成本与费用这两个概念在发生的时间和数量等方面都是有区别的。或者可以说,费用就是按照规定需要在某一会计期间抵减收入的那部分成本。

二、成本的分类

在实际工作中,出于不同的目的和需要,可以从不同的角度对成本进行分类。将西方传统的财务会计中的成本分类与我国会计中的成本分类两者结合起来看,成本大致可做如下分类(制造企业、服务企业等各种类型的企业都要发生各种各样的成本,但其中以制造企业发生的成本最为完整和典型,所以以下的成本分类以制造企业中发生的成本为例):

(1)按成本与生产过程的关系划分,可以分为制造成本和非制造成本。

制造成本是指在产品的生产过程中发生的成本。它包括三个方面的内容:

①直接材料——又称为原材料,指构成产品实体的原料和主要材料。

②直接人工——指直接进行某种产品的生产,可以直接计入该种产品成本的

---

① 马克思,恩格斯. 马克思恩格斯全集:第 25 卷[M]. 中共中央马克思恩格斯列宁斯大林著作编译局,译. 北京:人民出版社,1972:30.

② [美]R. H. 加里森. 管理会计(第 4 版)[M]. Business Pablications, Inc. 1995:27.

③ [美]R. H. 加里森. 管理会计(第 4 版)[M]. Business Publications, Inc. 1995:261.

人工成本。

③制造费用——指在生产中发生的除直接材料和直接人工以外的所有其他成本支出，如间接材料、间接人工、保险费、折旧费、维修费等。

上述三个要素中，直接材料又称为主要成本，直接人工和制造费用又称为转换成本或加工成本，这是因为这两项成本都是为了将原材料加工成完工产品而发生的。

非制造成本指不是在产品的生产过程中发生的支出。它包括两个方面的内容：

①推销费用——指为满足顾客购货要求和向顾客出售产品或提供劳务所发生的一切必要支出。例如，广告费、运输费、销售佣金、完工产品的储存成本等。

②管理费用——指不能包括在制造成本和推销成本中的一些行政开支费用，如办公费用、交际费用等。

以上各类成本之间的关系如图 2－1 所示。

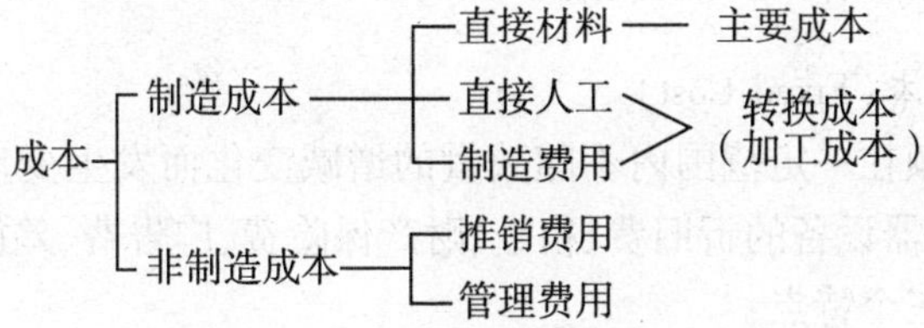

图 2－1

（2）按成本计入产品的方式划分，可以分为直接成本和间接成本。

直接成本指可以直接计入某种产品成本的那部分成本。

间接成本指不能直接计入产品成本，而需要采用特定方法进行分摊的那部分成本。

（3）按成本与产量（或业务量）之间的依存关系划分，可以分为固定成本、变动成本、混合成本。

（4）按一个组织或单位对成本的可控性划分，可以分为可控成本和不可控成本。①

① 固定成本、变动成本、混合成本、可控成本、不可控成本等内容将在后面有关章节中详述，故此处说明从略。

第二节　成本特性

成本与产品产量和利润之间的关系十分密切。为了加强成本管理，满足管理上对于提供成本资料的各种要求，就有必要按成本与数量之间的关系来划分成本。

一、成本特性(Cost Behavior)的基本概念

成本特性又称做成本习性或成本性态，它是指成本总额与数量之间的一种依存关系。这里的数量，可以是产品的生产量、销售量，也可以是提供劳务的作业量。根据成本总额与数量之间的这种依存关系，可以将企业的全部成本划分为两大类：固定成本和变动成本。

二、按成本特性划分成本的类别

（一）固定成本(Fixed Cost)

凡是成本总额在一定范围内不随数量的增减变化而发生变动的成本，称为固定成本。例如，机器设备的折旧费、租金、财产保险费、广告费、差旅费、办公费等。

固定成本有三个特点：

(1) 固定成本总额在一定范围内不随数量的增减变动而变动。现举例说明。

〔实例一〕　晨光机器厂为了生产一种新产品，租用一台车床，每月租金 5 000 元。该车床每月最大加工能力为 1 000 件产品。工厂租用该车床后，不论产量多少，只要在 1 000 件范围以内，每月的租金总是 5 000 元，租金并不随产量的增减而发生变化。上述情形如图 2－2 所示。

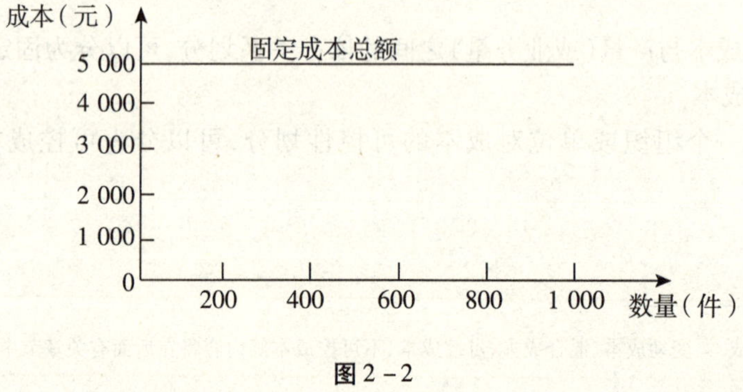

图 2－2

（2）超过一定的范围，固定成本总额仍然要发生变化。所以，从更大的范围来看，绝对“固定”的成本是不存在的。这里谈到的“一定的范围”，在管理会计中称为“相关范围”（Relevant Range），它是一个十分重要的概念。

仍依上例。假定晨光机器厂现打算共生产 1 500 件产品，需要再租用一台车床。这样，每月的租金就要增加到 10 000 元（2×5 000 元）。上述情形如图 2－3 所示。

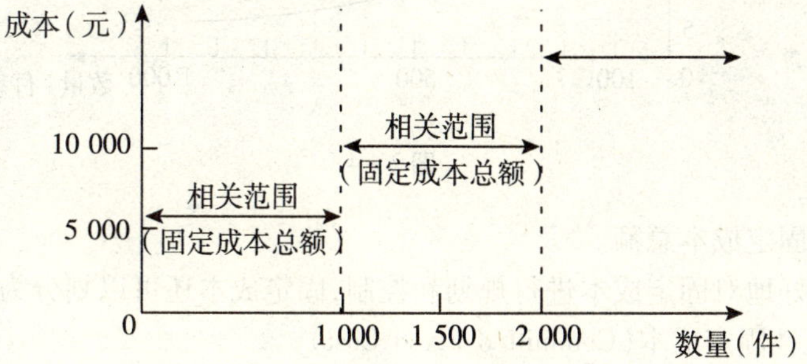

图 2－3

（3）单位产品中的固定成本数，随数量的增减变动而成反方向变动。就是说，当产品数量增加时，分摊到单位产品中的固定成本数就减少；当产品数量减少时，分摊到单位产品中的固定成本数就增加。

〔**实例二**〕　工厂租用一台车床，每月租金 5 000 元。当产量分别为 100 件、500 件、1 000 件时，分摊到单位产品中的固定成本数的变化情况参见表 2－1。

表 2－1

每月租金（元）	每月产量（件）	单位产品中的固定成本（元）
5 000	100	50
5 000	500	10
5 000	1 000	5

如将表 2－1 中的数据用坐标图表示，则如图 2－4 所示。

从图 2－4 中表示单位产品中的固定成本的曲线可以看出，当产量在 100 件到 500 件之间时，曲线下降很陡，企业要降低单位产品中的固定成本，可采用扩大产量的办法；而当产量超过 500 件以后，曲线下降逐渐趋于平缓，这说明，当企业的产量较多时，再增加产量，单位产品中的固定成本也减少不多，在这种情况下，较好的

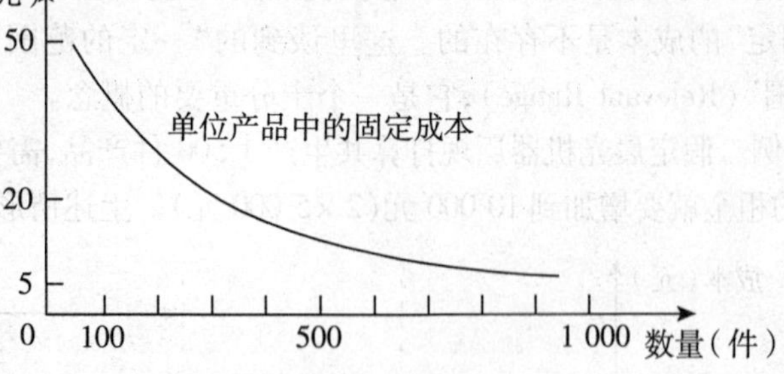

图2-4

办法是降低固定成本总额。

为了更好地对固定成本进行规划和控制,固定成本还可以划分为两类:

1. 约束性固定成本(Committed Fixed Cost)

约束性固定成本是指企业为了进行生产活动而必须承担的最低限度的成本。例如,对厂房、设备和建筑物等进行投资后所形成的折旧费、不动产税金、保险费以及管理人员薪金等。约束性固定成本有两个特点:

(1)这类成本都具有长期性。如厂房设备的折旧费,在厂房设备的有效使用期内,折旧费都存在并且不可避免地要发生。

(2)这类成本不可能减少为零(除非企业本身不存在)。例如,企业由于某种原因可能暂时停止生产活动,但仍需要利用一些必要的设备和留用必要的行政管理人员,所以仍然要发生相应的费用。

鉴于约束性固定成本的这两个特点,企业应该尽可能充分地利用一切厂房设备和发挥行政管理人员的作用,从而降低产品成本中的约束性固定成本,达到获得最大盈利的目的。

2. 选择性固定成本(Discretionary Fixed Cost)又称为管理性固定成本(Managed Fixed Cost)

选择性固定成本是指可以通过管理人员的决策行动决定其是否发生的固定成本。例如,广告费、科研经费、人员培训费等。与约束性固定成本相比较,选择性固定成本发生的期限相对较短,一般是以一年为限;同时,考虑到企业的短期经营目标,管理人员可以自行决定是否发生这些成本。

(二) 变动成本(Variable Cost)

凡是成本总额随着数量的增减而成正比例变动的成本,称为变动成本,如直接材料、直接人工等都是变动成本。

变动成本有三个特点：

（1）变动成本总额随数量的增减变动而成正比例变动。现举例说明。

〔实例三〕 某自行车厂生产的 A 型自行车，每辆自行车都要安装一个坐垫，每个坐垫的外购成本为 10 元。随着工厂生产的自行车数量的增减，坐垫的总成本也随之成正比例增减。变动成本总额与数量的关系参见表 2－2。

表 2－2

自行车产量（辆）	坐垫的单位成本（元）	坐垫的总成本（元）
100	10	1 000
200	10	2 000
300	10	3 000
400	10	4 000
500	10	5 000

（2）没有数量的发生，就不会也不应当发生变动成本。这个道理很简单。如果自行车厂不生产自行车，当然也就不会也不应当发生自行车坐垫的外购成本。

（3）单位产品中的变动成本是相对固定不变的。这个特点与单位产品中的固定成本的特点不同，单位产品中的变动成本只是相对固定不变，而不是绝对固定不变的，即变动成本与固定成本相似，也存在着"相关范围"。在相关范围内，单位产品中的变动成本数是固定不变的，变动成本总额与数量之间的变化也成正比例变动；超过相关范围，单位产品中的变动成本数就可能发生变化，变动成本总额与数量之间的变化关系不再成正比例关系。当变动成本与数量之间的增减变动成正比例关系时，称为线性关系；当变动成本与数量之间的增减变动不再成正比例关系时，称为非线性关系。下面举例说明。

〔实例四〕 某制造企业接受一批产品订货。开始时是小批量试制生产，工人对产品生产的技术性要求有一个适应过程，因此，单位产品耗费的材料和人工成本较多。随着产量不断增加，工人的技术水平也不断提高，这样，单位产品耗费的材料和人工成本将逐渐下降。但如果订货增多，产量一再增加，就可能出现一些新的情况，使单位产品中的材料和人工成本出现上升趋势。由此可见，单位产品中的变动成本只是在一定范围内相对固定不变的，因而也存在"相关范围"。上述情形如图 2－5 所示。

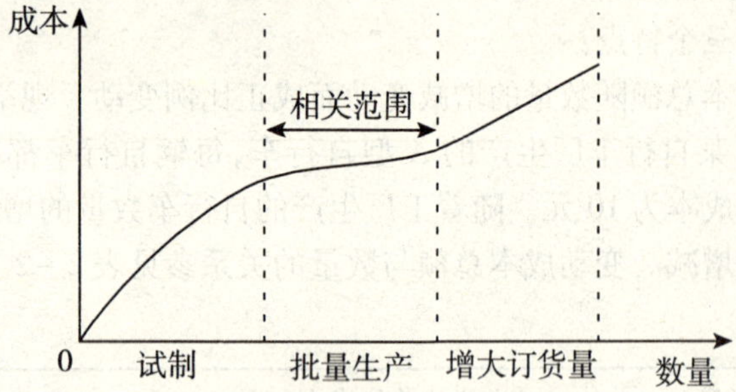

图 2－5

第三节　混合成本及其分解

管理会计为了向管理当局提供其所需的成本资料，就有必要将全部成本按成本特性划分为固定成本和变动成本两大类。但在实际工作中，有些成本却很难被明确归为固定成本或变动成本，这些成本通常称为混合成本。混合成本具有与固定成本和变动成本不同的特点，因此有必要对这部分成本进行专门研究。

一、混合成本（Mixed Cost）的基本概念

混合成本又称为半变动成本，它是指那些既含有固定成本又含有变动成本的成本项目，如水费、电费、维修费、电话费等。

混合成本与数量之间的关系比较复杂，它既具有固定成本的某些特征，又具有变动成本的某些特征。随着数量的增减，混合成本的总额也会发生增减变动，但变动的幅度不大，也不成正比例关系。下面举例说明。

〔实例五〕　富达公司租用一台设备，每月租金为 2 500 元。租入后，每使用 1 小时支付 1 元使用费。已知当月该公司使用设备的小时数为 300 小时。所以当月的租赁总成本为 2 800 元，其中 2 500 元是固定成本，300 元是变动成本。两者相加构成混合成本总额。混合成本总额的图形如图 2－6 所示。

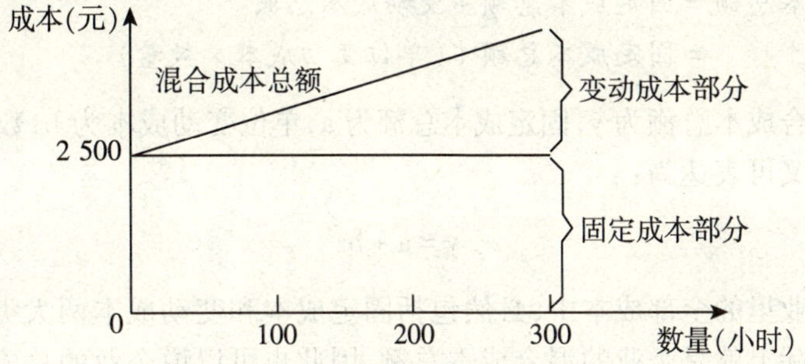

图 2 - 6

二、混合成本的类型

混合成本的类型较多,上例中的混合成本是较典型的混合成本。其特点是,在一定的固定成本的基础上,成本随数量的增加而成比例地增加,因此又称为半变动成本。另外还有一种类型的混合成本叫"梯形变动成本"(Step Variable Cost),此类成本在一定的数量范围内保持相对不变,但当数量超过一定范围时,成本一下子就上升很多,然后又趋于平稳。如维修工人和检验人员的工资等就属于这类成本。梯形变动成本的图形如图 2 - 7 所示。

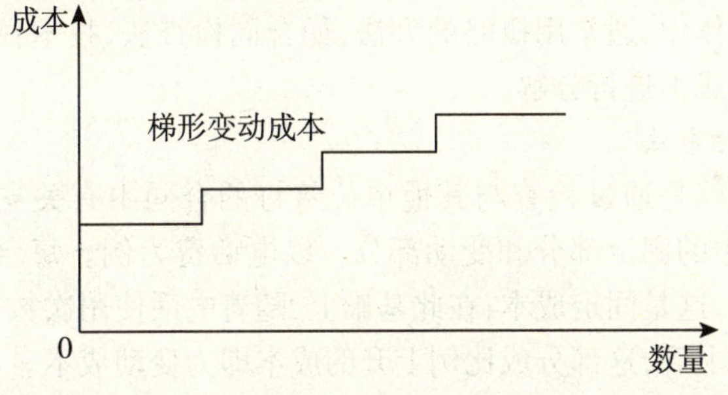

图 2 - 7

三、混合成本公式

由于混合成本中既包括了固定成本又包括了变动成本,所以,混合成本总额可用下列公式表示:

混合成本总额 = 固定成本总额 + 变动成本总额

= 固定成本总额 +（单位变动成本 × 数量）

现设混合成本总额为 y，固定成本总额为 a，单位变动成本为 b，数量为 x，则混合成本公式又可表达为：

$$y = a + bx$$

一个企业里的全部成本中，必然包括固定成本和变动成本两大类，所以，企业的总成本实际上就是企业的混合成本总额，因此也可以说企业的总成本等于固定成本总额和变动成本总额之和。

混合成本公式很重要。从公式中可以清楚地看出成本与数量之间的关系，在以后的问题研究中，特别是对混合成本的分解，会用到这个公式。

四、混合成本的分解方法

为了有利于对企业的经济活动进行计划和控制，加强成本管理，有必要将企业的所有成本按成本特性划分为固定成本和变动成本两大类。这样，就要对混合成本进行分解。

分解混合成本最精确的方法是对每一项业务、每一张发票或凭证进行逐项逐个鉴别，然后分别将其归入固定成本和变动成本。然而这种方法手续繁琐，因此不宜采用。实际工作中，通常用概略的方法，如合同检查法、技术估算法和历史成本分析法等对混合成本进行分解。

（一）合同检查法

合同检查法就是通过检查与其他单位签订的合同中有关支付费用的具体规定，来确定成本中的固定部分和变动部分。以电话费为例。每台电话机每月要交付一定的月租费，这是固定成本；在此基础上，随着电话使用次数和时间的增加，电话费也将成比例上升，这部分成比例上升的成本即为变动成本。

（二）技术估算法

技术估算法是通过技术测定和计算来划分成本中的固定部分和变动部分。例如，对产品进行热处理，需将高炉先行预热。高炉预热所耗能源的成本为固定成本。以后随着热处理产品数量的增加，所耗能源成本也将成正比例增加。这部分增加的成本为变动成本。

（三）历史成本分析法

历史成本分析法就是对历史资料进行搜集、分析和计算，据以确定混合成本中的固定部分和变动部分的一种分解方法。历史成本分析法通常包括以下三种方法：

1. 高低点法（The High－Low Method）

根据历史资料中相关范围内的数量的最高点与最低点及其所对应的混合成本数据，来推算混合成本中的固定部分和变动部分的方法，称为高低点法。

高低点法的基本原理是：在相关范围内，固定成本一般是不发生变化的，那么，数量最高点所对应的混合成本与数量最低点所对应的混合成本之间的差额，就必然是变动成本。从数量最高点或最低点所对应的混合成本总额中扣除变动成本，余额即为固定成本。这样就达到了分解混合成本的目的。

采用高低点法来分解混合成本，需要利用混合成本公式 $y=a+bx$ 来进行。

〔实例六〕 爱生机器厂某车间1～6月份的机器设备维修工时和维修费用参见表2－3。

表2－3

月　份	维修工时（小时）	维修费用（元）
1	5 500	745
2	7 000	850
3	5 000	700
4	6 500	820
5	7 500	960
6	8 000	1 000

机器设备维修费包括的内容很多，是一项混合成本。现要求采用高低点法对维修费用进行分解。

在上表的历史资料中，首先找出数量（维修工时）的最高点和最低点，然后再找出它们所对应的混合成本数据。如表2－4所示。

表2－4

月　份	维修工时（小时）	维修费用（元）
6	8 000	1 000
3	5 000	700
差　额	3 000	300

高低点成本之差为300元，这是6月份的维修工时比3月份多3 000小时造成的。由于在相关范围内，固定成本一般不发生变动，所以，这300元高低点混合成本之差就是变动成本。用这部分变动成本除以高低点数量之差，即可求得单位变动成本，即 y = a + bx 公式中的 b。

先求 b：

$$b=\frac{\text{高低点混合成本之差}}{\text{高低点数量之差}}=\frac{1\ 000-700}{8\ 000-5\ 000}=0.10(\text{元})$$

将 b 值代入 y = a + bx 公式，即可求得固定成本 a。以6月份资料（高点）为例：

$$y=a+bx$$

$$a=y-bx=1\ 000-0.10\times 8\ 000=200(\text{元})$$

以3月份资料（低点）为例进行计算亦可，结果相同。

计算结果表明，该公司每月的固定维修费用为200元，超过200元的部分为变动成本。

用高低点法分解混合成本，其优点是简便易懂，但使用时要注意一些问题。首先，采用这种方法分解混合成本必须在相关范围内进行，超过相关范围即不适用（因固定成本要发生变化）；其次，仅用高点和低点的数量资料及其成本资料来推算成本中的固定部分和变动部分，其结果不一定准确，除非这两点提供的资料都具有代表性，都是在正常情况下发生的。对于非正常情况下发生的成本，在取点时要予以排除。

2. 散布图法（The Scatteragh Method）

此法又译做“布点图法”或“散点图法”。这种方法是根据以往若干时期的数量和成本资料，绘制坐标图，再用目测方法画一条回归直线，据以确定混合成本中的固定部分和变动部分。

仍以表2－3中的资料为例，采用散布图法来分解维修费用。其步骤如下：

（1）建立坐标图，以横轴表示数量，纵轴表示成本。

（2）将表2－3中1～6月份的数量和成本资料逐一作点于坐标图上。

（3）用目测的方法作一回归直线，使直线交于纵轴。作直线的要求是：尽量使直线上下的点的数量相等，并且上下各点与直线垂直距离之和大致相等。这样，该直线与纵轴交点处所对应的金额即为混合成本中的固定成本数。如图2－8所示。

从图2－8可见，当数量 x 为零时，直线与纵轴相交点的金额为200元，这就是

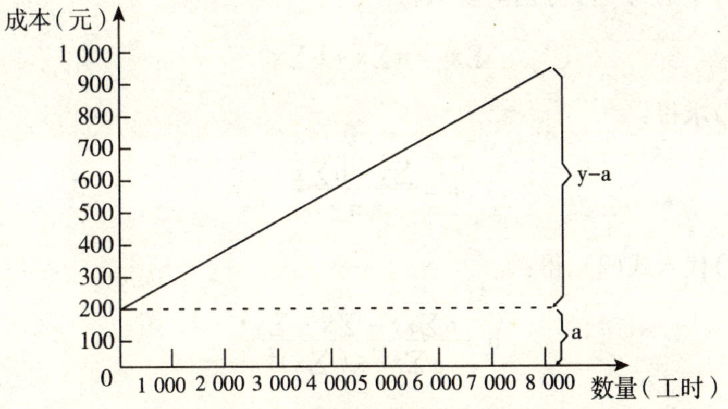

图 2-8

每月的固定成本 a。再任意选择某一数量 x(如 x =6 000)找出其对应的金额(当 x =6 000 时,对应的金额为 800 元),根据公式 y = a + bx 即可求得:

$$b=\frac{y-a}{x}=\frac{800-200}{6\ 000}=0.10(元)$$

这样,就分别计算出了固定成本 a(200 元)和单位变动成本 b(0.10 元)。

采用散布图法分解混合成本,因是用坐标图表示,比较直观。但使用这种方法要求作图十分精确,同时对于图中个别过高或过低的点要做适当处理(如属非正常情况的点,要予以排除),否则不便于作回归直线。

3. 最小平方法(The Least Squares Method)

此法又称为回归分析法,是根据以往若干时期的数量和成本资料,运用最小平方公式分解混合成本的一种方法。"最小平方"一词的含义是:根据 x(数量)和 y(成本)之间的关系,在坐标图上作点,并画一条回归直线,图上各点与回归直线之间的偏差平方和,应较各点与其他任何一条线之间的偏差平方和更小。就是说,要使偏差的平方和达到最小值。因此,这种方法称为最小平方法。这种方法较之散布图法更为精确合理。它不像散布图法采用目测方式确定直线,而是采用统计方法来分解混合成本。

首先将混合成本的基本公式 y = a + bx 以合计数(Σ)的形式表述,得:

$$\sum y = na + b\sum x \qquad (1)$$

将式(1)中的每一项分别乘以 x,得:

$$\sum xy = a\sum x + b\sum x^2 \tag{2}$$

由式(1)求得:

$$a = \frac{\sum y - b\sum x}{n} \tag{3}$$

将式(3)代入式(2),得:

$$b = \frac{n\sum xy - \sum x \cdot \sum y}{n\sum x^2 - (\sum x)^2} \tag{4}$$

再将式(4)代入式(3),化简后得:

$$a = \frac{\sum x^2 \sum y - \sum x \sum xy}{n\sum x^2 - (\sum x)^2} \tag{5}$$

根据上述公式,以表 2－3 中的资料为例来分解混合成本。

将各月的历史资料按照计算所需的资料进行加工,结果参见表 2－5。

表 2－5

月　份	维修工时 x (千小时)	维修费 y (元)	xy	x^2
1	5.5	745	4 097.5	30.25
2	7	850	5 950	49
3	5	700	3 500	25
4	6.5	820	5 330	42.25
5	7.5	960	7 200	56.25
6	8	1 000	8 000	64
Σ	39.5	5 075	34 077.5	266.75

将表 2－5 中的有关数据分别代入式(4)和式(5),得:

$$b = \frac{n\sum xy - \sum x \cdot \sum y}{n\sum x^2 - (\sum x)^2}$$

$$= \frac{6 \times 34\,077.5 - 39.5 \times 5\,075}{6 \times 266.75 - (39.5)^2}$$

$$= 99.44(\text{元})$$

$$a = \frac{\sum x^2 \sum y - \sum x \cdot \sum xy}{n\sum x^2 - (\sum x)^2}$$
$$= \frac{266.75 \times 5\,075 - 39.5 \times 34\,077.5}{6 \times 266.75 - (39.5)^2}$$
$$= 191.18(元)$$

以上介绍了分解混合成本的三大方法，即合同检查法、技术估算法和历史成本分析法。前两种方法的采用都是有条件的，或者有合同可查，或者可通过技术对成本项目进行测算。但企业中更多的混合成本项目是不具备这些条件的，所以宜采用历史成本分析法，包括高低点法、散布图法和最小平方法三种方法来分解混合成本。这三种方法各有特点，计算的结果和准确性也有差别。同时，在使用这些方法时，都有一个前提，即据以分析的历史资料数据应该比较准确，成本基本上都是在正常情况下发生的，不正常情况下发生的成本已经剔除。需要注意的是，不论计算如何准确，分解出来的结果，仍具有一定假定性，决策者在据以进行决策时要加以考虑。

在实际工作中，还可采用更为简便的方法，即把凡是能按定额控制的费用列为变动成本，其余均为固定成本。对于某些混合成本，如果估计其中的变动成本数额不大，可以将该混合成本全部当作固定成本处理。

第四节　边际贡献

一、边际贡献(Contribution Margin)的概念

边际贡献又称做贡献毛益或创利额，它是指销售收入减去变动成本后的余额。

边际贡献有两种表示方法，一为绝对数，一为相对数。绝对数又分为单位边际贡献和边际贡献总额两种；相对数，即为边际贡献率。具体计算公式如下：

$$单位边际贡献 = 销售单价 - 单位变动成本$$
$$边际贡献总额 = 销售收入总额 - 变动成本总额$$
$$边际贡献率 = \frac{边际贡献总额}{销售收入总额}$$

或：

$$边际贡献率=\frac{单位边际贡献}{销售单价}$$

同时,边际贡献率还可通过另一种计算求得:

$$边际贡献率=1-变动成本率$$

式中的变动成本率是这样计算的:

$$变动成本率=\frac{变动成本总额}{销售收入总额}$$

或:

$$变动成本率=\frac{单位变动成本}{销售单价}$$

变动成本率也可以通过1-边际贡献率求得。

需要注意是,边际贡献并不是传统财务会计中的销售毛利,更不等于销售利润。边际贡献与销售毛利和销售利润之间的区别如表2-6所示。

表2-6　　　　**损益表**　　　　单位:元

传统方法（按职能划分成本）			贡献方法（按成本特性划分成本）		
销售收入		12 000	销售收入		12 000
减:销售成本		6 000	减:变动费用		
销售毛利		6 000	变动生产成本	2 000	
减:营业费用			变动推销费用	600	
推销费用	3 100①		变动管理费用	400	3 000
管理费用	1 900②	5 000	边际贡献		9 000
税前利润		1 000	减:固定费用		
			固定生产成本	4 000	
			固定推销费用	2 500	
			固定管理费用	1 500	8 000
			税前利润		1 000

注:①②这里包括变动费用和固定费用。因这是制造企业的损益表,所以,销售成本划分为变动生产成本和固定生产成本。如果是商业企业(仅仅是向供应方购买商品),那么,销售成本就只是变动成本,而不包括固定成本。

二、边际贡献的作用

边际贡献既不等同于传统会计中的销售毛利，也不等同于利润，那么，计算边际贡献有何意义呢？

计算边际贡献的意义从下式可见，因为：

利润＝销售收入－变动成本－固定成本＝边际贡献－固定成本

所以，当边际贡献大于固定成本时，企业为盈利；当边际贡献小于固定成本时，企业为亏损；当边际贡献等于固定成本时，企业不盈也不亏。

当企业的固定成本为已知数时，只要计算出了企业的边际贡献总额，即可知道企业的盈亏情况；如果知道一种产品的边际贡献，也就可以知道这种产品的盈利能力。所以，边际贡献的作用在于可以提供关于一个企业或一种产品的盈利能力的情况。

第五节　变动成本法

一、全部成本法与变动成本法概述

产品的生产成本通常由直接材料、直接人工和制造费用三部分构成。按成本特性划分成本后，产品的生产成本又可划分为两大部分：变动生产成本（包括直接材料、直接人工、变动制造费用）和固定生产成本（即固定制造费用）。管理会计是为企业内部管理服务的，而管理的需要又是多方面的。不同的需要对管理会计提供的资料的要求是不同的。这样，管理会计在计算和提供产品生产成本的资料方面，就出现了两种不同的方法——全部成本法和变动成本法。

1. 全部成本法（Full Costing）

全部成本法又称为吸收成本法（Absorption Costing），它是指将一定期间内生产一定数量的产品而耗用的所有直接材料、直接人工和全部制造费用（包括变动制造费用和固定制造费用）都计入产品成本中去的一种方法。

采用全部成本法，要求把一定期间内企业所发生的全部成本划分为生产成本和非生产成本两大类。把所有的生产成本（包括直接材料、直接人工和全部制造费用）计入产品成本；把所有的非生产成本（如推销费用、管理费用等）列为期间成本

(Period Cost),在当期的损益表中全部扣除。如图 2 – 9 所示。

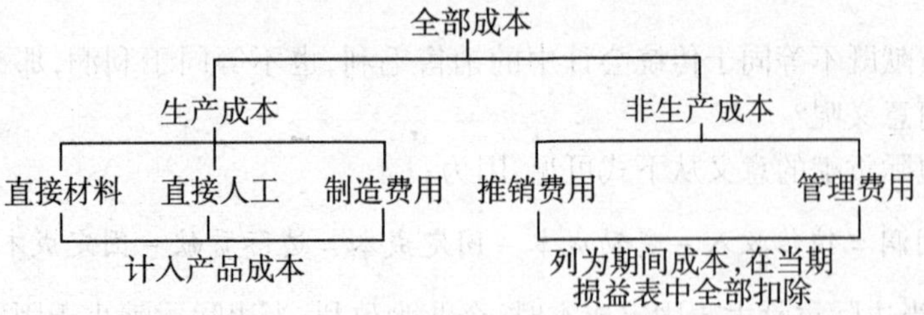

图 2 – 9

2. 变动成本法(Variable Costing)

变动成本法又叫直接成本法(Direct Costing),它是指只将生产一定数量的产品所耗用的直接材料、直接人工和变动制造费用计入产品成本中去的一种方法。

采用变动成本法,要求把一定期间内企业所发生的全部成本按成本特性划分为固定成本和变动成本两大类。只把变动成本中的变动生产成本(即直接材料、直接人工和变动制造费用)计入产品成本,而将固定制造费用以及所有的推销费用和管理费用(包括固定部分和变动部分)都列为期间成本,全部在当期损益表中予以扣除。如图 2 – 10 所示。

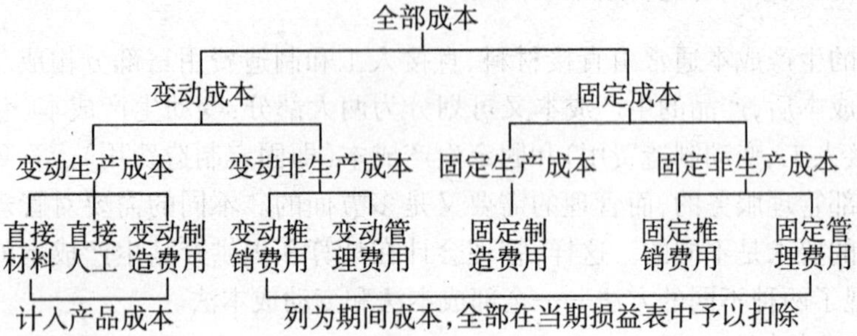

图 2 – 10

二、全部成本法与变动成本法的主要区别

1. 成本划分不同

正如前所述,全部成本法是把企业的全部成本划分为生产成本和非生产成本,而变动成本法则是把企业的全部成本按成本特性划分为固定成本和变动成本。

2. 产品成本计算不同

全部成本法将全部生产成本（包括直接材料、直接人工和全部制造费用）计入产品成本，单位产品生产成本的计算公式如下：

$$单位产品生产成本=\frac{全部生产成本}{产品产量}$$

变动成本法将变动生产成本（包括直接材料、直接人工和变动制造费用）计入产品成本，单位产品生产成本的计算公式如下：

$$单位产品生产成本=\frac{变动生产成本}{产品产量}$$

现举例说明两种成本计算方法下的产品成本计算。

〔**实例七**〕　富丽公司在20××年只生产一种A产品，其有关资料如下：

全年产量	6 000 件
单位变动成本资料：	
直接材料	2 元
直接人工	4 元
变动制造费用	1 元
变动推销费用	3 元
每年固定成本	
制造费用	30 000 元
推销及管理费用	10 000 元

那么，

按全部成本法计算的单位产品成本：

直接材料	2 元
直接人工	4 元
变动制造费用	1 元
固定制造费用（$\frac{30\ 000元}{6\ 000件}$）	5 元
单位产品成本	12 元

按变动成本法计算的单位产品成本：

直接材料	2 元

直接人工	4 元
变动制造费用	1 元
单位产品成本	7 元

3. 期间成本的内容不同

所谓期间成本，是指在某一时期内发生的某些成本，这些成本与数量的关系不大，而与时间的关系紧密，随着时间的开始而发生，随着时间的消逝而逐渐丧失。

全部成本法的期间成本只包括企业当期发生的全部推销费用和管理费用，变动成本法的期间成本则包括企业当期发生的固定制造费用、全部推销费用和管理费用。如图 2－11 所示。

期间成本（全部成本法）	项目	期间成本（变动成本法）
	固定制造费用	✓
✓	推销费用	✓
✓	管理费用	✓

图 2－11

4. 在编制损益表方面不同

损益表（Income Statement）是西方企业的一种主要的会计报表。不同的成本计算方法，成本的划分不相同，计算出来的产品成本和期间成本也不相同，这必然涉及损益表的编制方式和结果不相同的问题。

〔实例八〕 在实例七所列举的富丽公司的成本资料的基础上，再补充以下一些资料：

期初存货	0 件
本期产量	6 000 件
本期销售	5 000 件
期末存货	1 000 件
销售单价	20 元
单位变动推销费用	3 元
全年固定推销及管理费用	10 000 元

现根据以上资料，编制富丽公司 20××年的损益表（分别按全部成本法和变动成本法编制），参见表 2－7 和表 2－8。

表 2－7

损益表

（按全部成本法计算）

单位：元

销售收入（20×5 000）		100 000
销售生产成本：		
期初存货成本	0	
本期生产成本（12×6 000）	72 000	
可供销售的生产成本	72 000	
减：期末存货成本（12×1 000）	12 000	60 000
销售毛利		40 000
减：推销费用和管理费用（3×5 000）+10 000		25 000
税前利润		15 000

表 2－8

损益表

（按变动成本法计算）

单位：元

销售收入（20×5 000）		100 000
减：变动成本		
期初存货	0	
变动生产成本（7×6 000）	42 000	
可供销售的生产成本	42 000	
减：期末存货成本（7×1 000）	7 000	
销售的变动生产成本	35 000	
变动推销费用（3×5 000）	15 000	50 000
边际贡献		50 000
减：固定成本		
固定制造费用	30 000	
固定推销和管理费用	10 000	40 000
税前利润		10 000

从这两个分别按全部成本法和变动成本法计算出来的损益表中，可以看出两个主要区别：

（1）成本项目排列的方式不同。按全部成本法编制的损益表，是将所有的成本按成本项目的经济职能进行排列，也就是按生产成本和非生产成本进行排列。如用公式表示，则为：

$$销售收入-销售生产成本=销售毛利$$

$$销售毛利-非生产成本=税前利润$$

按变动成本法编制的损益表,是将所有的成本按成本特性进行排列,也就是按变动成本和固定成本进行排列,如用公式表示,则为:

$$销售收入-变动成本=边际贡献$$

$$边际贡献-固定成本=税前利润$$

(2)按两种方法计算出来的税前利润不同。在上例中,按全部成本法计算出来的税前利润为15 000元,而按变动成本法计算出来的税前利润为10 000元,两者相差5 000元。为什么会出现这个差额?这是由期末存货造成的。富丽公司20××年的期末存货为1 000件,采用不同的成本计算方法,则期末存货的成本不相同。

采用全部成本法,1 000件期末存货成本为12 000元(12元/件×1 000件),而采用变动成本法,1 000件期末存货的成本为7 000元(7元/件×1 000件),两者刚好相差5 000元。这是因为全部成本法将期末存货中每件包含的5元固定制造费用,随着期末存货转至下一会计期间,共转出5 000元(5元/件×1 000件),这样,本期就少扣除5 000元成本,致使税前利润增加5 000元。而变动成本法的期末存货中只包括变动生产成本,固定成本(包括固定制造费用)全部在当期损益表中扣除,这就要比全部成本法多扣除5 000元的固定制造费用,这就使得按变动成本法计算出的税前利润比按全部成本法计算出的税前利润少5 000元。

三、全部成本法与变动成本法的进一步比较

从前面的例子可以看出,全部成本法和变动成本法的一个主要区别就在于,按两种方法计算出来的税前利润不同。这就影响到企业的经济利益。因此,企业对成本计算方法的选择十分重视。为了更全面地说明这个问题,下面从连续几个时期来对全部成本法和变动成本法进行比较研究。

〔实例九〕 飞达公司连续三个会计年度产品产销量的有关资料参见表2-9,销售单价和成本等的有关资料参见表2-10。

表 2-9　单位:件

摘　　要	第一年	第二年	第三年	合　计
期初存货量	0	0	200	0
当年生产量	1 500	1 500	1 300	4 300
当年销售量	1 500	1 300	1 500	4 300
期末存货量	0	200	0	0

表 2-10　单位:元

每件售价	20
生产成本:	
单位变动成本	12
固定成本总额	3 000
推销及管理成本:	
单位变动成本	0
固定成本总额	2 000

根据表 2-9、表 2-10 中的资料,分别采用全部成本法和变动成本法,编制各个会计年度的损益表。参见表 2-11、表2-12。

表 2-11　损益表

（按全部成本法计算）　单位:元

摘　　要	第一年	第二年	第三年	合　计
销售收入	30 000	26 000	30 000	86 000
销售成本				
期初存货成本	0	0	2 800	0
本期生产成本（按产量计算）				
变动生产成本	18 000	18 000	15 600	51 600
固定生产成本	3 000	3 000	3 000	9 000
可供销售的成本	21 000	21 000	21 400	63 400
减:期末存货	0	2 800	0	0
销售成本合计	21 000	18 200	21 400	60 600
销售毛利	9 000	7 800	8 600	25 400
减:推销及管理成本	2 000	2 000	2 000	6 000
税前利润	7 000	5 800	6 600	19 400

表 2-12　　　　　　　　　　　损益表

（按变动成本法计算）　　　　　　　　　　单位:元

摘　　要	第一年	第二年	第三年	合　计
销售收入	30 000	26 000	30 000	86 000
变动成本				
变动生产成本（按销售量计算）	18 000	15 600	18 000	51 600
边际贡献	12 000	10 400	12 000	34 400
减:期间成本				
固定生产成本	3 000	3 000	3 000	9 000
固定推销及管理成本	2 000	2 000	2 000	6 000
期间成本合计	5 000	5 000	5 000	15 000
税前利润	7 000	5 400	7 000	19 400

通过对两种方法下连续三个会计年度的税前利润的计算,可以看出这样一些情况:

(1)两种方法计算出来的第一年的税前利润是相同的。这是因为期初存货量为零,而当期的产量和销量又相等,期末存货量为零。这就可以得出一个结论:如果当期生产量等于销售量(或期初存货量与期末存货量相等),那么,按两种方法计算出来的税前利润相同。

(2)第二年按全部成本法计算出的税前利润为 5 800 元,按变动成本法计算出的税前利润为 5 400 元,相差 400 元。这是因为当期产量大于销量,有期末存货 200 件。每件存货的成本,按全部成本法计算为 14 元(12 元变动生产成本加上 2 元固定生产成本),按变动成本法计算为 12 元(12 元变动生产成本),每件相差 2 元。由于期末存货增加 200 件,按全部成本法计算时,就有 400 元(2 元/件 ×200 件)的固定生产成本由本会计年度转到下一会计年度。因此,本年度的销售成本就减少 400 元,税前利润也就多了 400 元。这样,又可得出一个结论:如果当期的期末存货增加,按全部成本法计算出的税前利润要大于按变动成本法计算出的税前利润,其差额为单位产品中的固定生产成本额与期末存货增加量的乘积。

(3)第三年的税前利润,按全部成本法计算的结果比变动成本法少 400 元(6 600 元 -7 000 元)。这是因为当年的产量比销量少 200 件,从而期末存货也减少 200 件。这 200 件期末存货是由上一会计年度转来由本期销售的。这样,在采用全部成本法时，本期的销售成本中，就要包括由期末存货转来的上一会计年度的400元固定生产成本（2元/件×200件）。因此，本期的销售成本增加400元，税前利润也就减少400元。结论是：如果当期的期末存货量减少，按全部成本法计算的税前利润必然小于按变动成本计算法计算的税前利润，其差额为单位产品中的固定生产成本额与期末存货减少量的乘积。

（4）从连续三个会计年度来看，按两种方法计算出来的税前利润的合计数是相同的，均为19 400元，这是因为从长期来看，公司的产量和销量总是基本相等的，期末存货也不会有什么变化。

在实际工作中，如果只采用其中一种方法编制损益表，那么，通过调整就可以得到按另一种方法计算的结果。其调整的方法如表2－13所示（仍以前面资料为例）。

表2－13　全部成本法和变动成本法税前利润调整表　单位：元

摘　　要	第一年	第二年	第三年
按变动成本法计算出的税前利润	7 000	5 400	7 000
加：按全部成本法计算出的新增加的期末存货成本	—	400	—
减：按全部成本法计算出的减少的期末存货成本	—	—	(400)
按全部成本法计算出的税前利润	7 000	5 800	6 600

四、西方有关全部成本法和变动成本法的争论

关于应当按全部成本法还是按变动成本法计算产品成本的问题是管理会计中争论较多的问题之一。争论的焦点并不在于是否应按成本特性将成本划分为固定成本和变动成本，而在于产品的成本中是否应当包含固定制造费用。

变动成本法的倡导者认为，固定制造费用只是与企业的生产能量有关的内容，包括机器设备的折旧费、保险费、管理人员的工资等。这些费用是企业在一定期间进行生产经营活动必然要发生的，它们与时间的关系紧密，而与生产产品的具体数量并没有必然的联系。因此，这部分费用不应当计入产品成本，也没有理由递延到下一个会计期间，而应当在发生的当期作为期间成本全部摊销。

根据这种理论，变动成本法主张将固定制造费用以及非生产成本（推销费用和管理费用）全部列作期间成本，在当期损益表中一笔扣除。由于期间成本要抵减销

售收入,所以,期间成本的多少,直接影响到企业利润的高低。

全部成本法的倡导者认为,既然是计算产品成本,就没有必要再区分什么固定制造费用或变动制造费用。这些费用都是为生产产品而发生的,因而在计算产品成本时,理应同等对待,全部计入产品成本。由于所有的制造费用都按一定的比例分摊到产品成本中去,这样计算出来的产品成本才是完全的产品成本。

以上两种观点虽然争论的都是是否将固定制造费用计入产品成本的问题,但实际上,这里涉及一个时间问题,即固定制造费用是在发生当期于损益表中全部扣除,还是随期末存货转入下一个会计期间去。在西方,存货是一项资产,而资产是可以产生效益的。那么,什么是资产?成本与资产的关系如何?

在西方,人们通常认为,如果一项成本有产生未来服务的潜力(Future Service Potential),那么,这项成本就可以被看作一项资产。比如,预付保险金是一项成本,但由于它可以使企业在未来遭到损失后得到补偿,具有一定的保护作用,即具有未来服务的潜在能力,所以,预付保险金也可被认为是一项资产。

主张采用全部成本法的人认为,分摊到存货中去的固定生产成本具有未来服务的能力,他们认为,如果本期的产量超过销量,那么,就有一批存货转移到下期,并在销售后为下期带来收益。所以,期末存货中的所有成本(而不仅是变动成本),都应作为一项资产转到下期去。折旧费、税金、保险费、管理人员工资等,与变动成本一样,是生产产品必然要发生的成本,很难想像不发生这些固定费用就能制造出产品来。所以,只有将固定生产成本计入产品成本,才是合理的。

主张采用变动成本法的人认为,一项成本是否具有未来服务能力而成为一项资产,是基于这样一个前提:现在发生后,将来不会再重复发生相同的成本,即未来成本的避免(Future Cost Avoidance)。如果现在一项成本的发生并不能保证以后不再发生同类成本,那么,这项成本就不具备未来服务的能力。固定生产成本就不具备这样的能力。今年发生了固定生产成本,明年同样要发生,固定生产成本并不导致"未来成本的避免",也就不存在未来服务的能力的问题。因此,没有理由将固定生产成本作为资产而转移到以后期间去。

五、对全部成本法和变动成本法的评价

(一)对全部成本法的评价

在西方,全部成本法是一种传统的计算产品成本的方法。许多年来,在会计实务中,人们都采用这种方法计算产品成本。这种方法的优点是:

(1) 它符合人们对产品成本的传统看法:产品成本“是为了获得某些产品或劳务而做出的一切牺牲”。这里的“一切牺牲”显然要包括为了生产产品而发生的所有变动成本和固定成本。按全部成本法计算出的产品成本是符合上述成本定义的。

(2) 按全部成本法计算产品成本,其中的固定生产成本在相关范围内是一个定数,只要增加产量,单位产品分摊的固定成本就必然减少。所以,采用全部成本法,可以激励企业以扩大产量的办法来降低产品成本。

全部成本法的局限性在于:

(1) 固定生产成本的分摊工作十分繁琐,要采用不同的分摊方法和分摊标准,在不同的产品中进行摊销,工作量很大。即使这样,分摊的结果也不一定精确,主观随意性较大。

(2) 管理当局要对经济活动进行有效的计划和控制,就有必要将成本按成本特性划分为固定成本和变动成本,而按全部成本法计算出的产品成本是混合成本,这就不能满足管理当局的需要。

(3) 采用全部成本法,企业利润的多少,不是与销售量成正比,而是主要受产量的影响。产量多,利润就多,这就会促使企业盲目扩大产量,而不注重销售,这是一种不正常的现象。

(二)对变动成本法的评价

较之全部成本法,变动成本法的历史要短得多。它起源于 20 世纪二三十年代。第二次世界大战后,资本主义生产进一步发展,而资本主义经济矛盾也日益加剧。为了在竞争中取胜,企业管理当局十分注重加强对经济活动的预测、决策和控制,变动成本法也就应运而生。尽管人们对它的实际应用还存在不同看法,但它至少在向企业管理当局提供预测、决策和控制等所需资料的方面,起到了一定作用。

1. 变动成本法的优点

(1)能够向管理当局提供加强内部管理所需的信息资料。变动成本法按成本特性将成本划分为固定成本和变动成本,这为管理当局进行预测、量—本—利分析、短期决策、编制预算、制定标准成本等提供了有用的数据。根据固定成本的发生与一定期间和一定范围有关,而变动成本的发生与数量(业务量)密切相关的原理,管理人员就能够找出成本与数量之间的变化规律,对企业的经济活动和产品的产销等做出恰当的决策。另外,变动成本法的出现,还引入了边际贡献这样一个概念。边际贡献能够提供企业和产品的盈利能力状况,这就更有利于管理人员进行经营决策。

(2)能够简化会计核算工作。采用变动成本法,把固定生产成本列做期间成本,在损益表中一笔扣除,而不必在各种产品中进行分摊,这就极大地简化了会计核算工作。同时,由于固定成本是企业为具备一定生产能力而发生的各项费用,与企业生产活动的一定期间有关,与产品产量的多少关系不大,因此,将固定生产成本作为期间成本在损益表中一笔扣除,这也符合西方的"费用与收益相配合"的原则。

(3)正确地揭示了销售数量和利润之间的内在联系。采用变动成本法,企业的利润与销售量呈同方向变动,即销售量增加,利润增加,销售量减少,利润减少。利润的多少与产量的多少关系不大,这是符合客观实际情况的。这就促使企业十分重视产品的销售和拓展产品的销售市场,克服全部成本法下的盲目扩大产量的缺陷。

(4)有利于管理当局加强对成本的控制和考核。采用变动成本法,一旦产品的成本出现了不利差异,就可以通过对产品的变动生产成本和固定生产成本进行分析,找出差异的原因,及时加以纠正。例如,如果发现直接材料成本、直接人工成本等出现了不利差异,就可以查找供应部门或生产部门的工作是否存在不足之处;如果固定生产成本出现了不利差异,则应由有关管理部门承担责任等。这样,就有利于企业加强成本管理工作和划分经济责任。

2. 变动成本法的局限性

(1)按变动成本法计算出的产品成本不符合传统的成本概念。传统的观点认为,产品成本是"一切可以计入存货的制造成本",是"为了生产产品或为了销售而购置的产品而发生的成本"。按照这些传统的观点,产品成本中就应当既包括变动成本,又包括固定成本。按变动成本法计算出的产品成本显然不能满足上述要求。

(2)按成本特性将成本划分为固定成本和变动成本只是一种粗略的计算,结果并不精确。根据这些不太精确的数据计算出来的产品成本也是不太准确的。

(3)不便于价格决策。按变动成本法计算出的产品成本,只包括变动成本,不包括固定成本,所以不能直接根据产品成本制定产品价格。同时,也不便于计算单位产品销售利润额。

六、变动成本法在我国的应用

关于变动成本法能否在我国企业中应用的问题,有不同的观点。

一种观点认为,可以在我国企业中广泛推行变动成本法。理由是,采用变动成本法,可以使企业利润的增减与销售量的增减保持一致,使企业注重产品的销售,而不是盲目扩大产量;可以克服由于采用全部成本法而造成的虚盈实亏、财政虚收的问题;可以简化会计核算工作,有利于加强企业内部管理等。

另一种观点认为,不宜在我国企业中推行变动成本法,或至少不能用于编制对外财务报表。其理由是,采用变动成本法计算的产品成本不符合马克思关于产品成本包括 c + v 的论述。虽然利润的多少应该与销售成正比例,但绝不能忽视生产对利润的影响,变动成本法则完全忽视了这种影响。我国实行的是社会主义市场经济,国家还需要从宏观上对经济活动进行控制、调节和管理,这就需要取得某些资料,比如制定价格和进行成本比较等方面所需的资料,只有按全部成本法计算的产品成本才能更好地满足上述要求。此外,采用变动成本法的初期会影响国家财政收入的稳定。

尽管存在着上述不同观点,但对于采用变动成本法有利于加强企业内部管理这一点,认识基本上是一致的。鉴于此,有人提出了变动成本法与全部成本法相结合的设想。采用变动成本法,以满足企业内部管理的需要;采用全部成本法,以满足对外财务报告的要求。

基本的做法是:按照变动成本法的原理,将成本按成本特性划分为变动成本和固定成本两大类,将变动成本计入产品成本。对于固定成本,在当期的各种产成品中进行分摊,计算产品的完全成本,同时列做期间成本,在损益表中抵减当期的销售收入,计算当期的销售利润。这样,就可同时提供产品的变动成本资料、完全成本资料和对外财务报告,兼顾了内部管理和外部报告的要求。

需要注意的是,采用变动成本法,关键在于成本的划分要尽可能准确。产品成本的内容,因产品不同、企业类型不同而不同(尤其是制造费用和管理费用等项目),所以,成本的划分方法应做到前后一致,以便比较;另外,在实行变动成本的初始阶段,对于前期的在产品及产成品中分摊的固定成本,也要采用一定的方法进行处理。

思考题

1. 什么是成本特性?
2. 什么是固定成本? 固定成本有什么特点?
3. 固定成本有哪些类型?
4. 什么是变动成本? 变动成本有什么特点?
5. 变动成本有哪些类型?
6. 什么是混合成本? 分解混合成本的基本方法有哪些?
7. 什么是边际贡献与边际贡献率? 如何计算?
8. 边际贡献的作用是什么?
9. 什么是全部成本法? 这种方法的基本特点是什么? 如何评价这种方法?
10. 什么是变动成本法? 这种方法的基本特点是什么? 如何评价这种方法?

计算题

习题一

一、目的:掌握混合成本分解的高低法点。

二、资料:大洋加工公司20××年1~9月份的维修工时和维修成本等资料如下表:

月　份	维修工时(小时)	维修成本(元)
1	6 250	28 000
2	7 000	29 000
3	5 000	23 000
4	4 250	20 000
5	4 500	22 000
6	3 000	17 000
7	3 750	18 000
8	5 500	24 000
9	5 750	26 000

三、要求：

1. 用高低点法计算该公司每个月的固定维修成本。

2. 该公司估计10月份要发生4 600个维修工时，试计算10月份的维修成本。

习题二

一、目的：掌握混合成本分解的散布图法和最小平方法。

二、资料：奇利公司有5辆货车，20××年1～12月份的行车里程及运输成本资料如下表：

月 份	里程（千公里）	总成本（元）
1	8	3 200
2	12	3 400
3	16	3 900
4	10	3 400
5	13	3 700
6	15	3 700
7	11	3 500
8	14	3 700
9	9	3 300
10	14	3 600
11	12	3 600
12	10	3 300

三、要求：

1. 用散布图法计算该公司每月运输成本中的固定成本。

2. 用最小平方法计算该公司每月运输成本中的固定成本。

习题三

一、目的：掌握固定成本、变动成本和混合成本的特点以及混合成本分解的高低点法。

二、资料：泰安公司销售一种A产品，20××年4月、5月、6月三个月的有关资料如下表：

摘　　要	4月	5月	6月
销售数量（件）	2 000	2 500	3 000
销售收入（元）	200 000	250 000	300 000
减：销售成本（元）	80 000	100 000	120 000
销售毛利（元）	120 000	150 000	180 000
减：营业费用（元）			
运输费（元）	30 000	33 000	36 000
广告费（元）	25 000	25 000	25 000
薪金和佣金（元）	46 000	50 000	54 000
折旧费（元）	12 000	12 000	12 000
营业费用总计（元）	113 000	120 000	127 000
净收益（元）	7 000	30 000	53 000

三、要求：

1. 对上述资料中的每一项成本费用进行分析，指出哪些是固定成本、变动成本和混合成本。

2. 用高低点法对混合成本进行分解。

习题四

一、目的：掌握边际贡献的计算方法以及与其他因素之间的关系。

二、资料：华生公司下属四个工厂，去年每个工厂提供的有关数据如下表（设每个工厂只生产一种产品）：

项目 厂名	销售数量（件）	销售收入总额（元）	变动成本总额（元）	单位边际贡献（元）	固定成本总额（元）	利润或（亏损）（元）
甲	15 000	180 000	120 000		50 000	
乙		100 000		10	32 000	8 000
丙	10 000		70 000	13		12 000
丁	6 000	300 000			100 000	（10 000）

三、要求：根据已给资料进行计算，写出计算过程，并将计算结果填入表中空白处。

习题五

一、目的：掌握全部成本法和变动成本法在产品成本计算方面的特点。

二、资料：维力公司去年生产一种产品，有关资料如下表：

直接材料（元）	4
直接人工（元）	3
变动制造费用（元）	4
固定制造费用（元）	20 000
固定推销及管理费用（元）	10 000
销售单价（元）	20
生产数量（件）	5 000

三、要求：

1. 用全部成本法计算单位产品成本。

2. 用变动成本法计算单位产品成本。

3. 设该公司当年只销售产品 4 000 件，无期初存货。试计算在全部成本法和变动成本法下各自的净收益。

习题六

一、目的：熟悉分别采用全部成本法和变动成本法编制的收益表的特点。

二、资料:佳华公司20××年生产一种甲产品,有关资料如下表:

期初存货(件)	0
生产数量(件)	10 000
销售数量(件)	9 600
销售单价(元)	1 300
生产成本	
直接材料(元)	65
直接人工(元)	140
变动制造费用(元)	25
固定制造费用(元)	3 800 000
推销及管理费用	
变动费用(元)	60
固定费用(元)	700 000

三、要求:

1. 采用全部成本法编制公司该年度的收益表。
2. 采用变动成本法编制公司该年度的收益表。
3. 两种成本计算方法下各自计算出来的净收益是多少?有何不同?其原因是什么?

第三章
本—量—利分析

学习要点

本—量—利分析是一种预测分析方法,是管理会计的基本方法之一。“本”是指成本,“量”是指数量、“利”是指利润。这三者之间存在一种内在联系。对这种内在联系进行分析,就称为本—量—利分析。

本—量—利分析法运用的前提条件之一是要将企业的成本划分为固定成本与变动成本。

学习本—量—利分析法,可以从四个方面去加以掌握:第一,是保本销售数量的计算与目标利润销售数量的计算;第二,是单一产品保本点的计算与多种产品保本点的计算;第三,是运用本—量—利分析法时需要做一些基本的假设;第四,是不确定情况下的本—量—利分析。

企业的成本由固定成本与变动成本两部分构成。这两部分成本之间的比例关系对企业的利润会产生影响。由此,本章还介绍了营业杠杆及其相关内容。

第一节　本—量—利分析概述

本—量—利分析(Cost - Volume - Profit Analysis)是成本—数量—利润分析的简称,又称为 CVP 分析,它是指对利润、销售数量、固定成本、单位变动成本和销售单价等因素之间的内在联系进行分析的一种预测分析方法。

企业经营的主要目的是为了获得利润。从会计的角度看,企业的利润主要受销售收入和销售成本两个因素的影响,而销售收入又受销售数量和销售单价的影响。在对成本按成本特性划分以后,销售成本又由固定成本和变动成本两个因素构成。这样,利润实际上就受四个因素(销售数量、销售单价、固定成本和变动成本)的影响,这四个因素或其中某些因素发生变化,都会引起利润发生变化;反过来,利润目标发生变化,也会导致其他四个因素发生相应的变化。因此,利润、销售数量、销售单价、固定成本和变动成本等因素之间,存在一种内在联系。对这种内在联系进行分析,就称为本—量—利分析。

本—量—利分析法在企业的预测和决策中应用十分广泛。例如,它涉及企业的市场策略、产品定价、生产设备的利用等方面。因此,在挖掘企业生产潜力,达到经营目标方面,本—量—利分析法具有一定的作用。

第二节　一种产品的本—量—利分析

企业产销的产品,可能是一种产品,也可能是多种产品。现以一种产品为例介绍本—量—利分析法。

一、保本和保本点

保本(Break - even)又称为损益平衡或盈亏平衡,它是指企业当期的销售收入等于销售成本时的一种状况,也就是收支相等,利润为零。用公式表示为:

$$销售收入=销售成本$$

前文曾述及边际贡献就是销售收入减去变动成本后的余额,这个余额再减去固定成本,才是利润。如果利润为零,企业刚好保本,那么,这时的边际贡献与固定成本必然相等。因此,又得出另一个保本公式:

$$边际贡献=固定成本$$

保本点(Break - even Point)又称为损益平衡点或盈亏临界点,它是指企业当期的销售收入等于销售成本时的销售数量或销售金额。也就是说,在某个销售数量或销售金额的点上,销售收入与销售成本正好相等,企业不盈也不亏。

保本点是一个很重要的概念。企业经营，首先要做到保本，在此基础上，再争取获得利润。所以，企业经营管理人员在进行经营筹划时，必须要知道保本点，才能做到心中有数，不致失误。

保本点总是与销售这个概念联系在一起的，没有销售，就没有收入，也就谈不上保本的问题。因此，保本点就有两种表现形式：一种用数量表示，称为保本销售数量；另一种用金额表示，称为保本销售金额。

保本和保本点这两个概念的相同之处在于，都是指企业利润为零，不盈不亏。其区别在于，保本是一个抽象的概念，从这个概念中只知道企业不盈不亏，但具体产销了多少产品，收支了多少金额，却并不清楚；保本点是一个具体的概念，它说明了企业处于不盈不亏情形下的具体销售数量和销售金额。

二、保本销售数量和保本销售金额的计算

企业的利润是企业当期的销售收入减去销售成本后的余额，而销售成本又可划分为变动成本和固定成本两部分，所以，企业的利润可以这样计算：

$$\text{利润} = \text{销售收入总额} - \text{变动成本总额} - \text{固定成本总额} \tag{1}$$

如果企业收支相等，利润为零，则式(1)又可改写为：

$$\text{销售收入总额} = \text{变动成本总额} + \text{固定成本总额} \tag{2}$$

又因销售收入等于销售数量与销售单价的乘积，变动成本总额等于销售数量与单位变动成本的乘积，所以，式(2)又可表示为：

$$\text{销售数量} \times \text{销售单价} = \text{销售数量} \times \text{单位变动成本} + \text{固定成本总额} \tag{3}$$

由于式(3)是在式(2)假设企业利润为零的基础上设定的，所以，由式(3)即可得出企业的保本销售数量的公式：

$$\text{保本销售数量} = \frac{\text{固定成本总额}}{\text{销售单价} - \text{单位变动成本}} = \frac{\text{固定成本总额}}{\text{单位边际贡献}} \tag{4}$$

〔实例一〕　环宇公司从外地购进并销售一种风衣，每件购价为 15 元，售价为 25 元，公司每月的固定成本为 3 500 元。要求计算：该公司每月应销售多少件风衣才能保本。

解：将本例中的有关数据代入式(4)，则为：

$$保本销售数量=\frac{固定成本总额}{销售单价-单位变动成本}=\frac{3\,500}{25-15}=350(件)$$

计算结果表明，环宇公司每个月要销售350件风衣才能保本。

计算保本销售金额的方法有两种：

(1)用已计算出的保本销售数量乘以销售单价，即：

$$保本销售金额=销售单价\times保本销售数量$$

将实例一的资料代入，即得：

$$保本销售金额=25\times350=8\,750(元)$$

计算表明，环宇公司每月的销售收入要达到8 750元，才能保本。

(2) 根据保本公式“边际贡献=固定成本”来计算，公式两边同时除以销售金额，即：

$$\frac{边际贡献}{销售金额}=\frac{固定成本总额}{销售金额}$$

得：

$$边际贡献率=\frac{固定成本总额}{销售金额}$$

则：

$$销售金额=\frac{固定成本}{边际贡献率}$$

因为边际贡献等于固定成本时，企业刚好保本，据以计算出来的销售金额即为保本销售金额，所以：

$$保本销售金额=\frac{固定成本总额}{边际贡献率}$$

仍根据实例一的资料计算，风衣的边际贡献率计算如下：

$$边际贡献率=\frac{单位边际贡献}{销售单价}=\frac{25-15}{25}=40\%$$

$$保本销售金额=\frac{3\ 500}{40\%}=8\ 750(元)$$

三、实现目标利润的销售数量和销售金额的计算

企业在进行经营活动之前，往往要事先拟定一个希望达到的获利目标，这就是目标利润。根据目标利润，再测算企业应该发生的销售收入和销售成本。

在测算保本销售数量和保本销售金额的两个公式的基础之上，加上目标利润因素，即可得出实现目标利润的销售数量和销售金额的公式。

因为：

$$目标利润=实现目标利润的销售数量\times\left(销售单价-单位变动成本\right)-固定成本总额$$

移项，得：

$$实现目标利润的销售数量=\frac{固定成本总额+目标利润}{销售单价-单位变动成本}=\frac{固定成本总额+目标利润}{单位边际贡献}$$

〔**实例二**〕　假设环宇公司希望每个月实现目标利润 4 000 元（其他资料与实例一同），那么，每个月的销售数量应当是：

$$实现目标利润的销售数量=\frac{3\ 500+4\ 000}{25-15}=750(件)$$

同理，在计算保本销售金额公式的基础之上，考虑目标利润因素，则可得实现目标利润的销售金额公式：

$$实现目标利润的销售金额=\frac{固定成本总额+目标利润}{边际贡献率}$$

仍引实例二资料，得：

$$实现目标利润的销售金额=\frac{3\ 500+4\ 000}{40\%}=18\ 750(元)$$

需要注意的是，以上公式中的目标利润一般是指税前利润。如果企业的目标

利润是指税后利润，则在进行本—量—利分析时，则要对公式做适当调整。

因为：

$$税后利润 = 税前利润 \times (1 - 所得税率)$$

所以：

$$税前利润 = \frac{税后利润}{1 - 所得税率}$$

则：

$$实现目标(税后)利润的销售数量 = \frac{固定成本总额 + \dfrac{税后利润}{1 - 所得税率}}{销售单价 - 单位变动成本}$$

$$实现目标(税后)利润的销售金额 = \frac{固定成本总额 + \dfrac{税后利润}{1 - 所得税率}}{边际贡献率}$$

〔**实例三**〕 假设环宇公司希望实现目标(税后)利润6 700元，所得税率为33%。问：销售数量和销售金额各为多少？

解：

$$实现目标(税后)利润的销售数量 = \frac{3\ 500 + \dfrac{6\ 700}{1 - 33\%}}{25 - 15} = 1\ 350(件)$$

$$实现目标(税后)利润的销售金额 = \frac{3\ 500 + \dfrac{6\ 700}{1 - 33\%}}{40\%} = 33\ 750(元)$$

四、诸因素变动的相互影响

前文已述及，企业的利润要受销售数量、销售金额、固定成本、变动成本等四个因素的影响，利润与这四个因素之间的内在联系可用下列公式表示：

$$目标利润 = 销售数量 \times \left(销售单价 - 单位变动成本\right) - 固定成本总额$$

公式两边的任何一个因素发生变动，都会引起其他因素发生相应变动。为了有利于企业进行预测和决策，有必要对这些因素可能发生的变动及其影响加以测算。

1. 目标利润发生变动

〔实例四〕 假设环宇公司的目标利润由原来的4 000元增加到6 000元,其他因素不变,销售数量和销售金额各应为多少?

解:

$$实现目标利润的销售数量=\frac{3\ 500+6\ 000}{25-15}=950(件)$$

$$实现目标利润的销售金额=\frac{3\ 500+6\ 000}{40\%}=23\ 750(元)$$

可见,如果目标利润增加2 000元(6 000元-4 000元),那么,销售数量将增加200件(950件-750件),销售金额将增加5 000元(23 750元-18 750元)。这是目标利润发生变动后对销售数量和销售金额这两个因素产生的影响。为此,企业在制定目标利润时需要仔细考虑,看销售数量或销售金额能否达到与目标利润一致的程度。

2. 固定成本发生变动

在企业中,固定成本总额往往也是要发生变动的。例如,新购置机器设备,增加或减少行政管理人员等。固定成本发生变动,必然对企业的利润和其他因素产生影响。

〔实例五〕 假设环宇公司打算租用一个广告牌,每月支付租金1 500元,目标利润为4 000元,其他因素仍与实例一同。问:该公司的销售数量应为多少?

解:

$$实现目标利润的销售数量=\frac{(3\ 500+1\ 500)+4\ 000}{25-15}=900(件)$$

结果表明,公司每月的销售数量,在租用广告牌后应比租用广告牌前增加150件(900件-750件),增长幅度为20%,才能实现目标利润4 000元。这是固定成本发生变动后对销售数量的影响。这就要求公司在进行是否租用广告牌的决策时,要十分小心,要对产品的销售市场做充分的估计。

3. 单位变动成本发生变动

在制造企业,单位变动成本主要包括直接材料、直接人工和变动制造费用等。在商业企业,单位变动成本则主要是指单位进货成本。由于条件发生变化,单位变动成本也要发生变动。

〔实例六〕 假设环宇公司获悉,原订购的风衣的进价将提高20%,其他因素与实例一同,那么,保本销售数量和实现目标利润销售数量各应为多少?

解:

$$保本销售数量=\frac{3\ 500}{25-15\times(1+20\%)}=500(件)$$

$$实现目标利润的销售数量=\frac{3\ 500+4\ 000}{25-15\times(1+20\%)}=1\ 071(件)$$

因进价(即单位变动成本)提高20%,保本销售数量为500件,比原来增加150件(500件-350件);实现目标利润的销售数量达1 071件,比原来增加321件(1 071件-750件)。这将给环宇公司的销售工作带来一定压力。

〔实例七〕 假设环宇公司每月的目标利润由原来的4 000元增至5 500元,销售数量估计为750件,要求除单位变动成本可做适当调整外,其他因素不发生变化。问:单位变动成本应做怎样调整?

解:

$$单位变动成本=\begin{matrix}销售\\单价\end{matrix}-\frac{固定成本总额+目标利润}{销售数量}$$

$$=25-\frac{3\ 500+5\ 500}{750}=13(元)$$

调整后的单位变动成本(进价)应为13元,比调整前降低2元(15元-13元)。

4. 销售单价发生变动

市场上的商品价格随着供求关系的变化而经常发生变化,价格的变化会引起销售数量和利润等发生相应的变化。

〔实例八〕 假设环宇公司为了扩大销售,决定采用薄利多销的方法,降低售价20%,其他因素不变。问:保本销售数量和实现目标利润的销售数量各应为多少?

解:

$$保本销售数量=\frac{3\ 500}{25\times(1-20\%)-15}=700(件)$$

$$实现目标利润的销售数量=\frac{3\ 500+4\ 000}{25\times(1-20\%)-15}=1\ 500(件)$$

降低售价20%后,保本销售数量达到700件,比降价前增加350件(700件－350件);实现目标利润4 000元的销售数量为1 500件,比降价前增加750件(1 500件－750件)。

售价降低20%,而保本销售数量和实现目标利润的销售数量却要随之增加100%,可见,价格的变动,对销售数量的影响是很大的,企业在进行价格决策时要充分考虑到这一点。

〔实例九〕　环宇公司估计每月的风衣销售量可达到1 000件,目标利润仍确定为4 000元,其他因素不发生变化。问:销售单价可定为多少?

解:

$$销售单价=\frac{固定成本总额+目标利润}{销售数量}+单位变动成本$$

$$=\frac{3\ 500+4\ 000}{1\ 000}+15=22.50(元)$$

5. 销售数量发生变动

销售数量的变动会直接引起销售收入和目标利润发生变动。

〔实例十〕　环宇公司通过市场调查,预测每个月可以销售风衣900件,其他因素不变。问:公司的目标利润可确定为多少?

解:

$$目标利润=\begin{matrix}销售\\数量\end{matrix}\times\left(\begin{matrix}销售\\单价\end{matrix}-\begin{matrix}单位\\变动成本\end{matrix}\right)-\begin{matrix}固定成本\\总额\end{matrix}$$

$$=900\times(25-15)-3\ 500=5\ 500(元)$$

计算结果表明,销售数量由原来的750件增加到900件,增加幅度为20%,目标利润由原来的4 000元增加到5 500元,增加幅度为37.5%　。利润增加的幅度高于销售量增加的幅度。所以,通过扩大销售量来增加利润是十分重要的手段。

6. 诸因素发生变动

以上的分析是假定在一个因素发生变动,而其他因素不发生变动的情形下进行的。在实际工作中,往往若干因素同时发生变动。对于这样的变动给企业带来的影响,仍要加以测算。

〔实例十一〕　环宇公司在原有计划安排的基础上,有关因素发生了以下一些变化：每月租用一个广告牌，租金 1 500 元；销售数量在 750 件的基础上增加 20%；销售单价在 25 元的基础上降低 10%；进货单价在 15 元的基础上降低 20%。要求计算：诸因素发生变动后的目标利润。

$$\text{目标利润}=\begin{matrix}\text{销售}\\\text{数量}\end{matrix}\times\left(\begin{matrix}\text{销售}\\\text{单价}\end{matrix}-\begin{matrix}\text{单位}\\\text{变动成本}\end{matrix}\right)-\begin{matrix}\text{固定成本}\\\text{总额}\end{matrix}$$

$$=750\times(1+20\%)\times[25\times(1-10\%)-15\times(1-20\%)]$$

$$-(3\ 500+1\ 500)$$

$$=900\times(22.50-12)-5\ 000=4\ 450(\text{元})$$

计算表明，企业的目标利润可达到 4 450 元，比各项因素变化前的目标利润增加了 450 元(4 450 元 - 4 000 元)，这是诸因素综合变动后对目标利润的影响。

五、本—量—利分析的图示法

进行本—量—利分析，还可以根据有关资料采用绘图的方式进行计算。绘制的图大致有两种：一种是保本图，另一种利润图。

1. 保本图

绘制保本图(Break - even Chart)是通过绘图的方式来确定保本点的一种方法。下面仍以实例一的有关资料为例，介绍绘制保本图的主要步骤。如图 3 - 1所示。

(1) 建立坐标图，横轴表示数量，纵轴表示金额。

(2) 画一条代表固定成本的与横轴平行的线(环宇公司每月的固定成本为3 500 元)。

(3) 任选某个大于零的销售数量(如环宇公司每月销售风衣 500 件)，再根据这个销售量，确定销售收入总额和销售成本总额，并在图上作总销售收入线和总销售成本线。

$$\text{销售收入总额}=25\times500=12\ 500(\text{元})$$

$$\text{销售成本总额}=15\times500+3\ 500=11\ 000(\text{元})$$

(4) 总销售收入线与总销售成本线的相交点，即为保本点。该点所对应的数量，为保本销售数量；该点所对应的金额，为保本销售金额。由图 3 - 1 可知，环宇公司的保本销售数量是 350 件，保本销售金额是 8 750 元。

(5) 确定利润区和亏损区。在保本点以下的总收入线与总成本线相夹的区域

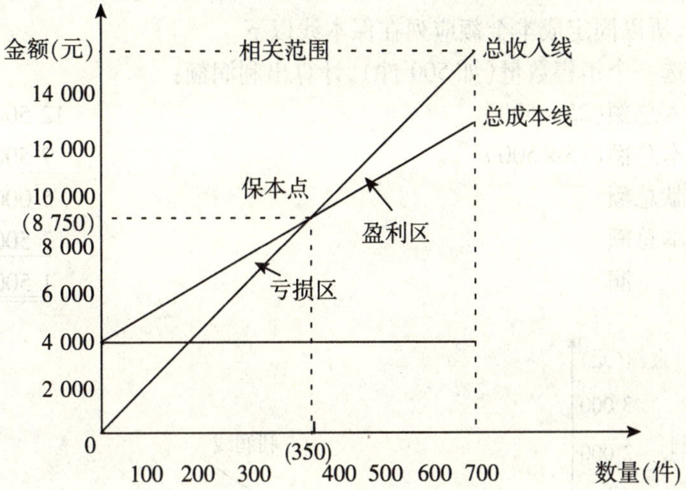

图 3-1

为亏损区,该区域中的任何一点所对应的销售数量和销售金额都达不到保本的要求;在保本点以上的总收入线与总成本线相夹的区域为盈利区,该区域中的任何一点所对应的销售数量和销售金额都超过了保本点。

(6) 确定相关范围。因为绘制图表的前提是假设在相关范围内,各种因素(如固定成本、销售单价、单位变动成本等)都不发生变化,所以需要注明相关范围,该图才有效。

绘制保本图,可以比较直观地反映数量、成本、利润、价格等因素之间的关系。只要制图准确,即可根据经济活动的变化情况,迅速找出所需的数据。保本图是管理人员在计划和控制经济活动时的一个十分有用的工具,但绘制保本图的前提是制图必须精确。在可能的情况下,绘图时可以采用数学计算加以验证。

2. 利润图

绘制利润图(Profit Graph)是通过绘制图表来进行本—量—利分析的一种方法。下面结合实例一的资料,来说明绘制利润图的步骤。如图 3-2 所示。

(1) 建立坐标图,横轴表示销售数量,纵轴表示盈亏金额。

(2) 在纵轴金额为零的那一点上画一条与横轴平行的线,称为保本线,并在该线上注明不同销售数量所取得的销售收入金额。

（3）先假定销售数量为零，并在纵轴上注明固定成本总额（3 500 元），由于没有销售收入，所以固定成本金额应列在保本线以下。

（4）任选一个销售数量（如500 件），计算出利润额：

销售收入总额（25 × 500）	12 500 元
变动成本总额（15 × 500）	7 500 元
边际贡献总额	5 000 元
固定成本总额	3 500 元
利　　润	1 500 元

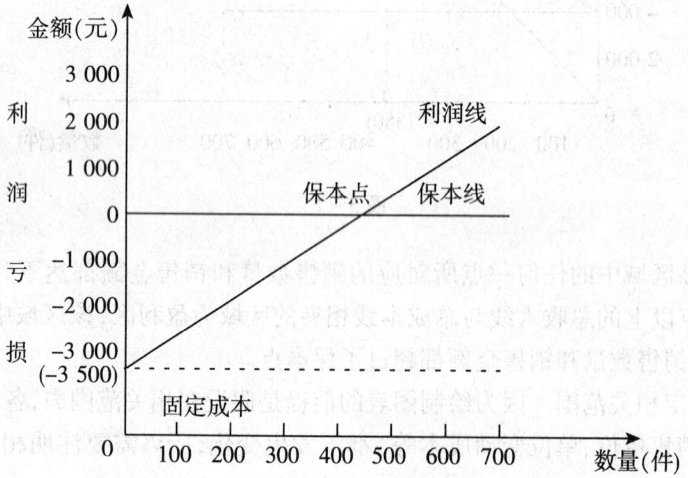

图 3－2

（5）找出销售数量为500 件与利润为1 500 元的相交点，画一条直线与纵轴上的固定成本金额的那一点相连接。这条直线就叫做利润线。

（6）利润线与保本线相交的那一点即为保本点，两条线相夹的下方区域为亏损区，上方区域为盈利区。

利润图的优点是较直接地反映出了销售数量和利润额之间的变化关系，缺点是不能反映出销售数量与成本之间的变化关系。

六、安全边际

企业进行经营，最低限度是要保本，不盈不亏，在此基础上，再争取获得尽可能多的利润,达到目标利润。但有时企业的业绩虽然超过了保本点,却不一定能达到目标利润。这时,就涉及安全边际问题。

安全边际(Margin of Safety)是反映预算的或实际的销售金额(或销售数量)与保本销售金额(或销售数量)之间差额的指标,包括绝对量(安全边际额和安全边际量)和相对量(安全边际率)两种形式。

1. 绝对量指标的计算公式

$$安全边际额=预算(或实际)的销售金额-保本销售金额$$
$$安全边际量=预算(或实际)的销售数量-保本销售数量$$

绝对量指标反映出预算或实际的销售业务量与保本销售业务量之间的差距,反映出企业的销售活动在保本的基础上可以上下波动的范围亦即安全程度。上下波动的范围越大,说明安全边际数额也越大,企业的经营活动也就越安全。

2. 相对量指标的计算公式

$$安全边际率=\frac{安全边际额}{预算(或实际)的销售金额}$$

或:

$$安全边际率=\frac{安全边际量}{预算(或实际)的销售数量}$$

〔**实例十二**〕　仍以环宇公司为例。该公司的保本销售金额是8 750 元(销售数量是 350 件),目标利润(4 000 元)销售金额是18 750 元(销售数量是 750 件),则:

$$安全边际销售金额=18\ 750-8\ 750=10\ 000(元)$$
$$安全边际销售数量=750-350=400(件)$$
$$安全边际率=\frac{安全边际销售金额}{预算销售金额}=\frac{10\ 000}{18\ 750}=53\%$$

或:

$$\frac{安全边际销售数量}{预算销售数量}=\frac{400}{750}=53\%$$

计算结果表明,如果该公司销售活动达不到目标,即销售金额达不到 18 750

元，销售数量达不到750件，则可以往下降，但销售金额和销售数量下降的幅度应分别控制在10 000元和400件范围之内。这样，企业仍可保本，是安全的。如超过了上述范围，企业将会发生亏损，就不安全了。安全边际率53%则反映出企业经营的安全程度。

安全边际还可用图来表示。如图3－3所示。

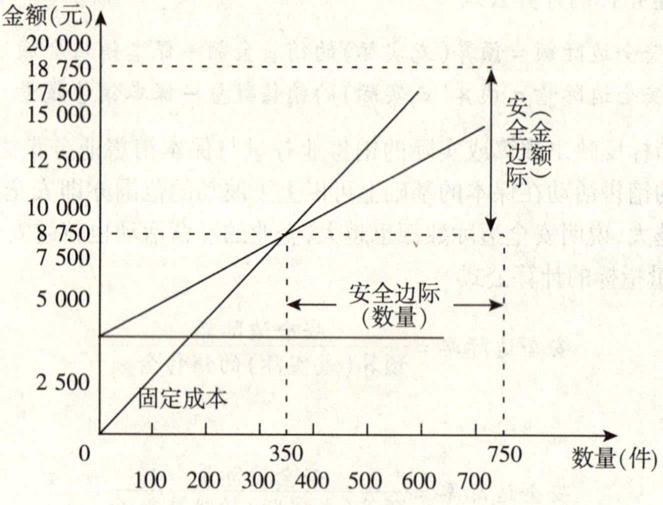

图3－3

从图3－3可见，一种产品的安全边际距离越长，经营这种产品就比较安全；如果安全边际距离很短，经营这种产品就不太安全，因为销售金额或销售数量稍有下降，企业就会发生亏损。如果某些产品安全边际太小因而经营起来显得不安全，则企业可采用降低保本点或提高销售水平的方法来扩大其安全边际。但安全边际不能随意改变，需要通过对企业的经营活动进行全面分析后才可决策。

第三节　营业杠杆

一、成本结构对企业利润的影响

企业从事经营活动，总要发生成本，其中包括固定成本和变动成本。成本总额的多少会影响企业的利润额，同时，企业成本的结构（即固定成本与变动成本之间的比例）也会影响企业的利润额。因此，有必要将成本结构对企业利润的影响进行分析研究。下面举例说明。

〔**实例十三**〕　A 公司和 B 公司分别生产同一种产品，有关资料参见表 3－1。

表 3－1

公　司	销售数量（件）	销售单价（元）	固定成本总额（元）	单位变动成本（元）
A	1 000	100	30 000	60
B	1 000	100	60 000	30

从表 3－1 中可见，A、B 两个公司的成本结构是不相同的。A 公司的固定成本低，单位变动成本高；而 B 公司则正好相反。成本结构的不同会给企业的收益带来不同的影响。

根据表 3－1 的资料，计算出有关资料，参见表 3－2。

表 3－2

项　　目	A 公司（元）	百分比	B 公司（元）	百分比
销售收入	100 000	100%	100 000	100%
减：变动成本	60 000	60%	30 000	30%
边际贡献	40 000	40%	70 000	70%
减：固定成本	30 000		60 000	
税前利润	10 000		10 000	

由表 3－2 可见，两个公司的成本结构不相同，边际贡献也不相同，但税前利润是相同的。这样看来，似乎成本结构对公司的税前利润并无影响。但是如果将两个公司的产品销售数量分别增加 10%，情况就会发生变化，参见表 3－3。

表 3-3

单位:元

项　　目	A 公司	B 公司
销售收入	110 000	110 000
减:变动成本	66 000	33 000
边际贡献	44 000	77 000
减:固定成本	30 000	60 000
税前利润	14 000	17 000

计算表明,在销售量增加 10% 的情况下,B 公司的税前利润大于 A 公司。可见,在销售量发生变动的情况下,企业的成本结构不同,税前利润也会在一定程度内发生相应的变动。

二、营业杠杆(Operating Leverage)

由于成本结构会对企业的经济效益产生影响,因此,企业就有必要慎重考虑应当采用什么样的成本结构。

从物理学的角度看,利用杠杆原理,可以用较小的力移动较大的物体。从企业经营的角度看,利用杠杆原理是指只增加尽可能少的销售量(或资产)就可以增加尽可能多的利润。由于这是从经营角度利用杠杆原理,所以叫做营业杠杆。

营业杠杆与企业的成本结构有关。在企业的总成本中,如果固定成本总额很大,单位变动成本很小(如表 3-1 中的 B 公司),那么,就说明营业杠杆很大;相反,如果单位变动成本很大,而固定成本总额很小,就说明营业杠杆很小。一般来说,营业杠杆大,销售的变动对利润的影响较为明显,即只要增加(或减少)较少的销售量,即可增加(或减少)较多的利润额。

以表 3-2 的资料为例。A、B 两个公司的销售收入和销售成本总额(包括固定成本和变动成本)都相同,因而税前利润也相同。但 A 公司的营业杠杆小(固定成本总额小,单位变动成本大),而 B 公司的营业杠杆大(固定成本总额大,单位变动成本小),所以,当两个公司在原有销售量的基础上,同时增加 10% 的销售量时,营业杠杆小的 A 公司的税前利润仅增加了4 000元(14 000 元 - 10 000元),增加幅度为 40%;而营业杠杆大的 B 公司的税前利润则增加了 7 000 元,增加幅度为 70%

(参见表3－3)。这说明,营业杠杆大的企业,一旦销售发生变动(增加或减少),对企业利润的影响程度就很大。

三、营业杠杆系数(Degree of Operating Leverage)

如果将一个企业的销售量固定在一个水平上,即可计算出营业杠杆系数。营业杠杆系数是边际贡献与税前利润之比,即:

$$营业杠杆系数=\frac{边际贡献}{税前利润}$$

营业杠杆系数的意义是,按照给定的销售水平,销售量一定比例的变动对企业利润的影响程度。

以表3－2的资料为例。按照100 000元的销售水平计算:

$$A公司的营业杠杆系数=\frac{40\ 000}{10\ 000}=4$$

$$B公司的营业杠杆系数=\frac{70\ 000}{10\ 000}=7$$

这两个结果表明,当销售量发生一定比例的变动时,A公司的税前利润将按40%的比例发生变动,而B公司的税前利润将按70%的比例发生变动。

以表3－3的资料为例,经过计算,形成表3－4。

表3－4

公　司	销售变动率	营业杠杆系数	税前利润变动率
A	10%	4	40%
B	10%	7	70%

根据表3－4的资料可知,税前利润变动率等于销售变动率与营业杠杆系数之乘积,即:

$$税前利润变动率=销售变动率\times营业杠杆系数 \quad (1)$$

据此,又可得出计算营业杠杆系数的另一个公式:

$$营业杠杆系数=\frac{税前利润变动率}{销售变动率} \quad (2)$$

式(2)中:

$$税前利润变动率=\frac{\begin{matrix}销售量变动后\\税前利润\end{matrix}-\begin{matrix}销售量变动前\\税前利润\end{matrix}}{销售量变动前税前利润} \qquad (3)$$

$$销售变动率=\frac{\begin{matrix}销售量变动后\\的销售金额\end{matrix}-\begin{matrix}销售量变动前\\的销售金额\end{matrix}}{销售量变动前的销售金额}$$

$$=\frac{销售量变动金额}{销售量变动前的销售金额} \qquad (4)$$

营业杠杆系数在靠近保本点时将达到最大,当销售量和税前利润逐渐增加时,营业杠杆系数将逐渐减小。下面用一些资料来加以说明,参见表3-5。

表3-5

销售收入(元)	80 000	100 000	150 000	200 000
减:变动成本(元)	48 000	60 000	90 000	120 000
边际贡献(元)	32 000	40 000	60 000	80 000
减:固定成本(元)	30 000	30 000	30 000	30 000
税前利润(元)	2 000	10 000	30 000	50 000
营业杠杆系数	16	4	2	1.6

表3-5的资料表明,营业杠杆系数随着销售金额和税前利润的不断增加而逐渐减小。但越靠近保本点,营业杠杆系数越大。在保本点处(税前利润趋于零),则营业杠杆系数表现为无穷大。

四、营业杠杆的作用

营业杠杆是管理人员进行经营管理的一个重要工具。通过营业杠杆系数,管理人员可以立即知道销售数量变动对利润的影响程度,而不必通过编制损益表来进行计算。

例如,如果某种产品的营业杠杆系数是5,预计当期该产品的销售量将增加10%,就可计算出该产品的税前利润将增加50%(5×10%)。同时,由于越靠近该保本点,营业杠杆系数就越大,所以,当一种产品的销售量临近保本点时,只要稍稍提高销售数量,即可较多地增加税前利润。所以,企业管理人员应当特别注意加强对这些产品的销售的管理。

营业杠杆原理的另一个重要作用是可以用来预测企业的经济活动。如可通过产品销售预计增减率来预测企业计划期的税前利润。

先用计划期税前利润、基期税前利润分别代替式(3)中的销售量变动后的税前利润、销售量变动前税前利润,可得下列公式:

$$营业杠杆系数=\frac{\dfrac{计划期税前利润-基期税前利润}{基期税前利润}}{销售变动率} \tag{5}$$

移项,得:

$$计划期税前利润=基期税前利润\times(1+销售变动率\times营业杠杆系数) \tag{6}$$

〔实例十四〕 假如已知计划期某种产品的销售量将增加10%,营业杠杆系数为4,基期税前利润为10 000元,则:

$$计划期税前利润=10\,000\times(1+10\%\times4)=14\,000(元)$$

如果预计计划期销售量将减少10%,则:

$$计划期税前利润=10\,000\times(1-10\%\times4)=6\,000(元)$$

同时,也可以根据计划期的目标税前利润,通过计算营业杠杆系数的公式变换,来测算计划期应达到的销售量增减率。

将式(6)变换后,得:

$$销售变动率=\frac{计划期税前利润-基期税前利润}{基期税前利润\times营业杠杆系数} \tag{7}$$

〔实例十五〕 设基期实际税前利润为10 000元,营业杠杆系数为4,计划期目标税前利润为14 000元,则:

$$计划期销售变动率=\frac{14\,000-10\,000}{10\,000\times4}=10\%$$

这说明计划期的销售量应当比基期增加10%,才能实现目标税前利润。

第四节　多种产品的保本分析

前述保本分析是以企业只产销一种产品为前提的。但企业往往是经营多种产品的，且每种产品的售价、单位变动成本、边际贡献以及边际贡献率等通常也是不相同的。同时，企业在进行经营筹划时，更多地是想从企业整体的角度来预测产品产销的保本点和实现目标利润的销售金额，而不仅仅是了解某一种产品的有关这方面的数据。由此，就有必要进行多种产品的保本分析。

一、多种产品保本分析的步骤

不同类型的产品的数量是不能简单加总的，所以，在进行多种产品的保本分析时，一般是计算多种产品的综合保本销售金额，然后，再据以分别计算每种产品的保本销售金额和保本销售数量。具体计算步骤如下：

1. 全部产品的总销售金额

$$全部产品的总销售金额 = \sum 每种产品的销售单价 \times 该种产品的销售数量$$

2. 每种产品的销售比重

销售比重(Sales Mix)是指每种产品的销售金额占全部产品总销售金额的比重，计算公式如下：

$$每种产品的销售比重 = \frac{每种产品的销售金额}{全部产品的总销售金额}$$

计算销售比重所需的数据可以根据历史资料或预测资料推算确定。

3. 加权边际贡献率总计

$$加权边际贡献率总计 = \sum 每种产品的边际贡献率 \times 该种产品的销售比重$$

4. 综合保本销售金额

$$综合保本销售金额 = \frac{固定成本总额}{加权边际贡献率总计}$$

5. 每种产品的保本销售金额和保本销售数量

$$每种产品的保本销售金额=综合保本销售金额\times每种产品的销售比重$$

$$每种产品的保本销售数量=\frac{每种产品的保本销售金额}{该种产品的销售单价}$$

下面举例说明以上步骤。

〔**实例十六**〕 环宇公司明年将经销三种商品，其有关预测资料参见表3－6。

表3－6

摘　要	风　衣	皮　鞋	布　鞋	全　年
销售数量(件或双)	800	400	700	
销售单价(元)	25	40	20	
单位变动成本①(元)	15	30	12	
固定成本总额(元)				35 200

注：①　这里的单位变动成本是指商品的进货单价。

要求根据表3－6的资料计算每种商品的保本销售金额和保本销售数量。

(1) 先通过一张计算表来计算加权边际贡献率总计。参见表3－7。

表3－7

摘　要	风　衣	皮　鞋	布　鞋	合　计
销售数量(件或双)	800	400	700	
销售单价(元)	25	40	20	
单位变动成本(元)	15	30	12	
单位边际贡献(元)	10	10	8	
边际贡献率	40%	25%	40%	
销售收入总计(元)	20 000	16 000	14 000	50 000
销售比重	40%	32%	28%	
加权边际贡献率	16%	8%	11.2%	35.2%

(2)计算三种商品的综合保本销售金额。

$$综合保本销售金额=\frac{35\ 200}{35.2\%}=100\ 000(元)$$

(3) 计算每种商品的保本销售金额和保本销售数量。参见表3－8。

表 3－8

项目	保本销售金额(元)	保本销售数量(件或双)
风衣	100 000 × 40% = 40 000	40 000 ÷ 25 = 1 600
皮鞋	100 000 × 32% = 32 000	32 000 ÷ 40 = 800
布鞋	100 000 × 28% = 28 000	28 000 ÷ 20 = 1 400

如果已知每种商品的销售比重和单位边际贡献,还可通过以下方法计算出每种商品的保本销售数量。

(1) 计算加权的单位边际贡献。

$$加权的单位边际贡献 = \sum 每种商品的销售比重 \times 该种商品的单位边际贡献$$

根据表 3－6 中的有关资料,计算加权的单位边际贡献。参见表 3－9。

表 3－9

项 目	销售比重 (1)	单位边际贡献(元) (2)	加权的单位边际贡献(元) (3) = (1) × (2)
风 衣	40%	10	4
皮 鞋	32%	10	3.2
布 鞋	28%	8	2.24
合 计	100%	—	9.44

(2) 计算三种商品的综合保本销售数量。

$$综合保本销售数量 = \frac{固定成本总额}{加权的单位边际贡献} = \frac{35\ 200}{9.44} = 3\ 729(件)$$

(3) 计算每种商品的保本销售数量。

$$每种商品的保本销售数量 = 综合保本销售数量 \times 每种商品的销售比重$$

代入数字后,计算如表 3－10 所示。

表 3－10

项　目	保本销售数量(件或双)
风　衣	3 729×40%＝1 492
皮　鞋	3 729×32%＝1 193
布　鞋	3 729×28%＝1 044
合　计	3 729

注:不同商品的数量本来是不能相加的,这里的合计数是在计算保本销售数量这个具体情况下加总的。

多种产品的加权边际贡献率也可通过另一种方法计算。参见表 3－11。

表 3－11

项　目	风　衣	皮　鞋	布　鞋	合　计
销售数量(件或双)	800	400	700	
销售单价(元)	25	40	20	
单位变动成本(元)	15	30	12	
边际贡献总额(元)	8 000	4 000	5 600	17 600
销售收入总额(元)	20 000	16 000	14 000	50 000
加权边际贡献率				35.2%

要计算多种产品的综合保本销售金额,关键是要计算出多种产品的加权边际贡献率总计。

如果要计算多种产品的实现目标利润的综合销售金额和销售数量,只需要在计算多种产品保本销售金额的公式的基础上,考虑目标利润因素即可,计算公式为:

$$实现目标利润的综合保本销售金额=\frac{固定成本总额+目标利润}{加权边际贡献率}$$

二、产品品种结构变动对综合保本销售金额的影响

环宇公司经销的三种商品的边际贡献率分别为:风衣 40%、皮鞋 25%、布鞋 40%。其中风衣和布鞋的获利程度稍高些,所以,公司决定调整商品的销售结构。调整前和调整后的有关数据,参见表 3－12。

表 3－12

调整品种结构前的有关数据				
项　目	风　衣	皮　鞋	布　鞋	合　计
销售比重	40%	32%	28%	
边际贡献率	40%	25%	40%	
加权边际贡献率	16%	8%	11.2%	35.2%
调整品种结构后的有关数据				
项　目	风　衣	皮　鞋	布　鞋	合　计
销售比重	50%	10%	40%	
边际贡献率	40%	25%	40%	
加权边际贡献率	20%	2.5%	16%	38.5%

根据调整品种结构后的加权边际贡献率总计数，计算企业的综合保本销售金额：

$$综合保本销售金额=\frac{35\ 200}{38.5\%}=91\ 429(元)$$

调整品种结构后的综合保本销售金额为 91 429 元，比调整前的 100 000 元减少 8 571 元，减少幅度为 8.57%。公司综合保本销售金额减少说明公司销售商品的盈利性增加。所以，在对市场进行充分调查研究的基础之上，确定合理的产品品种结构，对提高公司的经济效益具有十分重要的作用。

第五节　本—量—利分析的基本假设

运用本—量—利分析，能揭示目标利润、销售数量、销售单价、单位变动成本和固定成本总额等因素之间的内在联系，能给企业管理当局提供进行预测和决策所需的资料。所以，本—量—利分析方法不失为一种很好的预测分析方法。但是，在运用这种分析方法时，要注意一些基本的假设。离开这些基本假设，本—量—利分析的结果就会发生偏差。

（1）假设能够将企业的所有成本都按照成本特性精确地划分为变动成本和固定成本。

该假设是进行本—量—利分析的重要前提。如果成本划分不准确,那么据以提供的数据也是不准确的。

(2)假设企业的销售收入和销售成本在相关范围内呈线性关系。

在相关范围(或相关时期)内,产品的销售单价、单位变动成本和企业的固定成本等都保持不变。如果销售收入和销售成本呈非线性关系,那么,就很难准确地计算出企业的保本点。

(3)假设企业产品的销售结构在相关期间内不发生变化。

由前文可知,如果产品的销售结构发生变化,势必影响加权边际贡献率的变化,从而导致保本点发生变化。

(4)假设货币的币值在相关期间内不发生变化。

(5)假设企业的生产能力和生产效率在相关期间内不发生变化。

以上是一些主要的基本假设。从这些基本假设来看,有一个共同的特点,就是假设进行本—量—利分析所需的数据在相关范围内基本处于静止状态。但事实上,各种因素都在不同程度地变化着。这样,分析得出的结果,也只可能是一种近似值,而不是精确的结果。

虽然本—量—利分析方法有上述局限性,但只要在分析时做到心中有数,并对分析的结果做适当调整,那么,提供的数据对企业管理人员进行经营预测和决策,仍具有十分重要的参考价值。

第六节　本—量—利分析方法在应用中应注意的问题

在管理会计的各种分析方法中,本—量—利分析法是较为简单适用的一种方法,在我国的企业中应用也较为广泛。我国的会计工作者,根据本—量—利分析法的基本原理,结合我国国情和企业的具体情况,灵活地运用本—量—利分析法,积累了不少经验。现将本—量—利分析方法在实际运用中需注意的问题说明如下。

一、资料搜集问题

本—量—利分析法是一种预测分析方法,所需的资料主要是预测资料,但也不能忽视历史资料的作用。如成本的划分,可根据基期或以往时期变动成本和固定成本各占总成本的比例数,来预测计划期的变动成本和固定成本。又如,要计算计划期的新产品或非标准产品的边际贡献额或边际贡献率,如无具体的销售价格和单位变动成本的资料,也可参照过去产品的有关资料进行测算。

二、多种产品的本—量—利分析

多种产品生产企业在预测保本(或目标利润)销售金额或保本(或目标利润)销售数量时,可按品种或类别分别计算边际贡献额和边际贡献率。通常主要产品按品种计算,要求计算得精确些;非主要产品可按类别计算,可适当计算得粗略一些(最好将边际贡献率相同的产品划在一类)。

三、注意资料的可比性

对于一些常用的资料,如固定成本和变动成本资料,一经采用,就不要轻易变动,以便进行比较。

四、营业税金问题

根据我国税法,有些企业要按规定缴纳营业税金。营业税金是按企业销售额的一定比例缴纳的税金,具有变动费用的性质。同时,营业税金是直接抵减销售收入,而不进入产品成本的。因此,在进行本—量—利分析时,就要把营业税金这一因素考虑进去。在计算保本销售金额(或销售数量)时,计算公式要做相应改变:

$$保本销售金额=\frac{固定成本总额}{边际贡献率-营业税率}$$

$$保本销售数量=\frac{固定成本总额}{销售单价\times(1-营业税率)-单位变动成本}$$

第七节　不确定情况下的本—量—利分析

前文已述及,进行本—量—利分析时,至少涉及五个基本要素:销售数量、销售单价、固定成本总额、单位变动成本和目标利润。在前面的论述中,我们都假设该五个要素都是定数(即已知数)。但在实际生活中,上述五个要素实际上是处在不断变化中的。五个要素又是相互关联的,任何一个要素发生变化,都会导致分析结果发生变化。这样,我们就有必要针对这些不确定情况,采用专门的方法,进行本—量—利分析。这就是不确定情况下的本—量—利分析。

不确定情况下的本—量—利分析又分为两种:一种是不确定下的保本分析;一种是不确定情况下的目标利润分析。

一、不确定情况下的保本分析

保本分析分为单一产品保本分析和多种产品保本分析。为了便于说明,现仅以单一产品为例加以阐述。

进行单一产品的保本分析,需要取得三种数据,即销售单价、单位变动成本和固定成本总额。由于进行的是不确定情况下的保本分析,所以还需要对每种数据可能发生的金额及其概率进行估计。

不确定情况下的保本分析的基本步骤如下:

第一,对销售单价、单位变动成本和固定成本可能发生的金额及其每种金额的概率进行估计;

第二,对三个因素可能发生的金额及其概率进行搭配;

第三,计算出每一组合搭配下的保本点数量和联合概率;

第四,以联合概率为系数,计算出每一组合搭配下的保本数量,然后将各组保本数量加总,即可求得该种产品在不确定情况下的保本销售数量。

现举例说明如下:

〔实例十七〕　某公司产销一种 A 产品,该产品的销售单价、单位变动成本和固定成本总额的金额数据及其概率参见表 3-13。

表 3-13　　金额及概率表

项　目	金额(元)	概　率
销售单价	20	0.7
	21	0.3
单位变动成本	16	0.8
	17	0.2
固定成本总额	40 000	0.6
	45 000	0.4

根据上述资料,可编制出不确定情况下的保本分析表。参见表 3-14。

表 3－14　　　　　　　　　　　　不确定情况下的保本分析表

组合	销售单价		单位变动成本		固定成本总额		保本销售数量（件）	联合概率	组合保本销售数量（件）
	金额（元）	概率	金额（元）	概率	金额（元）	概率			
1	20	0.7	16	0.8	40 000	0.6	10 000	0.336	3 360
2	20	0.7	16	0.8	45 000	0.4	11 250	0.224	2 520
3	20	0.7	17	0.2	40 000	0.6	13 333	0.084	1 120
4	20	0.7	17	0.2	45 000	0.4	15 000	0.056	840
5	21	0.3	16	0.8	40 000	0.6	8 000	0.144	1 152
6	21	0.3	16	0.8	45 000	0.4	9 000	0.096	864
7	21	0.3	17	0.2	40 000	0.6	8 000	0.036	288
8	21	0.3	17	0.2	45 000	0.4	9 000	0.024	216
合　　计								1.000	10 360

表 3－14 的计算说明：以表中第一组数据为例，当产品的售价为 20 元，单位变动成本为 16 元，固定成本总额为 40 000 元时，保本销售数量的计算公式为：

$$保本销售数量=\frac{40\ 000}{20-16}=10\ 000（件）$$

在这种情况下出现的联合概率为：

$$0.7\times0.8\times0.6=0.336$$

由此，得到该组合形式下的保本销售数量为：

$$10\ 000件\times0.336=3\ 360（件）$$

二、不确定情况下的目标利润分析

不确定情况下的目标利润分析可以在保本分析的基础上进行。只要把保本分析表的有关栏目稍加改变，即可根据有关数据，编制出不确定情况下的目标利润分析表。现仍根据实例十七的有关数据，设 A 产品的目标利润为 10 000 元，则可编制出目标利润分析表。参见表 3－15。

表 3－15　　　　不确定情况下的目标利润分析表

组合	销售单价		单位变动成本		固定成本总额		目标利润销售数量（件）	联合概率	组合目标利润销售数量（件）
	金额（元）	概率	金额（元）	概率	金额（元）	概率			
1	20	0.7	16	0.8	40 000	0.6	12 500	0.336	4 200
2	20	0.7	16	0.8	45 000	0.4	13 750	0.224	3 080
3	20	0.7	17	0.2	40 000	0.6	16 667	0.084	1 400
4	20	0.7	17	0.2	45 000	0.4	18 333	0.056	1 027
5	21	0.3	16	0.8	40 000	0.6	10 000	0.144	1 440
6	21	0.3	16	0.8	45 000	0.4	11 000	0.096	1 056
7	21	0.3	17	0.2	40 000	0.6	12 500	0.036	450
8	21	0.3	17	0.2	45 000	0.4	13 750	0.024	330
合计								1.000	12 983

综上所述，要进行不确定情况下的保本分析和目标利润分析，关键是要估计出销售单价、单位变动成本和固定成本总额等各要素可能发生的金额及其概率。由于事先考虑到了各种因素可能出现的情况，并且采用比较科学的方法进行计算，因此，其计算结果更能接近未来的实际情况。但是，这种分析方法的基本点是对要素概率进行估计，由于是估计，因此，仍带有一定的随意性。同时，当各要素出现多种可能情况时，其计算工作量是相当大的。如果再把多种产品的因素加进去，则计算难度更大。

思考题

1. 什么是本—量—利分析？它的基本原理是什么？
2. 什么是保本？保本的基本公式有哪些？
3. 什么是保本点？保本点的基本公式有哪些？
4. 如何计算实际目标利润的销售数量与销售金额？
5. 什么是安全边际？如何计算？
6. 成本结构(固定成本与变动成本之间的比例)对企业的利润有何影响？
7. 什么是营业杠杆？如何计算营业杠杆系数？
8. 多种产品的保本分析有什么特点？
9. 本—量—利分析有哪些基本假设？
10. 本—量—利分析在运用中应注意哪些问题？

计算题

习题一

一、目的:掌握保本销售数量和保本销售金额的预测方法。

二、资料:长城公司只产销一种 A 产品,有关资料如下表:

单位:元

销售单价	80
每件变动费用	
直接材料	20
直接人工	18
变动制造费用	10
固定费用(每年)	
折旧费	12 000
房屋租金	24 000
推销费用	16 000
管理费用	20 000

三、要求(以下各小题之间无联系):

1. 计算A产品的保本销售数量和保本销售金额各是多少?

2. 该公司为了扩大销售数量,计划刊登广告,每年需开支广告费48 000元,其他条件不变。这样,保本销售数量和保本销售金额将是多少?

3. 如果每件A产品的变动费用减少3元,每件产品的销售单价便可减少2元,但要增加固定费用600元。这样,该公司的保本销售数量和保本销售金额又将是多少?

习题二

一、目的:练习测算本—量—利分析中诸因素发生变动后对目标利润的影响。

二、资料:中亚公司去年销一种灯具,每件售价20元,产销数量40 000件,有关资料如下表:

直接材料(元/件)	4.5
直接人工(元/件)	3.5
变动制造费用(元/件)	3.0
固定制造费用(元/件)	2.5
变动销售费用(元/件)	1.5
固定销售费用(元/年)	195 000

在上述资料的基础上,该公司拟从四个方案中选择一个:

1. 增加广告费5 000元,销售数量可增加20%;

2. 售价降低1元,销售数量可增加30%;

3. 如取消单位变动销售费用,则需增加固定销售费用30 000元,销售数量可增加5%;

4. 减少固定费用20 000元,销售数量降低5%。

三、要求:

试问:从盈利的角度看,公司应采用哪一个方案?

习题三

一、目的:掌握安全边际以及量—本—利分析中有关因素的计算方法。

二、资料:华生公司产销一种甲产品,有关资料如下表:

销售单价(元)	10
单位变动成本(元)	5
固定成本(元/月)	20 000
预计销售数量(件/月)	5 000

三、要求:

1. 计算该公司的保本销售数量和保本销售金额。

2. 计算甲产品的安全边际(数量和金额)。

3. 根据上面所给的资料数据,如果公司要求每月获得利润10 000元。要求计算(以下各题之间无联系):

(1)销售单价应为多少?

(2)单位变动成本应为多少?

(3)每月固定成本总额应为多少?

(4)每月销售数量应为多少?

习题四

一、目的:掌握营业杠杆系数的计算。

二、资料:宏达公司销售一种产品,有关资料如下表:

销售单价(元)	30
单价变动成本(元)	21
固定成本(元/年)	60 000
销售数量(件/年)	8 000

三、要求:

1. 计算营业杠杆系数。

2. 公司希望明年增加销售数量200件,要求计算:

(1)明年净收益增加的百分比为多少?

(2)明年预期收益为多少?

习题五

一、目的:掌握多种产品保本分析的方法。

二、资料:假定凯歌公司在计划期内生产并销售甲、乙、丙三种产品,有关资料如下表:

项目＼品名	甲	乙	丙	合计
销售单价(元)	500	1 000	800	
单位变动成本(元)	420	820	680	
销售数量(件)	80	80	100	
固定成本总额(元)				59 040

三、要求:

1. 计算该公司的保本销售金额。
2. 计算每种产品的保本销售金额和保本销售数量。
3. 如要求获得目标利润 8 200 元,则该公司的目标利润销售金额又为多少?

第四章
短期经营决策分析

学习要点

现代管理学认为,企业的经营管理过程实际上就是决策的过程。短期经营决策是企业决策的重要内容。

短期经营决策是企业的日常经营决策,其对企业经营效益的影响时间在一年以内,故称为短期决策。

本章主要阐述短期经营决策的概念、分类、程序和短期经营决策分析的基本方法以及短期经营决策在产品生产和销售环节的运用。通过本章的学习,应该深刻了解各种成本的内涵及其在决策分析中的重要性,重点掌握短期经营决策分析的各种方法,并能熟练运用这些方法对产品的生产决策和销售决策进行分析与评价。

第一节　短期经营决策概述

现代管理学认为,管理的重心在经营,经营的重心在决策。决策正确与否,往往关系到一个企业的兴衰存亡,因此,在科学预测的基础上,利用会计信息进行决策分析,是管理会计的核心内容之一。

一、企业经营决策的意义

决策(Decision Making)是指企业管理者在现实条件下,为了达到预期的经营目标,通过预测及对比分析,在两个以上的可行方案中选择最佳方案的行为过程。

决策是事先做出的抉择,正确的经营决策是企业正确进行生产经营活动的前提和基础。决策是否正确,不仅直接影响企业的经济效益,甚至关系到企业的兴衰存亡,从这个意义上说,决策是企业经营管理的核心问题。一个管理者每天都会采取许多行动,也就是说每天都会做出许多决策,有正确的决策,也有错误的决策。决策者的职位越高,他做出的决策就越重要,影响的范围越大、程度越深。企业管理者的决策失误,会影响企业的经营活动,导致财务状况恶化,甚至危及企业的生存。

现代管理科学认为,企业的经营管理过程实际上就是决策的过程。一个组织的全部管理活动都是集团活动,决策过程就成为组织中许多集团和个人共同参与的活动:制定计划的过程是决策;在两个以上备选方案中选择其中一个也是决策;组织的设计、部门的分割、决策权的分配等是组织方面的决策;实际业绩与预算的比较和考核、控制方法的选择等是控制方面的决策。

经营决策作为现代管理科学的内容,它的产生和完善标志着企业经营管理已由过去的经验式定性管理发展到科学的定性与定量相结合的管理。经营决策是经过科学的计算与分析,全面衡量其得失后做出的最优抉择,一般说来具有较高的科学性与可靠性,这有助于企业决策者克服主观片面性,促进企业改进经营管理方法,提高经济效益。

二、企业经营决策的分类

企业的经营决策涉及面较宽,为了掌握各类决策的不同特点,以便正确进行决策分析,有必要从不同的角度,对企业经营决策进行分类。从管理会计的角度出发,企业的经营决策可做如下分类:

(一)按决策受益期时间长短划分

(1)长期决策(Long-term Decision)。这类决策又称为投资决策,这类决策对企业经济效益的影响时间在一年以上,一般都涉及企业的发展方向及规模等重大问题,如厂房、设备的新建与更新,新产品开发,设计方案选择与工艺改革,企业剩余资金投向等。这类决策一般都具有使用资金量大、对企业发展影响时间长的特点。

(2)短期决策(Short-term Decision)。这类决策又称为日常经营决策,这类决策对企业经济效益的影响在一年以内,决策的主要目的是使企业的现有资源得到最充分的利用。经营决策一般不涉及对长期资产的投资,所需资金一般靠内部筹措。短期决策的内容与企业日常生产经营活动密切相关,包括企业的销售、生产、财务、组织等。

(二) 按决策条件的肯定程度划分

(1)确定型决策。确定型决策是指影响决策的相关因素的未来状况是肯定的,决策的结果也是肯定的和已知的一种决策类型。它可以运用常规决策方法进行确切测算,并可以具体的数字反映出方案的经济效益。管理会计决策分析中大部分都是确定型决策。

(2)风险型决策。风险型决策是指影响决策的相关因素的未来状况不能确切肯定,但该因素可能存在几种结果,每一种结果出现的概率是已知的一种决策类型。比如:决策者在做销售决策时可能对计划期的销售量不能完全确定,只知道可能是4 000件、5 000件或8 000件,其概率分别是0.6、0.3和0.1。在这种情况下,决策者可以通过计算销售量预计期望值大小来进行决策。由于决策是依据可能的而不是确定的因素结果进行的,因此对方案的选取带有一定的风险。

(3)不确定型决策。不确定性决策是指影响决策的相关因素的未来状况完全不能肯定,或者虽然知道它们存在几种可能的结果,但不知道各种结果出现的概率是多少的一种决策类型。如管理者在进行销售决策时,计划期的销量可能为1 000件、2 000件、3 000件或4 000件,但不知道每种销售量的概率,这种决策就完全取决于决策者的经验和判断能力。

除上述分类方法外,还有一些其他分类方法。如按决策问题是否重复出现可分为重复性决策和一次性决策;按决策部门的层次划分可分为高层决策、中层决策、基层决策;按管理会计职能划分可分为规划决策、控制决策、组织决策等。管理会计一般采用按受益时间长短分类的标准,着重分析短期经营决策和长期投资决策。

三、短期经营决策的分类及特点

短期经营决策的主要目的是使企业的现有资源得到最好的利用,主要涉及周转期在一年以内的流动资产的营运,并对日常营业活动进行控制,其决策类型主要是生产经营活动中的销售、生产、财务、组织等决策。

(1)销售决策。包括市场的扩大与开拓、销售的价格与数量、推销机构的设置、广告宣传费开支等方面的决策。

(2)生产决策。包括生产产品的种类、产品品种结构、产品批量和生产时间的安排,生产能力的利用等方面的决策。

(3)财务决策。包括短期贷款资金筹措、销售折扣、产品销售信用期、各期现金流量的安排、税后利润的分配等方面的决策。

(4)组织决策。包括管理机构的设置和调整、权责的划分、人员的安排、业绩的考核及奖惩等方面的决策。

由于短期经营决策主要涉及企业的日常经营活动,因此,与长期投资决策相比,短期经营决策具有如下特点:

(一) 它是企业的战术性决策

短期经营决策的内容主要是现有生产能力和资源的有效利用,通常不涉及企业生产能力的扩大问题,影响决策的有关因素的变化情况通常是确定的或基本确定的,许多决策问题如产品生产、材料的采购和耗用等都是重复性的。因此,短期经营决策是一种战术性决策。

(二) 决策者通常是企业中下层管理人员

由于短期经营决策是一种战术性决策,所涉及的是日常经营管理方面的事务,因此,这类决策通常由企业内部中下层管理部门(如生产车间班组、销售部门、采购部门等)进行。

四、决策的一般程序

正确的决策取决于四个基本要素:明确的决策目标、正确的决策原则、优秀的决策者、科学的决策程序。其中,前三个要素贯穿于决策全过程并融合在决策基本程序的有关步骤之中。决策的一般程序如图 4－1 所示。

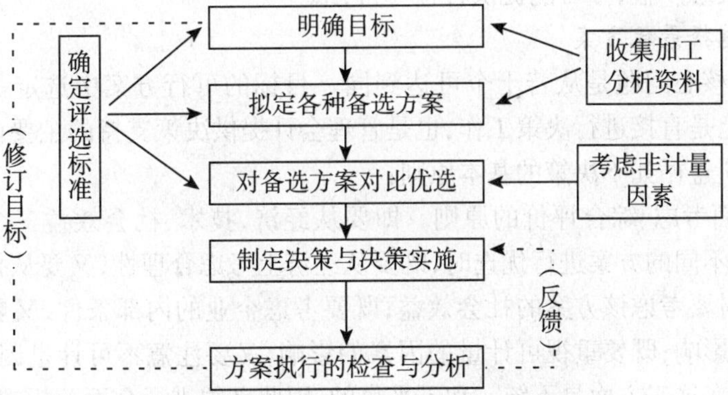

图 4－1

以下是决策的一般程序。

（一）明确决策目标

决策目标是决策的出发点和归结点，是进行决策的前提，没有明确的决策目标会引起决策过程混乱。在确定决策目标时，应力求明确具体，尽可能做到数量化，并规定实现的期限和明确责任者，以便使实施决策的责任者考虑采用哪些措施和方案来完成目标。比如，增强市场竞争能力这一目标，就必须用增加利润、降低成本等方式来表示，因为"增强市场竞争能力"这一目标过于笼统，而利润、成本可以具体计量，并应明确增加多少利润，降低多少成本。如果是多目标决策，应遵循一定的原则，采用分清主次、合并、舍弃等方法，使目标明确具体，并可利用函数关系，将若干子目标合并为一个整体目标。

（二）收集相关信息

企业能否做出正确的决策，在很大程度上取决于所收集的信息是否全面和正确。国外很多管理学者认为"成功的决策 =90% 的信息 +10% 的判断"。现代管理会计所运用的信息主要包括：企业生产经营中供、产、销各环节的信息，企业财务会计提供的核算信息，同行业的有关经营财务信息，与决策相关的国家方针政策及法规等。

（三）拟定备选方案

拟定备选方案的过程实际上就是根据决策目标要求，收集相关信息并进行设想、推断、分析的过程。这是一项探索性的工作，是关系到决策目标能否实现的关键步骤，要集思广益，尽可能提供各种可行方案。

（四）选择最优方案

决策的核心问题是从若干个可达到同一目标的可行方案中选定一个最优方案，这实际上是直接进行决策工作，也是管理会计提供决策支持的主要内容。在方案评优时，应遵循如下决策的基本原则：

(1)全面考虑、综合评价的原则。即要从经济、技术、社会效益三个方面来综合评价。对不同的方案进行优选时，既要从经济上考虑合理性，又要从技术上考虑先进性，同时要考虑该方案的社会效益；既要考虑企业的内部条件，又要考虑企业的外部因素影响；既要重视可计量的因素的影响，又要注意不可计量因素的影响。不同的方案在这三方面是不统一和不平衡的，因此必须进行全面分析，在对不同方案综合评价的基础上进行对比与优选。

(2)决策结果最优化原则。传统观念认为，"以最小的代价获得最大的收益"

是经营的核心问题,"最优决策"是决策的最高原则,并在运筹学中研究最优化方法,为"最优决策"提供手段和依据。美国管理学家西蒙教授认为:如果要求选择最优方案,必须满足四个前提:①决策者对全部可行方案及其未来执行结果能全面掌握;②必须要确实存在着全面的最优方案;③决策者要有充裕的人力、物力和时间;④全部因素和目标都能量化,以便采用数量方法加工。但人们发现,在实际经济生活中同时满足这些前提条件是很困难的,所以,所谓的"最优方案",实际上只是"足够好","较优"或"相对最优"的方案。

(五)考虑不可计量因素

除可计量因素外,与备选方案相关的因素还有一些是难于或不能用数量形式来计量的,如社会环境、生态环境、国家方针政策、企业信誉等。决策时必须对这些不可计量因素加以考虑,并尽可能以可计量因素加以权衡。在很多情况下,某个方案定量分析时可能是最佳的,但考虑到不可计量因素后,原来的结论可能发生改变。

(六)决策实施中的信息反馈

决策的实施是决策的执行阶段,也是检验决策是否正确,能否实现预期目标的实践过程。在现实生活中,有些因素难以预料,客观情况和市场行情会不断发生变化,从而影响决策的预期结果。因此,在决策执行过程中,要及时进行信息反馈,纠正偏差,以保证决策目标的实现,并为今后的决策工作积累经验,提供资料。

第二节 短期经营决策分析使用的成本概念

决策是对未来行为的选择。决策既需要与方案有关的未来资料,也需要财务会计的历史资料。这两类资料之间既有联系又有区别,前者往往是以后者为基础进行必要的加工、改制和延伸而形成的。企业经营决策的目标有经济、技术和社会三个方面,进行择优可计量的因素主要是经济效益。经济效益的体现是多方面的,比如产量、劳动生产率、成本、资金周转、产品质量、盈利等,都可以反映出方案经济效益的好坏。成本是经济效益的一个关键因素,它是一个综合性的经济指标,企业所有工作的成绩与缺点、成功与失误都会反映到成本指标上来,而成本的高低最终又会体现到利润中去。因此,决策方案的未来成本和未来利润就成为评价不同方案经济效益大小的依据。

为了满足经营决策的需要，管理会计建立了若干新的成本概念，除前面涉及的固定成本与变动成本之外，还包括其他一些概念。这些成本概念主要是为了决策分析的需要而建立的，是适用于特定目的、特定条件和特定环境的成本概念。现将决策分析使用的成本概念简要介绍如下。

一、沉入成本（Sunk Cost）

沉入成本又译做沉没成本。它是指过去已经发生或由过去的决策所引起、现在的决策不能加以改变的、并已经支付过款项的成本。

例如，某企业过去购置了一台设备，原价 10 000 元，累计折旧 3 000 元，随着技术的进步，这台设备已经过时，在考虑更新设备的决策中，这台设备原始支出中无法收回的部分（7 000 元）就属于沉入成本，因为现在的决策不能加以利用。如果这台机器有残值或可出售并带来少量收入，则这部分少量收入与残值就不属沉入成本，因为对决策来说它是可以利用的部分，与未来决策有关的，它不应包括在沉入成本当中。

二、差别成本（Differential Cost）

差别成本又称做差额成本、差等成本。差别成本是指可供选择的不同方案之间总成本上的差距，这个差额可称为差量或差异。与差别成本相联系的一个概念是差别收入，不同方案在收入上的差量称为差别收入。计算差别成本和差别收入可以用全额对比法，也可以用差量分析法。全额对比法是指将不同方案中的每个项目都加以对比的一种方法；差量分析法则是不考虑方案间的相同项目，只对比方案间发生增减变动的有关项目的一种方法。

差别成本与变动成本有一定的区别和联系。变动成本是与业务量的变动发生联系的，差别成本则是与可供选择的变换方案发生联系的。如果某个变换方案仅改变业务量因素，在这种情况下两个概念的实际表现会是一致的。在相关范围之内，如果固定成本不发生变动，那么，差别成本与变动成本就一致了。

三、边际成本（Marginal Cost）

边际成本是指成本对产量无限小变化的变动部分，即由产量无限小变化所引起的成本变动程度。这是从数学的角度来讲的。但在微观的现实经济生活中，产量的变动最小只能小到一个单位实物产量，若小到一个单位实物产量以下（如

1/10、1/100 个单位实物产量)就没有意义了。因而,边际成本的实际计量,就是产量增加或减少一个单位实物产量所引起的总成本变动,而这个成本变动就是单位变动成本,它成了这个理论概念转化的实际表现形式。所以,从实际计量来说,边际成本是指总产量中,生产最后一个产品所发生的成本增加额,或从总产量中减少最后一个产品生产所造成的成本减少额。而这就是前面所谈到的差别成本。因此,也可以把由产量变动引起的差别成本看作边际成本这个理论概念的实际表现形式。从表 4－1 中可以看到,在相关范围内,每增加一个单位产品的差别成本,就是单位产品的变动成本。因此,在相关范围内,增加一个单位产品生产的变动成本就是边际成本,也是差别成本,在这种情况下,这三个成本概念的含义是一致的。但边际成本不会在任何情况下都与差别成本、变动成本一致。

从表 4－1 中可见,当超过相关范围时(表中产量大于 6 台时),由于产量变动引起固定成本或变动成本的变动,使差别成本与变动成本不一致,从而导致边际成本与单位变动成本不一致。此外,通过数学推导论证,边际成本还和平均成本之间存在一个重要关系:当某种产品的平均成本与边际成本相等时,平均成本最低。边际成本和边际收入之间也有一个重要关系:当某种产品的边际收入与边际成本相等时,即边际贡献净增额为零时,企业能实现最多的利润。这两个规律性的关系对企业经营决策和提高经济效益具有重要指导意义。

表 4－1

产量(台)	总成本(元)	差别成本(元)
0	480	—
1	520	40
2	560	40
3	600	40
4	640	40
5	680	40
6	720	40
7	780	60
8	850	70
9	920	70
10	1 000	80

四、机会成本(Opportunity Cost)

从若干备选方案中选择并实施其中某一方案,必然会同时放弃实施次优方案,由于实施某一方案而放弃次优方案所能获得的利益,称为机会成本。机会成本也可理解为由于放弃某一次要方案而损失的“潜在利益”。

机会成本并非现实已发生的成本支出,因此不必在财务会计的账簿中进行记录,但在决策分析评价中必须认真考虑,否则可能做出错误的抉择。例如,有甲、乙两个方案可供选择,若放弃甲方案,则甲方案可能获得的预期收益,应作为乙方案的机会成本。运用机会成本的概念,有利于对被选择方案是否具有“最优性”进行全面评价。

还有一类成本称为应负成本(Imputed Cost)亦称做“视同成本”或“估计成本”,它是机会成本的一种表现形式。例如,企业要购买生产设备,有多种方案可供选择,对各种可供选择方案进行正确分析对比,以选择最优方案,不论企业为此所用的资金是自有的还是外借的,都必须把利息作为机会成本看待。企业自有资金的应计利息就是应负成本的一种形式。

五、现金支出成本(Out of Pocket Cost)

现金支出成本又称为付现成本,是指决策执行当期需用现金或存款支付的成本。应注意的是,现金支出成本是指在决策付诸实施的决策执行期限内,以现金支付的成本。它与过去的以现金支出,并已入账的成本是有区别的。不同方案在未来决策期内的付现成本往往不尽相同,为了适应企业付现能力,有时管理当局宁可选择现金支出成本低的方案来取代经济效益最优的方案,以适应其决策期的现金支付能力。

六、可避免成本与不可避免成本(Avoidable Cost and Unavoidable Cost)

可避免成本是指通过某项决策行动可以改变其数额的成本,也就是指那些发生与否取决于决策者是否选择某种决策的成本。例如,企业固定成本中的酌量性固定成本,如广告费、培训费等,对开拓经营业务是有益的,但它并非绝对不可缺少的,并且支付数额的多少要根据企业具体财务状况,由决策者具体控制,因此,这些成本属于可避免成本。不可避免成本是同可避免成本相对应的成本概念,它是指不能通过某项决策行动改变其数额的成本。不可避免成本是不随决策人意志而改变的，例如，现在的固定资产折旧费、已租赁房屋和机器设备的租金等，是企业过去决策的结果，除非把这些固定资产处理掉，否则它们的数额是不能变更的，因此，这些成本称为不可避免成本。

七、可延缓成本与不可延缓成本（Deferrable Cost and Undeferrable Cost）

可延缓成本是指在决策方案已经决定采用并准备实施的前提下，由于企业财力有限，虽与方案直接相联系，但可以推迟执行并且不会影响全局的成本。例如，新建企业可以推迟的环境绿化工程、职工福利设施，以及设计考究、耗资较大的厂门、厂区道路等项目的开支等，就属于可延缓成本。

不可延缓成本则与此相反，如某一方案一经选定，即使企业财力有限、资金短缺，也不能推迟这部分成本的开支，必须立即付诸实施，否则会给企业经济效益造成严重损失。与此类方案联系的成本就属于不可延缓成本。这样区分的目的是便于在企业财力有限的情况下区分轻重缓急，以便最充分地运用企业有限的财力，提高资金运用效果。

八、专属成本与共同成本（Specific Cost and Common Cost）

专属成本是指与特定的产品、作业、部门相联系的成本，没有这些产品、作业或部门，就不会发生这些成本。例如，为了满足一批特殊订货而发生的专用工模夹具费开支，就是该批订货的专属成本。

共同成本是指与几种产品、作业、部门有关的，应由它们共同负担的成本。例如，在生产过程中几种产品共同使用的设备的折旧费、辅助生产车间成本等，都是共同成本。

在方案分析比较中，专属成本是相关成本，是选择方案的增量成本，属于差别成本。共同成本是相对固定的，不是增量成本，一般无须包括在差别成本中进行分析计算。

九、重置成本（Replacement Cost）

重置成本又称现时成本或现时重置成本，是指在现行条件下重新购置或建造一项全新资产所发生的成本。在物价变动较为频繁时期，以历史成本作为计算依据，往往造成名盈实亏，无法重新买回与补偿原有资产，因此，按现行价格计算的资产重置成本，在决策分析中是不可缺少的成本概念。

十、相关成本与非相关成本(Relevant Cost and Irrelevant Cost)

相关成本是指与决策有关联的、在制定决策时应该认真考虑的各种形式的未来成本。它具有两个标志:一是未来发生的成本,这是因为决策是对未来行动方案的选择;二是必须是各个方案不相等的差别成本,这是因为只有各方案不相等的成本才能作为选择方案的依据。

例如,某公司汽车队,打算每天增加两小时运输时间,根据这一要求分析将要发生的成本。司机工资、汽油、维修费等属于相关成本,而执照费、保险费则不是相关成本,因为不管行驶时间多少,执照费、保险费都是不会发生变动的。但是如果方案改变了,公司准备停止自己运输,改为请商业性运输公司代运,这时就需要对比自运与外运两个方案的差别成本了。分析计算两个方案的差别成本时,执照费和保险费都是组成相关成本的内容。

又如,某企业以前每单位产品的直接材料成本是500元,目前可供选择方案的单位产品直接材料未来成本也是500元,那么,这种未来成本是非相关成本,因为它在两个方案中毫无差别。可列式比较如下:

单位产品成本比较

	原方案	可供选择方案
直接材料	~~500~~	~~500~~
直接人工	200	150

划线注销直接材料500元,表示这是分析时不需要考虑的因素,因为在可供选择的方案之间,它不是一个差额因素,与决策分析不相关。而直接人工成本则是相关成本,因为它们的数额是不相等的。

以上所介绍的成本概念,按与决策的相关性划分,可分为两类:一类是相关成本。差别成本、边际成本、机会成本、付现成本、重置成本、可避免成本、可延缓与不可延缓成本,都属这一类;另一类是非相关成本。不可避免成本、沉入成本以及在不同的方案对比中相同项目数额相等的未来成本属于非相关成本。

第三节　短期经营决策分析常用的方法

短期经营决策分析的方法很多，按决策性质、决策内容和取得资料的不同进行划分，可以分为定性分析法和定量分析法两大类。管理会计着重采用定量分析法。在进行定量分析时，由于决策所涉及的变量因素的预测结果的确定性程度不同，因而定量分析法又分为确定型决策分析方法、风险型决策分析方法和不确定型决策分析方法。

一、确定型决策分析方法

在确定型经营决策类型中，各种相关因素可能出现的结果是已知的，采取某一方案只会有一种确定的结果。确定型决策分析方法包括差量分析法、本—量—利分析法、边际分析法、线性规划法等。

（一）差量分析法

差量分析法是通过两个备选方案的差量收入与差量成本的比较，确定最优方案的决策方法。这里"差量收入"是指两个备选方案的预期收入的差异数，"差量成本"是指两个备选方案的预期成本的差异数。

〔实例一〕 红星厂使用同一台设备，可生产甲产品，亦可生产乙产品。该设备的最大生产能量为40 000工时，生产甲产品每件需 20 工时，生产乙产品每件需 10 工时。两种产品的销售单价、单位变动成本和固定成本总额资料参见表 4 – 2。

表 4 – 2　　**产品资料表**　　单位：元

摘　要	甲产品	乙产品
销售单价	20	30
单位变动成本	12	25
固定成本总额	60 000	

要求：根据上述资料，采用差量分析法，分析生产哪种产品较为有利。

解：由于无论生产甲产品还是乙产品，固定成本总额60 000元都是不变的，所以，在决策分析中，60 000元属非相关成本，决策分析时不必考虑。

（1）按设备最大生产能量，分别计算甲产品和乙产品的最大产量。

$$甲产品的最大产量 = \frac{最大生产能量工时}{甲产品每件工时} = \frac{40\ 000}{20} = 2\ 000(件)$$

$$乙产品的最大产量 = \frac{最大生产能量工时}{乙产品每件工时} = \frac{40\ 000}{10} = 4\ 000(件)$$

(2)分别计算两方案的差量收入与差量成本并进行比较。

$$差量收入 = (2\ 000 \times 20) - (4\ 000 \times 30) = -80\ 000(元)$$

$$差量成本 = (2\ 000 \times 12) - (4\ 000 \times 25) = -76\ 000(元)$$

$$差量利润 = -80\ 000 - (-76\ 000) = -4\ 000(元)$$

(3)评价。计算结果为负数4 000元,说明差量收入小于差量成本,即后一方案(生产乙产品)比前一个方案(生产甲产品)较优,因此,应选择生产乙产品。

在短期经营决策分析中,当各备选方案固定成本相等时,可以直接比较各方案的边际贡献总额,这种决策分析方法称为边际贡献分析法。边际贡献分析法实质上是各方案固定成本相等时的差量分析法。

〔实例二〕 在实例一中,甲、乙两种产品均可利用同样的现有设备生产,固定成本总额不变,这样就可以直接比较两种产品的边际贡献总额(参见表4-3)。由该表可见,乙产品边际贡献比甲产品多4 000元,与差量分析法的结论是一致的,故应生产乙产品。

表4-3 边际贡献分析表

摘　要	甲产品	乙产品
最大产量(件)	40 000 ÷ 20 = 2 000	40 000 ÷ 10 = 4 000
销售单价(元)	20	30
单位变动成本(元)	12	25
单位边际贡献(元)	8	5
边际贡献总额(元)	16 000	20 000

采用边际贡献分析法时应当注意:尽管单位产品的边际贡献是反映产品盈利能力的重要指标,但在决策分析时,不能以备选方案提供的单位边际贡献大小作为选优标准,而应以各方案提供的边际贡献总额,或单位生产能力创造的边际贡献大小作为选优的依据。参见表4-4。

表 4-4　　　　　　　　　　产品资料表

摘　要	甲产品	乙产品
销售单价(元)	20	30
单位变动成本(元)	12	25
单位边际贡献(元)	8	5
单位产品工时(小时)	20	10
单位工时边际贡献(元)	$\frac{8}{20}=0.4$	$\frac{5}{10}=0.5$

由上表可见，尽管甲产品的单位边际贡献高于乙产品，但生产乙产品单位工时创造的边际贡献比甲产品多 0.1 元，该设备40 000个生产能量工时共多创造 4 000 元的边际贡献。所以应选择生产乙产品，这与前面按边际贡献总额分析结果一致。

（二）本—量—利分析法

本—量—利分析法是根据各个备选方案的成本、业务量、利润三者之间的相互依存关系来确定在什么情况下何种方案最优的决策分析方法。

本—量—利分析法的关键在于确定"成本分界点"。所谓"成本分界点"就是两个备选方案预期成本相同情况下的业务量。找到了成本分界点，就可以确定在什么业务量范围内，哪个方案最优。

〔实例三〕　某建筑工地需用大型吊车一辆，现有两个方案可供选择：一是外购，需花费 140 000 元，估计可使用 12 年，每年需支付维修保养费9 750元，使用期满有残值14 000元，吊车每天营运成本为 100 元；二是向租赁公司租用，每天租金为 150 元。试问：应选择哪个方案？

解：本题的关键是要确定吊车一年的使用天数，因为天数不同，两种方案的成本就不同。现假定全年使用 x 天时，购买与租赁两方案的成本相等，则：

$$\text{购买方案总成本}=\left(\frac{140\,000-14\,000}{12}+9\,750\right)+100x$$

$$=20\,250+100x$$

$$\text{租赁方案总成本}=(150+100)x=250x$$

令：

$$20\,250+100x=250x$$

得：

$$x=135(\text{天})$$

结论为：当全年使用吊车天数为135天时，购买或租赁均可；当全年使用吊车天数不足135天时，应选择租赁方案；当全年使用吊车天数大于135天时，应选择购买方案。

（三）边际分析法

在现实生产经营活动中，销售收入、总成本与业务量一般都表现为多元曲线函数关系。短期经营决策的目标是当期利润最大化，因此，收入和成本曲线总是存在着极值（极大值或极小值）。在数学上，当曲线的一阶导数为零时，曲线就达到一个转折点。利用这个原理，就可以分析当业务量再增加一件时的成本变动额和收入变动额，从而找出最大利润时的最优业务量，这种原理称为边际分析原理。

边际分析法是运用边际分析原理，寻找方案最优值以进行方案决策的决策分析方法。在边际分析原理中，进行决策所依据的边际分析结论有如下两点：

（1）当边际成本等于平均成本时，平均成本最低。

（2）当边际成本等于边际收入，边际利润为零时，利润总额最大。

在上述结论中，进行边际分析的关键是确定曲线函数关系式，即：

$$y = a + b_1x + b_2x^2 + \cdots + b_mx^m$$

在现实中，上述模型很少有 $m \geqslant 4$ 的情况，一般只假设 $m = 2$ 或 $m = 3$。当 $m = 3$ 时，上述模型为：

$$y = a + b_1x + b_2x^2 + b_3x^3 \tag{1}$$

对于上式中各个系数 a、b_1、b_2、b_3，仍可以采用混合成本分解中回归直线法的最小二乘原理予以测算。即有下列联立方程式：

$$\begin{cases} \sum y = na + b_1\sum x + b_2\sum x^2 + b_3\sum x^3 \\ \sum xy = a\sum x + b_1\sum x^2 + b_2\sum x^3 + b_3\sum x^4 \\ \sum x^2y = a\sum x^2 + b_1\sum x^3 + b_2\sum x^4 + b_3\sum x^5 \\ \sum x^3y = a\sum x^3 + b_1\sum x^4 + b_2\sum x^5 + b_3\sum x^6 \end{cases} \tag{2}$$

〔实例四〕 某厂2000年1～6月有关销售量与利润资料参见表4－5。

表 4-5　　回归方程计算表

月份	销售量 x(件)	利润 y (元)	x^2	x^3	x^4	xy	x^2y
1	30	-3 400	900	27 000	0.81×10^6	-102 000	-3.06×10^6
2	60	1 400	3 600	216 000	12.96×10^6	84 000	5.04×10^6
3	100	5 000	10 000	1 000 000	100×10^6	500 000	50×10^6
4	150	5 000	22 500	3 375 000	506.25×10^6	750 000	112.5×10^6
5	170	3 600	28 900	4 913 000	835.21×10^6	612 000	104.04×10^6
6	180	2 600	32 400	5 832 000	$1\,049.76\times10^6$	468 000	84.24×10^6
∑	690	14 200	98 300	15 363 000	$2\,504.99\times10^6$	2 312 000	352.76×10^6

在表 4-5 中,利润先随销售量逐步上升,达到一定程度后又逐渐下降,表现为一种抛物线状态,可以判断利润曲线为一个二次方程曲线。因此在式(1)中令 $b_3=0$,并将表 4-5 中其他数据代入式(2)得出:

$$\begin{cases}14\,200=6a+690b_1+98\,300b_2\\ 2\,312\,000=690a+98\,300b_1+15\,363\,000b_2\\ 352.76\times10^6=0.098\,3\times10^6a+15.363\times10^6b_1+2\,504.99\times10^6b_2\end{cases}$$

解方程组,得:

$$a=-10\,000,\quad b_1=250,\quad b_2=-1$$

$$y=-10\,000+250x-x^2 \tag{3}$$

在式(3)中,当 $y'=0$ 时,y 取得极大值。此时:

令:

$$y'=250-2x=0$$

得:

$$x=125(件)$$

因此,当销售量为 125 件时,利润最大,此时最大利润为:

$$y_{max}=-10\,000+250\times125-125^2=5\,625(元)$$

(四) 线性规划法

线性规划法是管理科学中的运筹学方法,专门用来对具有线性联系的极值问题进行分析,以便在有若干约束条件的情况下,对合理组织人力、物力、财力做出最

优组合决策,使企业的有限资源得到最佳运用。线性规划问题具有以下特点:

(1)有目标函数。决策的目标在于追求目标函数的最大值或最小值。

(2)有若干约束条件。在追求目标函数极值的同时,必须受若干条件的限制。

(3)目标函数和约束条件函数,应具有直线式的线性关系。

线性规划法主要采用单纯形法求解,在只有两个约束变量时,一般采用直观的图解法,管理会计中也主要采用图解法。

〔实例五〕 红旗工厂拟生产 A、B 两种产品,该厂生产能量为 360 工时,库存材料可供使用的总数量为 240 千克。另外,A 产品在市场上的销售无限制,B 产品在市场上每月最多只能销售 30 件。A、B 两种产品有关数据参见表 4-6。问:工厂应如何安排 A、B 两种产品的生产,才能获得最大边际贡献?

表 4-6　　产品资料表

产品名称	单位生产工时(工时)	单位材料耗量(千克)	单位边际贡献(元)
A 产品	6	6	90
B 产品	9	3	80

解:设下月应生产 A 产品 x_1 件,B 产品 x_2 件,两种产品边际贡献额为 S。根据已知条件可建立如下数学模型:

$$\text{约束条件}\begin{cases}6x_1+9x_2\leqslant 360\\6x_1+3x_2\leqslant 240\\x_2\leqslant 30\\x_1x_2\geqslant 0\end{cases}$$

$$\text{目标函数 } S=90x_1+80x_2$$

在决策过程中,首先将约束条件方程式在坐标图中标出,以确定可行解区域。如在图 4-2 中,同时满足上述约束条件的可行解区域为多边形 ABCDO。多边形 ABCDO 内任何一点所对应的坐标点都满足上述约束条件,构成多组可行的组合方案。

确定了可行解区域后,再求使目标函数达到最大解的最优可行解。从数学中的凸集原理可知,目标函数的极值一定在凸集的顶点上,因此只要比较凸多边形各顶点的目标函数值就能找到最优解。图 4-2 中,各顶点的坐标分别为 A(0,30)、B(15,30)、C(30,20)、D(40,0),因此相应目标函数值为:

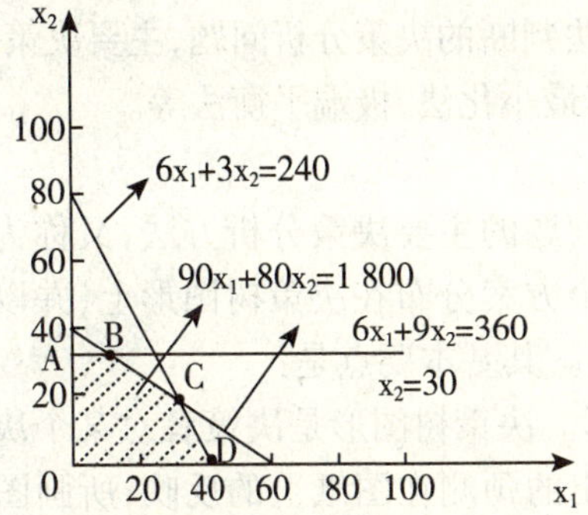

图 4－2

$$S_A=90\times0+80\times30=2\ 400（元）$$

$$S_B=90\times15+80\times30=3\ 750（元）$$

$$S_C=90\times30+80\times20=4\ 300（元）\qquad（极大值）$$

$$S_D=90\times40+80\times0=3\ 600（元）$$

另外，也可利用目标函数图形求最优解，将目标函数 $S=90x_1+80x_2$ 整理为：

$$x_2=\frac{S}{80}-\frac{90}{80}x_1$$

该方程在坐标图中表现为斜率为 -9/8、纵截距为 S/80 的平行线组，平行线距原点越远，S 越大，距原点越近，S 越小。如令 S＝1 800，则 $S=90x_1+80x_2=1\ 800$ 的直线在图 4－2 中如虚线所示。在可行解 ABCDO 区域内与虚线平行并使 S 最大的平行线交于 C 点，C 点即最优解。此时，A 产品生产 30 件，B 产品生产 20 件，此组合下最大的边际贡献额为：

$$S_{max}=90\times30+80\times20=4\ 300（元）$$

二、非确定型决策分析方法

非确定型决策分析类型包括风险型和不确定型决策分析。风险性决策分析问题是指决策过程中存在两种以上无法确切肯定未来状况的因素，但各种状况下可能的概率大致可以判断的决策问题，主要决策分析方法是决策树法。不确定型决策分析问题是指决策过程中存在两种以上无法确切肯定未来状况的因素,并且各种状况可能的概率也无法判断的决策分析问题,主要决策分析方法是小中取大法、大中取小法、最大后悔值最小化法、极端平衡法等。

（一）决策树法

决策树法是风险型问题的主要决策分析方法,又称为概率分析法。决策树法以网络形式把决策的各个方案分布在决策树图形上,并以定量比较各个方案的实施结果,以选择最优方案。其基本要点是:

(1)绘制决策树图形。决策树图形是决策者对某个决策问题未来发展情况的可能性和可能结果所做出的预测在图纸上的反映,所画图形因其决策分析思路为树枝状而得名。如图 4－3 所示。

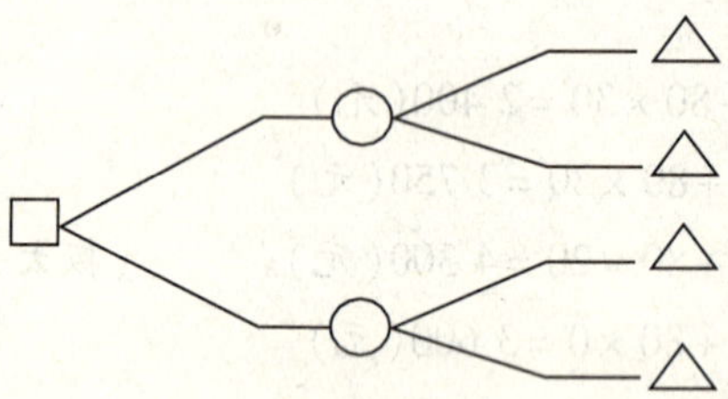

图 4－3

图中,□表示决策节点,从决策节点引出的分枝叫方案分枝。○表示机会节点,或称自然状态节点,从它引出的分枝叫概率分枝,表示可能出现的自然状态数。△表示结果节点,反映每一行动方案在相应自然状态下可能的结果。

(2)计算期望值。期望值是各方案下各种可能结果的数值与其相应的概率可能性乘积之总和。

(3)剪枝。从右到左在每个决策节点中,对各方案的分枝进行比较,剪去期望值较差的分枝,最后留下的分枝就是最优方案。

〔实例六〕 某台机床加工甲零件,每批 10 000 件,单位废品损失 3 元。在不同条件下有三种废品率,每种条件下废品率及其出现的概率和损失参见表 4－7 上半部分。如果对机器进行改装,可以降低废品率,但改装需投资 20 000 元,每批产品负担1 400元,机器改装后不同条件下废品率及其出现的概率和损失参见表 4－7 下半部分。试做出机器是否改装的决策。

表 4－7　　废品损失资料表

改装前	废品率	5%	12%	18%
	废品损失(元)	1 500	3 600	5 400
	概　　率	0.4	0.3	0.3
改装后	废品率	5%	10%	15%
	废品损失(元)	1 500	3 000	4 500
	概　　率	0.5	0.3	0.2

解:根据表 4－7 的资料,可绘制决策树形图,如图 4－4 所示。

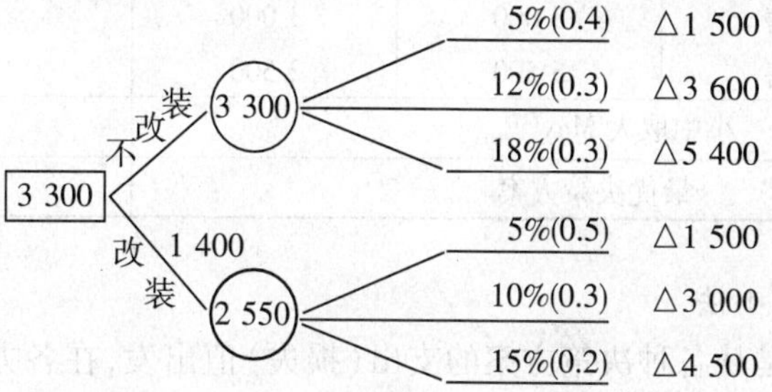

图 4－4

从树的末端往回算,先算出每个机会节点的期望值,填入图形○内:

$$
\begin{aligned}
\text{不改装的损失期望值} &= 1\,500 \times 0.4 + 3\,600 \times 0.3 + 5\,400 \times 0.3 \\
&= 3\,300(\text{元})
\end{aligned}
$$

$$
\begin{aligned}
\text{改装后的损失期望值} &= 1\,500 \times 0.5 + 3\,000 \times 0.3 + 4\,500 \times 0.2 \\
&= 2\,550(\text{元})
\end{aligned}
$$

比较机会节点值,改装后废品损失期望值 2 550 元低于不改装的废品损失期望值 3 300 元,但加上应分摊的改装费用1 400元以后,费用和损失共计 3 950 元。故应将暂不改装方案作为最优方案,损失期望值为 3 300 元,填入方形□内。

(二) 小中取大法

小中取大法是从各种决策方案的收益(利润)值出发,在各方案不同状态下最小收益值的基础上,选择最大收益值的决策方法。其特点是从不利情况出发,找出最坏的可能中最好的方案,因此也称为悲观准则。

〔实例七〕 某企业在生产过程中收回一批脚料,其处理方案有三种:一种是拨给本企业家属工厂,售价3 500元;二是直接对外出售,销售情况好,可收入5 000元,销售情况不好,可收入3 000元;三是经本厂辅助生产车间加工后出售(需支付加工费1 000元),若销售情况好,可收入6 500元,销售情况不好,可收入3 500元。企业的决策参见表4-8。

表4-8 **决策表(小中取大法)** 单位:元

行动方案	各状态下收益值		最小收益值 P_{min}
	销路好	销路差	
拨给家属工厂	3 500	3 500	3 500
对外直接出售	5 000	3 000	3 000
加工后再出售	5 500	2 500	2 500
小中取大 Max[P_{min}]			3 500
最优决策方案			拨给家属厂

(三)大中取小法

大中取小法是从各种决策方案的支出(损失)值出发,在各方案各种状态下最大支出(损失)值的基础上,选择最小支出(损失)值的决策分析方法。这种方法与小中取大法相同,也是从最差的情况出发,找出最坏的可能中支出或损失最小的方案。只不过小中取大法着眼于收益利润,大中取小法着眼于支出损失。因此,该法也称为稳健准则,在西方称为沃尔德准则(The World Criterion)。

〔实例八〕 某企业中途转运10 000包水泥(每包5元,共50 000元),需在某地停放20天。如果露天存放,则遇下小雨要损失50%,下大雨要损失70%。如果租用篷布每天租金550元,遇下小雨损失20%,下大雨损失30%。若用20 000元搭临时敞棚,下小雨不受损失,下大雨损失15%。若当地20天内天气情况不明,则企业的决策参见表4-9。

从上述决策过程可以看出,大中取小法是从最差的状态出发,即使最差状况发生(下大雨),租用篷布也不至于造成较大的经济损失。但反过来看,与小中取大法比较,如果出现最好的状态(不下雨)时,却失去了节省费用的机会,造成机会损失11 000元。因此,这是一种较为保守的决策标准。

表 4-9 决策表(大中取小法) 单位:元

行动方案	各状态下支出值			最大支出值 C_{max}
	不下雨	下小雨	下大雨	
露天存放	0	25 000	35 000	35 000
租用篷布	11 000	21 000	26 000	26 000
搭盖敞棚	20 000	20 000	27 500	27 500
大中取小 Min[C_{max}]				26 000
最优决策方案				租用篷布

(四) 最大后悔值最小化法

该法也称为萨维奇准则(The Savage Criterion),它是小中取大法和大中取小法的演化。当某种状态出现后,事后知道哪种方案最优,而当初并未采取这个方案,就会感到后悔。因此,最大后悔值最小化法是找出同一状态下最大收益值方案与所选方案收益值的后悔值(或最小支出值与所选方案支出值的后悔值),然后从各方案在各状态下的最大后悔值中选择最小后悔值方案作为最优决策方案。从其原理出发,该法又称为遗憾准则。

〔**实例九**〕 从实例八中,首先找出对应于各状态下的最小支出值。在表4-10的纵列中,不下雨时的最小支出值为露天存放下0元,下小雨时的最小支出值为搭盖敞棚下20 000元,下大雨时的最小支出值为租用篷布下26 000元。然后,把每种状态下各项支出值与最小支出值相减,求出后悔值,如表4-10中纵列所示。

表 4-10 决策表(最大后悔值最小化) 单位:元

行动方案	各状态下后悔损失值			最大后悔值 R_{max}
	不下雨	下小雨	下大雨	
露天存放	0	5 000	9 000	9 000
租用篷布	11 000	1 000	0	11 000
搭盖敞棚	20 000	0	1 500	20 000
最小的最大后悔值 Min[R_{max}]				9 000
最优决策方案				露天存放

在表4-9中,如遇下小雨时最小支出值为搭盖敞棚20 000元,而露天存放和租用篷布的支出值分别为25 000元和21 000元,因此在表4-10中相应的后悔值

分别为 5 000 元和 1 000 元。其余状态下类同。最大后悔值最小化法实际是从最坏的可能性出发,去争取好的结果,以求损失最小。这种思路符合人们对事物判断的一般逻辑推理,故较为稳妥,又不过于保守。

(五) 极端平衡法

该法也称赫维兹准则(The Hurwicz Criterion),其特点是不像悲观者那样保守,也不像乐观者那样冒险,而是认为既然未来出现的状态是未知的,不能从最好或最差的状态出发进行决策,而应以一个决策系数 α 作为一个折中的标准。α 的经济含义是:最好状态出现的概率为 α,当 α = 0 时为最差状态,α = 1 时为最好状态,α 的取值范围是 0≤α≤1。这里,α 的具体取值取决于决策者的主观态度,如果小心谨慎,则 α 取值小,如果乐观冒险,则 α 取值大。所以各方案的最终期望值为:

$$E = \alpha \cdot MaxP + (1-\alpha) \cdot MinP \text{(P 为收益)}$$

或:

$$E = \alpha \cdot MinC + (1-\alpha) \cdot MaxC \text{(C 为支出)}$$

〔**实例十**〕 根据表 4 - 10 的资料,如果令 α = 0.7,即认为发生最大损失的可能性只有 0.3 时,则各方案的期望损失值为:

露天存放 = 0.7 × 0 + 0.3 × 35 000 = 10 500(元)

租用篷布 = 0.7 × 11 000 + 0.3 × 26 000 = 15 500(元)

搭盖敞棚 = 0.7 × 20 000 + 0.3 × 27 500 = 22 250(元)

可见当 α = 0.7 时,露天存放的期望损失最小,故为最优方案。但如果令 α = 0.2,即认为发生最大损失的可能性为 0.8 时,则同样可以计算出各方案的期望损失值分别为:露天存放为28 000元;租用篷布为 23 000 元;搭盖敞棚为 26 000 元。可见,租用篷布的期望损失最小,为最优方案。

由上述计算可知,α 的取值对决策结果影响很大,若以露天存放与租用篷布相比较,设两方案下期望损失相等时的决策系数为 α,则有:

$$0 \times \alpha + (1-\alpha) \times 35\,000 = \alpha \times 11\,000 + (1-\alpha) \times 26\,000$$

$$\therefore \quad \alpha = 0.45$$

这就是说,当决策系数取值大于 0.45 时,露天存放的期望损失要低些,否则应采用租用篷布方案。所以,只要认为出现最好状态(不下雨)的可能性大于 45%,应采用露天存放的方案。

第四节　产品生产决策分析

产品生产决策分析是企业短期经营决策分析的重要环节和内容,企业所面临的短期经营决策问题,大多数都是产品生产决策问题。产品生产决策所涉及的问题大体包括三个方面,即:生产什么,生产多少,如何生产,主要解决产品生产、生产数量、生产方式等问题。

一、产品生产安排决策分析

产品生产安排决策分析主要解决"生产什么"的问题,如应当生产或增产哪种产品,亏损产品是否应停产,半成品是否应进一步加工等。这类决策问题的一个共同特点是生产能力既定,原有固定成本基本不会发生变动,因此,分析方法大多采用边际贡献分析法或差量分析法。

(一) 新产品开发决策分析

绝大多数企业使用现有生产能力可以生产不同的产品,因此,可以通过比较各种产品的差量收入和差量成本进行决策分析。

[实例十一] 设某厂现有生产设备可生产 A 产品也可生产 B 产品,现将 A、B 两种产品有关资料列示如下:

	产品 A	产品 B
可销售单位(台)	4 000	6 000
单位售价(元)	85	62
制造成本:		
其中:单位变动成本(元)	20	25
固定成本(元)	98 000	98 000
销售与行政管理费用:		
其中:单位变动成本(元)	15	12
固定成本(元)	20 000	20 000

本例中,现有生产能力下的固定成本未发生变化,因此 A 产品与 B 产品比较顺序如下:

差量收入 =4 000 ×85 -6 000 ×62 = -32 000(元)

差量成本 =4 000 ×(20 +15) -6 000 ×(25 +12) = -82 000(元)

差量利润 =(-32 000) -(-82 000) = +50 000(元)

从以上计算可以看出,虽然产品 B 有 32 000 元差别收入,但差别成本有82 000元,超过差额收入 50 000 元,所以该厂现有生产设备用于生产 A 产品比用于 B 产品可多实现利润 50 000 元。因此,从经济上看生产 A 产品为宜。

(二) 生产能力利用的决策分析

一个可生产多种产品的行业,当企业外部的环境以及企业的供应、生产能力和销售等方面都允许增加产量时,就存在应增产何种产品用以有效利用剩余生产能力的决策问题。

〔实例十二〕 设某厂目前生产 A、B、C 三种产品,有关资料如下:

	A 产品	B 产品	C 产品
售　　价(元)	200	120	220
单位变动成本(元)	120	80	180
单位边际贡献(元)	80	40	40
全厂固定成本总额(元)		20 000	
单位标准工时(小时/件)	100	40	80

现在该厂生产能力(用机器小时表示)的利用程度只达到90%,尚有 10 000 机器小时的生产能力未被利用,为把剩余的 10% 的生产能力充分利用起来,以增产哪一种产品为宜?

解:本决策分析中,固定成本保持不变,是一种非相关成本,只需比较各产品的边际贡献大小。从表面上看,A 产品的单位边际贡献较高,但由于剩余生产能力是有限的,各产品在此生产能力下所能提供的产量也不相同,因此,应比较各种产品单位小时的边际贡献额。根据上述资料,我们可知:

	A 产品	B 产品	C 产品
最大产量（件）	10 000 ÷ 100 = 100	10 000 ÷ 40 = 250	10 000 ÷ 80 = 125
单位小时边际贡献（元/小时）	80 ÷ 100 = 0.8	40 ÷ 40 = 1	40 ÷ 80 = 0.5
边际贡献总额（元）	10 000 × 0.8 = 8 000	10 000 × 1 = 10 000	10 000 × 0.5 = 5 000

上述分析表明，剩余生产能力应该用于生产 B 产品 250 件，可获边际贡献10 000 元。

如果经市场预测，B 产品市场容量只有 200 件，那么，单位小时边际贡献指标的大小表示了用剩余生产能力生产产品的选择次序。即先生产 B 产品 200 件，耗用 8 000 机器小时(200 件 ×40 小时/件)，提供 8 000 元边际贡献(8 000 小时 ×1 元/小时)；然后，再将剩余的2 000机器小时用于生产 A 产品，可生产 A 产品 20 件(2 000 小时 ÷100 小时/件)，提供边际贡献 1 600 元(2 000小时 ×0.8 元/小时)。搭配生产 B 产品 200 件和 A 产品 20 件，共提供边际贡献 9 600 元，比单独全部生产 B 产品 250 件少提供边际贡献 400 元。

（三）产品停产或转产的决策分析

从事多种产品生产的企业，在其财务会计完全成本资料中，可能会显示某种产品亏损。当不能转产其他产品时，应否停产这种亏损产品呢？如果仅仅根据财务会计的完全成本资料，出现亏损就决定停产，这可能是一个错误的决策。

一般而论，不管现有产品是否停产或转产，企业的固定成本总是不变的。如果亏损产品为整个企业提供了边际贡献，则停产该产品就降低了整个企业的边际贡献总额，也降低了整个企业弥补固定成本、创造盈利的能力。是否应该停产亏损产品，关键在于该产品有无边际贡献。只要亏损产品有边际贡献，就不应当停产。如果停产亏损产品所闲置出来的生产能力不能生产能提供更多边际贡献的产品，那么该亏损产品也不应当转产。

〔实例十三〕 假定丽康制药厂原生产感冒清、氯霉素、黄胺三种药品，年终结算全厂共实现利润 150 000 元，其中感冒清创利180 000元，氯霉素创利 120 000 元，黄胺亏损 150 000 元。三种药品的销售量、销售单价及成本资料参见表 4 – 11，其中固定成本按销售额分摊。

表 4-11　　　　　　　　丽康制药厂产品资料表

	感冒清	氯霉素	黄　胺	合　计
销售量(瓶)	100 000	5 000	150 000	—
销售单价(元)	6	8	10	—
单位变动成本(元)	3	4	9	—
销售收入(元)	600 000	400 000	1 500 000	2 500 000
变动成本(元)	300 000	200 000	1 350 000	1 850 000
固定成本(元)	120 000	80 000	300 000	500 000
利润(元)	180 000	120 000	(150 000)	150 000

要求:

(1)为丽康制药厂做出黄胺是否应停产的决策分析。

(2)假设该厂黄胺停产后,剩余生产能力可用来生产黄连素,经预测可生产200 000瓶,每瓶售价7元,单位变动生产成本6元,是否应转产?

解:亏损产品是否停产或转产,一般不涉及企业的生产能力的变动,固定成本无论企业转产或停产,总是要发生的,在决策分析时可以不予考虑,只需看亏损产品是否提供边际贡献,若亏损产品有边际贡献就不能停产。转产时,若转产的新产品提供的边际贡献总额大于被转产产品提供的边际贡献总额,即可转产,否则应维持原生产。

从表4-11中可以看出,亏损产品黄胺有边际贡献150 000元,三种药品总边际贡献为650 000元。如果停产黄胺,则该厂边际贡献总额将降为500 000元,而该厂固定成本总额500 000元是固定不变的,则全厂的固定成本500 000元将由感冒清和氯霉素两种产品负担,导致全厂利润为零;相反,不停产黄胺可使全厂盈利150 000元,所以,不应停产黄胺。

若转产生产黄连素,则根据有关资料,黄连素单位边际贡献为1元,生产200 000瓶可提供200 000元的边际贡献,超过了黄胺现有的边际贡献150 000元,因此应当转产。转产后,企业边际贡献总额增加50 000元,利润总额也将增加50 000元。

在实际工作中,有些企业对亏损产品停产后,不是转产,而是将停产后闲置的厂房、机器设备出租给别的单位。在这种情况下,只要租金净收入大于亏损产品提供的边际贡献总额,出租方案就可行。

(四) 产品直接出售或进一步加工的决策分析

在工业企业中,有些产品经过若干加工程序成为半成品后,既可直接出售,又可进一步加工成最终产成品后出售。如棉纺织厂可出售半成品棉纱,也可继续加工成棉布出售。完工产品的售价要高于半成品,但继续加工,则要追加一定的变动成本和固定成本。对这类问题,一般可采用差量分析法进行决策分析。但应注意:

(1)半成品在进一步加工前所发生的全部成本,无论是变动成本还是固定成本,在决策分析时,都属非相关成本,无须加以考虑。

(2)决策的关键是看半成品进一步加工增加的收入是否超过进一步加工中追加的成本。若增加收入大于追加成本,则以进一步加工为优。若增加收入小于追加成本,则应当立即出售,不应再加工。

〔实例十四〕 假定某木地板厂用木料生产成木地板料后可直接出售,每平方米售价 40 元,每年产销量为 80 000 平方米,单位变动生产成本为每平方米 24 元,固定成本总额为 480 000 元。如果把现在的木板料进一步精加工成带花纹图案的木板就可供出口,出口价为每平方米 100 元,但需追加单位变动成本 30 元,专属固定成本 500 000 元。

要求:进行该厂是直接出售还是进一步加工后出口销售的决策分析。

根据上述资料进行差量分析:

进一步加工增加的收入 = $(80\ 000 \times 100) - (80\ 000 \times 40) = 480$(万元)

进一步加工追加的成本 = $(30 \times 80\ 000 + 500\ 000) - 0 = 290$(万元)

差量利润 = $480 - 290 = 190$(万元)

计算结果表明:进一步精加工后出口销售比直接销售可多获利 190 万元,所以应进一步加工后出口销售。

(五) 零部件自制或外购的决策分析

在企业生产经营中,时常会遇到某些零件是自制还是外购的决策问题。如:因企业的业务发展,设备能力跟不上,需要停止部分零件的生产改为外购;由于企业的生产任务不足,为了充分利用企业的剩余生产能力,将原来外购的零部件改为自制;由于产品设计改变,对某些零部件需要重新确定是自制还是外购等。对这类问题进行决策分析时应注意:

(1)一般采用差量分析法进行决策。由于自制或外购的预期收入总是相同的，所以进行差量分析时，无须计算差量收入，只需把自制零件所需的成本（包括直接材料，直接人工和变动制造费用等）与外购买价进行比较，然后选择成本最低的方案。

（2）如果存在机会成本（如在外购情况下企业剩余能力可以出租），则应将机会成本加以考虑。

（3）由于零件不论是自制或外购，共同性固定成本总要发生，所以，在一般情况下，共同性的固定成本属非相关成本。

〔实例十五〕 自制方案不需要增加固定成本的决策分析。

假定某收录机厂，每年需要微型电动机30 000个，如果向外购买，市场批发价为12元。该厂现有剩余生产能力，可以自制，并且可达到外购的质量。经会计部门核算，每个电动机的自制成本为14元，其单位产品成本构成为：

直接材料	8元
直接人工	2元
变动制造费用	1.5元
固定制造费用	2.5元

要求：进行该厂微型电机应自制还是外购的决策分析。

解：由于该厂有剩余的生产能力可以利用，它原来的固定成本不会因自制而增加，也不会因外购而减少，所以，微型电机的自制成本内不应包括固定制造费用。可用差量分析法计算如下：

自制方案的预期总成本 = (8 + 2 + 1.5) × 30 000 = 345 000（元）

外购方案的预期总成本 = 30 000 × 12 = 360 000（元）

差量成本 = 345 000 − 360 000 = −15 000（元）

两种方案的收入相等，但自制比外购节约15 000元成本，故应选择自制方案。

本例题也可用自制方案与外购方案的单位成本相比较进行决策分析。自制方案的单位成本为11.5元(8 + 2 + 1.5)，比外购单价12元节约0.5元。

〔实例十六〕 自制方案需要增加专属固定成本的决策分析。

仍用实例十五的资料，假定该收录机厂自制微电机时，每年要增加专属固定成本18 000元。

要求：进行微电机应自制还是外购的决策分析。

$$差量成本 = 11.5 \times 30\ 000 + 18\ 000 - 30\ 000 \times 12 = 3\ 000(元)$$

计算结果表明外购成本小于自制成本 3 000 元，故应选择外购方案。

这种情况也可采用本—量—利分析法，求出自制与外购的成本平衡点，然后进行决策。设 x 为微型电机自制与外购的成本分界点。根据资料可得出：

$$11.5x + 18\ 000 = 12x$$

$$x = 36\ 000\ 个(成本分界点)$$

该厂微电机需用量为 30 000 个，小于两方案的分界点36 000个，所以应外购。

〔实例十七〕 生产设备可以出租的决策分析。

仍用实例十六的资料，假定该厂如果不自己生产微电机，可将设备租给外厂，每月可获租金收入 1 200 元，在这种情况下，微电机应自制还是外购？

在这种情况下，若决定自制，则将放弃外购方案可获得的潜在利润（即每年的租金收入），所以应将租金收入作为自制方案的机会成本考虑。据此，可进行差量分析如下：

$$\begin{aligned}自制方案总成本 &= 变动成本总额 + 机会成本\\ &= 11.5 \times 30\ 000 + 1\ 200 \times 12\\ &= 359\ 400(元)\end{aligned}$$

$$外购方案总成本 = 3\ 000 \times 12 = 360\ 000(元)$$

$$差量成本 = 359\ 400 - 360\ 000 = -600(元)$$

计算结果表明，考虑机会成本后，自制方案仍比外购方案节约成本 600 元，所以应选择自制。

〔实例十八〕 外购方案有价格优惠的决策分析。

假设某无线电厂生产中需用扬声器，如果外购，采购量小于 200 只，每支价格为 9 元；超过 200 只，每只价格为 6 元。如果该厂自己组织生产，每只需开支变动成本 4 元，并要开支专属固定成本 500 元。

要求：进行扬声器是外购还是自制的决策分析。

解：从已知资料可得出该厂扬声器需用量不定，因此无法直接计算出外购与自制的采购成本，只能通过计算成本分界点，对扬声器分数量阶段进行决策。

设 x_1 为 200 只以内外购或自制成本平衡点

　x_2 为 200 只以上外购或自制成本平衡点

则：

$$500+40x_1=9x_1$$
$$500+4x_2=6x_2$$

据以确定：

$$x_1=100（只）$$
$$x_2=200（只）$$

以上计算可用图 4－5 表示如下：

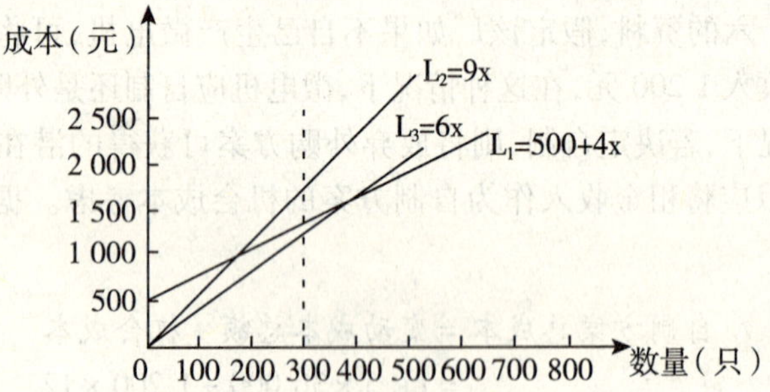

图 4－5

图中：L_1 代表自制成本，起点为 500 元，斜率为 4；

L_2 代表 200 只以内的外购成本线，起点为 0，斜率为 9；

L_3 代表 200 只以上的外购成本线，起点为 0，斜率为 6。

从图 4－5 可看出：如果企业扬声器采购量在 200 只以内时，只有 L_1 和 L_2 两条成本线比较；如果企业扬声器采购量大于 200 只时，应用 L_1 和 L_3 二条成本线比较。分析结果见表 4－12。

表 4－12　　自制或外购决策

结果 / 产量（只）	自制或外购的选择
$x \leq 100$	外购
$100 \leq x < 200$	自制
$200 \leq x \leq 250$	外购
$x \geq 250$	自制

二、产品生产数量决策分析

产品生产数量决策分析主要解决“生产多少”的问题，如外购材料和动力受到限制时，各种产品应当生产多少，生产中废品数量应当控制在什么范围内等。这类决策问题大多受某些资源或生产能力限制，或受降低成本要求的限制，因此，分析方法大多采用线性规划法或最优批量法。

（一）资源限制条件下产量的决策分析

企业所能控制的资源总是有限的，如果多种产品受一种资源的限制，则应使该资源的耗用取得最大的效益，因此，人们总是以单位资源的边际贡献最大或单位资源的利润最大为决策目标。如果多种产品受多种资源的限制，则应通过线性规划法加以决策，其决策目标是企业边际贡献总额或利润总额最大。在线性规划法中，两种产品的产量组合可用图解法求得最优产量组合值，三种以上产品的产量组合应通过单纯形法测算最优产量组合值。

〔实例十九〕 东亚公司目前生产甲产品 2 000 件，单位边际贡献 45 元，固定成本 120 000 元。由于该产品目前亏损 30 000 元，因此，想利用同一设备和同种材料转产生产乙、丙、丁三种产品中任意一种。材料最大供应量为目前甲产品 2 000 件的生产耗用量，材料单价为 6 元/千克，其余资料参见表 4－13。

要求：进行在下列情况下甲产品转产的决策分析。

（1）各产品市场销售量无限制；

（2）甲产品最大销量为 2 000 件，乙产品最大销量为1 200件，丙产品最大销量为 200 件，丁产品最大销量为 700 件。

表 4－13　　　　东亚公司产品资料表

产　品	甲	乙	丙	丁
材料单耗（千克/件）	15	12	20	18
销售单价（元）	200	220	280	180
单位材料费用（元）	90	72	120	108
单位人工费用（元）	30	40	26	10
单位变动费用（元）	35	54	50	12
单位边际贡献（元）	45	54	84	50
固定成本（元）	共 120 000			
单位材料边际贡献（元/千克）	3	4.5	4.2	2.78

解:由于目前甲产品已经提供90 000元(2 000×45元)的边际贡献,而固定成本保持不变,因此,所转产的产品只要能提供大于90 000元的边际贡献额即可。

由于材料最大供应量为目前甲产品生产2000件的耗用量,即30 000千克(2 000件×15千克/件),材料供应量受到了限制,因此,应转产单位材料边际贡献较高的产品。根据表4-13的资料,乙产品单位材料的边际贡献额最高,达到4.5元/千克,故应转产生产乙产品。此时:

$$乙产品最大产量=\frac{30\ 000}{12}=2\ 500(件)$$

$$乙产品提供的边际贡献=30\ 000\times4.5$$

或:

$$=2\ 500\times54$$

$$=135\ 000(元)$$

如果各产品在市场上的销售量有限制,则应按各产品单位材料边际贡献额的大小确定产品生产顺序。根据表4-13中的数据,各产品的单位材料边际贡献最大的是乙产品,其次为丙产品,然后为原有的甲产品,最后为丁产品。这样,先生产乙产品1 200件,共耗用材料14 400千克(1 200件×12千克/件);再生产丙产品200件,共耗用材料4 000千克(200件×20千克/件)。乙、丙两种产品总共耗用材料18 400千克,剩余材料11 600千克可生产甲产品773.33件(11 600千克÷15千克/件),尚未超过甲产品的市场容量。这样:

乙产品边际贡献=1 200件×54=64 800(元)
丙产品边际贡献=200件×84=16 800(元)
甲产品边际贡献=773.33×45=34 800(元)
合计:　　116 400(元)

应当注意的是,尽管丁产品也是可供选择的新产品之一,但丁产品的单位材料边际贡献只有2.78元/千克,尚未超过老产品甲的水平,因此应当首先选择原有的甲产品,可提供34 800元边际贡献。如果选择丁产品,剩余的11 600千克材料只能提供32 248元的边际贡献(11 600千克×2.78元/千克)。

〔实例二十〕　南方公司生产甲、乙两种产品,由于能源供应紧张,因此每月电耗不能超过4 200度。另外,由于生产这两种产品的设备是租入的,为了尽量利用生产能力,规定开工台时不得低于1 600台时。各产品在市场上旺销,单位消耗和单位盈利参见表4-14,如果要求每月至少盈利15 000元,如何安排各产品的生产量，才能使每月总成本最低？

表4－14　　南方公司产品资料表

产品	单位电耗（度/件）	单位台时消耗（台时/件）	单位盈利（元/件）	单位成本（元/件）
甲	7	2	60	50
乙	6	8	25	80

解：此例中两种产品受多种资源条件限制，应当使用线性规划的图解法进行决策分析。设甲产品的产量为 x_1 件，乙产品产量为 x_2 件，企业的总成本为T，则有：

$$约束条件\begin{cases}7x_1+6x_2\leqslant 4\ 200\\2x_1+8x_2\geqslant 1\ 600\\60x_1+25x_2\geqslant 15\ 000\\x_1x_2\geqslant 0\end{cases}$$

目标函数 $T_{min}=50x_1+80x_2$

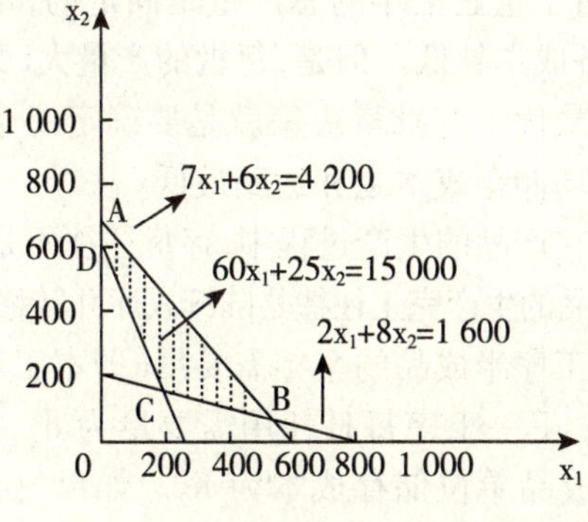

图4－6

将上述约束条件在坐标图上标出，如图4－6所示。在图中，ABCD区域为可行解区域，各顶点的坐标分别为A(0,700)、B(545,64)、C(186,153)、D(0,600)。因此相应的成本值为：

$$T_A = 50 \times 0 + 80 \times 700 = 56\,000(\text{元})$$

$$T_B = 50 \times 545 + 80 \times 64 = 32\,370(\text{元})$$

$$T_C = 50 \times 186 + 80 \times 153 = 21\,540(\text{元}) \qquad (\text{极小值})$$

$$T_D = 50 \times 0 + 80 \times 600 = 48\,000(\text{元})$$

因此,能使总成本T最小的可行解为C点,即最优产量组合为甲产品生产186件,乙产品生产153件,此时最小总成本为21 540元。

(二)最优生产批量的决策分析

按批量生产的企业,常常要对每批生产多少数量的产品做出决策,这种决策与存货经济订购批量决策的原理相同,常采用最优批量法进行决策。

在进行生产批量决策时,决策目标是使在生产批量下的总成本最低。在生产批量上的总成本主要由生产准备成本和储存成本组成,至于为生产产品而发生的直接材料、直接人工、变动制造费等变动生产成本,属于与批量无关的非相关成本,可不予考虑。另外,也不考虑由于停工待料造成的缺货成本。

生产准备成本是指在每批产品投产前需要花费的调整、安装等准备成本和计入产品成本的固定制造费用。储存成本是指在产品或产成品存货在储存过程中发生的储存费用。显然,由于企业全年的总产量是固定的,每批的产量越大,全年生产批次就越少,生产准备成本越低。但是,每批的产量大,又会增加期末存货量,从而增加平均储存成本。最优生产批量决策就是要确定一个适当的生产批量,使全年的生产准备成本与平均储存成本之和达到最低。

与材料采购不一样,在产品的生产过程中,存货往往不是一次到货入库陆续领用的,本工序在产品或半成品的生产完工往往是陆续入库并转移供下一工序陆续领用的。

假设下一工序对本工序半成品的全年需要量(即本工序全年总产量)为D,本工序每日的生产量为P,下一工序每日耗用需要量为d。又假设每批生产的生产准备成本为K_1,每件半成品单位储存成本为K_2。如果每批生产的产量(即批量)为Q,而每日产量为P,则该批产品生产周期为Q/P。又由于下一工序对本工序的生产要求量为d,因此本工序生产周期内产品被下一工序耗用量为$d \times Q/P$,本工序产品期末存货的最高库存量为$Q - d \times Q/P$。因此:

$$\text{平均库存量} = \frac{(Q - \frac{Q}{P}d) + 0}{2} = \frac{1}{2}(1 - \frac{d}{p})Q$$

存货总成本TC = 生产准备成本 + 平均储存成本

$$=\frac{D}{Q}K_1+\frac{1}{2}(1-\frac{d}{p})QK_2$$

根据最优批量法原理，当 TC′=0 时，TC 取得极小值，因此：

$$TC'=-\frac{D}{Q^2}K_1+\frac{1}{2}(1-\frac{d}{p})K_2=0$$

$$最优生产批量\ Q_0=\sqrt{\frac{2K_1D}{K_2}\times(\frac{P}{P-d})}$$

〔实例二十一〕　假定东风厂全年需要甲零件 36 000 个，专门生产甲零件的设备每天能生产 120 个，每天平均领用 100 个，每批零件调整准备成本为 900 元，单位零件的平均储存成本 4 元。

要求：为东风厂做出最优生产批量的决策分析。

解：将上述资料代入前面列举的公式：

$$最优生产批量=\sqrt{\frac{2\times36\,000\times900}{4\times(1-100/120)}}=9\,859(个)$$

$$最优生产周期=\frac{Q}{P}=\frac{9\,859}{120}=82.16(天)$$

$$生产准备周期=\frac{Q}{d}-\frac{Q}{P}=\frac{9\,859}{100}-82.16=16.43(天)$$

$$最低存货总成本=\frac{36\,000}{9\,859}\times900+\frac{1}{2}\times(1-\frac{100}{120})\times9\,859\times4=6\,572.67(元)$$

（三）最优合格品率决策分析

在企业生产过程中，产品质量水平是企业管理的重要方面。发生在产品质量控制管理方面的成本大致可分为两大部分：一部分是由废次品造成的质量损失成本，另一部分是为了防止产生废次品而发生的质量管理成本。质量管理成本主要是指对产品进行质量检验、对设备进行维护、对生产人员进行质量培训等费用。

显然，废次品率越低、合格品率越高，质量损失成本就越小。当然，也没有必要追求 100% 的合格品率，因为为达到这种极至的质量水平，所花费的质量管理成本可能会超过废次品的质量损失。所以，合格品率越高，质量管理成本就越大。质量总成本由这两部分互为消长的质量损失成本和质量管理成本组成，这种现象符合最优批量原理（如图 4－7 所示）。我们总能找到一个最适宜的合格品率质量水平，使质量总成本达到最低值。

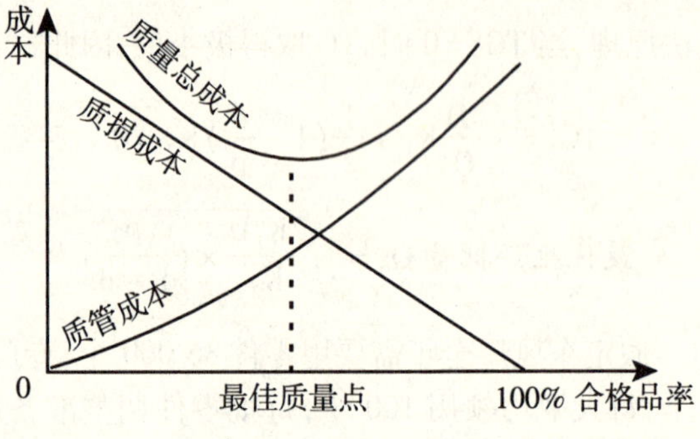

图 4 - 7

从图 4 - 7 中可以看出，合格品率过高过低，都会使质量总成本上升。假定每件废次品造成的质量损失为 K_1，合格品率为 q，则废次品率为 1 - q。在不对废次品进行返修的前提下，如果产品生产总量为 N，则废次品的质量损失为：

$$C_1 = K_1(1-q)N$$

另外，从图 4 - 7 可以看出，质量管理成本与合格品率存在着一种递增的抛物线关系：质量管理成本的增长速度大于合格品率的增长速度，在合格品率为零时，质量管理成本也为零。根据抛物线曲线方程，假定系数为 K_2，则质量管理成本为：

$$C_2 = K_2 q^2 \qquad (K_2 \text{ 为系数})$$

这样，质量总成本 C 和单位合格品负担的质量成本 $\bar{C}$ 分别为：

$$\text{质量总成本 } C = K_1(1-q)N + K_2 q^2$$

$$\text{单位质量成本 } \bar{C} = \frac{K_1(1-q)}{q} + \frac{K_2 q}{N}$$

当 $\bar{C}'=0$ 时，单位合格品质量成本取得极小值，单位利润取得极大值，这时最优合格品率为：

$$q_0 = \sqrt{\frac{K_1 N}{K_2}}$$

在实际工作中，每件废次品造成的质量损失 K_1 应按产品的市场销售状态确定：当产品供不应求时，每件废次品的损失是合格品的销售单价；当产品供过于求时，每件废次品的损失是合格品的生产成本。至于质量管理成本中系数 K_2，应根据回归分析原理加以预测。

〔实例二十二〕 某厂去年每月产品总量均为200件，合格品率逐渐提高，由于产品供不应求，单位废次品的损失为合格品的外销单价15元，其余资料参见表4－15。

表4－15　　质量成本表

合格品（件）	合格品率（%）	质量损失成本（元）	质量管理成本（元）	质量总成本（元）	单位产品成本（元）
20	10	2 700	60	2 760	138
40	20	2 400	220	2 620	65.5
60	30	2 100	450	2 550	42.5
80	40	1 800	880	2 680	33.5
100	50	1 500	1 150	2 650	26.5
120	60	1 200	1 800	3 000	25
140	70	900	2 500	3 400	24.29
160	80	600	3 300	3 900	24.38
180	90	300	4 200	4 500	25

根据表4－15的资料，从质量管理成本的曲线方程 $y = bx^2$ 按回归分析原理，有：

$$\sum y = b \cdot \sum x^2$$

将资料代入上述曲线方程公式计算，有：

$$\text{质量成本系数 } K_2 = b = \frac{\sum y}{\sum x^2} = \frac{14\ 560}{2.85} = 5\ 108.77$$

因此：

$$\text{单位质量成本 } \overline{C} = 15 \times \frac{1-q}{q} + \frac{5\ 108.77}{200}q$$

$$\text{最优合格品率 } q_0 = \sqrt{\frac{K_1 N}{K_2}} = \sqrt{\frac{15 \times 200}{5\ 108.77}} = 76.63\%$$

$$最低单位质量成本\ \overline{C}_0 = 15 \times \frac{1 - 76.63\%}{76.63\%} + \frac{5\,108.77}{200} \times 76.63\% = 24.15(元)$$

三、生产能力配置的决策分析

生产能力配置决策主要解决“如何生产”的问题，如替换现有生产能力、选择不同加工设备等。这类决策问题的共同特点是：合理配置生产能力，充分合理利用企业现有生产能力资源，但不涉及扩大现有生产能力。扩大现有生产能力往往会给企业未来期间带来经济利益，属于长期投资决策。

由于现有生产能力的合理配置常常关系到所生产产品的品种、盈利能力，并需要结合材料、动力等其他资源的耗用，因此，生产能力配置的决策问题往往与生产安排决策和生产数量决策密切相关，所采用的方法往往是差量分析法、本—量—利分析法、线性规划法。

（一）设备重置更新决策分析

在技术不断进步的当代社会中，为提高效率，降低成本或提高竞争能力，常常考虑进行个别、零星、局部的资产重置。如果不考虑时间价格和风险价值，这类决策可归于短期经营决策。应注意的是，在设备的重置更新决策中，旧设备的过去购置投资支出是沉入成本，在资产重置决策中属非相关成本，在决策中不必考虑。

〔实例二十三〕 假设某公司拟购买一套效率更高的机器设备来替换现有的机器设备，新旧设备的使用年限相同。如果继续使用旧机器，各项成本将与过去相同，不会有变化，根据历史记录和估计，新旧设备的年使用成本如下：

项目	旧设备	新设备
工资总额（元）	14 840	8 480
机器维修费（元）	1 000	1 500
动力费（元）	500	1 000
材料消耗（元）	1 200	800
年使用成本（元）	17 540	11 780

根据上述资料，应用差量分析法，分析计算如下：

（1）计算两种选择方案的差别成本。旧机器同新机器的使用成本差额是5 760元，假设两套机器的使用年限均为5年，在整个使用期中，这两套机器的差别成本总数是5 760元×5＝28 800元，这是购置新机器后的成本节约总数。

(2)计算新机器的净购进成本。假设将旧机器作价 4 000 元,与原生产厂家以旧换新,换回价值 25 000 元的新机器,新机器的购进净成本 = 25 000 元 - 4 000 元 = 21 000 元。此外,旧机器尚有账面净值 19 000 元,以旧换新时出现账面损失 15 000元。在决策分析中,只能用新机器的购进净成本与成本节约额相比较,因为旧机器的账面价值属于沉入成本,与购置新机器这一决策无关。至于旧机器作价 4 000元,这是一种未来收入,而且不换新机器就不会发生这项收入,所以应将新机器净购进成本列入计算。

(3)将成本节约额同新机器购价进行比较。在计算出新机器与旧机器之间的成本差额以后,还需要确定节约的成本是否超过新机器的购置价格。本例中新机器的购进净成本为 21 000 元,但使用新机器五年中可节约成本 28 800 元,这就说明公司五年中利润将增加 7 800 元,故应当更换旧机器。

〔实例二十四〕 某公司有旧设备一台,账面净值 32 000 元,如继续使用尚能使用五年,报废时无残值,如现在出售可得10 000元。该设备的原生产厂现出产该设备的最新型号售价70 000元,也可使用五年,报废时无残值,但新设备每年节约营运成本18 000元,现在更换该设备是否有利?

公司设备部门做了如下分析,否定了更换设备的方案,其分析计算如下:

差量收入(元):	(5 × 18 000) = 90 000
差量成本:	
新设备购置费(元)	70 000
出售旧设备损失(元)	(32 000 - 10 000) = 22 000
差量利润(元):	(2 000)

根据以上分析,购置新型号设备是不合算的,但经推敲发现以上分析计算是错误的。决策应计算的成本只应包括与决策有关的相关成本,以上“出售旧设备损失”中包括了与决策不相关的旧设备账面净值32 000元,它属于沉入成本,不应包括在差量成本之中。从另一角度来看,虽然采用更换新设备会造成旧设备的账面价值损失32 000元,但继续使用旧设备的方案也同样存在着32 000元的折旧费支出,因此这32 000元的设备净值不构成方案对比的差异,是非相关成本。现在出售可得收入10 000元,它是所对比的两个方案收入上的差别,应包括在新设备的购置成本中,作为新设备购置支出的抵减。正确的分析计算应如下式:

差量收入(元)： (5×18 000)=90 000

差量成本：

新设备的净购置费(元) (70 000－10 000)=60 000

差量利润(元)： 30 000

分析计算表明，更换新设备是有利的，五年内会带来30 000元利润。

倘若不使用差量分析法，而运用财务会计资料进行全额比较，则如表4－16所示。（设在本例中该公司五年内销售收入预计为600 000元，五年内销售产品的变动成本预计为300 000元，应摊销其他固定成本60 000元。）

表4－16 设备保留与更换比较分析 单位：元

项目	保留旧设备	更换新设备	差异
五年中产品销售收入	600 000	600 000	0
旧设备变价收入	—	10 000	+10 000
收入合计	600 000	610 000	+10 000
五年中销售产品变动成本	300 000	210 000	-90 000
五年内使用旧设备折旧	32 000	—	-32 000
新设备购置费	—	70 000	+70 000
旧设备账面净值损失	—	32 000	+32 000
应摊配其他固定费用	60 000	60 000	0
成本合计	392 000	372 000	-20 000
收益	208 000	238 000	+30 000

(二) 不同加工设备选择的决策分析

企业同一种产品或零件，采用不同设备进行加工，成本悬殊较大。采用先进设备进行加工，单位变动成本可能较低，但固定成本较高；如果用一些简易设备，单位变动成本可能较高，但固定成本较低。因此，进行这类决策必须和产品的加工批量联系起来分析，决策的关键是"成本分界点"。

〔实例二十五〕 东风机器厂在生产某种型号的齿轮时，可以用普通铣床、万能铣床或数控铣床三种设备进行加工，这三种铣床加工该齿轮的有关成本资料参见表4－17。

表 4－17　　　　单位:元

机床名称	每个齿轮加工费	每批齿轮的调整准备费
普通铣床	8	300
万能铣床	4	600
数控铣床	2	1 200

问:应采用哪种设备加工?

解:

设 x_1 为普通铣床与万能铣床的成本分界点;x_2 为万能铣床与数控铣床的成本分界点;x_3 为普通铣床与数控铣床的成本分界点,则有如下方程:

$$300+8x_1=600+4x_1 \qquad x_1=75(个)$$
$$600+4x_2=1\ 200+2x_2 \quad 解之得: \quad x_2=300(个)$$
$$1\ 200+2x_3=300+8x_3 \qquad x_3=150(个)$$

根据以上计算和图 4－8 可知:当齿轮加工批量小于 75 个时,采用普通铣床成本最低;当齿轮加工批量大于 75 个小于 300 个时,采用万能铣床的成本最低;若齿轮加工比量超过 300 个,则采用数控铣床成本最低。

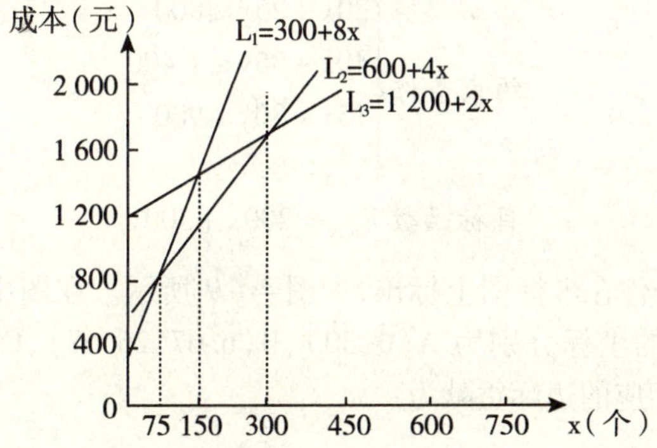

图 4－8

（三）生产能力充分利用的决策分析

企业在同时生产几种产品的情况下,各种产品的生产量往往要受企业生产能力的限制,同时企业还要考虑产品的盈利能力,这就需要采用线性规划法对各产品生产数量进行规划，使现有生产能力得到最充分的利用。

〔实例二十六〕 某厂生产甲、乙两种产品，每种产品都要经过锻造、加工、装配三个车间，各车间最大生产能力及单位产品需要的加工时间和盈利能力参见表4－18。为使企业边际贡献最大，要求：

(1)如何安排各种产品的产量，才能使生产能力得到充分利用？

(2)若各车间生产能力不生产A、B产品而对外提供劳务，每一工时提供纯收入分别为：锻造车间1.5元/工时，加工车间1元/工时，装配车间6元/工时，问：如何安排两种产品的产量，才能充分利用生产能力？

表4－18　　　　产品及生产能力资料表

项目＼车间		锻造（工时）	加工（工时）	装配（工时）	单位边际贡献（元）
单位产品工时消耗	A	20	40	15	200
	B	25	35	30	300
最大能力工时		800	1 400	900	—

解：设甲产品产量为x件，乙产品产量为y件，边际贡献总额为S，根据上述资料有：

$$\text{约束条件}\begin{cases}20x+25y\leqslant 800\\40x+35y\leqslant 1\,400\\15x+30y\leqslant 900\\x,y\geqslant 0\end{cases}$$

$$\text{目标函数 } S_{max}=200x+300y$$

将上述约束条件在坐标图上标出，如图4－9所示。在图中，ABCD区域为可行解区域，各顶点的坐标分别为A(0,30)、B(6.67,26.67)、C(23.33,13.33)、D(35,0)。各顶点相应的边际贡献为：

$$S_A=200\times 0+300\times 30=9\,000(\text{元})$$

$$S_B=200\times 6.67+300\times 26.67=9\,335(\text{元})\qquad(\text{极大值})$$

$$S_C=200\times 23.33+300\times 13.33=8\,665(\text{元})$$

$$S_D=200\times 35+300\times 0=7\,000(\text{元})$$

可见，能使边际贡献最大的可行解为B点，即最优安排为甲产品生产6.67件，

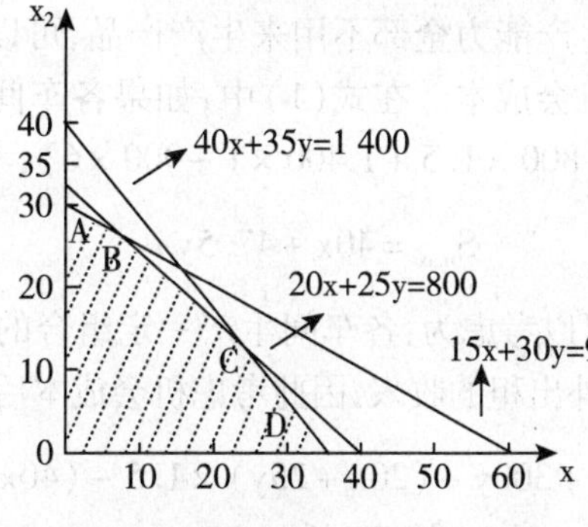

图 4－9

乙产品生产 26.67 件，此时最大边际贡献为 9 335 元。

不过，由于各车间生产能力可以对外出租，因此还应当考虑租金收入。对于可行解 A(0,30)点来说，生产甲产品 0 件乙产品 30 件的组合，在锻造车间中尚剩余 50 个工时，在加工车间中尚剩余 350 个工时，在装配车间中无生产能力剩余，共取得纯租金收入 $1.5\times50+1\times350=425$ 元。同样道理，对于可行解 B(6.67,26.67)点的生产组合来说，在加工车间剩余 200 个工时的生产能力，纯租金收入为 $1\times200=200$ 元。在可行解 C(23.33,13.33)点的生产组合下，在装配车间剩余 150 个工时的生产能力，纯租金收入为 $6\times150=900$ 元。在可行解 D(35,0)点的生产组合下，在锻造车间剩余 100 个工时，在装配车间剩余 375 个工时，共获租金纯收入为 $1.5\times100+6\times375=2\ 400$ 元。因此各点的边际贡献总额分别为：

$$S_A=9\ 000+425=9\ 425(\text{元})$$

$$S_B=9\ 335+200=9\ 535(\text{元})$$

$$S_C=8\ 665+900=9\ 565(\text{元})\qquad(\text{极大值})$$

$$S_D=7\ 000+2\ 400=9\ 400(\text{元})$$

可以看出，考虑剩余生产能力出租后，C 点的组合即甲产品生产 23.33 件、乙产品生产 13.33 件为最优组合。上述分析也可以用下列公式表达：

$$\begin{aligned}S_{max}&=200x+300y+(800-20x-25y)\times1.5+(1\ 400-40x-35y)\times1\\&\quad+(900-15x-30y)\times6\\&=40x+47.5y+8\ 000\end{aligned}\qquad(1)$$

将各种生产组合下 x 和 y 的数值代入式(1),也可得到同样结果。

但是,如果各车间的生产能力全部不用来生产产品,可以对外出租获取租金收入,所以还应进一步考虑机会成本。在式(1)中,如果各车间生产能力全部对外出租的租金收入为8 000元(800×1.5+1 400×1+900×6),考虑机会成本后有:

$$S_{max}=40x+47.5y \tag{2}$$

上述式(2)的结果也可以考虑为:各车间生产一定组合的产品后,就丧失了在这些产品生产上所耗工时对外出租的收入,因此考虑机会成本后,原目标函数则变为:

$$\begin{aligned} S_{max} &= 200x+300y-(20x+25y)\times 1.5-(40x+35y) \\ &\quad \times 1-(15x+30y)\times 6 \\ &= 40x+47.5y \end{aligned} \tag{3}$$

式(3)的结果与式(2)是完全一致的,考虑机会成本后,各产量组合的边际贡献总额分别为:

$$S_A=9\ 425-8\ 000=1\ 425(\text{元})$$

$$S_B=9\ 535-8\ 000=1\ 535(\text{元})$$

$$S_C=9\ 565-8\ 000=1\ 565(\text{元}) \quad (\text{极大值})$$

$$S_D=9\ 400-8\ 000=1\ 400(\text{元})$$

以上分析说明:各车间的生产能力首先应当用于生产甲、乙两种产品,而不是对外出租。生产的最优组合是甲产品生产23.33件,乙产品生产13.33件,这种组合下生产能力得到了最充分的利用,实际共获边际贡献9 565元。

(四)设备购建或租赁的决策分析

企业在市场竞争中,需要不断开发新产品并以销定产,因而常常会遇到临时性某些设备加工能力不足的问题,对于这类问题,可采用购买新设备、企业间协作或租赁设备的方法解决,可运用本—量—利分析法来进行决策。

〔**实例二十七**〕 某企业今年临时接受一批出口订单,但精磨加工能力不足,短缺工时为800台时,如果与外厂协作,外厂每个台时收费20元。如果自己购买设备一套,买价为60 000元,可使用10年,报废无残值,据有关部门提供资料表明,这种机器每小时营运成本6元,但全年要支付维修保护费1 200元。

要求:试分析该企业精磨设备是外购还是与外厂协作解决?

解:购买设备每年增加的专属固定成本为:

$$\frac{60\ 000}{10}+1\ 200=7\ 200(\text{元})$$

$$\text{自行加工与协作加工的成本平衡点}=\frac{7\ 200}{20-6}=514(\text{台时})$$

计算表明,当精磨加工能力的需求量为514个台时之时,自行加工与外协加工的成本是相等的。当年加工能力需求量在514个台时以上时,购置设备自行加工合算。当年加工能力需求量在514个台时以下时,选择与外公司协作成本较低。本例中,年加工能力需求量为800台时,所以应选择购置方案。

第五节　产品销售决策分析

销售是企业利润得以实现的关键,生产过程只能创造利润,销售过程才能实现利润。在以销定产的经营环境中,销售决策往往是与外部市场环境密切联系的,因此,在销售决策中,应遵循两条基本原则:

第一,长期目标与短期目标兼顾。不能由于短期利润最大而舍弃了长期利润,不能由于采用差别价格而损害了正常的销售渠道,也不能由于降价扩大一种产品的销售量同时损害了其余产品的销售。

第二,利润指标与市场占有率相结合。在许多场合,产品在市场上的占有率往往比本年实现利润数更为重要,利润最大化并不一定是唯一的销售决策目标。有时,为了击败竞争对手,往往以放弃目前利润为代价来换取市场占有率的提高。

在产品销售中,大部分短期经营决策是确定企业产品在市场上的售价和销售量,且大多采用边际分析法进行决策分析。

一、产品定价决策分析

新产品由于没有系统、完备的价格和销售资料,所以应采用试销的办法,大体上掌握市场对新产品的接受程度,近似地测定其在不同价格水平下的销售量,然后根据这些资料,采用边际分析法,科学地确定为使该新产品销售利润或销售达到最高水平的平均销售价格。

对于老产品而言,可根据过去不同销售价格下的销售量水平,运用回归分析原理，估计销售收入和成本依销售量的变动曲线，通过边际分析法确定最大利润或最大销售额下的平均销售价格水平。

应当注意的是，产品定价决策的实质是确定某一销售批量下的最优平均单价水平，而这种最优平均单价的决策目标并不是单一的。既可以是目标利润最大的最优平均单价，也可以是使销售额最大以提高市场占有率的最优平均单价。

［实例二十八］ 假定某企业A产品的成本相关范围为1 000件，在1 000件之内（包括1 000件）生产时单位变动成本为40元，固定成本为10 000元；生产量超过1 000件后需购买先进设备，固定成本上升至16 000元，单位变动成本降低至30元。根据历史资料，在不同销售量下的单价水平参见表4－19。

要求：做出产品最优定价决策。

表4－19 A产品资料表 单位：元

销售量(件)	销售单价	销售收入	总成本	单位成本	利润总额
0	120	0	10 000	—	－10 000
200	110	22 000	18 000	90	4 000
400	100	40 000	26 000	65	14 000
600	90	54 000	34 000	56.67	20 000
800	80	64 000	42 000	52.50	22 000
1 000	70	70 000	50 000	50	20 000
1 200	60	72 000	52 000	43.33	20 000
1 400	50	70 000	58 000	41.43	12 000
1 600	40	64 000	64 000	40	0
1 800	30	54 000	70 000	38.89	－16 000
2 000	20	40 000	76 000	38	－36 000
2 200	10	22 000	82 000	37.27	－60 000
2 400	0	0	88 000	36.67	－88 000

1. 最大利润作为决策目标

为了进行定价决策，首先应描绘出成本曲线和收入曲线。从表4－19中可以看出，单价与销售量保持线性递减关系，每降低10元单价，销售量提高200件。设销售量为x，销售单价为R，销售收入为S，总成本为C，利润总额为P。根据高低点法，先确定单价与销售量的关系，有：

$$单价变动率 = \frac{\triangle R}{\triangle x} = \frac{0-120}{2\ 400-0} = -0.05(元/件)$$

因此

$$销售单价\ R = 120 - 0.05x$$
$$销售收入\ S = Rx = 120x - 0.05x^2$$
$$总成本\ C_1 = 10\ 000 + 40x \qquad (0 \leqslant x \leqslant 1\ 000\ 件)$$
$$C_2 = 16\ 000 + 30x \qquad (1\ 000 < x \leqslant 2\ 400\ 件)$$

在 0 ~ 1 000 件时，利润总额曲线为：

$$P = S - C_1 = -0.05x^2 + 80x - 10\ 000$$

当边际利润为零时，利润总额最大，即有：

$$P' = -0.1x + 80 = 0$$
$$x_1 = 800(件)$$
$$最大利润\ P_{max} = -0.05 \times 800^2 + 80 \times 800 - 10\ 000 = 22\ 000(元)$$

但是，上述结论是以第一种成本组合 C_1 为前提的。事实上，在销售量为 800 件时，第二种成本组合 C_2 下的总成本还比第一种成本组合 C_1 下的总成本低一些。这是因为两种成本组合下的成本分界点为：

$$x_2 = \frac{16\ 000 - 10\ 000}{40 - 30} = 600(件)$$

这就是说，当产量大于 600 件时，应采用 C_1 成本方案生产；当产量大于 600 件时，就应采用 C_2 方案，而不必在超过 C_1 成本方案的相关范围 1 000 件时才采用 C_2 成本方案。因此，最大利润点并不在 800 件的销售量上，如图 4 - 10 所示。

在 0 ~ 2 400 件时，利润总额曲线为：

$$P = S - C_2 = -0.05x^2 + 90x - 16\ 000$$

当边际利润为零时，利润总额最大，即有：

$$P' = -0.1x + 90 = 0$$
$$x_3 = 900(件)$$
$$最大利润\ P_{max} = -0.05 \times 900^2 + 90 \times 900 - 16\ 000 = 24\ 500(元)$$

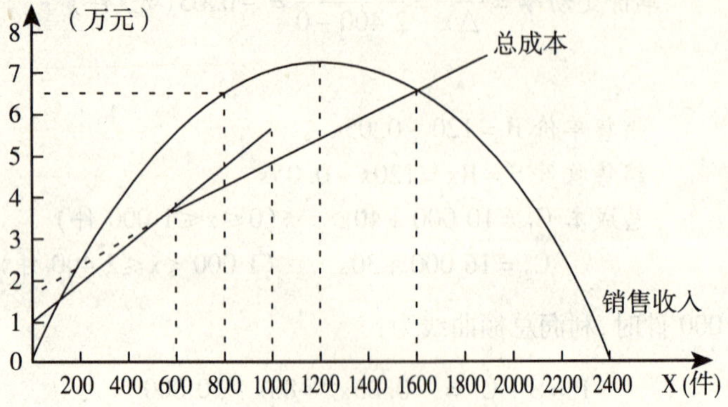

图 4－10

因此，如果以最大利润为决策目标，当销售量为 900 件时利润总额最大，这时的平均单价为：

$$最优价格\ \bar{S}=R=120-0.05\times900=75(元)$$

计算结果表明，要达到最大利润，要采用先进设备的方案生产（固定成本为 16 000 元，单位变动成本为 30 元），最优定价为每件 75 元，应销售 900 件产品。

2. 以最大销售额作为决策目标

以最大销售额为决策目标是为了提高产品的市场占有率，根据收入曲线 $S=120x-0.05x^2$，当 $S'=0$ 时收入最大，此时销售量 x＝1 200 件，产品定价为 R＝60 元。

但是，降低单价、提高销售额是以放弃部分利润为前提的，从图 4－10 中可以看出，销售额最大时（1 200 件）利润为20 000元，并不是最大利润点。放弃利润是有限度的，最大限度为不亏不盈。利润为零时，销售量为1 600件，已经超过最大销售额时的销售量1 200件。因此，本例中，最优定价为销售1 200件时的平均单价60 元。

如果销售额尚未达到最大时已经发生亏损，则应以损益平衡作为决策标准。如本例中，如果产量超过1 000件时采用更先进的设备生产，固定成本为44 000元，单位变动成本为 25 元，则：

$$\begin{aligned}利润总额\ P&=X-C_3=(120x-0.05x^2)-(25x+44\,000)\\&=-0.05x^2+95x-44\,000\end{aligned}$$

当 P = 0 时，保本点 x_0 = 1 100（件）< 1 200（件）

因此，尽管销售量为 1 200 件时销售额最大，但这时已经发生亏损，最大销售量只能定为保本点 1 100 件，此时：

$$\text{最大销售额 } S = 120 \times 1\,100 - 0.05 \times 1\,100^2 = 71\,500\text{（元）}$$

$$\text{最优价格 } R = \bar{S} = 71\,500 \div 1\,100 = 65\text{（元）}$$

所以，如果以最大销售额作为最优定价的决策目标，其前提条件是不能发生亏损。如果最大销售额时已发生亏损，以损益平衡时的销售额作为最大销售额。

二、薄利多销的决策分析

销售产品时，如果按一定的市场平均价格，能销售出一定数量的产品，但要推销更多的产品而产品质量等其他条件又无变化，则只能通过降低价格来增加销售量，这就是薄利多销。由此可见，薄利多销决策实质上是一种区段价格折扣决策。由于在区段价格折扣的情况下不易描述销售单价、销售收入与销售量的曲线函数关系，因此只能根据当边际收入等于边际成本时利润最大的原理，逐步测算边际利润为零时的最优销售量和单价。

〔实例二十九〕 某公司销售一种玩具，正常销售价为 10 元，销售量为 120 只，单位变动成本为 5 元，固定成本为 180 元。如果价格每降低 1 元，预计销售量按 40 只递增。根据上述资料，对不同价格与销售量水平下利润的预测参见表 4－20。

表 4－20　　价格利润的比较表　　单位：元

单价	销量（只）	销售收入	固定成本	变动成本	边际收入	边际成本	边际利润	利润总额
10	120	1 200	180	600	—	—	—	420
9	160	1 560	180	800	360	200	160	580
8	200	1 880	180	1 000	320	200	120	700
7	240	2 160	180	1 200	280	200	80	780
6	280	2 400	180	1 400	240	200	40	820
5	320	2 600	180	1 600	200	200	0	820
4	360	2 760	180	1 800	160	200	－40	780
3	400	2 880	180	2 000	120	200	－80	700
2	440	2 960	180	2 200	80	200	－120	580

从表4－20可见,当销售价格由10元下降到9元时,可以增加40件销售量,从而增加360元销售收入。由于固定成本不变,所增加40件的成本为变动成本200元。所增加的收入360元(即边际收入)大于所增加成本200元(即边际成本),还能增加160元利润。

当边际收入等于边际成本时,边际利润为零,这时利润总额最大。再降低价格以提高销售量,所增加的收入不足以补偿追加的成本,所增加的产品是亏损的,利润总额逐渐下降。因此,本例中最大限度的降价点是单价降低至5元,此时利润总额最大,边际贡献净增额为零,单件边际收入(即单价)与单件边际成本(即单位变动成本)相等,均为5元。

可见,在薄利多销决策类型中,售价下降的最大限度是边际收入等于边际成本时的价格水平,这时的销售量为最大销售量。

三、特殊价格订货的决策分析

特殊价格订货决策是指企业利用暂时闲置的生产能力接受临时订货,这些临时订货的定价往往特别低,接近甚至低于产品的工厂成本。此时若用工厂成本作为定价基础,这些订货往往是不会被接受的。以下分两种情况加以说明。

(1)当企业利用闲置的剩余生产能力又不影响现有的正常销售时,可根据特殊订货的单价是否大于单位变动成本来进行决策。因为原有固定成本不变,只要追加收入大于追加成本,就可以新增利润。

〔实例三十〕 红光灯泡厂生产日光灯管,每支变动生产成本为3元,全厂的固定成本总额为15万元,每支日光管售价为8元,本月产销灯管40 000支。现本厂有多余生产能力。外地某一商家要求追加订货10 000支,但每支仅出价5元。经了解,接受这笔订货不会影响本厂下月正常销售。

要求:进行是否接受该项订货的决策分析。

$$\text{企业现有利润额}=40\ 000\times(8-3)-150\ 000=50\ 000(\text{元})$$

$$\text{现有产品单位成本}=3+\frac{150\ 000}{40\ 000}=6.75(\text{元})$$

上述计算说明,企业正常销售量已补偿了全部固定成本,尽管追加订货的单价小于产品的单位成本,但订货价5元大于日光灯管的变动成本3元,所以应接受。它会使企业多实现20 000元利润。

$$所增加的利润 = 10\ 000 \times (5-3) = +20\ 000(元)$$

$$接受订货后利润额 = 40\ 000 \times (8-3) + 10\ 000 \times (5-3) - 150\ 000 = 70\ 000(元)$$

(2)如果接受特殊订货,会影响企业的正常销售,则只有当特殊订货的价格大于单位变动成本与机会成本之和时,才能接受这批特殊订货。即:

$$特殊订货价格 > 单位变动成本 + 单位机会成本$$

其中:

$$单位机会成本 = \frac{因接受特殊订货而造成的损失}{特殊订货数量}$$

〔**实例三十一**〕 仍用实例三十灯泡厂的资料,假设该厂现在还剩有30 000支灯管的生产能力。现有甲、乙两个客户前来洽谈订货,客户甲订货30 000支,每支出价5元;客户乙订货20 000支,每支出价5.5元。经过调查和预测,如果接受客户甲的订货,会使企业的正常销售量减少10 000支;接受客户乙的订货,会使企业的正常销售量中15 000支也要降价到每支5.5元。要求:计算分析是否接受该项特殊价格订货,若接受应是哪一家?

若接受甲客户订货,而甲客户出价每支5元,则:

$$单位机会成本 = \frac{10\ 000 \times (8-3)}{30\ 000} = 1.67(元/支)$$

$$最低价格限度 = 3 + 1.67 = 4.67(元/支) < 5(元/支)$$

$$可增加的利润 = 30\ 000 \times (5-4.67) = 10\ 000(元)$$

若接受乙客户订货,而乙客户出价每支5.5元,则:

$$单位机会成本 = \frac{15\ 000 \times (8-5.5)}{20\ 000} = 1.875(元)$$

$$最低价格限度 = 3 + 1.875 = 4.875(元/支) < 5.5(元/支)$$

$$可增加的利润 = 20\ 000 \times (5.5-4.875) = 12\ 500(元)$$

从上述计算可知,甲、乙两客户的要求都是可以接受的,但接受乙客户的订货要求能取得更好的效果,可以多增加利润2 500元。

思考题

1. 什么是决策？怎样对企业的经营决策进行分类？

2. 决策的一般程序是什么？

3. 短期经营决策一般包括哪些内容？它有何特点？

4. 什么是机会成本？在经营决策中需要考虑机会成本吗？为什么？

5. 什么是沉没成本？它和相关成本以及不可避免成本有什么联系与区别？

6. 什么是可避免成本与可延续成本？在经营决策中应用这两个概念有什么现实意义？

7. 确定型决策的基本分析方法有哪些？

8. 什么是不确定型决策？它与风险型决策有何区别？

9. 非确定型决策的基本分析方法有哪些？

计算题

习题一

一、目的：练习零部件自制或外购的决策分析。

二、资料：红星电机厂每年需用A零件10 000件，该零件可自制（该厂有剩余生产能力），也可外购，外购单价为2.8元，如果自制每件产品有关成本资料如下：

直接材料	1.2元
直接工人	0.8元
变动制造费用	0.6元
固定制造费用	0.5元

三、要求：

1. 根据上述资料分析A零件是自制还是外购？为什么？

2. 如果企业外购A零件，剩余生产能力可以对外出租，每年可获取租金4 000元。应自制还是外购？为什么？

习题二

一、目的:练习生产能力充分利用的决策分析

二、资料:某公司生产 A、B 两种产品,每件 A 产品的边际贡献为 16 元,每件 B 产品的边际贡献为 20 元。该公司生产这两种产品需要投入两种资源甲和乙。已知每件 A 产品需要甲资源 5 单位,乙资源 2 单位;每件 B 产品需要甲资源 2 单位,乙资源 4 单位。该公司能够提供的甲资源有 120 单位,乙资源有 80 单位。

三、要求:应如何安排 A、B 两种产品的生产,才能获得最大的边际贡献?

习题三

一、目的:练习产品的定价决策分析。

二、资料:某公司生产车床需用 A 零件,全年需量为 8 000 件,单位购价 40 元,每次订购成本为 100 元,年储存成本为存货金额的 25%。供应商规定,若每次采购量超过 4 000 件,在结算单价上可享受 5% 的数量折扣。

三、要求:该公司是否接受这种折扣价?为什么?

习题四

一、目的:练习生产能力充分利用的决策分析。

二、资料:某公司目前经营情况如下:生产一种 A 产品,最大生产能量为10 000 件,目前产销量为6 000 件,销售单价为12 元,单位变动成本为9 元,固定成本总额为22 000 元(在产销 10 000 件范围内不发生变化)。

三、要求:

1. 该公司准备增加广告费 4 000 元,预计可以增加销售量 3 000 件,这时的税前利润是多少?

2. 某客户打算以每件 10 元的价格向该公司增购 A 产品 2 000 件,但该公司需一次性增加固定支出 1 000 元。问:该公司能否接受这项特殊订货?

习题五

一、目的:练习零部件自制或外购的决策分析。

二、资料:长江公司生产某产品,需用 A 零件 10 000 个,如果外购,每个购价 3 元,如果自制,有关成本资料如下:

直接材料(单位)	0.90 元
直接人工(单位)	1.60 元
制造费用(总额)	8000 元

制造费用中,57.5%属于变动费用,42.5%属于固定费用。

该公司有足够生产能力,可以自制,不影响其他生产。

三、要求:A 零件应该自制还是外购?为什么?

第五章
长期投资决策分析

学习要点

管理会计的基本职能之一是决策分析。长期投资决策分析是管理会计决策分析方法中的一种专门方法。

长期投资和长期投资决策等所涉及的内容很多。从财务会计的观点来看，长期投资主要是指企业的对外投资，包括股票投资、债券投资和其他投资；而从管理会计的观点来看，长期投资决策分析所涉及的内容主要是企业的“对内投资”，即企业出于自身的需要而发生的资本支出，如企业购置设备、修建厂房、新建生产线等。因此，在本章的内容中，没有涉及到股票投资、债券投资和其他投资的内容。

本章重点介绍了长期投资方案的评价指标，包括净现值、现值指数、内含报酬率、回收期、平均投资报酬率。要求从每项指标的基本概念、产生的基本原理、基本的计算方法以及每项指标的优缺点等各方面去加以认识。

同时，还要掌握长期投资决策分析中的敏感性分析方法。

第一节　长期投资决策概述

一、投资概述

（一）投资的基本概念

所谓投资，广义地讲，是指以营利为主要目的的资本支出，即现在投入一定资本，以便将来获得预期经济收益的经济行为。例如,个人购买股票或债券、企业购建经营性资产、国家兴建水电站等。如果个人或企业将钱用于救助灾区或其他慈善事业,这种行为不必收回本钱,更不是期望获得预期经济收益,因此,不能叫做投资。

（二）投资主体的划分

投资主体是指具体从事投资行为的实体或个人。按投资者的具体情况划分,投资主体可分为国家、企业和个人。

1. 国家作为投资主体

主要是指国家通过财政等渠道专项拨入一定资金,兴建较大型的营利性项目,如兴建工厂、铁路、电站等。当然,国家投资行为除了营利性目的外,同时还有从宏观上来考虑产业合理布局、改善交通运输状况和环境保护等非营利性目的。

2. 企业作为投资主体

企业是以营利为主要目的的经济实体,因此,企业的投资行为基本上是营利性的(不排除企业的投资行为还兼有其他非营利性目的)。

企业投资按其投资范围来划分,可分为对内投资和对外投资。

对内投资又称为狭义的企业投资或自我投资,是指企业以扩大自身的生产能力和生产规模等为主要目的的资本支出,例如,兴建分厂、购建新生产线、修建新的房屋建筑物等。这些支出都是企业对自身的资本投入,而不是对其他经济实体的投入,因此称为对内投资。

对外投资又称为广义的企业投资,是指企业以现金、实物、无形资产或者以购买股票、债券等有价证券方式对其他经济实体的投资,亦即企业发生的与其他经济实体有各种财务关系的资本支出。例如,企业购买其他经济实体的股票、债券和国家发行的债券(国债)等,将资本投入到其他经济实体或与其他经济实体共同投资组建联营实体等。

需要说明的是,上述投资概念与会计的投资概念是有区别的。从会计的角度看,只有企业对其他经济实体发生的资本支出(如购买股票、购买债券和进行其他股权投资等),才属于投资范畴。而企业自身与固定资产购建有关的资本支出,则不属于投资。因此,从会计的投资概念来看,企业是不存在对内投资的。本章之所以采用了一般的投资概念,亦即包括了对内投资,是因为在采用管理会计专门方法进行投资决策分析时,对企业自身购建固定资产这样的经济行为,同样要运用这些决策方法。因此,本书中的投资概念包括了对内投资和对外投资两个内容。

企业投资按其投资对象来划分,还可分为直接投资和间接投资。

直接投资是指把资金直接投放于生产经营性资产，以便获取利润的投资，如购置设备、兴建房屋等。

间接投资是指把资金投放于金融性资产，以便获取股利或利息收入的投资，如购买股票、购买债券等，故间接投资通常又称为证券投资。

3. 个人作为投资主体

个人进行投资的途径很多。个人将闲置的资金存入银行以便取得利息，购买债券和股票以便取得利息和股息，以入股方式投入其他经济实体以便取得投资收益，个人独办或与他人联办工厂、商店等营利性实体等，都是以个人作为投资主体的投资行为。

本章着重研究企业作为投资主体的投资行为（包括对内投资和对外投资）。

二、长期投资概述

（一）长期投资的基本概念

长期投资是指不准备随时变现、持有时间在一年以上的有价证券以及超过一年的其他投资。

长期投资是相对短期投资而言的。短期投资是指能够随时变现的、持有时间不超过一年的有价证券以及不超过一年的其他投资。

企业进行的投资，除由于资金运筹上的需要而进行的少量短期有价证券的买卖外，其余大部分投资都属于购买固定资产、购买股票（不打算随时变现的）和国家债券（至少一年以上）或与其他经济实体联营等。这些投资有一个共同的特点，就是投资的结果对投资人的经济利益有较长时期的影响。由于投资收回的时间长，对投资人在经济利益上影响的时间也较长，故将这种投资称为长期投资。

（二）长期投资的特点

依上所述，企业的长期投资可分为对内投资和对外投资。对内投资主要是以增加生产能力为主要目的的固定资产投资；对外投资主要包括股票投资、债券投资和其他投资等。根据企业长期投资的类型，可归纳出长期投资的以下几个特点：

1. 长期性

长期投资的投资收回时间至少在一年以上。如果是固定资产投资，收回的时间更长（几年、十几年或更长时间）。由于投资回收期长，因此，对投资人经济利益的影响时间也长。

2. 耗资大

长期投资耗费资金数额通常都较大。企业如果是进行对内投资(如购置固定资产等),耗费的资金一般都较多;如果是进行对外投资(如购买股票、债券或其他投资等),投入的资金一般也较多,以期获得更多的投资收益。

3. 风险大

由于长期投资涉及的时间长,在投资有效时期内,投资项目的内部情况、外部环境等都会发生变化,而这些变化往往又是难以预测的。因此,长期投资面临着较大的风险。

(三)企业长期投资的内容

企业长期投资的内容包括对内投资内容和对外投资内容。

对内投资的内容归纳起来不外两大类,固定资产投资和流动资产投资。这两类投资在投入和收回的时间、方式、数量等方面都是有区别的。

对外投资的内容大致分为三类:股票投资、债券投资和其他投资,其中股票投资和债券投资由于需支出现金,因而也可视为流动资产投资。其他投资(如与其他企业合资兴办新企业等)则既包括流动资产投资(新企业所需开办费以及经营周转资金等),又包括固定资产投资(如购建房屋、机器设备等)。

三、长期投资决策概述

(一)长期投资决策的基本概念

如前所述,决策按其对企业经济效益影响时间的长短可分为短期决策(一年以内)和长期决策(一年以上)两类。投资也可按投资收回时间的长短分为短期投资(一年以内)和长期投资(一年以上)。将决策的分类和投资的分类结合起来,就形成了短期投资决策(一年以内)和长期投资决策(一年以上)。由于短期投资决策涉及的时间短,不超过一年,基本上属于企业经营性的决策,故可称为短期经营决策。

长期投资决策是指对各种长期投资方案进行分析、评价,最终确定一个最佳投资方案的过程。通常包含两层含义:一是在存在几个投资项目可供选择时,对不同投资项目进行比较,从中选出经济效益较佳的项目;二是对已选定的投资项目的各种实施方案进行比较,从中选出经济效益等各方面都最佳的实施方案。

由于长期投资决策涉及的资金多,经历的时间长,风险较大,对企业近期和远期的财务状况都有较大影响,因而是一项十分重要的决策行为,投资者必须认真对待，从而做出明智的决策。

（二）长期投资决策的特点

长期投资决策具有以下几个特点：

1. 它是企业的战略性决策

长期投资决策的内容通常涉及企业的生产能力、发展方向、新产品开发、大量资金的运用等。这些决策对企业的发展都具有战略性意义。企业应从不同角度，根据内部和外部等各种情况，综合判断，做出决策。

2. 决策者通常是企业高层管理人员

由于长期投资决策涉及的资金多，风险大，对企业影响的时间长，对企业的发展有重大影响等，因此，这种决策通常由企业高层管理人员（如总经理）甚至由董事会来行使最后决策权。

3. 要考虑货币的时间价值

长期投资决策涉及的时间长，而货币在不同的时间，其价值要随各种因素（如利率及物价变动等）的变化而发生相应的变化，因此进行长期投资决策时必须考虑货币的时间价值，以便较为准确地计算投资收益，做出正确的投资决策。

（三）长期投资决策的种类

1. 战术性投资决策和战略性投资决策

战术性投资决策是指那些对企业的前途和命运影响不大的投资决策。比如，是否购置新机器以替代旧机器的决策；租入设备还是购入设备的决策；现在还是以后更新设备的决策等。

战略性投资决策是指那些可以改变企业的经营方向，对企业的前途和命运影响较大的投资决策。比如，与其他经济实体共同投资组建新的联营实体的决策；投资开发新产品的决策；厂址选择的决策；较大幅度地改变生产规模的决策等。

2. 筛分决策和选择决策

筛分决策是指确定投资方案是否满足某种预期标准的决策。例如，可以规定，凡提交决策的方案，其投资报酬率都要达到20%，达不到这个条件的不提交决策。

选择决策是指从若干可行方案中选择最佳方案的决策。例如，在投资报酬率都达20%以上的若干投资方案中选择一项最优方案，这个过程就是选择决策。

从时间顺序上看，筛分决策在前，选择决策在后。筛分决策从若干投资方案中确定若干能满足企业预期目标的可行方案；选择决策则从筛分出来的可行方案中确定一个最优方案。筛分决策可以减少决策方案的数量，以使决策人能更集中有效地对入选方案进行分析和评价。

（四）进行长期投资决策需要考虑的因素

企业进行长期投资决策要考虑的因素很多。从广义上讲，要考虑社会、经济、政治、财务、环境保护等诸多因素。具体来讲，则要根据投资的不同对象，考虑若干因素。

1. 对内投资要考虑的因素

企业对内投资，多与扩大企业经营规模、增加生产能力、开发新产品等有关。企业要根据自身的情况，对投资项目进行可行性分析，包括对国家的宏观经济政策、企业自身的财务状况、市场情况、企业人员的素质及人员培训条件、环境保护、资金的筹集和运用等方面加以综合考虑。企业对内投资，其资本的支出和收回在很大程度上取决于企业的自身因素，所以，较之对外投资而言，对内投资需考虑的因素要少些。

2. 对外投资要考虑的因素

企业对外投资包括股票投资、债券投资和其他投资。不同投资对象，需要考虑的因素不同。

（1）股票投资。首先要考虑国家的政治及经济政策，股市行情，股票发行单位的经营、财务、产品或劳务等方面的情况以及今后的发展方向和前途。同时，还要结合考虑本企业从事股票投资人员的素质。股票投资的收益大，风险也大，考虑的因素周密一些为好。

（2）债券投资。债券可分为企业债券和国债。购买企业债券时，要充分考虑债券发行单位的经营业绩、财务业绩以及今后还本付息的能力等。进行企业债券投资的风险虽不像股票投资那么大，但也不是没有风险的，债券发行单位也存在到期无力还本付息的可能性。因此，进行企业债券投资也要谨慎行事。

国债是一种没有风险的债券，因此，进行国债投资是无风险投资。鉴于此，要考虑的因素要少一些。主要是企业要根据自身的财务状况、资金的调配使用情况等，合理进行投资。另外，由于国债是无风险投资，其利息率通常较企业债券的利息率稍低一些（企业债券的利息率较国债利息率高一些，其高出部分实际上是风险利息率）。

（3）其他投资

其他投资包括企业将现金、实物及无形资产等投入到其他经济实体，或与其他经济实体共同投资兴办新的经济实体等。无论哪种类型，企业的投资行为都与其他企业有千丝万缕的关系。进行这些投资都要签订投资协议或合同,双方要履行相应的义务和承担相应的法律责任。为此,企业除了要考虑上述的内部及外部因素外,还要考虑企业本身履行和承担的法律责任、投资各方承担法律责任的能力以及今后可能引起的法律事项等。其他投资较之股票投资和债券投资更为复杂,因此,对有关人员的素质要求更高,对决策正确性的要求也较高。

第二节　长期投资决策分析需要考虑的重要财务因素

上节已述及,进行长期投资决策需要考虑的因素较多,包括宏观的和微观的。从微观因素来看,又包括企业的财务状况、人员素质、管理水平、企业发展规模和方向等。其中重要的是财务状况。管理会计的研究内容主要是微观的,是着重从财务和会计的角度为企业内部管理服务的,因此,本章涉及的长期投资决策分析要考虑的因素仅限于企业的财务因素。

企业财务包含的内容很广泛,与长期投资决策分析有关的财务因素归纳起来有四个:现金流量、货币的时间价值、资本成本和投资的风险报酬。

一、现金流量(Cash Flow)

(一) 现金流量概念

1. 现金流量的基本概念

现金是一个广义的概念,通常包括纸币、硬币、可转让支票和银行存款账户上的存款余额等。企业的经济活动周而复始地进行,也就不断地发生现金收支。在企业的经济活动中所发生的现金收支,叫做现金流量。在一定期间内企业支出的现金叫做现金流出量,在一定期间内企业收入的现金叫现金流入量。无论是企业日常的经营活动,还是与长期投资有关的经济活动,都会产生现金流量。

为便于理解和分析,也可将现金流量分为两类:与企业日常经营活动有关的现金流量称为企业现金流量;与特定投资项目有关的现金流量称为投资项目现金流量。

2. 现金流量的特点

(1) 现金流量的计价基础是现金收付实现制。长期投资决策分析中是以现金收付实现制来计算投资项目的现金流量的。按收付实现制计算的现金流量,才是实际的现金流量，这样，才能把投资项目的实际收入、实际支出以及与这二者相联系的时间因素三者结合起来，真实地反映不同时点上现金的收支情况，同时也便于以贴现的方式来对不同方案进行效益比较。

(2) 不同时点的现金流量的内容不同。从整个运作上来看，投资项目(特别是企业购建固定资产)大致有三个时点：初始阶段、营运阶段和终结阶段。

初始阶段的现金流量主要是现金流出量，包括前期开办费、固定资产投资和流动资产投资等。

营运阶段的现金流量则包括现金流入量和现金流出量。

终结阶段的现金流量主要是现金流入量，如固定资产的变价净收入(扣除清理费用后的净额)、原垫支流动资金的收回等。

3. 现金流出量(Cash Outflow)

广义地讲，企业在一定期间内，由于开展经营活动而支出的现金，叫现金流出量。在长期投资中，则把企业投放到特定投资项目中去的资本支出称为现金流出量。

企业对内投资和对外投资都会产生现金流出量。需要说明的是，企业对内投资，其投资额本身仍构成企业的资金，没有流出企业之外。之所以沿用了现金流出量的概念，是基于从长期投资决策的角度来分析问题，把对内投资项目看作一个特定的分析项目，对该项目需要耗费的资金和可能产生的效益等均要进行单独测算。这就要单独计算该项目的现金流出量和现金流入量。

企业对内投资和对外投资所发生的现金流出量的内容很多，现仅以直接投资为例，将现金流出量的内容归纳为以下两类：

(1) 在固定资产上的投资。包括在固定资产的新建、购入、运输、安装、调试、试运行、验收等方面所花费的支出。可能导致固定资产生产能力发生变化的更新改造支出，也属于固定资产投资。

(2) 在流动资产上的投资。包括以下两个方面：① 投资项目前期发生的筹建费、开办费及其他费用支出等；② 投资项目投产后所需的经营周转资金。

在间接投资(即证券投资)中，现金流出量即是指购买股票、债券的实际支付额。

4. 现金流入量(Cash Inflow)

广义地讲，企业在一定时期内由于开展经营活动而收入的现金，叫做现金流入量。在长期投资中，则把企业在实施一项投资方案后从该投资项目中收入的现金，称为现金流入量。

投资项目的现金流入量包括的内容较多，流入企业的方式也各不相同。以企业对内直接投资兴建一个分厂为例，现金流入量包括的内容如下：

（1）折旧费。企业以折旧方式逐年提取的费用，是企业对固定资产投资的收回。

（2）利润。投资项目投入使用后给企业创造的利润额（指税后利润）。

（3）残值收入。投资项目的固定资产报废后的变现净收入。

（4）垫支流动资金的收回。企业在投资项目形成生产能力后，以垫支方式投入到该项目中的经营周转资金，项目结束时，企业收回该经营周转资金。

需要注意的是，投资项目不同，现金流出量和现金流入量的内容也不相同。一项战术性投资项目，可能只涉及以一台新机器代替旧机器，目的是为了降低生产成本，提高劳动生产率，而并不需要垫支流动资金。一项战略性投资项目，例如，新建一条生产线，就不仅需要固定资产投资，而且需要垫支流动资金，作为生产周转资金。

需要说明的是，有的教材将投资项目形成后取得的营业收入称做现金流入量；相反，把与营业收入相匹配的营业成本（不含折旧费）和各项税金称做现金流出量。这二者之差，即为税后利润。

5. 投资项目的现金流量表

现金流量表是指将投资项目的建设和使用期间内的现金流出和现金流入按时间顺序排列而成的表式。

一个投资项目（主要是对内投资和联营投资）在不同时点上现金流出量和现金流入量均不相同。企业事前要进行财务可行性分析，方法是编制“投资项目现金流量表”。通过该表，测算投资项目的现金流出和现金流入的时间和数量，计算出投资项目的投资效益，同时也便于企业掌握资金的调配和运用情况。下面举例加以说明。

［实例一］　某投资项目需4年建成，每年投入资金30万元，共投入120万元。建成投产后，产销A产品，需投入流动资金40万元，以满足日常经营活动的需要。A产品销售后，估计每年可获利润20万元。固定资产使用年限为6年，使用期满后，估计有残值收入12万元。采用使用年限法折旧。

根据以上资料，编制成“投资项目现金流量表”，参见表5－1。

表 5－1　　投资项目现金流量表　　单位：万元

项目 \ 年份	1	2	3	4	5	6	7	8	9	10	总 计
固定资产	(30)	(30)	(30)	(30)							(120)
固定资产折旧					18	18	18	18	18	18	108
利　润					20	20	20	20	20	20	120
残值收入										12	12
流动资金					(40)					40	0
总　计	(30)	(30)	(30)	(30)	(2)	38	38	38	38	90	120

表 5－1 中的数字，带有括号的为现金流出量，表示负值，没有带括号的为现金流入量，表示正值，第 5 年投入周转的流动资金在该投资项目使用期满时要全数收回。

说明：“投资项目现金流量表”的编制没有考虑货币的时间价值，因此，该表的数据只能作为财务可行性分析的基础资料，而不能作为投资项目的决策资料。

6. 净现金流量(Net Cash Flow)

净现金流量是指现金流入量与现金流出量之差。这个差额既可以是整个投资项目现金流入量之和与现金流出量之和二者之间的差异，也可以是投资项目使用有效期内每年现金流入量与每年现金流出量之差。

（二）现金流量的测算

长期投资决策分析涉及的现金流量是尚未发生的数据，因此在决策前，要对每个可供选择的投资方案的现金流量进行测算。现金流量的测算，包括现金流出流入的时间和流出流入的数额等。

1. 现金流出量的测算

企业进行一项投资，首先要计算需要花费多少钱。测算现金的流出量，是企业进行投资首先要考虑的问题。一般来说，现金流出量的测算比较容易，根据有关数据资料即可得出。比如，企业打算购置一台锅炉，把预计的购价、运输费、安装费等加总，即为该投资项目的现金流出量；修建房屋或设施，可以通过工程预算得出。至于现金流出的时间，也可按投资项目实施的顺序进行测算。

2. 现金流入量的测算

如前所述，现金流入量的内容包括：投资项目的固定资产折旧费，项目实施后新增的利润额，固定资产报废后的残值收入以及根据需要事先垫支的流动资金的收回等。

现金流入量的测算相对来说要麻烦一些。首先,必须确定现金流入量的范围,即只能是由特定投资项目所形成的现金流入量,要单独进行计算。因为投资项目的新增利润,可能是众多因素(或项目)共同作用的结果,为了测定单个项目的现金流入量,就要单独测算出单个项目可能产生的利润。其次,按照现金流入量的每一个组成项目,从时间和数量上分别加以测算。

(1)固定资产折旧费流入的时间和数量。从时间来看,不管采用哪种折旧方法,折旧费的流入总是贯穿于固定资产的整个有效使用期间,即每期都有折旧费流入。从数量来看,折旧费流入的数量随采用的折旧方法不同而不同。采用直线法折旧,每期折旧费的数量相同;采用其他折旧方法折旧,则每期的折旧费数量不相同。

(2)投资项目新增利润的流入时间和数量。投资项目投入使用后,如该投资项目可以增加收入,则会给企业带来利润。在正常情况下,利润的产生应贯穿于投资项目的整个使用期间,即每期都有。但如果受投资项目的性质和其他因素的影响,也不一定在项目投产后的每个时期都有利润流入。从每期利润的数量来看,也不尽相同,要根据企业的经营情况和外部条件而定。另外,从财务会计本身来讲,也可能影响每期利润的数量。比如采用不同的折旧方法或存货计价方法,就可能影响每期利润的数量。

(3)固定资产残值收入流入的时间和数量。从时间来看,残值收入总是在固定资产使用期满或报废时产生。从数量来看,残值收入要依有关制度规定和主观估计来确定。如果数量不大,甚至可以忽略不计。

(4)垫支流动资金的流入时间和数量。从流入时间来看,应在投资项目使用期满的那一年末收回(但如有应收款项,则可能晚些)。流入的数量应当与垫支数相同。

(三)运用现金流量概念来评估投资方案的意义

管理会计中,为什么要用现金流量而不是经营利润来评估投资方案呢?这是因为,现金流入量是企业实实在在的现金收入,是企业可以支配的资本,而账表上的利润仅仅是企业经营成果的体现,与企业的现金状况并无直接的联系。因此,用现金流量评估投资方案,更为全面和安全。

二、货币的时间价值(The Time Value of Money)

企业在进行长期投资时,除应考虑投资金额外,还要考虑货币支出的时间和收回的时间。因为,货币的价值与时间是有密切联系的。这样,在长期投资决策分析中，就要考虑一个十分重要的因素——货币的时间价值。

(一) 货币的时间价值概述

1. 货币的时间价值的基本概念

所谓货币的时间价值，是指货币拥有者放弃现在使用货币的机会而进行投资，按投资时间的长短计算的报酬，即货币拥有者将当前的货币投放出去，随着时间的推移而得到的增值。时间越长，增值越多。

例如，现在将100元钱存入银行，年存款利率10%，则一年后连本带利可得110元，多得到的10元钱便是投资人放弃现在使用货币的机会而得到的投资报酬，这种报酬就是货币的时间价值。

货币的时间价值实质上是投入到生产经营领域的货币资本的增值。对于货币所有者来说，它表现为让渡货币使用权应得到的报酬；对于货币使用者来说，它表现为使用这部分货币资本而需要支付给货币所有者及中介人的成本。

当然，货币的自行增值是在其被当作资本运用的过程中实现的，不能被当作资本利用的货币是不具备自行增值属性的。

2. 计算货币的时间价值需要考虑的因素

货币的时间价值需要通过计算才能得出，计算时需要考虑一些因素，包括投资报酬率及其确定方法（即采用什么样的百分率来计算货币的时间价值），单利和复利（即采用什么样的计息方法，计息方法不同，计算出来的货币时间价值也不相同），现值和终值（这是货币时间价值的两种不同表现形式）等。货币时间价值与这些因素密切相关。

3. 货币的时间价值的表现形式

货币的时间价值有两种表现形式：一种是绝对数（金额），一种是相对数（百分率）。

(二) 单利和复利

单利和复利是银行采用的两种不同的计息方法。按国际惯例，货币的时间价值是按复利计算的。

单利（Simple Interest）是指只按本金计算利息，本金所生利息不再计算利息的一种计息方法。其计算公式如下：

$$V_n = V_0(1 + n \cdot i)$$

式中：V_n 为 n 年后的本利和，V_0 为本金，n 为时期，i 为利率。

复利（Compound Interest）是指不仅本金要计算利息，本金所生利息如不提取也

可计算利息的一种计息方法,俗称利滚利。其计算公式如下:

$$V_n = V_0(1+i)^n$$

式中各种符号的意义与单利公式相同。

(三) 现值和终值

1. 现值(Present Value)

现值是指按一定利率折算的、未来支付或收到款项的现在价值。其计算公式如下:

$$PV = \frac{F}{(1+i)^n}$$

式中:PV 为现值,F 为终值,i 为利率,n 为时期。

〔**实例二**〕　现在存入银行 100 元钱,存期 5 年,存款年利率 10%,5 年后本利和的计算结果如下:

$$100 \times (1+10\%)^5 = 161(\text{元})$$

我们称:现在的 100 元是按 10% 的年利率折算的、5 年后的 161 元的现在价值。

2. 终值(Future Value)

终值是指一笔款项按一定利率计算的在今后某一时间的价值。其计算公式如下:

$$F = PV(1+i)^n$$

式中各种符号的意义与现值计算公式相同。

〔**实例三**〕　依据实例二的资料:

$$100 \times (1+10\%)^5 = 161(\text{元})$$

我们称:161 元是现在的 100 元,按 10% 的年利率计算的 5 年后的终值。

(四) 投资报酬率

1. 投资报酬率的基本概念

投资报酬率是投资方案实施后所获利润额与投资额之比。其计算公式为:

$$投资报酬率=\frac{投资项目的利润额}{全部投资额}$$

上述定义实际上是投资报酬率的一个极为简单的含义,它没有包括货币时间价值、投资风险、通货膨胀等因素,仅仅简单表示某投资项目的投资回报程度。如果用投资报酬率来计算货币时间价值,则对投资报酬率还要做进一步的分析和测算。

需要说明的是,投资项目的投资主体不同,利润额的含义也不相同。

如果投资项目的投资主体是国家,那么,利润额应是税前利润,因为这是考核国家对该项目进行投资后所取得的投资效益,从国家的角度看,不仅应包括企业取得的利润,还应包括企业上缴的所得税。如果投资项目的投资主体是企业,则利润额应是税后利润。

2. 投资报酬率的种类

(1) 预期投资报酬率。预期投资报酬率是反映投资者进行投资时对投资项目未来投资报酬理想期望值的百分率。投资者进行投资时,总是期望将来获得一笔投资报酬,而且对投资报酬还有一个期望值。这个期望值用百分率表示,就是预期投资报酬率。投资者在确定预期投资报酬率时,通常要考虑以下三个因素:

一是银行利率。即将预期的投资报酬额与将同样货币存入银行所取得的利息额相比较。若预期投资报酬额大于利息额,则可考虑进行投资。投资者首先要考虑银行利率这一因素,是因为银行利率这个数据是已知的,而且利息的取得基本上是有保障的(即无风险或风险很小)。

二是投资风险。投资者在从事将货币存入银行和购买政府债券等以外的其他各种形式的投资时,常常存在不能达到预期投资目的的风险。因此,投资者在进行这些投资时,应考虑投资风险因素。设银行存款年利率为10%,投资者从事其他投资项目的投资报酬率如果低于10%,宁肯将货币存入银行取得利息;如等于10%,仍愿将货币存入银行,因为其他投资风险较大;只有高于10%,并且高出的部分至少足以抵偿可能产生的风险损失时,投资者才愿意进行其他形式的投资。

三是通货膨胀。通货膨胀是经济发展中难以避免的一个因素。长期投资经历的时间较长,一定的通货膨胀率会减少投资报酬的实际价值。

由此可见,投资者在测算长期投资的预期投资报酬率时,应当考虑银行利率、投资风险率和通货膨胀率三个因素。从预测的角度看,银行利率的资料容易取得,而投资风险率和通货膨胀率的资料则不易取得,且难以测定。假设投资者在测算预期投资报酬率时,主要以银行利率为标准,这样,货币的时间价值就与银行利率一致。而银行利率的高低,则要受经济状况、市场货币的供求关系以及政府的有关政策的影响,因而货币的时间价值也会随之发生相应的变化。

(2) 最低投资报酬率。最低投资报酬率是反映投资者进行投资时对投资项目未来投资报酬最低期望值的百分率。所谓最低期望值,是指按此比率折算的投资项目的收入与支出基本持平,不盈也不亏。预期投资报酬率与最低投资报酬率之间的差异即为投资人从投资项目中可能获得的投资报酬。

(3) 实际投资报酬率。对投资方案的现金流出量和现金流入量进行预测并确定后而测算的投资方案实际可能达到的投资报酬率,称为实际投资报酬率。这里的"实际"二字,不是指投资方案实施后实际达到的结果,而是指投资方案尚未实施,但其现金流量的预测结果已经确定,根据确定后的现金流量和一定的方法计算出来的实际可能达到的投资报酬程度。

实际投资报酬率必须大于最低投资报酬率,投资方案才有利可图。实际投资报酬率以能接近或超过预期投资报酬率为好。

(五) 查表方法

要计算现金流量的现值和终值,仅用公式来计算是很麻烦的。在实际应用中,通常采用查表的方法,以简化计算过程。本书最后附有四张表,每张表中列举了在不同利率、不同复利期数下,每一元钱的折算系数。现分述如下。

1. 1 元的复利终值表

如果要计算一笔款项若干时期以后的终值,可查此表(见附表 1)。表中排列出在不同利率、不同复利期数下,以 1 元为基数的现值折算为终值的折算系数,以符号 $F\,\overline{n}|i$ 表示。由于此表是以 1 元钱为基数编制的,因此只要将已知的现值数与在表上所查得的折算系数相乘,即可求得该项金额的终值。

〔实例四〕 现在将 1 000 元钱存入银行,年利率 10%,每年复利一次,5 年后的复利终值是多少?

解:在复利终值表上查得利率 10%,与时期 5 相交的系数为 1.610,亦即 $F\overline{5}|10\% = 1.610$,所以,复利终值为:

$$F = 1\,000 \times 1.610 = 1\,610(元)$$

2. 1 元的复利现值表

如果要计算未来支付或收到款项的现值,可查 1 元的复利现值表(见附表 2)。

表中排列出在不同利率、不同复利期数下，以 1 元钱为基数的终值折算为现值的折算系数，以符号 $PV\,\overline{n}|i$ 表示。由于此表是以 1 元钱为基数编制的，因此，只要将已知的终值数与在表上所查得的折算系数相乘，即可求得该项金额的现值。

〔实例五〕 设年利率为 10%，每年复利一次，5 年后收到 100 元，求这 100 元的现值是多少？

解：在复利现值表上查得利率 10%、时期 5 的折算系数为 0.621，亦即 $PV\,\overline{5}|10\% = 0.621$。所以，复利现值为：

$$PV = 100 \times 0.621 = 62.10(\text{元})$$

〔实例六〕 设年利率为 8%，每季度复利一次，3 年后收到2 000元，要求计算这 2 000 元的复利现值是多少？

解：该例中，年利率为 8%，季度利率为 2%（$8\% \div 4 = 2\%$），复利期数为 12（$3 \times 4 = 12$）。在复利现值表上查得利率 2%、时期 12 的折算系数为 0.789，亦即 $PV\,\overline{12}|2\% = 0.789$，所以，复利现值为：

$$PV = 2\,000 \times 0.789 = 1\,578(\text{元})$$

〔实例七〕 设某企业有一笔款项分 4 年收回，每年收回的金额分别为：1 000 元、1 400 元、2 000 元、1 600 元，共计6 000元。年利率 5%，要求计算这 4 年收回款项总额的现值是多少？

解：由于 4 年内每年都有收入，而每年的折算系数又不一样，所以，要列表进行计算：

年份	收入金额（元）	年利率	折算系数	现值（元）
1	1 000	5%	0.952	952
2	1 400	5%	0.907	1 269.80
3	2 000	5%	0.864	1 728
4	1 600	5%	0.823	1 316.80
合计	6 000			5 266.60

计算结果表明，企业在 4 年内总共收回 6 000 元，经过折算后，其现值仅为 5 266.60元。

3. 1元的年金复利终值表

如果要计算不同时期的数量相等的现金流出量或现金流入量的终值,可查1元的年金复利终值表(见附表3)。

1元的年金复利终值表涉及一个新的概念——年金(Annuity)。每隔一定相同时期,收到或支付相同数量的一笔金额,这笔金额称为年金。例如,定期领取的养老金、分期等额付款等,都属于年金。

按收付款的时间不同,年金可以分为几种形式:收入或支出在每期期末的年金,称为普通年金(Ordinary Annuity)或后付年金;收入或支出在每期期初的年金,称为期初年金(Annuity Due)或预付年金;收入或支出在第一期期末以后的某一时间的年金,称为延期年金(Deferred Annuity)或递延年金等。

与其他现金收支金额相比,年金的特点在于:年金涉及的每个时期的间隔期相同(如年、月等),每期的现金收入或支出的金额相同。在长期投资决策分析中运用年金概念,可以简化计算过程,这种简化是通过查年金终值表或年金现值表来实现的。这两张表都是以1元钱为基数,按普通年金以复利方式编制的。查表的方法与前述的1元的复利终值表和1元的复利现值表基本相同,只是表中的折算系数的含义不同。

由于本书所附的年金终值表和年金现值表都是按普通年金编制的,所以,下面主要介绍普通年金的计算方法。

普通年金的终值是一定期间内每期期末收到或支付款项的复利终值之和。如以 F_A 表示年金终值,以A代表每期的收支款项,则普通年金复利终值的计算公式如下:

$$F_A = A(1+i)^0 + A(1+i)^1 + A(1+i)^2 + \cdots\cdots + A(1+i)^{n-2} + A(1+i)^{n-1}$$

上式经过整理后,则为:

$$F_A = A \cdot \frac{(1+i)^n - 1}{i}$$

采用公式计算普通年金的终值仍较麻烦,故实际工作中多采用查表计算。

1元的年金复利终值表排列出在不同利率、不同时期下,每期收入或支出1元的年金终值折算系数,以符号 $F_A\ \overline{n}|i$ 表示。下面举例说明查表方法。

〔**实例八**〕　某企业计划建造一生产设施,每年末投资100 000元,5年建成。该企业投资所需款项是向银行借来的,借款的年利率为10%。问:企业建造该生产设施的投资总额为多少？

解：企业建造该设施的投资总额，除了借款总额外，还要包括借款利息，也就是要考虑货币的时间价值。

查1元的年金复利终值表。利率10%、时期5的年金终值系数为6.105，亦即$F_A\overline{5}|10\% = 6.105$，所以，年金复利终值为：

$$F_A = 100\ 000 \times 6.105 = 610\ 500(\text{元})$$

计算结果表明，企业建造该生产设施的投资总额为610 500元（其中投资借款500 000元，借款利息110 500元）。

〔实例九〕　宝元公司准备购买一台精密仪器，采用分期付款方式，每年支付200 000元，4年付清，银行存款利率为8%。问：如果考虑货币的时间价值，宝元公司购买这台仪器将花费多少钱？

解：表面上看，购买这台仪器仅花费800 000元（200 000元×4）。但公司如不购买这台仪器，而将款项存入银行，则可获得一笔利息收入。但购买仪器后，公司失去了每年可得的这部分存款利息。所以，如果考虑货币的时间价值，这笔失去的利息额应当计入购买仪器的耗费中去。查年金复利终值表，利率8%、时期4的折算系数为4.506，亦即$F_A\overline{4}|8\% = 4.506$，所以，年金复利终值为：

$$F_A = 200\ 000 \times 4.506 = 901\ 200(\text{元})$$

可见，公司购买精密仪器的耗费共计901 200元，而不是800 000元。其差额是货币的时间价值。

4.　1元的年金复利现值表

如果要计算不同时期的数量相等的现金流出量和现金流入量的现值，可查1元的年金复利现值表（见附表4）。

普通年金的复利现值是一定期间内每期期末收到或支付款项的复利现值之和。如以PV_A表示年金现值，以A代表每期的收入或支出款项，普通年金的复利现值的计算公式为：

$$PV_A = A(1+i)^{-1} + A(1+i)^{-2} + \cdots\cdots + A(1+i)^{-(n-1)} + A(1+i)^{-n}$$

上面公式经过整理，则为：

$$PV_A = A \cdot \frac{1}{i}\left[1 - \frac{1}{(1+i)^n}\right]$$

采用公式计算普通年金的复利现值仍较麻烦，实际工作中多采用查表计算。

1 元的年金复利现值表排列出在不同利率、不同时期下，每期收入或支出 1 元的年金现值折算系数，以符号 $PV_A \overline{n}|i$ 表示。下面举例说明查表方法。

〔实例十〕　宝元公司在今后 5 年内每年可收入 500 000 元，年利率 10%，每年复利一次。要求计算 5 年内总收入的现值是多少？

解：宝元公司 5 年内每年收入 500 000 元，这笔金额是年金。查 1 元的年金复利现值表，利率 10%、时期 5 的年金复利现值系数为 3.791，亦即 $PV_A\overline{5}|10\% = 3.791$，所以，年金复利现值为：

$$PV_A = 500\ 000 \times 3.791 = 1\ 895\ 500(元)$$

计算结果表明，宝元公司 5 年内总收入的现值为 1 895 500 元。

〔实例十一〕　华兴公司准备购买一台机床，现有两个方案可供选择。一是向甲厂购买，分 3 年付款，每年末支付 100 000 元；一是向乙厂购买，需当即一次性付款 250 000 元。当时的银行年利率为 10%。问：华兴公司应采用哪一个方案？

解：在进行方案决策前，应将两个方案的现金流出量做一比较，这就要求把两个方案的现金流出量都折算成现值，使其具有可比性。向乙厂购买，当即一次性付款 250 000 元，这已是现值。向甲厂购买，所需支付的款项应折算成现值。查 1 元的年金复利现值表，利率 10%、时期 3 年的年金复利现值系数为 2.487，所以向甲厂分期付款的年金复利现值为：

$$PV_A = 100\ 000 \times 2.487 = 248\ 700(元)$$

计算表明，向甲厂分期付款的现值为 248 700 元，向乙厂一次性付款的现值为 250 000 元，两个方案相比较，向甲厂购买可少支付 1 300 元，因此，公司应向甲厂购买机床。

（六）先付年金终值与现值的计算

前文已述及，按收付款的时间不同，年金可分为几种形式。其中，收入或支出在每期期末的年金，称为普通年金（又叫后付年金）；收入或支出在每期期初的年金，称为期初年金（又叫先付年金）。本书所附的“年金复利终值表”和“年金复利现值表”都是按后付年金编制的。如果要计算先付年金的终值和现值，则要在查表方法和计算公式上稍加调整，方可求得。

1. 先付年金终值

收入或支出在每期期初的系列等额付款的终值之和,称为先付年金终值。由于"年金复利终值表"是按后付年金编制的,所以,在查表计算先付年金的终值时,需先查表计算出后付年金终值,再调整为先付年金终值。

在计算之前,先以图说明一下先付年金终值与后付年金终值的区别(如图5-1所示)。

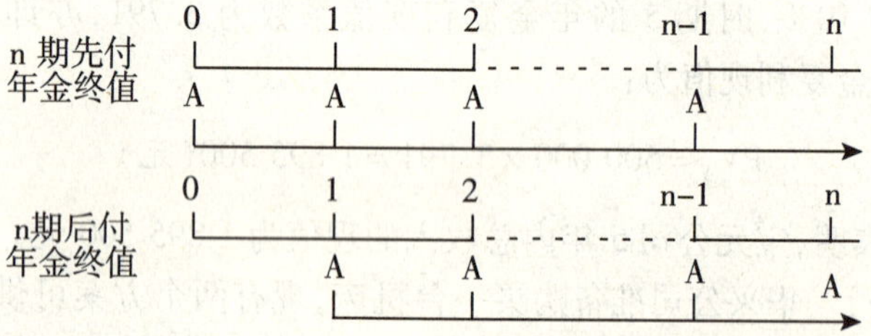

图5-1

说明:图5-1中A为年金额。

从图5-1中可以看出,n期先付年金与n期后付年金的付款数额相同,但由于付款时间不同,n期先付年金终值比n期后付年金终值要多计算一期利息。根据这个原理,可先求出n期后付年金终值,再乘上(1+i),便可求出n期先付年金终值。先付年金终值的计算公式为:

n期先付年金终值=年金×年金复利终值折算系数×(1+利率)

〔实例十二〕 某人每年初存入银行100元,银行存款年利率为10%,问:第10年末时本利和共多少?

解:根据公式,计算如下:

10年先付年金终值=100×15.937×(1+10%)=1 753.07(元)

2. 先付年金现值

收入或支出在每期期初的系列等额付款的现值之和,称为先付年金现值。

由于"年金复利现值表"是按后付年金编制的,所以,在查表计算先付年金现值时,需先查表计算后付年金现值,再调整为先付年金现值。

在计算之前,先以图说明一下先付年金现值与后付年金现值的区别(如图5-2

所示)。

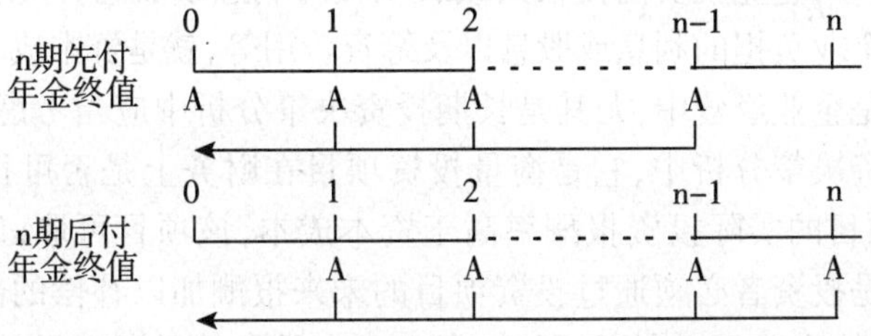

图 5 - 2

说明:图 5 - 2 中的 A 为年金额。

从图 5 - 2 中可以看出,n 期先付年金与 n 期后付年金的付款期相同,但由于 n 期后付年金是期末付款,因此,比 n 期先付年金多贴现一次。根据这个原理,可先求出 n 期后付年金现值,再乘上(1 + i),便可求出 n 期先付年金现值。先付年金现值的计算公式为:

n 期先付年金现值 = 年金 × 年金复利现值折算系数 × (1 + 利率)

〔实例十三〕 某公司需添置一台打字机,购买价为 1 000 元,可用 10 年。如果租用,则每年年初需付租金 120 元。设银行利率为 10%,问:该公司应购买还是租用?

解:先计算出 10 年租金的现值,再与买价相比较。依公式可计算出:

10 年先付年金现值 = 120 × 6. 145 × (1 + 10%) = 811. 14(元)

计算结果表明,10 年租金的现值低于买价,故应选择租用方案。

三、资本成本(Cost of Capital)

(一) 资本成本的基本概念

广义地讲,资本成本是企业取得并使用资本所负担的成本。例如,企业为了进行正常的生产经营活动,通过银行借款取得资本而需支付的利息、发行债券取得资本而需支付的利息、发行股票取得资本而需支付的股息等,同时还包括与这些筹资活动相关的筹资费用。

狭义地讲,长期投资中所讲的资本成本是指为了取得投资所需资本而发生的成本。企业进行长期投资,所需资本数额大,需从外部筹资,如向银行借款、发行股票和债券等,这样,企业就要向债权人或股东支付利息或股息,并发生相关的筹资费用。这些由企业负担的利息或股息以及筹资费用等,就是资本成本。

资本成本是企业经营中,尤其是长期投资决策分析中应当考虑的一个重要因素。在长期投资决策分析中,它是衡量投资项目在财务上是否可行的一个“取舍率”。如投资项目的实际投资报酬率高于资本成本,该项目可取;反之则应舍弃。由于资本成本是投资者必须通过投资项目的未来报酬加以补偿的部分,补偿以后有剩余额,才能给企业新增利润,所以,资本成本是衡量投资项目是否可行的最低投资报酬标准,故又将资本成本称为投资项目的“极限利率”。

资本成本通常有两种表示方法,一是绝对数(金额),一是相对数(百分率)。

(二) 资本成本的种类

按企业资本来源划分,资本成本可分为两类:借入资本的资本成本和自有资本的资本成本。

1. 借入资本的资本成本

借入资本是企业通过银行借款、发行债券以及向其他企业借款等方式取得的资本。资本的权益属于债权人。企业借入资本是要发生资本成本的。借入资本的资本成本是银行借款利息、发行债券的利息、其他借款的利息以及发生的相关筹资费用等。

2. 自有资本的资本成本

自有资本是企业的所有者权益部分,包括实收资本、资本公积、盈余公积和未分配利润等。其中实收资本是股东投入企业的股本。

企业的自有资本也是有资本成本的。自有资本的权益属于股东。股东对企业进行投资的目的在于获得社会平均利润以及超过这个标准的投资收益。企业必须承担起这个责任和承诺。于是,社会平均利润就成了企业使用自有资本的资本成本的最低标准。由于社会平均利润是一个比较抽象的概念,所以人们往往又把比较直观的银行存款利率或无风险利率(国债利率)作为自有资本的资本成本的最低标准。将这个最低标准加上企业对投资者承诺的超过一般水平的投资期望值差异率,即构成企业的自有资本的资本成本。

例如,某企业拟用自有资本兴建一个化工厂(分厂)。当时的3年期国债利率为13%,投资者超过无风险利率的投资期望值差异率为5%,则该企业投资该项目的资本成本为18%(13% +5%)。

（三）不同资本来源的资本成本的计算

企业使用的资本有不同来源。企业的资本来源不同，资本成本也不尽相同。资本成本的多少对企业的经济利益及其发展都有直接影响。这就需要企业对筹资方式进行选择。

1. 借入资本的资本成本的计算

借入资本包括银行借款、发行债券和向其他企业的借款等。借入资本都要发生利息支出及相关的筹资费用。在会计处理上，利息支出及筹资费用等均要作为期间费用计入当期的费用，这样，就必然减少企业当期的税前利润额，从而减少企业的所得税支出。

考虑了所得税率后的借入资本的资本成本净支出率的计算公式如下：

$$借入资本的税后资本成本=\frac{利息率\times(1-所得税率)}{1-筹资费用率}$$

〔实例十四〕 某企业发行3年期债券，年利率15%，筹资费用率1%，所得税率40%。试计算该项借入资本的税后资本成本。

解：根据上述公式：

$$借入资本的税后资本成本=\frac{15\%\times(1-40\%)}{1-1\%}=9.09\%$$

需要指出的是，上述借入资本的资本成本中没有涉及债券的溢价发行和折价发行，也没有考虑货币的时间价值。

2. 发行股票的资本成本

股票分为优先股和普通股。两者的股息都要由发行企业用税后利润来支付，不能减少所得税。因此，其资本成本的计算方法与借入资本不同。

(1) 优先股的资本成本。优先股是没有到期日的（除非企业决定收回优先股股票），每年的股息率大致固定，定期支付，这样，就可把每年股息视同永续年金。优先股的资本成本计算公式如下：

$$优先股的资本成本=\frac{年股息率}{1-筹资费用率}$$

〔实例十五〕 某公司发行优先股，筹资费用率2%，股息率14%，则优先股的资本成本为：

$$\text{优先股的资本成本}=\frac{14\%}{1-2\%}=14.29\%$$

(2) 普通股的资本成本。普通股的资本成本有两种计算方法：一种是假设普通股没有到期日，每年的股息也相同，这样，就可采用优先股资本成本的计算公式。另一种是假定普通股股息有逐年上升趋势，则在优先股资本成本计算公式的基础上再加上股息增长率。计算公式为：

$$\text{普通股的资本成本}=\frac{\text{年股息率}}{1-\text{筹资费用率}}+\text{股息年增长率}$$

〔实例十六〕 某公司发行普通股，筹资费用率5%，第一年股息率10%，以后每年增长率为4%，则：

$$\text{普通股的资本成本}=\frac{10\%}{1-5\%}+4\%=14.53\%$$

3. 未分配利润的资本成本

未分配利润是企业的一种内部资金来源，是股东权益的一部分。因此，未分配利润的资本成本相当于普通股的成本，不同的是，未分配利润没有筹资费用。未分配利润的资本成本计算公式如下：

$$\text{未分配利润的资本成本}=\text{年股息率}+\text{股息年增长率}$$

〔实例十七〕 某公司发行普通股，第一年股息率为10%，股息年增长率4%，则：

$$\text{未分配利润的资本成本}=10\%+4\%=14\%$$

需要指出的是，发行股票和未分配利润的资本成本的计算都是以某种假定和预测为基础的，因此，据以计算的结果只能是一个仅供参考的近似值。

四、投资的风险报酬

企业进行的投资，除购买国债投资外，都存在一定程度的风险。风险是与不确定性因素联系在一起的。因此，企业进行的任何投资，只要存在不确定因素，就会有风险。

投资者都希望投资于风险较少的项目。但是，由于经营管理、财务运作以及经营技巧等方面的需要,企业往往又寻求一种风险虽大,但效益亦大的行为。例如,举债经营是一种财务技巧。筹划得好,可以一本万利;筹划不好,则将给企业带来难以想像的后果。可见,利益极大,风险也极大。投资者进行投资时,对被投资项目总是要做慎重考虑的。除了要考虑投资回报外,还要考虑其风险程度。把二者相加,就成为投资者对该投资项目的预期投资报酬率。

考虑投资风险因素后的预期投资报酬率超过未考虑投资风险因素的投资报酬率的差额,即为投资的风险报酬。

投资项目不同,风险的大小也不相同。企业在测算货币的时间价值时,往往以银行的利率或政府债券的利率为标准,因为在正常情况下,银行存款和政府债券是不存在风险的。而其他的投资,或多或少都存在风险。如果排除通货膨胀因素(这是一个难以预测的因素),投资的预期投资报酬率就是货币的时间价值(无风险的银行利率或政府债券利率)与投资的风险报酬之和。投资者所要求的投资风险报酬量与投资项目的风险大小成正比。

衡量投资项目的风险程度及风险报酬是比较复杂的,可采用的方法有定性分析和定量分析两种。首先对投资项目的未来情况做出判断,整理成各种数据,然后在此基础上进行计算分析,其结果都是估计和预测数。要让分析的结论与投资项目的实际结果完全一致是不容易的。

第三节　长期投资方案的评价指标

长期投资决策是对各个可行方案进行分析和评价,并从中选择最优方案的过程。在对长期投资方案进行分析评价时,需要运用一些专门的指标,这就是长期投资方案评价指标。

长期投资方案评价指标是指用于比较和衡量长期投资方案的优劣,以便据以进行决策的定量化标准,是由一系列综合反映投资效益、投入产出关系等的量化指标构成的指标体系。

长期投资方案评价指标比较多,从财务评价的角度看,主要包括与投资额、利润、税收、负债等有关的各项计算指标。这些指标可以按不同的标准进行分类。例如,可以按指标本身的数量特征不同划分,分为绝对量指标和相对量指标;按指标性质不同划分,分为在一定范围内越大越好的正指标和越小越好的反指标;按是否考虑货币时间价值划分,分为静态指标和动态指标等。

在管理会计中,常用的长期投资方案的评价指标有净现值、净现值率、现值指数、内含报酬率、回收期和平均投资报酬率六种指标,其中回收期又分为静态回收期和动态回收期。上述指标,如按是否考虑货币时间价值划分,则可分为两类:一类是考虑货币时间价值的动态指标,包括净现值、净现值率、现值指数、内含报酬率、动态回收期等;另一类是不考虑货币时间价值的静态指标,包括静态回收期和平均投资报酬率等。

前文已述及,投资的主体有国家、企业和个人。本章着重介绍企业投资。企业投资又分为对内投资和对外投资。为便于介绍长期投资方案的评价指标,本章主要以对内投资为例,来对这些评价指标加以说明。

一、净现值(Net Present Value)

净现值指标分为净现值(绝对数指标)和净现值率(相对数指标)两种指标。

(一) 净现值(绝对数指标)

一项投资项目的未来现金流入量的现值与所需投资额现值之间的差额,称为净现值。如用公式表示,则为:

净现值 = 未来现金流入量现值 - 所需投资额现值

净现值指标的基本原理是:任何企业或个人进行投资,总是希望投资项目的未来现金流入量超过现金流出量,从而获得投资报酬。但长期投资的特点是现金流出量和现金流入量在时间上和数量上是不相同的,这就不能将现金流出量和现金流入量简单进行比较。通常的办法是:将现金流出量和现金流入量都按一定的折算系数折算成现值,再将二者的现值进行比较,其差额即投资方案的净现值。这种将不同时间的现金流入量和现金流出量都折算成现值再进行比较的方法,考虑了货币的时间价值,使不同时间的现金流量具有可比性。

从净现值的计算公式可见,净现值的结果不外三种:正、负和零。净现值为正的方案可行,说明该方案的实际投资报酬率高于投资者的预期投资报酬率(或资本成本);净现值为负的方案不可取,说明该方案的实际投资报酬率低于投资者的预期投资报酬率(或资本成本)。其他条件相同,净现值越大的方案越好。

采用净现值指标来评价投资方案,一般有以下步骤:

第一,测定投资方案每年的现金流出量和现金流入量。

第二,确定投资方案的贴现率。

确定的方法是:

① 以实际可能发生的资本成本为标准,至少不能低于资本成本;② 以投资者希望获得的预期投资报酬率为标准,这就可能包括资本成本、投资的风险报酬以及通货膨胀因素等。

第三,按确定的贴现率,分别将每年的现金流出量和现金流入量按复利方法折算成现值。

第四,将未来的现金流入量现值与投资额现值进行比较,若前者大于或等于后者,方案可采用;若前者小于后者,方案不能采用,说明方案达不到投资者的预期投资报酬率。下面举例说明。

〔实例十八〕 万通公司计划购买一台新型机器,以代替原来的旧机器。新机器购价为 30 000 元,一次付清,使用年限 4 年,机器报废后估计有残值净收入 2 000 元。使用新机器后,公司每年可提取折旧费和新增利润共计 10 000 元。当时的银行存款年利率为 12%(以此作为企业购买新机器的预期投资报酬率)。要求:用净现值指标来分析评价万通公司能否购买新机器。

解:机器购价(投资额)是一次付清,这是投资额现值;每年的折旧费和新增利润共计 10 000 元,这是现金流入量并且是年金,应按年金复利系数将其折算成现值;残值收入在第 4 年末收回,也应算成现值。计算过程如下:

未来现金流入量现值

折旧费和利润:$10\ 000 \times 3.037(PV_A\overline{4}|12\%) = 30\ 370$(元)

残 值 收 入:$2\ 000 \times 0.636(PV_A\overline{4}|12\%) = \underline{1\ 272}$ 元

未来现金流入量现值合计　　31 642 元

减:原投资额现值　　$\underline{30\ 000}$ 元

净现值　　$\underline{\underline{1\ 642}}$ 元

该方案的净现值为 1 642 元,说明方案的未来实际投资报酬率大于预期投资报酬率,方案可行。

〔实例十九〕 海达机械厂拟修建一生产设施,需一次性投资 300 000 元,可使用 5 年。设施报废后有残值收入 5 000 元。方案实施后,估计每年可给工厂新增利润额如下,参见表 5－2。

表 5－2

年份	利 润 额（元）
1	80 000
2	70 000
3	60 000
4	50 000
5	30 000

方案的预期投资报酬率为 14%。

问：用净现值指标来分析评价该方案是否可行。

解：已知每年现金流入量中的利润额和最后一年的残值收入，还需计算每年的折旧费。

$$每年的折旧费=\frac{300\ 000-5\ 000}{5}=59\ 000(元)$$

下面列表计算净现值，参见表 5－3：

表 5－3

年份	现金流入量(元)	折算系数	现值(元)
1	139 000	0.877	121 903
2	129 000	0.770	99 330
3	119 000	0.675	80 325
4	109 000	0.592	64 528
5	94 000	0.519	48 786
现金流入量现值合计(元)			414 872
减：投资额现值(元)			300 000
净现值(元)			114 872

计算结果表明，该方案的净现值为 114 872 元，方案可行。

需要说明的是，上述两个例子，均假设全部投资都在投资活动起点一次性投入。如果投资是分期投入，则需将各期投资款先按一定折现率折算成现值，再与现金流入量现值进行比较，计算净现值。

采用净现值指标评价投资方案，有以下优点：

第一，简便易懂，易于掌握。

第二,考虑了货币的时间价值,对投资方案的评价更为客观。

第三,使用比较灵活,尤其是对时期跨度较长的投资项目进行评价时更具灵活性。例如,一个投资项目,有效使用期限15年,资本成本率18%。由于投资项目时间长,风险也较大,所以,投资者决定,在投资项目的有效使用期限15年中,第一个五年期内以18%折现,第二个五年期内以20%折现,第三个五年期内以25%折现,以此来体现投资风险。采用净现值指标评价投资方案,可以满足上述要求和完成计算过程。

净现值指标的不足之处是,如果备选方案的投资额不相同,则不便于进行比较。下面举例说明。

〔实例二十〕 有两个备选方案,有关资料参见表5-4。

表5-4　　　　　　　　　　　　　　　　　　　　　单位:元

项　目	方案A	方案B
所需投资额现值	30 000	3 000
现金流入量现值	31 500	4 200
净现值	1 500	1 200

从净现值的绝对数来看,方案A大于方案B,似乎应采用方案A;但从投资额来看,方案A大大超过方案B。所以,在这种情况下,如果仅用净现值来判断方案的优劣,就难以做出正确的比较和评价。

(二)净现值率(相对数指标)

净现值指标还可以用相对数表示,即净现值率。

净现值率是一项投资项目的净现值与所需投资额现值之比。如用公式表示,则为:

$$净现值率=\frac{净现值}{所需投资额现值}\times100\%$$

净现值率指数越大越好。

净现值率指标的优点在于,可以对投资额不同的备选方案进行分析评价,从而克服净现值(绝对数指标)的不足之处。

以表5-4的数据为例。

$$A方案净现值率=\frac{1\ 500}{30\ 000}\times100\%=5\%$$

$$B方案净现值率=\frac{1\ 200}{3\ 000}\times100\%=40\%$$

计算结果表明,仅从净现值率指标来看,B 方案明显优于 A 方案,故应选用 B 方案。

二、现值指数(Present Value Index)

现值指数是投资项目的未来现金流入量现值与所需投资额现值之比。

如用公式表示,则为:

$$现值指数=\frac{未来现金流入量现值}{所需投资额现值}$$

由于现值指数是未来现金流入量现值与所需投资额现值之比,所以,用现值指数来评价投资方案,可以克服净现值(绝对数指标)不便于对不同投资额的方案进行比较和评价的缺点,从而使方案的分析评价更加合理、客观。

从现值指数的计算公式可见,现值指数的计算结果有三种:大于 1、等于 1、小于 1。若现值指数大于 1,说明方案实施后的投资报酬率高于预期投资报酬率,方案可行;若现值指数小于 1,说明方案实施后的投资报酬率低于预期投资报酬率,方案不可行。现值指数越大的方案越好。

〔实例二十一〕 某企业向银行借款 500 000 元新建一生产设施,借款年利率为 10%(以此作为贴现率)。该生产设施可使用 10 年,无残值。当期建成并投入使用后,每年可创利润 80 000 元。

要求:试用现值指数法评价该方案是否可行。

解:已知每年利润额为 80 000 元,无残值收入和流动资金收回,因此,只要计算出每年折旧费,便可计算出每年现金流入量。

(1) $每年折旧费=\frac{500\ 000-0}{10}=50\ 000(元)$

(2) $每年现金流入量=每年折旧费+每年利润额$

$=50\ 000+80\ 000=130\ 000(元)$

(3) $现金流入量现值=130\ 000\times6.145(PV_A\ \overline{10}|10\%)$

$=798\ 850(元)$

(4) $现值指数=\frac{798\ 850}{500\ 000}=1.6$

该投资方案的现值指数为 1.6，大于 1，因此，该投资方案可行。

〔实例二十二〕 仍依据实例二十的资料，来计算两个方案的现值指数，参见表5－5。

表 5－5

项　目	方案 A	方案 B
现金流入量现值（元）	31 500	4 200
所需投资额现值（元）	30 000	3 000
现值指数	1.05	1.4

计算结果表明，方案 B 的现值指数是 1.4，大于方案 A 的现值指数 1.05，应当选择方案 B。由此可见，在评价投资方案优劣时，现值指数法比净现值法更全面和客观，因为现值指数实质上是一个相对数指标，它同时考虑了现金流入量现值和所需投资额现值两个因素。

现值指数指标的主要优点是：能够对不同投资额的方案进行比较，从而克服了净现值（绝对数指标）的不足之处；能够反映货币的时间价值；方法简单易懂等。

现值指数指标的主要不足之处是不能提供投资方案实际可能达到的投资报酬率指标。这同时也是净现值指标的不足之处。现值指数指标和净现值指标主要适用于筛分决策即确定方案是否满足某种预期标准的决策。这两种指标有一个共同的局限性，即尽管这两种指标能够判断方案实施后的投资报酬率是高于还是低于预期的或最低投资报酬率，从而确定该方案是否可行，但方案实际可能达到的投资报酬率究竟是多少，却不能计算出来，而这个指标（指方案实际可能达到的投资报酬率）恰恰是决策者所需要的最直观的决策数据。为了克服这两种方法的局限性，提供决策所需要的数据，可采用另一种指标——内含报酬率指标。

三、内含报酬率（Internal Rate of Return）

内含报酬率是指对投资方案的每年现金流入量进行贴现，使所得的现值恰好与现金流出量现值相等，从而使净现值等于零时的利率。

内含报酬率指标的基本原理是：在计算方案的净现值时，按照预期投资报酬率贴现计算，净现值的结果往往是大于零或小于零，这就说明方案的实际可能达到的投资报酬率大于或小于预期投资报酬率；而当净现值为零时，说明两种报酬率相一致。根据这个原理，内含报酬率指标就是要计算出使净现值等于零时的百分率。这个百分率就是投资方案的实际可能达到的投资报酬率。

内含报酬率指标主要适用于选择决策,即在若干可行方案中选择最佳方案的决策。这是因为,经过筛分决策,各个不可行方案已被淘汰,进入选择决策的都是可行方案。因此,只要分别计算出各个可行方案的内含报酬率,即可据以确定最佳方案。内含报酬率是经营管理人员较为熟悉和容易理解的概念,因此,内含报酬率指标被广泛应用于长期投资决策分析中。

计算内含报酬率,要分两种情况进行:

1. 每年现金流入量相同

每年现金流入量相同的是年金形式,通过查年金现值表,可计算出未来现金流入量现值。其公式为:

$$\text{每年现金流入量} \times \text{年金现值折算系数} = \text{现金流入量现值} \quad (1)$$

为使现金流入量现值与方案的投资额现值相等,即净现值为零,从而求得方案的内含报酬率,则令:

$$\text{每年现金流入量} \times \text{年金现值折算系数} = \text{投资额现值} \quad (2)$$

移项,得:

$$\text{年金现值折算系数} = \frac{\text{投资额现值}}{\text{每年现金流入量}} \quad (3)$$

当式(2)成立并变形为式(3)后,式(3)左边年金现值折算系数中推算出来的利率 i 即为方案的内含报酬率(或实际可能达到的投资报酬率)。

〔实例二十三〕 大安化工厂拟购入一台新型设备,购价为158 500元,一次付清,使用年限4年,无残值收入。该方案的最低投资报酬率为12%(以此作为贴现率)。使用新设备后,估计每年现金流入量为50 000元。

要求:试用内含报酬率法评价该方案是否可行。

解:在本例中,已知投资额现值、每年现金流入量以及使用年限等资料,可通过计算并查年金现值表推算出方案的内含报酬率。

将数字代入式(3),得:

$$\text{年金现值折算系数} = \frac{158\ 500}{50\ 000} = 3.170$$

年金现值折算系数是通过查年金现值表上的利率和时期两个因素后得到的。这三个因素(即折算系数、利率和时期)中,只要已知其中两个因素,就可在表中查到另一个因素。现已知方案的使用年限为4年，年金现值折算系数为3.170。查年金现值表，可查得：时期4、折算系数3.170所对应的利率为10%，由此可确定，方案的内含报酬率为10%，低于最低投资报酬率12%，所以不宜采用。

需要指出的是，在实例二十三中，计算出来的年金现值折算系数3.170正好能在年金现值表中查到，从而能比较容易地查得所要求的内含报酬率。但如果计算出来的年金现值折算系数并不等于年金现值表中的任何一个数字，就无法确定利率是多少。在这种情况下，需要采用插补法来进行计算。

插补法是对在利率表中不能查到的数字进行进一步推算，从而计算出方案的内含报酬率的一种专门方法。

〔**实例二十四**〕　某企业拟实施A方案，投资60 000元，可使用10年，每年现金流入量为15 000元。

要求：计算A方案的内含报酬率。

解：

$$\text{年金现值折算系数}=\frac{60\ 000}{15\ 000}=4.000$$

查年金现值表上时期10的横行中，没有4.000的折算系数，只有与4.000相邻近的两个折算系数：4.193和3.682，它们对应的利率分别为20%和24%。由于4.000是介于4.193和3.682之间的，由此可以推论，系数4.000所对应的利率（暂定为X%，下同）亦应介于20%和24%之间。为了更精确地计算出A方案的内含报酬率，可采用插补法加以计算。方法如下：

将计算出来的年金现值折算系数4.000，需要计算的利率X%以及从表中查得的与4.000相邻的两个系数及其对应的利率，分别列示如下：

20%	X%	24%
4.193	4.000	3.682

$$4.193-4.000=0.193$$

$$4.193-3.682=0.511$$

$$X\%=20\%+\frac{0.193}{0.511}\times(24\%-20\%)=21.51\%$$

计算结果表明，年金现值折算系数为4.000时的利率应为21.51%，也就是A方案的内含报酬率为21.51%。

2. 每年现金流入量不相同

如果投资方案的每年现金流入量不相同,这就不是年金形式,不能采用查年金现值表的方法来计算内含报酬率,而需采用另外一种方法——验误法。

验误法是指在投资方案每年现金流入量不相同的情况下,通过逐次测算求得方案的内含报酬率的一种专门方法。具体做法是:根据已知的有关资料,先估计一个投资报酬率,用这个投资报酬率作为贴现率,来试算现金流入量的现值,并用这个现值与投资额现值相比较,如净现值大于零,为正数,表示估计的报酬率低于方案实际可能达到的投资报酬率,需要重估一个较高的报酬率进行试算;如果净现值小于零,为负数,表示估计的报酬率高于方案实际可能达到的投资报酬率,需要重估一个较低的报酬率进行试算。如此反复试算,直到净现值等于零或基本接近于零,这时所估计的报酬率就是希望求得的内含报酬率。

〔实例二十五〕 某公司有一投资方案,需一次性投资120 000元,使用年限4年,每年现金流入量分别为:30 000 元、40 000 元、50 000 元、35 000 元。

要求:计算该投资方案的内含报酬率,并据以评价该方案是否可行。

解:因方案的每年现金流入量不相同,需采用验误法计算方案的内含报酬率。计算过程参见表 5-6。

表 5-6

年份	每年现金流入量(元)	第一次验误 8%		第二次验误 12%		第三次验误 10%	
		折算系数	现值(元)	折算系数	现值(元)	折算系数	现值(元)
1	30 000	0.926	27 780	0.893	26 790	0.909	27 270
2	40 000	0.857	34 280	0.797	31 880	0.826	33 040
3	50 000	0.794	39 700	0.712	35 600	0.751	37 550
4	35 000	0.735	25 725	0.636	22 260	0.683	23 905
现金流入量现值合计(元)			127 485		116 530		121 765
减:投资额现值(元)			120 000		120 000		120 000
净现值(元)			7 485		(3 470)		1 765

在第一次验误中,利率 8%,净现值为正数,说明估计的利率低了。第二次验误,利率 12%,净现值为负数,说明估计的利率高了。第三次验误,利率 10%,净现值仍为正数,但已较接近于零,因而可以估算,方案的内含报酬率在 10% ~

12%之间。

为了求得较为准确的内含报酬率,可采用插补法对表5－6的计算过程加以补充计算。

将有关数据排列如下:

10%	X%	12%
1 765	0	(3 470)

然后进行计算:

$$1\ 765 - 0 = 1\ 765$$

$$1\ 765 - (3\ 470) = 5\ 235$$

$$X\% = 10\% + \frac{1\ 765}{5\ 235} \times (12\% - 10\%) = 10.67\%$$

计算结果表明,当净现值为零时的利率(也就是方案的内含报酬率)为10.67%

在表5－6的计算中,最终目的是要计算净现值为零时的内含报酬率。但要估计一个刚好使净现值为零的报酬率很不容易。不过总能找出净现值为正和净现值为负时的两个利率,而零则介于正数和负数之间,正好利用插补法来进行计算,可见采用插补法可计算出较为精确的内含报酬率。

需要指出的是,在计算出一正一负的净现值并采用插补法来计算内含报酬率时,这一正一负的净现值的金额应尽可能地接近于零,这样,通过插补法计算出来的结果才较为精确。如果一正一负的净现值金额离零比较远,那么,就会计算出另一种结果。

仍依表5－6的资料,如用第一次验误(8%)和第二次验误(12%)的资料,采用插补法计算内含报酬率,则计算过程如下:

先排列有关数据:

8%	X%	12%
7 485	0	(3 470)

然后进行计算:

$$7\ 485-0=7\ 485$$

$$7\ 485-(3\ 470)=10\ 955$$

$$X\%=8\%+\frac{7\ 485}{10\ 955}(12\%-8\%)=10.73\%$$

计算结果表明,该方案的内含报酬率为10.73%。

由此可见,同一方案的同样数据,同样采用插补法,但计算出的内含报酬率,一为10.67%,一为10.73%,相差0.06%。其差异的原因主要是所选定的一正一负的净现值金额不同造成的。正确的方法是选择尽量接近于零的一正一负的净现值金额(因为内含报酬率是使净现值等于零时的报酬率)。上述两个结果中,10.67%的结果较为准确一些。

采用内含报酬率指标评价投资方案时,内含报酬率越高的方案越好。

内含报酬率指标具有以下优点:

第一,能够计算出每个投资方案实际可能达到的投资报酬率,从而弥补了净现值指标和现值指数指标的不足。

以实例二十一的资料为例,根据计算可知,该方案的净现值和现值指数为:

$$\text{净现值}=798\ 850-500\ 000=298\ 850(\text{元})$$

$$\text{现值指数}=\frac{798\ 850}{500\ 000}=1.6$$

虽然计算出了投资方案的净现值和现值指数,而且决定方案可行,但是,投资方案的投资报酬率究竟是多少,还是不知道。净现值绝对数指标是绝对数,难以表示投资方案的投资效益程度;净现值相对数指标与现值指数指标一样,也无法体现投资效益程度。因此,只有通过内含报酬率指标,来计算投资方案的实际可能达到的投资报酬率。下面计算该投资方案的内含报酬率。

分析:根据所给资料,投资方案的每年现金流入量相同,因此,可采用计算年金现值折算系数的方法。

$$\text{年金现值折算系数}=\frac{\text{投资额现值}}{\text{每年现金流入量}}=\frac{500\ 000}{130\ 000}=3.846$$

根据计算结果,查“一元的年金复利现值表”,不能直接查到3.846这个系数,而只能查到左右相邻的两个系数:4.193和3.682,其对应的利率分别为20%和24%。现采用插补法进行计算。

将查表数据排列如下：

20%	X%	24%
4.193	3.846	3.682

$$4.193 - 3.846 = 0.347$$

$$4.193 - 3.682 = 0.511$$

$$X\% = 20\% + \frac{0.347}{0.511}(24\% - 20\%) = 22.72\%$$

计算结果表明，该投资方案的内含报酬率为22.72%。计算出的内含报酬率指标比净现值指标和现值指数指标更能明白地反映投资方案的投资效益程度。

第二，内含报酬率与银行利率相似，易于投资人、决策人员和有关人员理解和决策。

第三，内含报酬率指标能够反映货币的时间价值。

内含报酬率指标的不足之处是计算比较麻烦，尤其是在每年现金流入量不相同时更是如此。当考虑到投资风险等其他因素，方案的最低投资报酬率要分期递增或发生变化时（参见净现值指标的优点），要计算方案的内含报酬率就很困难。

四、回收期（Payback Period）

回收期是指投资项目的现金流入量与现金流出量相等时所经历的时间（年数）。

投资者希望投入的资本能以某种方式尽快地收回来。收回的时间越长，所担风险就越大，因而，投资方案回收期的长短是投资者十分关心的问题，也是评价方案优劣的标准之一。用回收期指标评价投资方案时，回收期越短越好。

回收期指标的特点是用时间的概念而不是用收益的概念来评价方案的优劣。

按计算回收期指标时是否考虑货币的时间价值划分，回收期指标又分为静态回收期和动态回收期。

（一）静态回收期

所谓静态回收期是指在计算回收期时不考虑货币的时间价值的回收期指标。

静态回收期指标的计算分两种情况进行。

1. 每年现金流入量相同

在这种情况下，静态回收期的计算公式为：

$$静态回收期 = \frac{投资金额}{每年现金流入量}$$

〔实例二十六〕 大威矿山机械厂准备从甲、乙两种机床中选购一种机床。甲机床购价为35 000元，投入使用后，每年现金流入量为7 000元；乙机床购价为36 000元，投入使用后，每年现金流入量为8 000元。

要求：试用静态回收期指标评价该厂应选购哪种机床？

解：甲、乙两种机床各自每年的现金流入量都相同。计算如下：

$$甲机床静态回收期 = \frac{投资金额}{每年现金流入量} = \frac{35\ 000}{7\ 000} = 5(年)$$

$$乙机床静态回收期 = \frac{投资金额}{每年现金流入量} = \frac{36\ 000}{8\ 000} = 4.5(年)$$

计算结果表明，乙机床的静态回收期比甲机床短，所以，工厂应购买乙机床。

2. 每年现金流入量不相同

在这种情况下，应把每年的现金流入量逐年加总，根据累计现金流入量来确定静态回收期。

〔实例二十七〕 迪力公司有一投资项目，需一次性投资150 000元，使用年限为5年，每年的现金流入量不相等，有关资料参见表5－7。

表5－7

年　份	现金流入量(元)	累计现金流入量(元)
1	30 000	30 000
2	35 000	65 000
3	60 000	125 000
4	50 000	175 000
5	40 000	215 000

该公司对该投资项目的期望回收期为4年。

要求：计算该投资项目的静态回收期并评价该投资方案是否可行。

从表5－7的累计现金流入量一栏中可见，该投资项目的回收期在第3年与第4年之间，为了计算较为准确的回收期，采用以下方法计算。

$$静态回收期 = 3 + \frac{150\ 000 - 125\ 000}{50\ 000} = 3.5(年)$$

计算表明,该投资项目的静态回收期为3.5年,比期望回收期短0.5年,方案可行。

静态回收期指标的优点是计算简便,易于理解。该指标以回收期的长短来衡量方案的优劣,投资的时间越短,所冒的风险就越小。可见,用静态回收期指标来评价方案的优劣是一种较为保守和稳妥的方法。

静态回收期指标的不足之处是不能考虑货币的时间价值,也就不能较为准确地计算出投资项目的经济效益。下面举例说明。

〔**实例二十八**〕　A、B两个投资方案的有关资料参见表5-8。

分析:从表5-8的资料看,A、B两个投资方案的投资额相同,回收期也相同。以回收期来评价两个方案,似乎并无优劣之分。但如考虑货币的时间价值,则B方案显然要好得多。由此可见,单独用静态回收期指标来评价投资方案的优劣有失偏颇。

表5-8

项　目	年　份	A方案	B方案
投资额(元)	0年	(1 000)	(1 000)
现金流入量(元)	1年	100	600
	2年	300	300
	3年	600	100
回 收 期		3年	3年

(二) 动态回收期

所谓动态回收期是指在计算回收期指标时考虑了货币时间价值的回收期指标。

动态回收期指标的计算特点是要将现金流入量和现金流出量等均折算成现值以后再计算回收期。

动态回收期指标的计算也分两种情况进行。

1. 每年现金流入量相同

在这种情况下,动态回收期的计算公式为:

$$动态回收期=\frac{投资额现值}{每年现金流入量现值}$$

仍依实例二十六的资料，设甲、乙两种机床均在购买时一次性付款，折现率为10%，其他数据不变。试计算甲、乙两种机床的动态回收期。

（1）计算甲机床的动态回收期。因为甲机床的折算系数为5($\frac{35\ 000}{7\ 000}$)，查一元的年金现值系数表，当i=20%时，可查得与5相邻的两个系数为4.868和5.335，其对应的年限分别为7年和8年，采用插补法计算后，得知甲机床的动态回收期n=7.28年。

（2）计算乙机床的动态回收期。因为乙机床的折算系数为4.5($\frac{36\ 000}{8\ 000}$)，采用上述与甲机床相同的查表方法并通过计算，可得知乙机床的动态回收期n=4.78年。

2. 每年现金流入量不相同

在这种情况下，应把每年现金流入量现值逐年加总，根据累计现金流入量现值来确定动态回收期。

仍依实例二十七的资料，设折现率为10%，则动态回收期的计算参见表5-9。

表5-9

年份	现金流入量（元）	折现系数	现金流入量现值（元）	累计现金流入量现值（元）
1	30 000	0.909	27 270	27 270
2	35 000	0.826	28 910	56 180
3	60 000	0.751	45 060	101 240
4	50 000	0.683	34 150	135 390
5	40 000	0.621	24 840	160 230

由于投资额现值为150 000元，可见其动态回收期在4~5年之间，采用公式计算为：

$$\text{动态回收期}=4+\frac{150\ 000-135\ 390}{24\ 840}=4.59(\text{年})$$

动态回收期指标的优点是考虑了货币的时间价值，从而克服了静态回收期指标的缺点。

五、平均投资报酬率(Average Rate of Return on Investment)

平均投资报酬率是每年平均利润额与原投资额之比,计算公式为:

$$\text{平均投资报酬率}=\frac{\text{年平均利润额}}{\text{原始投资额}}$$

式中:

$$\text{年平均利润额}=\frac{\text{各年利润之和}}{\text{年数}}$$

平均投资报酬率越大的方案越好。

〔**实例二十九**〕　庆华公司有甲、乙两个投资方案,甲方案投资额为50 000元,使用年限4年,每年利润额分别为:6 000元、7 000元、6 500元、7 500元;乙方案投资额为70 000元,使用年限5年,每年利润额分别为:8 500元、8 200元、7 800元、6 000元、8 000元。

要求:计算甲、乙两个方案的平均投资报酬率并选择其中较好的一个方案。

解:

$$\text{甲方案平均投资报酬率}=\frac{\frac{6\ 000+7\ 000+6\ 500+7\ 500}{4}}{50\ 000}=13.5\%$$

$$\text{乙方案平均投资报酬率}=\frac{\frac{8\ 500+8\ 200+7\ 800+6\ 000+8\ 000}{5}}{70\ 000}=11\%$$

计算结果表明,甲方案平均投资报酬率为13.5%,乙方案平均投资报酬率为11%,应当选择甲方案。

〔**实例三十**〕　某公司拟购买一台设备,需投资80 000元,使用年限4年,无残值,按使用年限法折旧。投入使用后,每年现金流入量为28 000元。要求:试计算该投资方案的平均投资报酬率。

解:已知每年现金流入量,由于无残值收入和垫支流动资金收回,因此,上述现金流入量的内容只包括利润额和折旧费。又知采用使用年限法折旧,只要计算出每年折旧费,便可计算出每年平均利润额。

（1）　　　　　$每年折旧费 = \frac{80\ 000 - 0}{4} = 20\ 000(元)$

（2）　　　　　$每年平均利润额 = 28\ 000 - 20\ 000 = 8\ 000(元)$

（3）　　　　　$年平均投资报酬率 = \frac{8\ 000}{80\ 000} = 10\%$

该投资方案的年平均投资报酬率为10%。

平均投资报酬率指标的优点是简单、易于理解和掌握。由于平均投资报酬率受利润额和投资额两个因素的影响，所以，采用这种指标评价投资方案，可以促使投资人更加重视利润额和投资额的增减情况。

这种指标的不足之处是未考虑货币的时间价值，所以，不能较为客观准确地对投资方案的经济效益做出判断。

〔实例三十一〕　某企业有A、B两个投资方案，有关资料及计算结果参见表5－10。

表5－10

项　目	年　份	A方案	B方案
投资额（万元）	0年	（1 000）	（1 000）
利润额（万元）	1年	100	600
	2年	150	50
	3年	100	50
	4年	400	50
	5年	50	50
利润总额（万元）		800	800
经济年限（年）		5	5
年平均利润额（万元）		160	160
平均投资报酬率		16%	16%

从表5－10的资料看，A、B两个方案的年平均投资报酬率相同，如仅以该指标来判断方案的优劣，两个方案经济效益都相同，似乎都可行。但由于两个方案每年利润额不相同，从货币时间价值角度来看，显然B方案好一些。

鉴于此，采用平均投资报酬率指标评价投资方案时，最好同时采用其他可以考虑货币时间价值的指标，综合评价，以便得出更为正确的结论。

需要说明的是，年平均投资报酬率还有其他几种计算方法（主要是原公式中分母的计算方法不同)。前面讲的年平均投资报酬率计算公式中的分母是原始投资额,而有的书有关公式中的分母则为平均投资额。平均投资额的计算方法有以下两种:

第一,按原始投资额的50%计算,即:

$$平均投资额=\frac{原始投资额}{2}$$

第二,按固定资产投资额扣除固定资产预计残值后的余额的50%,再加上流动资产投资额,作为平均投资额。计算公式为:

$$平均投资额=\frac{固定资产投资额-固定资产预计残值}{2}+流动资产投资额$$

第四节　运用不同指标对方案的评价问题

长期投资方案评价指标是评价长期投资方案优劣的量化指标。由于每项指标都有各自的计算方法,考虑的因素、收取的资料以及运用的范围等各不相同,因此,在运用这些指标对方案进行评价时,就要根据不同的情况,做出符合实际的评价,从而得出正确的评价结论。

一、单一投资项目的评价

在只有一个投资项目可供评价的条件下,需要利用评价指标考查该独立项目是否具有财务可行性,从而对该方案的优劣做出评价。例如,当有关正指标大于或等于某些特定数值,反指标小于特定数值时,则该项目具有财务可行性;反之,则不具备财务可行性。具体地说,如果某一项目的净现值和净现值率大于零或等于零,现值指数大于1或等于1,内含报酬率大于或等于预期投资报酬率,回收期大于或等于预计回收期等,则可判定该投资项目具备财务可行性,可采纳该投资方案;反之,则不具备财务可行性,应当拒绝采纳。

需要说明的是,由于长期投资方案评价指标分为考虑货币时间价值的动态指标和不考虑货币时间价值的静态指标,因此,可能出现某投资方案的动态指标评价结论与静态指标评价结论发生矛盾的情况。如果出现这种情况,则应充分考虑动态指标的评价结论。

二、多个互斥方案的评价与选择

所谓互斥方案是指多个相互排斥、不能同时并存的方案。这些方案,均是已经具备财务可行性的投资方案,再利用长期投资方案评价指标,从各个备选方案中最终选出一个最优方案。根据方案投资额是否相等划分,又分为原始投资额相等和不相等两类多个互斥方案的评价与选择。

(一)原始投资额相等的多个互斥方案的评价与选择

原始投资额相等的多个互斥方案的评价,可以先计算出每个方案的有关动态指标和静态指标。其中动态指标可以以净现值和内含报酬率为主要参考因素,静态指标以静态回收期为主要参考因素,来对各个方案进行评价。因为净现值和内含报酬率等动态指标均为在一定范围内越大越好的正指标,所以评价时应选择正指标最大的方案;静态回收期指标是在一定范围内越小越好的指标,所以评价时应选择指标最小的方案。在动态指标评价结论与静态指标评价结论发生矛盾时,仍应以动态指标评价结论为主要评价标准,再辅之以静态指标评价结论作为参考。

(二)原始投资额不相等的多个互斥方案的评价与选择

原始投资额不相等的多个互斥方案的评价,应以专门用来评价这类投资方案的动态指标为主来进行评价。这些指标主要是现值指数和内含报酬率,尤其是现值指数指标,它是反映投资方案未来现金流入量现值与投资额现值之间比率的一项指标,因此,现值指数指标应当是评价原始投资额不相等的多个互斥方案的主要指标。同时,也可以辅之以内含报酬率指标和回收期指标(包括静态回收期和动态回收期)等作为参考指标。

第五节　长期投资决策分析中的若干问题

前文已述及现金流量、货币的时间价值、资本成本和投资的风险报酬等与长期投资决策分析有关的重要因素。在进行长期投资决策分析时,理解、掌握和运用这些因素十分重要。此外,还要考虑其他一些因素,如税后成本、折旧税盾等。

一、税后成本

任何企业都应按规定缴纳所得税。企业的利润分为税前利润和税后利润。税前利润中包括企业必须缴纳的所得税,税后利润才是真正留归企业的利润,也是企业十分关心的数据。税前利润是企业当期销售收入减去当期各种成本费用后的余额,因此,当期费用增加,税前利润就减少,企业的纳税额和税后利润也减少;反之,当期费用减少,税前利润就增加,企业的纳税额和税后利润也增加。可见,当期费用的增减,直接影响到企业税后利润的数额。但是,由于企业是按一定的所得税率缴纳所得税的,所以,当期费用的增(减)额与税后利润的减(增)额在量上是不一样的。也就是说,一笔费用的发生,由于所得税率的影响,它对企业税后利润的影响在量上要小于费用实际发生数。这种扣除了所得税影响后的费用发生额,就叫做税后成本。现举例说明如下。

〔实例三十二〕 有 A、B 两个公司,每月的销售收入各自均为 100 000 元,每月的费用发生额各自也均为 65 000 元。但 A 打算今后每月刊登一则广告,需开支广告费 5 000 元。当时的所得税率为 40%。

要求:计算 A 公司每月刊登广告的税后成本是多少。

表 5 - 11　　单位:元

项　目	A 公司	B 公司
销售收入	100 000	100 000
减:费用		
工资、保险费及其他	65 000	65 000
广告费	5 000	—
费用总计	70 000	65 000
税前利润	30 000	35 000
减:所得税(40%)	12 000	14 000
税后利润	18 000	21 000
刊登广告的税后成本	3 000	

计算表明,虽然 A 公司每个月比 B 公司多开支广告费 5 000 元,但由于所得税率的影响,A 公司的税后利润仅比 B 公司少 3 000 元。这说明,A 公司每月刊登广告的税后成本仅为 3 000 元。

税后成本的计算公式如下：

税后成本 = 费用发生额 ×（1 - 所得税率）

将实例三十二中 A 公司的广告费数额代入上式，则：

税后成本 = 5 000 ×（1 - 40%）= 3 000（元）

税后成本实际上是一笔现金支出的实际成本，这个概念对管理者来说是十分重要的。在长期投资决策分析中，也有必要考虑税后成本。

同样的道理可以用来解释税后收入的概念。一项现金收入，在扣除了所得税后的余额，称为税后收入。其计算公式为：

税后收入 = 现金收入 ×（1 - 所得税率）

需要注意，公式中的现金收入是指需要缴纳所得税的收入，不包括不缴纳所得税的现金收入。例如，为长期投资项目垫支的流动资金的收回数，因为这种资金的收回仅仅是原始投资额的收回，故而不应包括在应纳税收入额中。

二、折旧税盾（Depreciation Tax Shield）

折旧税盾是指企业通过采用加速折旧的方式来减少应纳所得税的一种方法。

前文已述及，固定资产折旧费是构成现金流入量的要素之一，而每期折旧费的数额是采用一定的折旧方法计算出来的。尽管从投资项目的有效期限来看，不论采用哪种折旧方法，固定资产折旧费总额总是基本相同的，但每期的折旧额却因采用的折旧方法的不同而不同。这就使每期的现金流入量发生变化（尽管在投资项目的有效期限内，现金流入量总额不会变）。再考虑到货币的时间价值这个因素，很明显，不同的折旧方法，对企业和投资项目的经济效益是有一定影响的。因此，折旧方法的选用是进行长期投资决策分析时要考虑的一个重要因素。折旧的方法有很多种，例如使用年限法、使用年数法、定率递减法、偿债基金法等。将这些折旧方法进行分类，一般可以分为两大类：直线折旧法（例如使用年限法）和非直线折旧法（例如使用年数法）。下面以使用年限法和使用年数法为例，说明不同的折旧方法对企业或投资项目经济效益的影响。

使用年限法，是用固定资产的原值扣除预计残值收入后的余额，除以固定资产的规定使用年限，求得每年平均计提的折旧额的一种折旧方法。计算公式为：

$$每年折旧费=\frac{固定资产原值-预计残值收入}{规定使用年限}$$

采用使用年限法折旧，每年计提的折旧费相等，所以又称为平均折旧法。

使用年数法，是将固定资产有效使用期内的各年年数相加，再按比例进行折旧的方法。举例说明如下：

〔**实例三十三**〕　一项固定资产，原值 90 000 元，使用年限 5 年，无残值，按使用年数法折旧。

要求：计算各年的折旧额。

解：

$$使用年数=1+2+3+4+5=15$$

如用一般公式表示，则为：

$$使用年数=n(\frac{n+1}{2})$$

上式中的 n 是指固定资产的使用年限，代入数字，则为：

$$使用年数=5\times(\frac{5+1}{2})=15$$

每年折旧额计算参见表 5－12。

表 5－12

年　份	折　旧　额(元)
1	$90\ 000\times\frac{5}{15}=30\ 000$
2	$90\ 000\times\frac{4}{15}=24\ 000$
3	$90\ 000\times\frac{3}{15}=18\ 000$
4	$90\ 000\times\frac{2}{15}=12\ 000$
5	$90\ 000\times\frac{1}{15}=\underline{6\ 000}$
合　计	$\underline{\underline{90\ 000}}$

按使用年数法折旧,该项固定资产第一年的折旧额最多,以后逐年递减,实际上这是一种加速折旧法,目的在于使企业能在固定资产使用的前几期就收回其大部分投资。剩余的少量投资,如因故收不回来,也无关紧要。同时,相对于使用年限法,使用年数法(或加速折旧法)的采用将使企业最初几年的折旧费用增加,可以减少相应期间企业的应纳税所得额,从而减少企业相应期间的纳税额。尽管从长期来看,无论采用哪种折旧方法,企业的纳税总额总是相同的,但从货币的时间价值的观点来看,对企业无疑是有利的。所以,有些企业乐意采用加速折旧的方法(在税法允许的范围内)来减少前期的纳税额,这种做法被称为"折旧税盾"。下面以使用年限法和使用年数法这两种折旧方法为例,说明折旧税盾的作用。

〔实例三十四〕 某企业计划新建一条流水作业线,需投资96 000元,使用12年,无残值。每年可产销A产品10 000件,每件售价100元,所得税率为40%。A产品每年的有关成本资料如下:

直接材料	50 000元
直接人工	20 000元
其他各种费用 (不包括折旧费)	2 000元

要求:计算分别采用使用年限法和使用年数法这两种不同的折旧方法对企业经济效益的影响(以第一年情况为例)。

解:

(1) 使用年限法下第一年的折旧额:

$$第一年折旧额 = \frac{96\ 000}{12} = 8\ 000(元)$$

(2) 使用年数法下第一年的折旧额:

$$第一年折旧额 = 96\ 000 \times \frac{12}{78} = 14\ 770(元)$$

(3) 计算两种不同折旧方法对企业第一年的经济效益的影响,参见表5-13。

表 5 - 13　　　　单位:元

项　　目	使用年限法	使用年数法
销售收入	100 000	100 000
减:销售成本		
直接材料	50 000	50 000
直接人工	20 000	20 000
其他各种费用	2 000	2 000
折旧费	8 000	14 770
销售成本合计	80 000	86 770
税前利润	20 000	13 230
减:所得税(40%)	8 000	5 292
税后利润	12 000	7 938
现金流入量	20 000	22 708

在表 5 - 13 中,从税后利润来看,使用年限法比使用年数法多,似乎使用年限法对企业有利些;但从现金流入量来看,使用年数法比使用年限法多些。由于现金流入量是实际流入企业的现金,是实实在在的利益,说明使用年数法对企业更有利些。另外,从纳税的角度去观察,使用年数法下的纳税额比使用年限法少2 708元(8 000 元 - 5 292 元)。由于纳税额是企业实际要支出的现金,少纳税就意味着多收入,所以,使用年数法对企业更有利。这就是为什么企业的经营者乐意采用加速折旧方法的原因之一。

需要指出,从长期来看,两种折旧方法的折旧额是相等的。在销售收入相同的情况下,两种方法所计算出来的税后利润总额和现金流入量总额也都是相等的。企业乐意采用使用年数法的原因在于:在这种方法下企业各期的现金流入量是先多后少,从货币的时间价值的观点来看,对企业是有益的。

尽管加速折旧法对企业有利,但企业并不能随心所欲地任意选用折旧方法或选用加速时间。按照惯例,在选择折旧方法上,企业一旦选定一种折旧方法,就不能轻易变动,这是会计上的"一贯性"原则所规定的。这方面的约束实际上又把折旧税盾的某些优势限制在一定范围内了。

下面举例对税后成本和折旧税盾等概念加以综合说明。

[实例三十五]　格罗公司现有旧机器一台,是两年前购进的,使用年限为 8 年,当时的购价为 84 000 元,采用使用年限法折旧,预计残值为 4 000 元,该机器每

年的营运成本(指付现成本,下同)为60 000元,并且从现在起的2年后,要进行大修理,预计修理费8 000元。

该公司打算购买一台功率更高的新机器来代替现有的旧机器。新机器购买价为93 000元,使用年限8年,预计残值5 000元,采用使用年限法折旧,新机器每年的营运成本为35 000元。购买新机器后可出售旧机器,预计收入现金40 000元。

格罗公司的最低投资报酬率为10%,当时的所得税率为40%。

要求:用净现值指标评价格罗公司应继续使用旧机器还是购买新机器。

解:该例提供了两个方案供决策:保留旧机器和购买新机器。将上面的资料整理后,如表5-14所示。

表5-14　　单位:元

保留旧机器		购买新机器	
旧机器净值	60 000	购价	93 000
尚可使用年限(年)	6	使用年限(年)	8
每年折旧费	10 000	残值收入	5 000
残值收入	4 000	每年折旧费	11 000
大修理费(2年后)	8 000	每年营运成本	35 000
每年营运成本	60 000	出售旧机器收入	40 000

根据表5-14中经过整理的资料,试对两个方案进行比较分析(分别参见表5-15、表5-16)。

表5-15　保留旧机器

项　目		有现金流量的年份	现金流量(元)	折算系数	现　值(元)
1. 每年营运成本	60 000元				
乘以(1-40%)	×60%				
税后成本	36 000元	1~6年	(36 000)	4.355	(156 780)
2. 每年折旧费	10 000				
	×40%				
少交所得税	4 000元	1~6年	4 000	4.355	17 420
3. 残值收入	4 000元				
乘以(1-40%)	×60%				
税后现金流入量	2 400元	6年	2 400	0.565	1 356

表 5－15(续)

项　目		有现金流量的年份	现金流量（元）	折算系数	现　值（元）
4. 修理费	8 000 元				
乘以(1－40%)	×60%				
税后成本	4 800 元	2 年	(4 800)	0.826	(3 964.80)
净现值					(141 968.80)

表 5－16　**购买新机器**

项　目		有现金流量的年份	现金流量（元）	折算系数	现　值（元）
1. 投资金额	93 000 元	现在	(93 000)	1.000	(93 000)
2. 每年营运成本	35 000 元				
乘以(1－40%)	×60%				
税后成本	21 000 元	1～8 年	(21 000)	5.335	(112 035)
3. 每年折旧费	11 000 元				
乘以所得税率	×40%				
少交所得税	4 400 元	1～8 年	4 400	5.335	23 474
4. 出售旧机器收入	40 000 元	现在	40 000	1.000	40 000
5. 旧机器账面净值	60 000 元				
出售机器收入	40 000 元				
报废损失	20 000 元				
乘以所得税率	×40%				
少交所得税	8 000 元	1	8 000	0.909	7 272
6. 残值收入	5 000 元				
乘以(1－40%)	×60%				
税后现金流入量	3 000 元	8	3 000	0.467	1 401
净现值					(132 888)

从以上两个方案来看，净现值均为负数，但购买新机器方案的净现值负数小于保留旧机器方案，从这一点看，应当购买新机器以替换旧机器。

关于这个例子，需要说明几点：

(1) 该例中没有涉及产品销售收入的内容，而只是成本支出、折旧费和残值等，这样，现金流入量中就没有利润，致使两个方案的净现值均为负数。但这并不是说这两个方案均不可取。

（2）例中应用了税后成本和税后现金流入量的概念，从而使决策更加正确可靠。

（3）旧机器账面价值和出售旧机器收入二者之差是旧机器的报废损失，金额为20 000元，这种情况只有在购买新机器的情况下才发生，虽然有报废损失，但并不是现金支出，而是沉入成本，决策时可不予考虑，所以，这笔损失不作为现金流出量；相反，由于报废损失，可以使企业在损失确认后，按损失数抵减当年的税前利润，从而使企业可以少交所得税8 000元(20 000元×40%)。对企业来说，少支出就意味着多收入，因此，这8 000元应作为企业的一笔现金流入量。

〔实例三十六〕 福兰公司拟新建一封闭式生产车间，生产一种新产品，经过测算，取得下列有关资料，参见表5－17。

表5－17

购买新设备成本(元)	80 000
需垫支营运资金(元)	60 000
每年现金收入(元)	120 000
每年现金支出(元)	70 000
设备使用年限(年)	8
6年后需支出设备维修费(元)	15 000

该公司采用使用年限法折旧，最低投资报酬率12%，所得税率40%。

要求：试用净现值指标并结合税后成本、税后收入以及折旧税盾等概念评价该公司是否可以采纳这一投资方案。

解：根据以上资料，列表计算如下，参见表5－18。

表5－18

项　目		有现金流量的年份	现金流量(元)	折算系数	现值(元)
1. 新设备成本		现在	(80 000)	1.000	(80 000)
2. 垫支营运资金		现在	(60 000)	1.000	(60 000)
3. 每年现金收入	120 000元				
4. 每年现金支出	70 000元				
每年现金净收入	50 000元				
乘以(1－40%)	×60%				
税后现金流入量	30 000元	1～8年	30 000	4.968	149 040

表5－18(续)

项　目		有现金流量的年份	现金流量(元)	折算系数	现　值(元)
5. 设备维修费	15 000元				
乘以(1－40%)	×60%				
税后成本	9 000元	6年	(9 000)	0.507	(4 563)
6. 每年折旧费	10 000元				
乘以(40%)	×40%				
少交所得税	4 000元	1～8年	4 000	4.968	19 872
7. 营运资金收回		8年	60 000	0.404	24 240
净现值					48 589

计算结果表明,净现值为48 589元,公司可以采纳这一投资方案。

下面对表5－18中的某些计算方法加以说明:

(1)营运资金。项目投入使用,需垫支营运资金,这是一笔垫支资金,不是营业费用,所以,在投入和收回时,都不做纳税调整。

(2)设备维修费。在项目投入使用后的第6年发生,这是一笔费用,可以抵减纳税额。

(3)折旧费。折旧费不属于现金支出,因此单独列出。折旧费可以减少一部分纳税额,其减少额相当于企业的一笔现金流入量。

第六节　长期投资决策分析中的敏感性分析

敏感性分析是测算在若干相关因素中,如果某个因素发生变化,对目标或其他因素产生影响的程度的一种分析方法。在长期投资决策分析中采用敏感性分析方法,其目的是为了测算与长期投资决策分析有关的某些因素发生变化后,可能对相关因素以及决策的预期效果产生的影响。

进行长期投资决策分析,首先要确定投资方案的现金流入量。方案的年现金流入量可能是相等的,也可能是不相等的。长期投资决策分析中的敏感性分析只是对那些每年现金流入量相等的方案进行分析。

当方案的每年现金流入量相等时,要计算现金流入量现值,一般是通过查年金

表来计算的,其计算公式为:

$$现金流入量现值 = 每年现金流入量(年金) \times 年金现值折算系数\ PV_A \overline{n}|i$$

在公式中共有四个因素:每年现金流入量(年金)、时期(n)、利率(i)和现金流入量现值。当现金流入量现值大于原投资额现值(净现值为正)时,方案可行;反之则不可行。影响净现值增减的因素主要是公式右边的三个因素,这三个因素中的任何一个因素发生变动,都会引起净现值发生变动。

在采用净现值指标评价投资方案的可行性时,其基本要求是净现值应为正数(至少为零),而不能为负数。这样,就规定了每年现金流入量、投资项目使用年限和利率三个因素发生变动的范围。也就是说,如这三个因素偏离原预测目标而发生变动,其变动范围的极限至少使净现值为零,而不能使净现值为负。通过对因素变动的敏感性分析,就可为决策者提供有关因素允许变动幅度的资料,从而有助于帮助决策者在实施方案之前,对方案有较全面的了解,事后考虑适当的措施,以保证方案的可行性。

在长期投资决策分析的敏感性分析中,因素被允许变动的幅度较大的方案,称为弹性较大的方案。这样的方案保险系数较大,即使实施结果可能偏离目标,但由于弹性较大,也不至于影响到方案的可行性;反之,因素被允许变动的幅度较小的方案,称为弹性较小的方案。这样的方案保险系数较小,实施结果稍一偏离目标,就可能影响到方案的可行性。在进行决策时,应尽可能选择弹性较大的方案。

下面举例说明长期投资决策分析中的敏感性分析方法。

〔实例三十七〕 赛罗公司拥有对一个矿山的开采权。该公司拟定一开采方案,预计需一次性投资 200 000 元,可开采 5 年,每年现金流入量 70 000 元,最低投资报酬率为 20% 。

要求:用净现值指标对方案进行评价并进行敏感性分析。

解:

(1) $方案的净现值 = 70\ 000 \times 2.991(PV_A \overline{5}|20\%) - 200\ 000 = 9\ 370(元)$

该方案的净现值为正数,方案可行。

(2)下面对该方案进行敏感性分析。

第一,确定每年现金流入量的变动幅度。这是确定每年现金流入量的下限值,即每年的现金流入量至少应为多少,才能使方案的净现值为零,从而使方案具有可

行性。要计算使投资方案的净现值等于零的每年现金流入量的下限值,其计算公式为:

$$每年现金流入量的下限值 \times PV_A \overline{5}|20\% - 投资额现值 = 0$$

移项,得:

$$每年现金流入量的下限值 = \frac{投资额现值}{PV_A \overline{5}|20\%} = \frac{200\ 000}{2.991} = 66\ 867(元)$$

计算结果表明,在投资额现值、使用年限和最低投资报酬率等因素与预期数一致的情况下,每年的现金流入量至少应为66 867元,才能使投资方案的净现值为零。每年现金流入量的变动范围在预期值70 000元与下限值66 867元之间,允许变动幅度为3 133元(70 000元-66 867元)。如果每年现金流入量下降幅度超过3 133元,方案的净现值将成为负数,方案则不可行。

第二,确定使用年限的变动幅度。这是确定投资项目使用年限的下限值,即投资项目的使用年限至少应为多少,才能使投资方案的净现值为零,从而使方案具有可行性。要计算使投资方案的净现值等于零的投资项目的使用年限的下限值,其计算公式如下:

$$每年现金流入量 \times PV_A \overline{n}|20\% - 投资额现值 = 0$$

移项,得:

$$PV_A \overline{n}|20\% = \frac{投资额现值}{每年现金流入量} = \frac{200\ 000}{70\ 000} = 2.857$$

查1元的年金复利现值表(见附表4),查得在20%栏内与2.857相邻的两个折算系数所对应的年限分别为4年和5年,说明投资项目使用年限的下限在4年和5年之间。为计算准确,采用插补法加以计算。

先将有关数据排列如下:

4年	n年	5年
2.589	2.857	2.991

然后进行计算:

$$2.589 - 2.857 = -0.268$$

$$2.589-2.991=-0.402$$

$$n=4+\frac{-0.268}{-0.402}\times(5-4)=4.67(\text{年})$$

计算结果表明，在投资额现值、每年现金流入量和最低投资报酬率等因素与预期数一致的情况下，投资方案的使用年限至少应为4.67年，才能使投资方案的净现值为零。投资方案使用年限的变动范围在预期值5年与下限值4.67年之间，允许变动幅度为0.33年(5年－4.67年)。如果使用年限的下降幅度超过0.33年，方案的净现值将成为负数，方案则不可行。

第三，确定投资报酬率的变动幅度。确定投资方案的投资报酬率的变动幅度，就是确定在每年现金流入量和使用年限已定的情况下，方案的投资报酬率年限值可达到多少。再与预期的最低投资报酬率相比较，求出方案的投资报酬率的变动幅度，然后计算投资报酬率在这个范围内变动时，对每年现金流入量和使用年限的影响。要计算使投资方案的净现值等于零时的投资报酬率的上限值(即实际可达到的投资报酬率)，其计算公式为：

$$\text{每年现金流入量}\times PV_A\overline{5}|i-\text{投资额现值}=0$$

移项，得：

$$PV_A\overline{5}|i=\frac{\text{投资额现值}}{\text{每年现金流入量}}=\frac{200\,000}{70\,000}=2.857$$

在1元的年金复利现值表上，查得在时期5的行内与2.857相邻的两个数2.991和2.745所对应的利率分别为20%和24%。采用插补法进行计算。

先将有关数据排列如下：

20%	X%	24%
2.991	2.857	2.745

然后进行计算：

$$2.991-2.857=0.134$$

$$2.991-2.745=0.246$$

$$X\%=20\%+\frac{0.134}{0.246}\times(24\%-20\%)=22.18\%$$

计算结果表明，方案的投资报酬率的上限值（即实际可能达到的投资报酬率）为22.18%。这个数据可说明以下三个问题：

首先，在每年现金流入量为70 000元，使用年限为5年的情况下，方案的投资报酬率最高只可能达到22.18%，投资者要想获得比这更高的投资报酬率是比较困难的。

其次，方案投资报酬率的下限值为20%（即最低投资报酬率）。上限值与下限值相差2.18%，这是投资报酬率的允许变动范围。

再次，投资报酬率可以在20%和22.18%之间变动而不会影响方案的可行性；但是，投资报酬率的每一点变动都会引起每年现金流入量和投资项目使用年限发生相应的变动。例如，可以测算当投资报酬率从22.18%（上限值）下降到20%（下限值）后，对每年现金流入量和投资项目使用年限的影响。

A. 投资报酬率的变动对每年现金流入量的影响。

投资报酬率的变动对每年现金流入量的影响的计算公式如下（在使用年限不变的情况下）：

$$\begin{aligned}\text{投资报酬率的变动对每年现金流入量的影响} &= \text{投资报酬率上限时的每年现金流入量} - \text{投资报酬率下限时的每年现金流入量}\\ &= \frac{200\ 000}{PV_A\overline{5}|22.18\%} - \frac{200\ 000}{PV_A\overline{5}|20\%}\\ &= \frac{200\ 000}{2.857} - \frac{200\ 000}{2.991}\\ &= 70\ 000 - 66\ 867 = 3\ 133(\text{元})\end{aligned}$$

计算结果表明，在使用年限不变的情况下，当投资报酬率由上限值22.18%降到下限值20%（下降幅度为2.18%）时，每年现金流入量将减少3 133元。这就是投资报酬率的变动对每年现金流入量的影响程度。

B. 投资报酬率的变动对投资项目使用年限的影响。

投资报酬率的变动对投资项目使用年限的影响的计算公式如下（在每年现金流入量不变的情况下）：

$$\text{投资报酬率的变动对使用年限的影响} = \text{投资报酬率上限时的使用年限} - \text{投资报酬率下限时的使用年限}$$

$$\frac{\text{投资额现值}}{\text{每年现金流入量}}=\frac{200\ 000}{70\ 000}=2.857$$

已知：

$$PV_A\overline{5}|22.18\%=2.857$$

设：

$$PV_A\ \overline{n}|20\%=2.857$$

则：

$$PV_A\overline{5}|22.18\%=PV_A\ \overline{n}|20\%$$

在1元的年金复利现值表中，查得在20%这一栏中与2.857相邻的两个数2.589和2.991所对应的年限分别是4和5。采用插补法加以计算。

先将有关数据排列如下：

4年	n年	5年
2.589	2.857	2.991

然后进行计算：

$$2.589-2.857=-0.268$$
$$2.589-2.991=-0.402$$
$$n=4+\frac{-0.268}{-0.402}\times(5-4)=4.67(\text{年})$$

计算结果表明，在投资方案的投资额现值和每年现金流入量与预期数一致的情况下，方案的投资报酬率如果要达到22.18%，投资项目的使用年限至少应为5年。如果投资报酬率下降到20%（下降幅度为2.18%），投资项目的使用年限就将缩短为4.67年。这就是投资报酬率的变动对投资项目使用年限的影响程度。

思考题

1. 什么是长期投资决策？
2. 什么是现金流入量？它包括哪些主要的内容？
3. 什么是现金流出量？它包括哪些主要的内容？
4. 什么是货币的时间价值？什么是现值与终值？
5. 什么是投资报酬率？它有哪些种类？
6. 什么是年金？如何查找年金系数表？
7. 什么是净现值？如何计算净现值？
8. 什么是现值指数？如何计算现值指数？
9. 什么是内含报酬率？如何计算内含报酬率？
10. 什么是回收期？如何计算回收期？
11. 什么是平均投资报酬率？如何计算平均投资报酬率？
12. 什么是长期投资决策分析中的敏感性分析？

计算题

习题一

一、目的：掌握复利终值和复利现值的计算方法。

二、资料：(计算下列各题)

1. 现在将1 000元存入银行，存期5年，年利率10%，每年复利一次，其复利终值是多少？

2. 现在将500元存入银行，存期10年，年利率12%，半年复利一次，其复利终值是多少？

3. 3年后收到3 000元，年利率为8%，每年复利一次，其复利现值是多少？

4. 5年后收到1 000元，年利率8%，半年复利一次，其复利现值是多少？

5. 某人计划5年后购买一辆价值5 000元的摩托车，当时的银行年存款利率为 12%，每年复利一次，问：该人现在应一次存入多少钱才能实现这个计划？

6. 一位大学生现在存入银行 1 000 元，希望在四年毕业后购买一台价值1 574 元的打字机，问：银行存款利率至少应为多少才能使大学生实现这个愿望？

7. 一家工厂计划将 100 000 元的现金存入银行，准备以后购买一台价值 146 900元的精密仪器，当时的银行存款年利率为 8%，问：该工厂至少要多少年才能实现这个计划？

8. 假如你现在投资 10 000 元购买一项储蓄，在以后的第 7 ~ 10 年的四年期间内，每年可收入 7 000 元（本金归银行），当时的年利率为 12%。试问你是否愿意购买此项储蓄？

9. 假如甲现在将 10 000 元借给乙，乙偿还的方式是：在第 4 ~ 6 年期间，每年偿还 3 000 元；在第 8 ~ 10 年期间，每年偿还 4 000 元。当时银行年利率为 12%，试问：甲是否愿意以这种条件借款给乙？

习题二

一、目的：掌握年金复利终值和年金复利现值的计算方法。

二、资料：（计算下列各题）

1. 每年存入银行 100 元，年利率 10%，5 年后本利和共为多少？

2. 某工厂进行一项工程，预计每年末投资 100 000 元，5 年完成。该工厂所需的工程款是向外界筹集的，资本成本为 8%，问：该项工程的总投资为多少元？

3. 每年收入 500 元，共收入 10 年，年利率 12%，每年复利一次，其收入总额的现值为多少？

4. 学校设置一项奖金，每年发放 10 000 元，共发放 10 年，连本带利全部发完，年利率 8%，每年复利一次。试问：现在应一次存入多少元钱？

习题三

一、目的：掌握现值、终值、时期、利率等的计算方法。

二、资料：20 × × 年大华公司将其余款 30 000 元，作了三项投资：

第一项投资：以 800 元购入一笔优先股，年股利率 6%，4 年后公司将此笔股票出售，得价款 8 300 元。

第二项投资：以 10 000 元购入一笔债券，债券年利息率为 7%，4 年后将此笔股票出售，得价款 9 800 元。

第三项投资:以 12 000 元购入一笔普通股,4 年内未分得股利,但 4 年后出售此笔股票,得价款 17 800 元。

公司预期投资报酬率为 8%。

三、要求:将三项投资综合考虑并计算,看该公司 4 年后是否可以达到 8% 的预期投资报酬率?

习题四

一、目的:掌握净现值法的应用。

二、资料:爱迪公司拟新建一生产车间,有关资料如下表:

投资额(一次性投入)(元)	100 000
垫支流动资金(元)	20 000
使用期限(年)	10
每年的折旧费和利润额(元)	30 000
第 5 年时需支出维修费(元)	5 000
期满时收回流动资金(元)	20 000
残值(元)	0
预期投资报酬率	20%

三、要求:用净现值法评价公司的投资方案是否可行?

习题五

一、目的:掌握净现值法、现值指数法、内含报酬率法、回收期法等的应用。

二、资料:大安公司拟进行一项投资,有 A、B 两个方案可供选择,有关资料如下表:

单位:元

项　目 \ 方　案	A 方案	B 方案
投资额(一次性投入)	(100 000)	(110 000)
现金流入量		
第一年	20 000	40 000
第二年	25 000	35 000
第三年	30 000	30 000
第四年	35 000	25 000
第五年	40 000	20 000
预期投资报酬率	10%	10%

三、要求:试计算 A、B 两个方案的以下几个指标:(保留两位小数,其余四舍五入)

1. 净现值
2. 现值指数
3. 内含报酬率
4. 回收期

习题六

一、目的:掌握内含报酬率法、回收期法、平均投资报酬率法等的应用。

二、资料:三环工厂计划新建一生产设施,需一次性投资 200 000 元,使用期限 5 年,无残值,按使用年限法折旧,每年的现金流入量如下表:

年　份	现金流入量(元)
1	52 000
2	49 000
3	45 000
4	50 000
5	44 000

工厂的预期投资报酬率为 10%。

三、要求：试计算该方案的以下三个指标：（保留两位小数，其余四舍五入）

1. 内含报酬率
2. 回收期
3. 平均投资报酬率

习题七

一、目的：掌握敏感性分析的方法。

二、资料：亚华公司投资一个项目，投资额为 300 000 元，使用期限为 10 年，每年现金流入量为 60 000 元。

三、要求：

1. 计算该投资项目的内含报酬率。
2. 如果访投资项目的预计使用年限缩短为 8 年，那么，预期投资报酬率至少应为多少？
3. 如果该投资项目的预期投资报酬率要达到 14%，那么，预计使用年限至少应为多少年？
4. 如果预计使用年限延长为 12 年，每年现金流入量减少为 50 000 元。试计算投资项目的内含报酬率。

第六章
全面预算

学习要点

全面预算作为管理会计方法体系中的一环,其基本内容包括两个大的方面:内容体系与方法体系。本章主要就全面预算的内容体系与方法体系加以介绍。

掌握预算的基本原理是学习全面预算的切入点。预算的基本原理可以从预算的概念、作用、分类、原则、程序和预算期等方面去加以认识。

在此基础上,本章结合制造业全面预算的基本内容进行了讨论,包括全面预算的编制起点是销售预算、全面预算的内容(分为三大部分,即业务预算、资本支出预算和财务预算)、每一个预算的具体内容与编制。

最后,本章单独介绍了预算编制的传统和现代方法,包括传统的固定预算法与现代弹性预算法、传统的增量(减量)预算法和现代零基预算法、现代的概率预算法和滚动预算法。如何结合我国国情加以有效运用,是需要慎重考虑的问题。

第一节　企业预算原理

任何企业,不论规模大小,它所拥有的人力、物力和财力等资源都是相对有限的,在市场竞争条件下,企业都希望能以较少的资源投入获取较大的产出,这就要求企业必须重视和搞好预算管理。

一、预算(Budget)的概念

通过决策程序确定的最优方案,为企业的经营活动确定了整体经营目标。为了充分利用企业有限的人力、物力和财力,并使企业各部门预期经济活动协调起来,实现企业整体经营目标,必须编制期间计划。期间计划的具体形式是编制预算。一般认为:预算是指对企业所制定的在未来一定期间内的生产经营活动的计划用金额加以反映的一种方式。预算与计划二者既有联系又有区别。联系在于:两者都是企业事前管理的工作内容,目标一致。区别在于:计划是完成企业决策目标的方法,它可以用实物计量单位或货币计量表示;预算是完成目标方法的货币表现,主要用货币计量单位反映。从这一点看,可以认为,"预算是以货币计量方式表达的一种计划"。

管理会计中所介绍的预算,是针对整个企业而言的,故又称为"总预算"或"全面预算"。企业为了达到和超过预定的目标利润,销售、生产、采购、财务等职能部门都必须相互配合,相互协调。销售部门应努力拓展销售,保证实现目标利润;制造部门必须根据销售部门的要求组织适销对路的产品生产,既不能因过多积压而造成存储费用和利息支出上升,也不能因生产过少造成脱销而失去占领和扩大市场的机会;采购部门应按较低购进成本保质保量地备足生产所需材料;财务部门应经常保证有足够的现金,以应付各种开支。通过预算,可以协调各部门预期的生产经营活动,以期实现企业的决策目标。

企业预算在实际工作中体现为一系列具体工作范畴,称为预算管理。预算管理是指通过编制整个企业在未来一定时期的预算,根据预算对企业各部门进行综合性的指导和调整,并通过对预算和实际的差异分析,反映经营管理的成绩,从而促使企业不断提高经营管理水平的一种管理活动。因此,企业预算管理一般包括预算编制、预算实施、预算差异分析与控制等环节。

(一)预算编制

预算编制是指在进行科学的预测和决策基础上,根据企业经营目标和经营条件,采用科学的方法,制定出企业在未来一定时期内应达到的具体经营目标体系。编制企业预算,是企业进行预算管理的第一步,为企业以后进行的实际经营活动提供了目标,目标制定是否合理,对预算管理的效果影响甚大。目标制定过低或过高,都会对企业各部门管理的积极性以及经济效益的提高产生负面效应。

（二）预算实施

预算一经编成就下达给各执行部门，并于预算的期初开始执行，经营管理者必须严格执行预算，根据预算综合地调整和控制企业的全部活动，这一过程即为预算的实施。在预算的实施过程中，为了使预算真正落到实处，必须做到：各级预算执行部门的负责人应当有权、有责、有利，明确知道各自的责权范围，并有权对各自负责的业务和收支进行处置；企业管理有关部门（如计划部门、财务部门）应当随时了解各部门预算执行情况，协同有关部门随时纠正预算实施中出现的“例外”情况，以保证预算实施顺利。预算实施是预算管理的核心环节。

（三）预算差异分析与控制

预算差异分析与控制一般是指在预算实施一定阶段或全部结束之后，根据业务、统计、财务等部门所核算的实际数据，将其与预算相比较，找出差异，并进一步分析差异发生的原因和责任归属，制定出控制差异的具体措施。这一环节是使预算管理真正发挥作用的落实环节。

本章着重介绍预算编制这一环节，至于预算实施、预算差异分析与控制等方面则在标准成本、责任会计等有关章节中论述。

二、企业预算的作用

预算是计划的货币表现。计划是企业管理最根本的职能。一个企业的成功与失败，在很大程度上与计划有密切的关系。企业有了计划，才有奋斗目标，才有为实现目标而采取的具体步骤和方法。计划就是企业为实现目标而进行活动的行动纲领，也是控制和组织经营活动与检查考核工作成绩的依据。企业的经营活动是一个非常复杂的过程，要使这样一个复杂的过程能够协调地进行，没有极为周密的计划，是不可能实现的。企业全面预算的主要作用具体表现在如下几个方面。

（一）明确经营目标

企业预算有助于使近期目标与长远目标相结合并得到落实，编制预算是将企业的目标和方向予以具体化。预算要对整个企业以及各职能部门在预算期间的工作分别定出目标，并指出确定目标的意图和根据，以及为达到此目标应采取的方法措施等。通过预算的编制，不仅能使整个企业明确远期和近期目标，使各级管理人员明确本部门业务活动与整个企业经营目标之间的关系，也能使企业基层的全体职工了解自己的工作岗位与整个企业经营目标的联系，明确各自岗位应达到的业务量和成本收入水平，从而激励每个职工参与实现企业目标的积极性。

（二）传达任务，协调平衡

预算的编制过程，也就是向企业部门经理和职工传达企业最高管理当局经过决策所选定的目标，从而使各级管理人员和全体职工都有明确的任务，齐心协力地去实现企业总目标的过程。在企业内部职工与管理当局之间、各个管理层次之间，有一定的沟通路线是实现高效率的前提。让企业内部各个部门和环节参与预算的编制能起到沟通路线的作用，因为这可将企业的目标及时下达到各个责任部门，通过定期的控制和考核报告，如实地反映和报告每一责任中心的业绩。

编制预算，也是对企业内部各部门进行协调的工具。各部门自行拟订的"最佳计划"，对其他部门和整个企业来说不一定是最佳的。例如，销售部门更多的是关心市场与售价，不断扩大销售，而对企业生产部门生产能力的最优利用不一定加以考虑；生产部门为充分利用生产能力可能会忽视某些产品因过剩而积压或某些产品因短缺而脱销。因此，各部门的计划不经综合平衡是不可想象的。通过预算的编制和综合平衡，可以使企业各部门和供、产、销各环节都能在企业统一的目标下协调进行，减少内部矛盾，动员企业一切力量，为实现企业的决策目标而努力。

（三）控制成本的依据

预算的编制和执行，可在企业里起到控制成本的作用，表现在：①在预算的编制过程中需要对计划和应支出金额逐项进行分析说明，斟酌其合理性，起到事前成本控制的作用。②经预算管理部门审议和批准的各部门的预算数，就成为各部门实际支出的标准，是日常成本控制的依据。这有利于各部门通过计量、对比、发现差异和分析原因，并采取必要的措施，使企业的经济活动符合目标的要求。③在预算期终了时，对比实际支出数和预算数，能揭示超支或节约，作为评价各部门业绩和确定偏离预算责任的依据。

（四）评价考核的标准

经审批确定的各项预算数据，可以作为评价职工工作业绩的尺度，对企业各个部门及其主管的业务活动业绩，都应以预算作为衡量标准。将预算与实际对比，要比将本期实际与上期实际对比更有意义，因为本期实际超过上期实际只能说明本期有所进步，但不能说明是否已达到了应有程度。然而以预算作为评价标准并非只看预算是否完全执行，有时对预算的某些偏离，或许对企业是有利的、合理的，而对预算的完全执行却不一定没有失误。比如，为拓展市场扩大销售而使销售费用超支应是合理的；为保持行政管理费的预算基数而年终突击花钱，虽未突破预算金额，也不应给予好评。但这些分析也要以预算为标准进行调整计算，才能正确地评价其变换结果的得失，做出正确的结论。

三、企业预算的分类

企业应根据各自的规模大小、机构多少、业务繁简、管理要求等，确定本企业需要编制哪些预算。通过研究企业预算分类，发现各个企业所编预算的普遍规律，使我们对预算的认识更进一步，从而更好地掌握和运用预算管理工具。

（一）按预算性质，企业预算可以划分为业务预算、财务预算和资本支出预算三大类

业务预算（Operating Budget）是用于计划企业日常经营活动的预算，主要涉及销售预算、生产预算、采购预算、制造费用预算、销售费用预算和管理费用预算等。财务预算（Financial Budget）是反映预算期内有关现金收支、经营成果和财务状况的预算，它主要包括现金预算、预计损益表、预计资产负债表和预计财务状况变动表等。资本支出预算（Capital Expenditure Budget）是指那些不经常发生的，需要投入大量资金，并对今后若干年生产经营有持续影响的长期投资支出预算。按预算性质不同对企业预算的分类，是企业预算其他分类的基础。

（二）按预算使用时期，企业预算可以划分为短期预算和长期预算两大类

短期预算是指有效期在一年之内的预算，这种预算每年编制一次，主要针对企业日常经营和财务活动。业务预算和财务预算一般属于短期预算。长期预算是指有效期在一年以上的预算，长期预算是一种规划性质的预算，虽然数字计算可以粗略一点，但编制的好坏，将影响到一个企业的长期战略目标是否能够如期实现，影响到企业今后若干年的经济效益。资本支出预算一般属于长期预算。

（三）按预算编制方法，企业预算可以划分为固定预算和弹性预算两大类

固定预算是指根据一个固定的业务量水平来编制的预算。用以这种方法编制的预算来考核评价企业的业绩，其前提必须是实际业务量与编制预算所用业务量一致。一般来讲，固定预算方法适用于各种业务预算、财务预算和资本支出预算。弹性预算是指按不同业务量水平来编制的预算。这种预算，富有弹性，能灵活地考核预算执行的实际效果。弹性预算的适用范围不及固定预算，主要用于与业务量关系密切的收入、支出预算。

除以上三种经常使用的分类外，企业预算还可以按另外一些方式分类。如按预算的编制基础，可以分为增量预算（或减量预算）和零基预算；按预算涉及的范围，可以分为总预算和专门预算；按预算编制涉及的变量是否确定，可以分为确定

性预算和概率预算等。上述各种基本分类，并不互相排斥，而是相互交叉重叠的。

四、预算编制的基本原则

企业在编制预算时，一般应遵循以下基本原则：

第一，预算编制的全面性、完整性。凡是对经营目标产生影响的经济业务或事项，都应以货币或其他计量形式来具体地加以反映，尽量避免由于预算缺乏周密的考虑而影响目标的实现。有关预算指标之间要相互衔接，勾稽关系要明确，以保证整个预算的综合平衡。

第二，预算编制要以明确的经营目标为前提。例如，只有确定了目标利润，才能相应地确定目标成本，进而编制有关营业收入和费用的预算。

第三，预算既要积极可靠，又要留有余地。积极可靠是指要充分估计目标实现的可能性，不要把预算指标定得过低或过高，保证预算能在实际执行过程中，充分发挥其指导和控制作用。为了应付实际情况的千变万化，预算又必须留有余地，具有一定的灵活性，避免在意外事项发生时造成被动，影响平衡，以致影响原定目标的实现。

五、预算的编制程序

在规模较大的企业中，通常要设置一个常设的机构——预算委员会，负责组织、领导并审核整个预算的编制工作。在小型企业中，这一工作则由企业财务主管部门负责。预算委员会通常由企业总经理、总会计师、供产销业务部门和财务部门的主管人员等组成。其主要任务是：制定和颁发有关预算制度的政策；审查和协调各部门所编的预算；解决各个方面在预算编制中可能发生的矛盾；最后批准预算，下达指标，并随时检查预算的执行情况，分析实际与预算的差异，促使各有关方面协调一致地完成预算所规定的目标和任务。

随着管理的进步和行为科学的广泛应用，在现代企业预算编制工作中，普遍采用了“自我参与预算”的方式。这种方式是指全面预算的编制首先由各个部门草编，再由预算指导机构综合平衡，通常要经数次往返，批准后再交回各部门实施。在这一过程中，尽量吸收预算的执行者参加，并向全体职工征求意见。这种自下而上逐级综合、广泛吸收预算的执行者和各部门负责人及职工参与编制的预算，较之传统的由上级直接编制并下达预算的方式可收到更好的效果。

企业编制预算的程序应视预算的编制方法而不同，但一般来讲，大型企业的预算编制程序可归纳为如下步骤：

（1）在预算期开始前三个月，由企业最高管理当局提出预算期的战略目标。

（2）企业各部门主管人员根据战略目标，在预算期开始前两个半月提出详细的本部门自编预算。

（3）企业各部门主管人员审查修订所属责任中心的自编预算，并在预算期开始前两个月报送企业预算委员会。

（4）企业预算委员会审查各部门的预算，要经过多次反复平衡协调，然后汇总编制企业的全面预算，并在预算期开始前一个半月报送企业最高管理当局审批。

（5）在预算期开始前一个月，企业最高管理当局应将经过审批的全面预算经由预算委员会下达各部门贯彻执行。

六、预算期确定与内容安排

预算期是指预算所覆盖的时期，可以是一年以上，也可以是一年、一个季度或者一个月等。预算时期的长短由企业管理水平和预算种类决定。从管理水平来看，具有编制长期预算经验、管理水平和基础条件较好的企业，可以编制三年、五年甚至更长时期的预算。而经验少、基础条件差的企业则只能编制一两年以内的预算。从预算种类来看，企业的业务预算和财务预算多为“短期预算”（一年以内），资本支出预算则为“长期预算”（一年以上）。

企业生产经营的全面预算，通常每年编制一次，使预算期间和会计年度相一致，以便于对预算执行结果进行分析、评价和考核。在年度预算内要有分季的预算数字，还应将第一季度按月划分，明确各月份的预算数，其他各季度可暂列总数，到第一季度将要执行完毕时，再把第二季度按月划分，以此类推。对于重要的预算如现金预算，必须有预计准确的现金需要量，以保证应付款到期能有足够的付现能力，要列出详至每旬、每周的日常预算，才有利于对预算执行情况做经常性的分析研究，在发现差异过大时加以机动调整。

在实际工作中，预算期长短及其内容详略，应当考虑预算使用部门的等级。不同等级的管理部门所管理的工作类型是不相同的，关心的内容也就不相同。通常最高管理部门主要负责战略计划，确定企业的总目标；二级管理部门（如分公司、分厂等）负责战术计划，即用什么方法完成总目标；三级管理部门（如车间）负责作业计划，要使人工、原料、设备等生产因素互相配合以完成企业总目标；最低一级管理部门（如工段、班组）负责生产活动。由于各类管理工作的需要不同，因而预算期长短和内容也各不相同:越是高级管理部门的预算,预算期越长,内容也越简略;反之则相反。

第二节　企业全面预算体系

一、全面预算体系

企业在每个预算期开始之前所编制的预算,一般是针对整个企业而言,即所编预算应该覆盖企业生产经营各个方面和各个环节。这种针对企业各方面经营活动所编制的预算体系,被称为全面预算(Comprehensive Budget)。准确地讲,全面预算是指通过各种具体预算,把企业在预算期内的各项生产经营活动全面、系统进行安排的预算体系。全面预算又称为总预算。编制全面预算对企业进行有效的综合控制,具有十分重要的意义。

全面预算由各种具体预算组成,形成一个预算体系。在制造性企业中,全面预算体系可以划分为三大类:业务预算、财务预算和资本支出预算。若再进一步具体化,则包括:①销售预算;②生产预算;③直接材料预算;④直接人工预算;⑤制造费用预算;⑥单位生产成本预算;⑦销售与管理费预算;⑧现金预算;⑨预计损益表;⑩预计资产负债表;⑪资本支出预算。上述第①—⑦种具体预算可划归业务预算,第⑧—⑩种具体预算划归财务预算,第⑪种具体预算单独为一类即资本支出预算。各种预算之间的关系如图 6－1 所示。

从图 6－1 可以看出,全面预算体系的编制顺序和特点是:销售预算是编制全面预算的起点,企业在确定了战略目标以后,首先就要编制销售预算;生产预算、销售与管理费预算要在销售预算确立之后才能编制;制造预算(包括直接材料、直接人工和制造费用等预算)需在生产预算的基础上编制;进而在生产预算和制造预算基础上编制单位生产成本预算;资本支出预算应根据企业的战略目标来确定,它以长期的销售预测为依据,不受短期销售预算的直接影响,但在编制资本支出预算时,应全面考虑销售、生产、现金等有关因素;在上述各种预算确立以后,编制现金预算;最后编制各种预计财务报表(包括预计损益表、预计资产负债表等)。因此,全面预算体系是以销售预算为起点,以预计财务报表为终点。如果编制出的预算底稿不能符合战略的要求,就应当重新编制预算或修改战略目标,最终使两

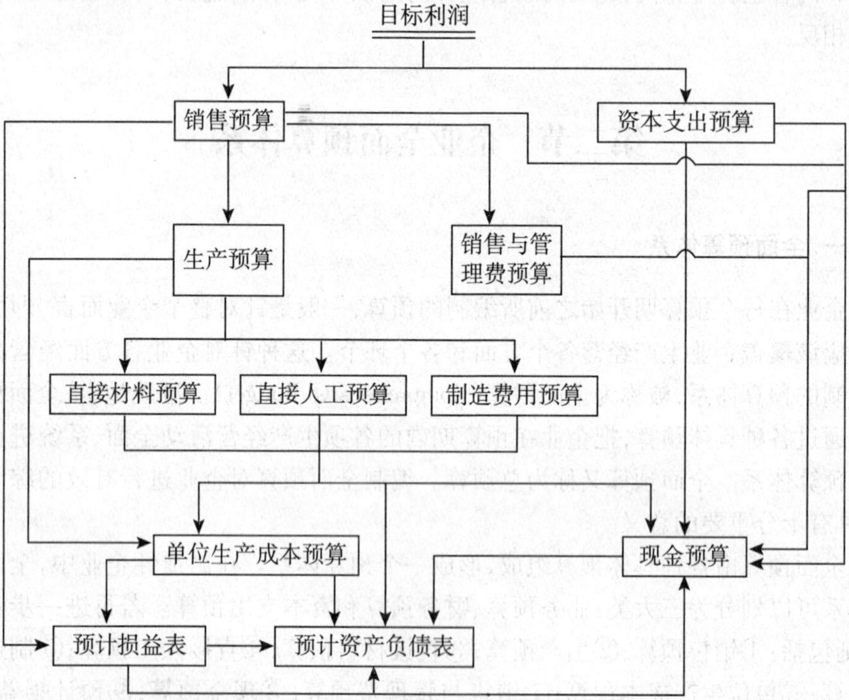

图 6－1

者相符。

由于销售预算是编制全面预算的起点，所以必须十分慎重地编制销售预算。而要编好销售预算，首先要进行周密的销售预测，销售预测的正确与否，对于编制销售预算有极大的影响。企业的销售预测应建立在对市场供需的预测基础上，有了精确的销售预测，才能编制出切实可靠的销售预算。

二、各种预算的基本内容

（一）销售预算

在以销定产的经营思想指导下，销售预算是全面预算的起点。销售预算是根据年度目标利润所规定的销售量和销售额来编制的。在销售预算中，通常是以货币量度反映，只有在企业产品品种单一时可同时以实物量度反映。为了方便编制现金预算,可在销售预算中设置一个现金收入计算表,计算预算期内可收到的现金收入。由于许多企业允许客户在一定期间内延期付款,所以企业在预算期内实现的销售,不可能收到全部现金,将有一部分作为本期的应收账款在以后时期才能收到,同时本期也会从前期实现的销售中收到部分现金。在特殊的环境下,还应扣除估计的呆账和提前收款的折扣。由此可见,企业在销售预算(含预期现金收入表)中,主要确定预算期的销售数量、销售金额、实收款项和应收账款等项指标数据。

(二) 生产预算

在销售预算的基础上编制生产预算,对预算期内的生产规模做出安排。但预算期的生产量不一定等于预算期的销售量,预算期的生产量应该是以该期的预计销售量为基础,同时考虑期初和期末存货量因素来加以确定的。其计算关系式为:

$$预算期生产量=(预算期销售量+预算期期末存货量)-预算期期初存货量$$

生产预算中包括期末存货是为了使下一季度销售活动能正常进行,不致因存货不足而使产品在市场上脱销。因此,生产预算主要确定预算期的生产数量以及期初存货数量和期末存货数量等指标数据。

(三) 直接材料预算

根据生产预算,即可编制直接材料预算,以确定预算期材料采购量和采购额,一般包括三部分内容:

1. 直接材料需要量

这是根据生产预算中确定的生产量和单位产品材料耗用量来确定的。

2. 直接材料采购量和采购额

直接材料采购量是在直接材料需用量的基础上,考虑期初、期末材料库存量来确定的,计算公式为:

$$\begin{matrix}预算期材料\\采购量\end{matrix}=\left(\begin{matrix}预算期\\生产量\end{matrix}\times\begin{matrix}单位产品\\材料用量\end{matrix}+\begin{matrix}预算期末\\材料库存量\end{matrix}\right)-\begin{matrix}预算期初\\材料库存量\end{matrix}$$

材料采购额是以材料采购量乘以材料单位成本计算确定的,一般来说,生产一件产品不会仅仅只消耗一种材料,因此,预算期的材料采购额应是预算期的各种材料采购额之和。计算公式如下:

$$预算期材料采购额=\sum(各种材料预算期采购量\times该种材料单位成本)$$

3. 计算预算期内需要支付的材料采购款

为了给现金预算编制提供资料，在编制直接材料预算时通常要设置一个现金支出计算表，由于赊销制的存在，企业每期购买材料预期的现金支出，包括前期采购材料将于本期支付的现金和本期采购材料应由本期支付的现金，计算公式为：

$$\frac{本期需要现金}{支付的采购款}=\frac{本期材料}{采购额}+\frac{前期采购于}{本期的支付额}-\frac{本期采购于}{后期的支付额}$$

公式中，本期采购于后期的支付额即为预算期的应付账款。因此，直接材料预算主要确定预算期的材料需要量、材料采购量和采购额、预算期内实付的采购款、预算期的应付账款等项数据。

（四）直接人工预算

它是根据生产预算中所确定的预算期生产量来计算的。具体来讲，以预算期的生产量乘以生产单位产品所需工时（标准工时或定额工时），可得预算期需用的直接人工工时，再乘以单位工时的直接人工成本（小时工资率），即得预算期的预计直接人工成本。计算公式为：

$$\frac{预算期直接}{人工成本}=\frac{预算期}{生产量}\times\sum\left(\frac{单位产品}{需用工时}\times\frac{单位工时直接}{人工成本}\right)$$

如果期初、期末产品有变动，则计算上应做些调整。如果生产产品的人工工种和熟练程度等级不止一种，则不同工种、不同等级的单位工时人工成本就有差别，这就要求计算预算期的直接人工成本应按各工种和各等级先分类别计算，然后再相加汇总求得预算期的直接人工成本。可见，直接人工预算主要是确定预算期的直接人工总工时、单位工时人工成本和直接人工成本总额等项指标数据。

（五）制造费用预算

制造费用项目较多，按其特性可划分为变动制造费用和固定制造费用。在采用全部成本法计算成本的企业中，全部制造费用都要计入产品成本，企业应计算出单位产品或单位工时的制造费用分配率。在采用变动成本计算法的企业里，只将变动制造费用计入产品成本，生产单一产品的企业可计算单位产品变动制造费用分配率，生产多品种产品企业可计算单位直接人工工时的变动制造费用分配率，这样就可以把变动制造费用在各种产品和各季（月）之间进行分配。变动成本法下固定制造费用则直接列入损益表，作为期间成本处理，并作为当期产品销售收入的一个扣除项目。

在制造费用预算中，也应包括一个现金支出预计表，计算预算期内在制造费用方面的现金支出，以便于现金预算的编制。一般来讲，制造费用的项目一般都表现为现金支出，只有个别项目如固定资产折旧等表现为非现金支出，用整个制造费用减去非现金支出的制造费用即为现金支出的制造费用，因此，制造费用预算主要是确定预算期内各项制造费用的支出数和现金支出额等数据。

（六）单位生产成本预算

产品单位生产成本是正确计算预计损益表的产品销售成本及预计资产负债表的期末产品存货的依据。单位生产成本预算的具体制定方法是：根据直接人工预算、直接材料预算和制造费用预算，取得预算期内的产品成本数据，然后再从生产预算中取得预算期内的生产量数据，将两类数据相结合，则可以计算出预算期内各项成本的单位数以及单位产品生产成本，从而编制单位生产成本预算。在西方很多企业中，由于推行了标准成本制度，因此，其单位生产成本预算即为单位产品的"标准成本卡"。单位生产成本预算（或标准成本卡）内成本项目还取决于企业采用的成本方法：若企业采用全部成本法，则该预算的成本项目包括直接材料、直接人工、变动制造费用和固定制造费用；若企业采用变动成本法，则该预算的成本项目包括直接材料、直接人工和变动制造费用，不包括固定制造费用项目。所以，企业的单位生产成本预算主要确定预算期单位生产成本这一项数据。

（七）销售与管理费预算

销售与管理费是为推销产品和对企业进行行政管理而发生的各种非生产性成本开支，这类费用一般作为期间成本计入当期损益中。如果企业按变动成本法编制该预算，则应按成本特性把这些费用区分为变动销售与管理费用和固定销售与管理费用两类。变动销售与管理费用应按销售量或销售额计算出分配率，以便据以在各个期间（月或季）进行分配。为了方便现金预算的编制，在销售与管理费用预算中也应包括一个现金支出计算表，预计在预算期内销售与管理费用中的现金支出数额。由此看来，销售与管理费用预算主要确定预算期内的销售与管理费用数额和现金支出数额等数据。

（八）资本支出预算

资本支出预算是指对经过决策分析并审核批准的各个长期投资项目，将其现金流量等财务资料详细列示成明细表，作为检查投资效果和控制资本支出的预算。

资本支出预算与全面预算中所包含的其他预算不同，它是企业不经常发生的、一次性的预算，而其他预算都是按一定预算期编制的，只对该预算期有效。资本支出预算是按各个长期投资项目计划编制的，需要的资金较多，涉及的预算期较长，对企业今后若干年的经济效益产生影响。资本支出预算格式和内容的繁简对于不同的企业和同一企业的不同时期不尽相同，因此，不存在统一的预算表格，可按具体内容和需要自行设计。

资本支出预算中各期的投资额除应列入该期的现金预算支出部分外，还应列入预计资产负债表的资产方。如果同一时期企业的投资项目较多，应将预算年度内的各项目投资额汇总，编制预算年度分季（或分月）的资本支出预算。资本支出预算主要提供各个预算期内的投资额数据。

（九）现金预算

它是反映预算期内企业现金流转状况的预算。这里所说的现金，包括企业库存现金、银行存款等货币资金。编制现金预算的目的是合理地处理现金收支业务，调度资金，保证企业财务处于良好状态。编制现金预算要依据销售预算、直接材料预算、直接人工预算、制造费用预算、销售与管理费用预算、资本支出预算以及预计损益表中有关利润分配的现金收支数据来编制。一般来讲，现金预算包括四部分内容：

1. 现金收入

这一部分即为期初现金结余额和预算期内预计现金收入两者之和。预算期内的预计现金收入数据包括现金销售收入、应收账款回收、票据贴现等，这些数据主要从销售预算中获得。而预算期期初现金结余额则直接从上一预算期期末结余额结转而得。

2. 现金支出

指预算期内各种预计现金支出数。例如，支付材料采购款、支付工资、支付各种制造费用、管理费用和销售费用、偿还应付账款、交纳税金、分配红利、购买设备等。这部分数据可以从相关的业务预算、财务预算和资本支出预算中收集。

3. 现金余缺

企业为了保证生产经营的正常进行，一般都要规定一个时期用于周转的最低库存现金余额。用预算期的现金收入减去现金支出后，若差额低于这个最低库存现金余额，表示预算期的现金将会不足；反之，若差额高于这个最低库存现金余额，表示预算期的现金会出现盈余。

4. 现金筹集与运用

如果出现现金不足，将会对企业预算期的生产经营活动产生不利影响，这时，企业就应当想办法筹集资金，如向银行申请借款、对内对外发行债券或股票等；反之,若出现现金多余,则会造成企业资金浪费,这时就应当考虑如何利用多余的现金,如购买债券、购买股票、归还前期借款等。

（十）预计损益表

它根据前述业务预算来编制,以货币量度综合反映预算期的全部经营活动,并预计全部经营活动的最终财务成果,是财务预算的重要组成部分。预计损益表反映企业在一定人力、物力、财力情况下预期的经济效益,将它与企业目标相比,如能达到决策目标,全面预算的编制才能最终定案,可见,预计损益表是全面预算的焦点。预计损益表与损益表的格式基本相同,只是它编制的依据是各业务预算数。它提供企业核心指标——期间利润。

（十一）预计资产负债表

它反映预算期期末时点的预计财务状况,是以预算期开始的期初资产负债表为基础,再根据预算期间全面预算的各种资料来调整编制的,可据以预计全面预算中的各种预算对企业最终财务状况的影响。如果这种影响的不利程度超过了可容许的限度,应修改有关预算,或对有关经济活动做重新安排。只有具有良好财务状况的预计资产负债表,才能在预算期内发挥控制经营活动的作用。预计资产负债表主要提供预算期期末的资产、负债和所有者权益等的预计数。

三、全面预算编制实例

〔实例一〕 华兴公司是一家中等规模的股份制制造性企业,该公司在进行了周密调研的基础上,经董事会认可,确定了2002年度(预算年度)的目标利润为110万元,根据这个目标,公司预算委员会和各部门着手进行2002年预算的编制工作,首先,他们找出报告年度(2001年)的经会计核算所编制的实际资产负债表(参见表6-1)。

表6-1　　**资产负债表**

2001年12月31日　　单位:元

资　　产	金额	负债和所有者权益	金额
流动资产:		流动负债:	
现金	350 000	应付账款	24 000
应收账款	90 000	长期负债:	
材　　料[①]	12 500	长期借款	1 300 000
产成品[②]	48 000	负债合计	1 324 000

表 6-1(续)

资　　产	金额	负债和所有者权益	金额
流动资产合计	500 500	所有者权益：	
固定资产：		普通股股本	2 000 000
设　备	3 000 000	留存收益	376 500
土　地	1 000 000	所有者权益合计	2 376 500
累计折旧	(800 000)		
固定资产净值	3 200 000		
资产总计	3 700 500	负债和所有者权益总计	3 700 500

注：①材料 = 2001 年期末库存量 2 500 千克 × 材料外购单价 5 元 = 12 500 元；

②产成品 = 2001 年期末库存量 800 件 × 2001 年单位生产成本 60 元 = 48 000 元。

然后，根据上述资料，结合调查、预测，分别编制 2002 年各个预算如下。

(一) 销售预算

公司经过市场调查，取得以下有关资料：①2002 年内各季度的销售量分别为：第一季度 8 000 件、第二季度 9 000 件、第三季度 10 000 件、第四季度 11 000 件；②每件销售价格为 120 元；③估计各期的销售收入中有 70% 于当季收到现金，其余 30% 将于下一季度才能收现。公司根据以上资料编制销售预算（含现金收入计算表），参见表 6-2。

表 6-2　**销售预算**

2002 年

单位：元

	第一季度	第二季度	第三季度	第四季度	全年合计
预计销售量（件）	8 000	9 000	10 000	11 000	38 000
销售单价	120	120	120	120	120
销售收入	960 000	1 080 000	1 200 000	1 320 000	4 560 000
		预计现金收入			
2001 年末应收账款	90 000				90 000
第一季度销售额	672 000	288 000			960 000
第二季度销售额		756 000	324 000		1 080 000
第三季度销售额			840 000	360 000	1 200 000
第四季度销售额				924 000	924 000
现金收入合计	762 000	1 044 000	1 164 000	1 284 000	4 254 000

（二）生产预算

在销售预算的基础上进行生产预算编制，相关资料为：①2002年初产成品存货为800件（参见表6－1），年末产成品存货估计为1 200件；②2001年实际单位生产成本为60元（参见表6－1）；③预计各季度末产成品存货数量相当于下一季度销售数量的15%。根据上述资料编制生产预算，参见表6－3。

表6－3　　生产预算

2002年　　单位：件

	第一季度	第二季度	第三季度	第四季度	全年合计
预计销售量	8 000	9 000	10 000	11 000	38 000
加：预算期末存货量	1 350	1 500	1 650	1 200	5 700
合计	9 350	10 500	11 650	12 200	43 700
减：预算期初存货量	800	1 350	1 500	1 650	5 300
预计生产量	8 550	9 150	10 150	10 550	38 400

（三）直接材料预算

直接材料预算的编制要以生产预算为依据。相关资料为：①假定该公司只需要一种材料，单位产品材料消耗量为4千克，每千克单位外购成本为5元；②假定每季度的购料款当季只付40%，余下的60%可以在随后的两个季度内分别依次支付50%和10%；③2001年年末（发生于12月份）的应付账款为24 000元（参见表6－1）；④各季度末材料库存按下一季度生产需用量的10%计算；⑤2001年年末材料存货为2 500千克（参见表6－1），估计2002年年末材料库存量为4 500千克。根据上述资料编制直接材料预算（含现金支出计算表），参见表6－4。

表6－4　　直接材料预算

2002年

	第一季度	第二季度	第三季度	第四季度	全年合计
预计生产量（千克）	8 550	9 150	10 150	10 550	38 400
单位产品材料消耗量（千克）	4	4	4	4	4
预计生产需用量（千克）	34 200	36 600	40 600	42 200	153 600
加：预计期末材料存货量（千克）	3 660	4 060	4 220	4 500	16 440
合　　计（千克）	378 600	40 660	44 820	46 700	170 040

表 6－4(续)

	第一季度	第二季度	第三季度	第四季度	全年合计
减:预计期初材料存货量(千克)	2 500	3 660	4 060	4 220	14 440
预计材料采购量(千克)	35 360	37 000	40 760	42 480	155 600
材料外购单价(元)	5	5	5	5	5
预计材料采购金额(元)	176 800	185 000	203 800	212 400	778 000
预计现金支出					
年初应付账款(元)	20 000	4 000①			24 000
第一季度采购额(元)	70 720	88 400	17 680		176 800
第二季度采购额(元)		74 000	92 500	18 500	185 000
第三季度采购额(元)			81 520	101 900	183 420
第四季度采购额(元)				84 960	84 960
采购现金支出合计(元)	90 720	166 400	191 700	205 360	654 180

注:①2002 年初第一季度收到 2001 年末的应付账款 20 000 元 $= \frac{24\ 000}{50\% + 10\%} \times 50\%$,第二季度收到 2001 年末的应付账款 4 000 元 $= \frac{24\ 000}{50\% + 10\%} \times 10\%$。

②2002 年年末应付账款总额 $= 203\ 800 \times 10\% + 212\ 400 \times 60\% = 147\ 820$(元)。

(四)直接人工预算

直接人工预算的编制也要以生产预算为依据。相关资料为:①单位产品生产需耗直接人工工时 4 小时;②各等级的单位直接人工成本为 8 元;③假定直接人工全部表现为现金支出。直接人工预算参见表 6－5。

表 6－5

直接人工预算

2002 年

	第一季度	第二季度	第三季度	第四季度	全年合计
预计生产量(件)	8 550	9 150	10 150	10 550	38 400
单位产品人工工时(工时)	4	4	4	4	4
直接人工总工时(工时)	34 200	36 600	40 600	42 200	153 600
单位工时人工成本(元)	8	8	8	8	8
直接人工成本(元)	273 600	292 800	324 800	337 600	1 228 800

(五)制造费用预算

制造费用预算的编制也应以生产预算所确认的生产量作为基础,但不像直接材料、直接人工预算与生产预算关系紧密。该公司经过预计，将 2002 年所要开支的制造费用开支预计数编制成预算，并确定出分季度的现金支出数(固定资产折旧为非现金支出成本，应在计算现金支出时扣除)，参见表 6－6。

表 6－6　　制造费用预算

2002 年　　单位：元

项　　目			金　　额	
车间管理人员、修理人员工资			232 600	
辅助材料费			115 200	
修理费用，其中：				
日常修理费用			38 400	
大修理费用			20 000	
车间设备保险费			43 000	
水电费			76 800	
车间设备折旧费			50 000	
制造费用合计			576 000	
现金支出计算表				
	第一季度	第二季度	第三季度	第四季度	全年合计
现金支出额	131 500	131 500	131 500	131 500	526 000①

注：①制造费用全年现金支出总额 52 600 元 = 576 000 元 － 50 000 元。假定52 600元现金支出在年内各季度平均发生。

（六）单位生产成本预算

编制该预算要结合前述直接材料预算、直接人工预算、制造费用预算以及生产预算的有关数字。假定华兴公司采用全部成本法，则编制的单位生产成本预算参见表 6－7。

表 6－7　　单位生产成本预算

2002 年

	单位数量	单位价格	合　计
直接材料	4 千克	5 元/千克	20 元
直接人工	4 工时	8 元/工时	32 元
制造费用	1 件	15 元/件①	15 元
单位生产成本			67 元

注：①单件制造费用价格(分配率)15 元/件 = 576 000(全年制造费用总额) ÷ 38 400(全年产量)。

（七）销售与管理费预算

公司根据销售预算所确定的销售量和有关行政管理活动，估计出预算期内的销售与管理费用并编成预算，同时，对其中的现金支出作出安排（假定平均分配）。销售与管理费用预算参见表6－8。

表6－8 **销售与管理费用预算**

2002年 单位：元

项　　目	金　额
厂部行政管理人员工资	125 000
厂部设备折旧费	65 800
其他费用	83 500
合　计	274 300

现金支出计算表

	第一季度	第二季度	第三季度	第四季度	全年合计
现金支出数	52 125	52 125	52 125	52 125	208 500①

注：①现金支出额208 500元＝274 300－65 800。

（八）资本支出预算

公司计划在2002年至2005年间进行一项新项目（甲）开发，总投资额预计为280万元，其中，安排在2002年内第二季度的投资额为150万元（用于购置设备）。公司编制资本支出预算，参见表6－9。

表6－9 **资本支出预算** 单位：万元

项目名称	2002年	2003年	2004年	2005年	合　计
甲	150	60	50	20	280
乙	…	…	…	…	…
丙	…	…	…	…	…
合　计	…	…	…	…	…

注：①2002年投资额150万元全部表现为现金支出。

（九）现金预算

公司在编制了上述业务预算和资本支出预算基础上，开始进行财务预算编制。其中，本例编制现金预算的相关资料预计如下：①公司规定预算期内每季度的最低库存现金余额为10万元，2001年末库存现金余额为35万元（参见表6－1）；②若向银行借款，则应于季初借入，偿还应安排在季末进行，借款利息，按年利率10%

计算,在借款偿还时一并归还;③预计 2002 年内共付股利 40 万元(每季度平均安排支付),每季度预计交纳所得税分别是:

第一季度 110 373 元,第二季度 127 000 元、第三季度 137 849 元,第四季度 160 250 元。根据以上资料,华兴公司编制现金预算,参见表 6-10。

表 6-10 **现金预算**

2002 年 单位:元

项　目	第一季度	第二季度	第三季度	第四季度	全年合计
期初现金余额	350 000	103 682	127 857	91 383	350 000
加:本期现金收入	762 000	1 044 000	1 164 000	1 284 000	4 254 000
可动用的现金合计	1 112 000	1 147 682	1 291 857	1 375 383	4 604 000
减:现金支出					
材料采购支出(表 6-4)	90 720	166 400	191 700	205 360	654 180
直接人工支出(表 6-5)	273 600	292 800	324 800	337 600	1 228 800
制造费用支出(表 6-6)	131 500	131 500	131 500	131 500	526 000
销售与管理费支出(表 6-8)	52 125	52 125	52 125	52 125	208 500
支付所得税(表 6-11)	110 373	127 000	137 849	160 250	535 472
支付设备款(表 6-9)		1 500 000			
支付股利(表 6-11)	100 000	100 000	100 000	100 000	400 000
现金支出合计	758 318	2 369 825	937 974	986 835	5 052 952
现金余缺	353 682	(1 222 143)	353 883	388 548	(448 952)
现金筹集与运用:					
向银行借款		1 350 000			1 350 000
归还银行借款			(250 000)	(200 000)	(450 000)
支付借款利息			(12 500)①	(15 000)②	(27 500)
购入有价证券	(250 000)				(250 000)
融通资金合计	(250 000)	1 350 000	(262 500)	(215 000)	622 500
期末现金余额	103 682	127 857	91 383	173 548	173 548

注:①第三季度应付利息 $=250\ 000 \times 10\% \times \frac{6}{12}=12\ 500$ 元;

②第四季度应付利息 $=200\ 000 \times 10\% \times \frac{9}{12}=15\ 000$ 元。

(十) 预算损益表

公司产品成本计算采用全部成本法,存货计价采用先进先出法。编制出的 2002 年度预计损益表参见表 6-11。

表 6－11　　　　　　　　　　**预计损益表**

2002 年　　　　　　　　　　单位:元

项　　目		金　　额
销售收入		4 560 000
减:销售成本		
期初存货成本	48 000①	
本期生产成本	2 572 800②	
可供销售的成本	2 620 800	
减:期末存货成本	80 400③	
销售成本合计		2 540 400
销售毛利		2 019 600
减:销售与管理费用		274 300
利息支出		27 500
纳税前净损益		1 717 800
减:所得税		535 472
税后净损益		1 182 328

注:①期初存货成本 48 000 元＝800 件(期初存货量)×60 元/件(2001 年实际单位成本);

②本期生产成本 2 572 800 元＝38 400 件(本期生产量)×67 元/件(2002 年预计单位成本);

③期末存货成本 80 400 元＝1 200 件(期末存货量)×67 元/件(2002 年单位生产成本)(采用先进先出法)。

(十一)预计资产负债表

根据上年末实际资产负债表(表 6－1)和预算期有关预算数据,编制 2002 年预计资产负债表,参见表 6－12。

表 6－12　　　　　　　　　　**预计资产负债表**

2002 年 12 月 31 日　　　　　　　　　　单位:元

资　　产	金　额	负债和所有者权益	金　额
流动资产:		流动负债	
现　金①	173 548	应付账款⑧	147 820
应收账款②	396 000	长期负债	
材　料③	22 500	长期借款⑨	2 200 000
产成品④	80 400		
流动资产合计	672 448	负债合计	2 347 820

表 6-12(续)

资　　产	金　额	负债和所有者权益	金　额
固定资产：		所有者权益	
设　备⑤	4 500 000	普通股股本	2 000 000
土　地	1 000 000	留存收益⑩	1 158 828
累计折旧⑥	(915 800)	所有者权益合计	3 158 828
固定资产净值	4 584 200		
长期投资⑦	250 000		
资产总计	5 506 648	负债和所有者权益总计	5 506 648

注：①现金余额 173 548 元见表 6-10；

②应收账款 396 000 元见表 6-2 附注；

③材料 22 500 元 =4 500 千克 ×5 元(表 6-4)；

④产成品 80 400 元 =1 200 件(表 6-3) ×67 元(表 6-7)；

⑤设备 4 500 000 元 =3 000 000 元(表 6-1) +1 500 000 元(表 6-9)；

⑥累计折旧 915 800 元 =800 000 元(表 6-1) +50 000 元(表 6-6) +65 800 元(表 6-8)；

⑦长期投资 250 000 元见表 6-10(购入有价证券)；

⑧应付账款 147 820 元见表 6-4 附注；

⑨长期借款 2 200 000 元 =1 300 000 元(表 6-1) +900 000 元(表 6-10，第二季度借入 1 350 000 元，第三季度和第四季度已归还 450 000 元)；

⑩留存收益 1 158 828 元 =376 500 元(表 6-1) +1 182 328 元(表 6-11) -400 000 元(表 6-10)。

第三节　企业预算编制的常用方法

编制企业的全面预算，方法多种多样，目前通行的编制方式主要包括：固定预算、弹性预算、增(减)量预算、零基预算、滚动预算以及概率预算等六种。其中，固定预算和弹性预算目前在国内外企业的管理中广泛使用，成为最常用的两种预算编制技术方法，本节将专门介绍这两种方法，其余几种方法将在本章第四节中简略介绍。

一、固定预算(Fixed Budget)

固定预算又称为静态预算，它是以计划期某一特定的业务量水平为基础而编制的一种预算。

固定预算的主要特点是，预算编制后，在预算期内除特殊情况必须追加预算外，一般不做变动，具有相对固定性。固定预算通常每年编制一次，使预算期间同会计年度相一致，便于对预算的执行情况和结果进行考核和评价。年度预算中一般要有分季度的数字，近期预算要比远期预算更详细一些。本章第二节所举华兴公司编制的全面预算实例，从编制技术角度看，就是固定预算。该公司就是根据预测所得的唯一销售量38 000件（参见表6－2），考虑期初期末产品存货量，定出了预算年度的生产量为38 400件，并以此为基础，确定了预算年度的单位成本 67 元（参见表 6－7），税后利润1 182 328元（参见表 6－11）以及其他有关指标的预算数。

固定预算的优点主要是：①预算编制工作相对简单；②各预算之间关系紧密；③在实际业务量与预算业务量相同或差距不大时，有利于控制、评价、考核企业的生产经营活动。但是，固定预算的最大局限在于，如果企业业务量经常波动，出现实际业务量和预算业务量差异较大的情况，就难以公正地根据固定预算的数据去考核企业的实际业绩（特别是费用支出和损益）。

〔实例二〕　在实例一中，表 6－7 中的单位生产成本为 67 元，是根据生产量38 400件（表 6－3）制定的。这样，生产总成本预算如表 6－13 所示。另外，假定2002 年度实际产量为42 500件，实际核算资料参见表 6－14。

表 6－13　　生产总成本预算资料（固定预算）

2002 年

单位：元

成本项目	单位成本	总成本
直接材料	20	768 000
直接人工	32	1 228 800
制造费用	15	576 000
合　计	67	2 572 800

表 6－14　　生产总成本实际资料

2002 年

单位：元

成本项目	单位成本	总成本
直接材料	22	935 000
直接人工	28	1 190 000
制造费用	14	595 000
合　计	64	2 720 000

企业主管部门若将预算与实际对比考核，则差异资料可参见表6－15。

表6－15　　预算与实际的差异资料

2002年　　单位：元

成本项目	预算数	实际数	差异数
直接材料	768 000	935 000	+167 000
直接人工	1 228 800	1 190 000	－38 800
制造费用	576 000	595 000	+19 000
合　计	2 572 800	2 720 000	+147 200

通过上述计算可以看出，实际产量比预算产量增加了4 100件（42 500件－38 400件），实际单位成本比预算下降了3元（64元－67元），各项目中单位制造费用和单位直接人工实际比预算下降，直接材料实际比预算上升，因而，造成实际总成本比预算总成本增加147 200（其中，直接材料增加167 000元，直接人工下降38 800元，制造费用增加19 000元）。若进一步分析就会发现：制造费用增加的19 000元中，由于产量提高造成的是多少，由于单位制造费用下降抵减的又是多少；总成本增加的147 200元中，由于产量扩大造成的是多少，单位生产成本下降抵减的是多少。很明显，我们是无法直接回答这些问题的。固定预算中的其他一些预算（如预计损益表）也存在上述问题。鉴于固定预算的局限性，它一般适用于管理水平较高、业务量稳定的企业。

二、弹性预算（Flexible Budget）

预算的一个重要作用就是考核业绩，而一个部门的业绩（如生产部门）主要体现在生产控制和成本控制上。所谓生产控制就是看该部门是否达到预计的目标生产数量；所谓成本控制就是看该部门是否以最低的成本支出来完成目标生产数量。这两项任务应当分别考核，才能分清责任，明确是非。但是运用固定预算与实际成绩进行比较时，如果实际生产量发生了变化，那么实际发生的成本费用就无法与预算费用对比。因为从成本控制的角度来看，把两项基础不同的成本资料进行比较是没有意义的。为了正确评价和考核成绩，我们可以采用弹性预算的方法。

弹性预算是指在编制预算时，考虑到预算期内业务量可能发生的变动，为了使预算与实际具有可比性，根据成本特性和销售收入、成本与业务量之间的函数关系，依据一系列可达到的业务量水平而编制的预算。这种预算随着业务量的变动而做机动调整,具有弹性。这里所说的业务量,是根据所编的预算具体确定的,一般可用产量、销售额、服务量、直接人工工时、机器工时、材料消耗量、直接人工工资等表示。弹性预算又称为变动预算或滑动预算,将它用于成本预算时,能够有效地控制支出,因此也有人称之为费用控制预算。弹性预算的编制步骤为:

第一步,选择和确定业务量的计量单位和相关范围。计量单位可以按上述若干方式(如产量、工时等)选取;业务量范围视实际情况而定,但通常以正常生产能力的 70% ~110% 为宜(其中间隔一般以 5% 或 10% 为好)。在相关范围内,单位变动成本和固定成本总额保持不变。

第二步,根据成本特性,分析每项成本。将所有成本逐一划分为变动成本和固定成本两类,如有混合成本,则要进行分解,将固定成本和变动成本两部分区分开来。

第三步,计算确定相关范围内各项变动成本的单位数。将每项成本分为变动或固定以后,根据原始固定预算的数据计算出单位变动成本,以此作为确定弹性预算中变动成本的依据。

第四步,确定相关范围内各项固定成本的总额。在编制弹性预算时,对相关范围内的各项固定成本,仍以原始预算中的数据(总数)反映,超出相关范围,则要做相应的调整。

第五步,编制预算,确定数据。在完成上述各步骤的基础上,具体采用某种方法编制弹性预算,确定预算中各项收入、支出的预算数据。

可见,编制弹性预算的关键是将各项成本按成本特性划分为变动和固定两大部分。弹性预算是为克服固定预算的缺点而产生的。它的优点是:比固定预算适用范围更为广泛,使预算与实际具有可比基础,使预算控制和差异分析更有意义和说服力。弹性预算一经编制,只要各项消耗标准和价格等依据不变,弹性预算就可以连续使用,不必每一预算期重复编制。由于弹性预算是建立在按成本特性划分成本以及成本与业务量的函数关系基础上的,同时又与其他预算一样,都是对预算期应发生的经济活动做出的一种估计,故不能做到绝对准确。但是,它能够控制和考核成本和利润,并可提出改进企业管理的方向,是一种有效的管理工具和预算编制方法。

弹性预算主要用于全面预算中的成本预算和利润预算。其中弹性成本预算主要用于制造费用预算,至于直接材料、直接人工项目单一,本身就是一种弹性预算方式。

在对成本预算和利润预算采用弹性预算方式时,具体的技术手段有三种:列表法、公式法和百分率法。

（一）列表法

列表法，就是在预定的业务量变化范围内，划分不同水平的业务量阶段，再将成本项目按变动性分类排列，然后对各成本项目（以及收入）按不同水平业务量阶段分别计算预算数，最后汇总填列出一张弹性预算表。这种技术方法既可用于成本预算也可用于利润预算。

〔实例三〕大宇公司采用弹性预算形式来编制本公司 2002 年度的制造费用预算，假定原始固定预算预计的业务量（正常业务量）为 5 000 直接人工小时，采用列表法方式编制出正常业务量 70% ~110% 的制造费用弹性预算，参见表 6 - 16。

表 6 - 16　**大宇公司制造费用弹性预算（列表法）**

2002 年

业务量（直接人工小时）	3 500	4 000	4 500	5 000	5 500
占生产能力的百分比	70%	80%	90%	100%	110%
变动费用：					
间接材料（0.8 元/小时）	2 800	3 200	3 600	4 000	4 400
间接人工（1.2 元/小时）	4 200	4 800	5 400	6 000	6 600
变动费用小计（元）	7 000	8 000	9 000	10 000	11 000
混合成本：					
维修费（1 500 +0.2 元/小时）	2 200	2 300	2 400	2 500	2 600
动力（800 +0.5 元/小时）	2 550	2 800	3 050	3 300	3 550
油料（500 +0.3 元/小时）	1 550	1 700	1 850	2 000	2 150
混合成本小计（元）	6 300	6 800	7 300	7 800	8 300
固定费用：					
车间管理费用（元）	5 000	5 000	5 000	5 000	5 000
折旧费（元）	4 000	4 000	4 000	4 000	4 000
保险费（元）	1 000	1 000	1 000	1 000	1 000
财产税（元）	1 000	1 000	1 000	1 000	1 000
固定费用小计（元）	11 000	11 000	11 000	11 000	11 000
总　计（元）	24 300	25 800	27 300	28 800	30 300

在表 6 - 16 中，分别列示了五种业务量水平的预算费用数，每一水平的上下间距是 10%。这一间距可大可小，但选择的间距必须适度，间距太大，容易失去编制

弹性预算的作用，间距太小，虽预算数额比较准确，有利于发挥弹性预算的作用，但编制工作量增大。

在采用列表法方式编制弹性预算时，由于表内不可能具体罗列每一种业务量下的支出（或收入）数额（这是由于表格篇幅的限制），故在进行实际考核时，如果实际业务量恰好与预算表内的某种业务量完全相等，则可以直接将实际各项收入、支出与预算上该种业务量下的收入、支出预算数进行对比，根据差异进行控制与考核。但如果实际业务量与表内任何一种业务量都不相同，这时应采用插补法计算出实际业务量的预算收、支数额。

〔实例四〕 假定大宇公司预算期的实际业务量为4 800直接人工小时，所核算的实际制造费用数，参见表6－17。

表6－17 **大宇公司制造费用实际数**

2002年

单位：元

业务量（直接人工小时）	4 800
变动费用：	
间接材料	3 950
间接人工	5 680
变动成本小计	9 630
混合成本：	
维修费	1 500＋4 800×0.25＝2 700
动　力	850＋4 800×0.4＝2 770
油　料	600＋4 800×0.25＝1 800
混合成本小计	7 270
固定费用：	
车间管理费用	5 500
折旧费	3 000
保险费	1 000
财产税	1 000
固定费用小计	10 500
总　　计	27 400

根据表6－16，采用插补法，大宇公司计算出实际业务量（4 800直接人工小时）

的费用预算数并编制制造费用预算执行情况表,参见表6－18。

表6－18　　**大宇公司制造费用预算执行情况表**

2002年

项　　目	实际业务量下预算数	实际数	差异数
业务量(直接人工小时)	4 800	4 800	
变动费用:			
间接材料	4 800×0.8＝3 840	3 950	110
间接人工	4 800×1.2＝5 760	5 680	－80
变动成本小计(元)	9 600	9 630	30
混合成本:			
维修费	1 500＋4 800×0.2＝2 460	2 700	240
动　力	800＋4 800×0.5＝3 200	2 770	－430
油　料	500＋4 800×0.3＝1 940	1 800	－140
混合成本小计(元)	7 600	7 270	－330
固定费用:			
车间管理费用	5 000	5 500	500
折旧费	4 000	3 000	－1 000
保险费	1 000	1 000	/
财产税	1 000	1 000	/
固定费用小计(元)	11 000	10 500	－500
总　　计(元)	28 200	27 400	－800

列表法的最大优点在于:便于比较不同业务量下的预算费用支出(以及利润预算中的收入),特别是在实际业务量与预算中某一种业务量相同时,不经计算就可以找到相似的预算数额,用于控制、考核较为方便。缺点在于:若预算中估计的业务量过多,则会造成预算表格过大。

(二) 公式法

公式法是指在编制弹性预算时,不具体确定各种业务量下的收、支预算数,而是以原始固定预算为依据,确定各项收、支指标不变的常数,从而编制预算的一种方法。公式法既适用于弹性成本预算,也适用于弹性利润预算。

〔**实例五**〕 根据实例三的资料,大宇公司若采用公式法来编制弹性成本预算，则编制成的弹性成本预算参见表6－19。

表6－19　　**大宇公司制造费用弹性预算（公式法）**

2002年　　单位：元

业务量范围（直接人工小时）	3 500～5 500	
费用项目	固定费用a	单位变动费用b
变动费用：		
间接材料		0.8
间接人工		1.2
混合费用：		
维修费	1 500	0.2
动　力	800	0.5
油　料	500	0.3
固定费用：		
车间管理费用	5 000	
折 旧 费	4 000	
保 险 费	1 000	
财 产 税	1 000	
合　　计	13 800	3.00

如果采用公式法来编制弹性利润预算，除了增加销售单价（以及利润）项目外，其余方式与弹性成本预算完全一样。但需注意的是，如果产品售价是随着市场的供求而变动，那么在编制弹性利润预算（用公式法）时，对售价也应加以弹性处理，即按照可能采用的几个售价，分别编制几个弹性利润预算表，这些表共同组成一个完整的弹性利润预算。与列表法相比，采用公式法来编制弹性预算的优点是：编制的弹性预算表格不大，简明清晰，可以减轻编表工作量。

（三）百分率法

它是按各项目的构成比重来编制弹性预算的一种方法，主要适用于弹性利润预算。

如果一个企业生产和销售多种产品，按前述公式法或列表法来编制弹性利润预算，只能按品种分别编制（因为各种产品的单位售价和单位变动成本各不相同），并且还要把企业全部固定成本总额在各产品之间进行合理分配，工作量大，又不便于对实际利润进行控制和考核，这时，可以采用百分率法来编制预算。

采用百分率法编制弹性利润预算，应事先掌握各种产品的变动成本率、边际贡献率、固定成本总额等，从事多品种产品生产的企业应事先算出加权平均的变动成本率和边际贡献率。

［实例六］ 假定大宇公司预算销售收入为88 000元，变动成本率为60%，固定成本总额为15 000元，变动成本率为 60%，固定成本总额为15 000元，该公司采用百分率法编制的弹性利润预算（相关范围内）参见表 6－20。

表 6－20　　大宇公司弹性利润预算（百分率法）

2002 年　　单位：元

销售收入	100%	64 000	72 000	80 000	88 000	96 000	104 000
减：变动成本	60%	38 400	43 200	48 000	52 800	57 600	62 400
边际贡献	40%	25 600	28 800	32 000	35 200	38 400	41 600
减：固定成本		15 000	15 000	15 000	15 000	15 000	15 000
利润（税前）		10 600	13 800	17 000	20 200	23 400	26 600

在表 6－20 中，当销售收入在相关范围内时，变动成本率始终是不变的，均为 60%，固定成本也不发生变动，均为 15 000 元，这是两个不变的基本数据。每至期末，应对企业利润预算执行情况进行评价和考核，编制利润预算执行情况表，参见表 6－21。

表 6－21　　大宇公司利润预算执行情况报告

2002 年

利润预算			利润预算执行情况					
项目	金额（元）	百分率	实际销售收入下的利润预算		实际执行情况		差　异	
			金额（元）	百分率	金额（元）	百分率	差异额（元）	差异率
销售收入	88 000	100%	86 000	100%	86 000	100%	0	0
减：变动成本	52 800	60%	51 600	60%	46 400	54%	－5 160	－10%
边际贡献	35 200	40%	34 400	40%	39 560	46%	5 160	15%
减：固定成本	15 000		15 000		14 100		－900	－6%
利润（税前）	20 200		19 400		25 460		6 060	31.24%

在表 6－21 中，“实际销售收入下的利润预算”，是根据实际销售收入86 000元并结合弹性利润预算中的变动成本率 60% 和固定成本总额15 000元在期末重新计算编制的。它反映在已达到的实际销售水平下应该达到的成本水平和利润水平，将它与实际发生数额对比，可以把销售量变动的因素对利润的影响予以排除，达到在相同销售水平的基础上对比成本和盈利，揭示企业经营管理业绩及问题的目的。从表 6－21 来看，大宇公司销售收入实际与预算同为86 000元时，按预算的规定水平应取得19 400元利润，但实际利润却达到25 460元，增加了 6 060 元，这是由于变动成本节约了 5 160 元和固定成本降低了 900 元所致。从表中数据可以看出，大宇公司的成本控制工作成绩较好。

第四节　企业预算编制的其他方法

企业编制预算，除了常用的固定预算和弹性预算等方法外，还可根据需要，选用其他一些方法，如零基预算、概率预算或滚动预算等等。采用这些方法编制的预算，可以在管理实践中发挥预算的积极作用，并在某些方面发挥其特有的作用。

一、零基预算（Zero-base Budget）

零基预算产生于 20 世纪 60 年代，1968 年美国得克萨斯州仪器公司预算负责人 P. A. 派尔（Pyhrr）对该公司的一些综合性费用项目，试用了这种新的预算方法。实行零基预算的良好效果引起了美国实业界和政府机构的浓厚兴趣，这一方法随后在 100 多家大公司和各州及地方政府相继推行。1977 年美国卡特总统上台后不久即做出决定：美国联邦政府要全面实行零基预算法。随后西方许多国家中不少企业和组织也采用了零基预算法。

（一）增（减）量预算与零基预算的比较

传统的预算编制方法是由专职机构或专职人员负责编制的，基层预算执行单位并不参与其事，往往与实际业务脱节，除了新创建的企、事业机构在首次编制预算时能按业务对人力、物力、财力做较为详细的估算外，一般都是以当年实际数为基数，然后预测计划年度业务工作的增减项目及通货膨胀等因素，确定计划年度比当年（报告年度）实际的增减额。这种预算方法以现有开支为基数。如果编制的预算是在现有基础上增加一定的数量，称为增量预算法；如果是在现有基础上减少一定的数量则称为减量预算法。本章第二节实例一的预算实际上也采用了增(减)量的方法,如其中的预计资产负债表(表6-12)。采用增(减)量方法编制预算,其优点主要在于:它是以基期数据为依据,考虑计划年度有关因素变动来编制预算,因此,编制预算的基础资料易于取得,编制工作较易,同时,又使各个年度的预算相互衔接。但是,采用这种方法编制预算有一个最大的局限性:如果基期预算不合理,则会因袭下来,不利于预算本身的改进。

零基预算与传统的增(减)量预算截然不同,它的基本原理是:对于任何一个预算期,任何一种费用项目的开支数,不是从原有的基础出发,不考虑基期费用开支水平,而是一切以零为起点,对各项费用进行分析,在此基础上编制预算。将它与传统的增(减)量预算相比较,两者的主要区别表现在:

(1)零基预算要求对一切业务活动都必须进行"成本—效益分析",增(减)量预算只对新增业务活动进行成本—效益分析,而对已从事过的业务活动则不再做分析。

(2)零基预算是以零为起点,根据预测的未来业务量以及费用水平、报酬率等来确定各种预算。增(减)量预算是以现有预算为基础,根据执行情况和预算年度业务上的需要进行增减而编制的。

(3)零基预算强调业务的重要性,注重整体利益原则。不论新增业务还是原有业务,均被视为企业业务整体的一部分,按业务工作的重要程度来分配预算资金。增(减)量预算在业务量无多大变化时,就按原来的预算执行,业务量变化较大时,仅根据其变化情况按比例地调整原来的预算,因此,增(减)量预算的着眼点仅限于预算金额的增减,不侧重于业务工作本身的分析。

(二)零基预算的基本做法

采用零基预算来编制预算,其基本做法可以分为以下三个步骤:

第一步,确定预算编制的基层单位,提出总体目标并让基层单位明确目标。企业内部各基层业务单位要参与编制预算,它们被称为基层决策单位。基层决策单位的划分对预算的编制、执行和考核是十分重要的。基层决策单位的划分原则应以该单位领导能对本单位的预算收支具有控制权为准,亦即对业务范围具有一定的决策权力。划分的基层决算单位既不能过大,也不宜过小,一般来说,凡是能够确定成本、费用、收益、资金的经济责任单位,都可以划分为基层决策单位。

企业最高管理部门根据调查、预测,提出预算年度的总体目标,各基层决策单位则提出预算草案的依据。企业最高管理部门还要对所属各业务部门提出较为具体的要求,以便使它们在编制预算时不致背离企业的总体目标。

第二步,对基层单位所提出的方案进行"成本—效益分析"。编制预算的基层单位应根据企业总体目标所提出的任务和要求,有效地安排自己的业务活动。所谓有效地安排业务活动,是指所提出的产品或服务在质量上是有保证的,在经济上是合算的。由此,基层单位可提出本部门各项业务活动可供选择的方案。方案提出后,应对所提方案进行初步比较,哪些方案是可行的,哪些方案在经济上是不合算的,哪些方案效率是最高的。逐步排列后,对不合算的或无法实现的方案予以淘汰,最后保留可以选择的方案。企业预算编制部门应对各个可供选择的方案进行"成本—效益分析",详细匡算增加预算支出能实现多少业务量,能增加多少收益,对比成本与效益比值等,还要对所提出的各种方案依轻重缓急,效益高低,分类排队。

第三步,确定各预算基层单位方案的顺序,并结合可动用的资金来源,分配资金,编制预算表。企业或行政事业单位的最高管理部门对下属基层单位所提出的方案,按其必要程度划分层次、顺序。这个层次与顺序一般可以划分为:第一层次为必要项目,是非进行不可的业务,包括法律、政策和制度规定的,履行合同规定的,或离它即无法进行生产经营活动的项目。第二层次为需要项目,是对提高效率有利,能预防问题产生的项目,如与提高产量、保证质量、降低成本、增加盈利等有关的项目。第三层次为合理项目,是一些改善工作条件的项目,如为使生产部门职工减少事务性工作负担,而改善职工工作环境和条件的项目等。这三个层次,第一层次具有约束性,而第二、三层次则带有选择性。通过划分层次与顺序,最高管理部门最后可排列出一份整个单位的全部业务项目和方案的等级顺序总表,然后确定预算年度资金来源总额,分配资金,编制预算表,这时,预算工作基本上大功告成。

〔实例七〕 假定大宇公司在编制下年度的制造费用预算和销售与管理费用预算时,采用零基预算法。

首先,由制造部门、管理部门和销售部门的有关人员,根据公司预算年度(2002年)的总目标和各部门具体目标,经讨论研究,提出预算费用方案,参见表6-22。

表 6－22 **大宇公司费用预计表**

2002 年 单位:元

制造费用项目	金额	管理与销售费用项目	金额
车间管理人员工资	232 600	厂部管理人员工资	125 000
辅助材料费	115 200	旅差费	20 000
大修理费	50 000	办公费	45 000
日常修理费	38 400	房屋租金	8 000
车间设备保险费	43 800	广告费	37 500
水电费	76 800	教育培训费	75 000
制造费用合计	556 800	管理与销售费合计	310 500

其次,经过讨论研究,将上述费用划分为三个层次:第一层次包括:制造费用中的车间管理人员工资、辅助材料费和水电费等,管理与销售费用中的厂部管理人员工资、旅差费、办公费和房屋租金等,这一层次为必要项目,须全额得到保证;第二层次包括制造费用中的车间设备保险费,管理与销售费用中的广告费和教育培训费等,这一层次为需要项目;第三层次包括:制造费用中的大修理费用和日常修理费用,这一层次为合理项目。第二、三层次项目需要在进行"成本—效益分析"的基础上结合预算期资金来源进行资金安排。大宇公司将对第二、三层次项目进行"成本—效益分析"的结果编制成表,参见表 6－23。

表 6－23 **费用项目成本效益分析表** 单位:元

项　　目	成本金额	效益金额①
大修理费	1	60
日常修理费	1	80
教育培训费	1	50
广　告　费	1	45
车间设备保险费	1	40
合　　计	/	275

注:①表中效益金额可以是直接或间接收益,也可以是避免损失额,都为近似估计值。

再次,预计出预算年度内(2002 年)的可用于制造费用、管理费用和销售费用支出的资金来源为:

(1) 账面现金 215 000 元

（2） 当年销货收款 392 600 元

（3） 银行借款 200 000 元

合　　计 807 600 元

最后，公司预算部门根据各项费用顺序、效益比及资金来源，确定资金安排，编制预算，参见表 6－24。

表 6－24 **大宇公司费用预算（零基预算法）**

2002 年 单位：元

制造费用项目	金额	管理与销售费用项目	金额
车间管理人员工资	232 600	厂部管理人员工资	125 000
辅助材料费	115 200	旅　差　费	20 000
水　电　费	76 800	办　公　费	45 000
大修理费	40 364①	房屋租金	8 000
日常修理费	26 909	广告费	33 636
车间设备保险费	30 273	教育培训费	53 818
制造费用预算合计	522 146	管理与销售费预算合计	285 454

注：①大修理费 $=\frac{60}{275}\times 185\ 000\approx 40\ 364$ 元（其中，185 000 元 = 807 600 － 232 600 － 115 200 － 76 800 － 125 000 － 20 000 － 45 000 － 8 000），表中日常修理费、教育培训费、广告费和车间设备保险费的计算方法与大修理费用相同。

（三）零基预算的优缺点

与增（减）量预算法相比，零基预算的优点主要表现在：

（1）零基法对所有业务活动均重新进行评价。以零为基点来衡量其经济效益和支出的必要性，不受现行做法的束缚，这样就能调动各级职工的积极性和创造性。

（2）按零基法编制的预算不仅是测算盈利的手段，而且能提供各种不同方案的业务量及其成本水平，可作为生产经营的依据。

（3）零基预算不仅是实行财务监督的重要手段，同时也是对各部门业务活动进行监督的方法。实行零基法编制预算的前提是以一定的业务量为基础，在一定的业务量水平上规划收入与费用开支，这就把各部门的业务经营活动与预算收入紧密联系起来，监督预算的执行，即是对各部门的业务活动进行监督。

（4）最高管理当局也能在基层主管所提项目方案以及“成本—效益分析”的基础上做出更合理、更科学的选择，把有限的经费用在最需要的地方。

当然，零基预算也存在一些缺点，主要表现在它的编制工作量较大；另外，成本一效益分析结果准确度的高低也影响资金安排合理与否。

零基预算法作为一种新型预算方法，既可用于编制政府机关和事业单位的预算，也可用于企业编制制造费用、管理费用和销售费用等综合费用项目的预算。

二、概率预算

在编制预算的过程中，涉及的变量很多，如产量、销售量、价格、成本等。在生产和销售正常的情况下，这些变量的预计可能是一个定值（如当业务量为多少时，其相应的收入、成本也为多少），但是，在市场的供需、产销变动比较大的情况下，这些变量的定值就难以确定了，这就需要根据客观条件，对有关变量做一些近似的估计，估计它们可能变动的范围，分析它们在该范围内出现的可能性（即概率），然后，对各变量进行调整，计算期望值，编制预算。这种运用概率来编制预算的方法，叫做概率预算法。概率预算实际上就是一种修正的弹性预算，即将每一项可能发生的概率结合应用到弹性预算的编制中。

概率预算编制一般分两步进行：

第一步，根据各种业务量、变动成本水平、标明的概率编制损益表各项目的预期值。

第二步，在损益表各项目的预期值的基础上，结合管理上的要求，确定概率利润预算表。

概率预算必须根据不同的情况来编制。

（1）如果业务量的变动与成本的变动无直接联系，则只要用各自的概率分别计算销售收入、变动成本、固定成本等的期望值，最后就可直接计算利润的期望值。

〔**实例八**〕　某产品有关销售量、销售单价、单位变动成本、固定成本和相关概率资料参见表6－25。

表6－25　　概率情况表

销售量		销售单价	单位变动成本		固定成本	
数量（件）	概率	元	金额（元）	概率	金额（元）	概率
3 000	0.4	12	4	0.6	4 000	0.2
3 500	0.5	12	3	0.2	3 500	0.5
3 800	0.1	12	3	0.2	5 000	0.3

$$销售收入的期望值=(3\,000\times12\times0.4)+(3\,500\times12\times0.5)+(3\,800\times12\times0.1)$$
$$=39\,960(元)$$

$$变动成本的期望值=(30\,000\times4\times0.6)+(3\,500\times3\times0.2)+(3\,800\times3\times0.2)$$
$$=11\,580(元)$$

$$固定成本的期望值=4\,000\times0.2+3\,500\times0.5+5\,000\times0.3=4\,050(元)$$

$$利润的期望值=39\,960-11\,580-4\,050=24\,330(元)$$

(2)如果业务量的变动与成本的变动有着密切的联系，就要用计算联合概率的方法来计算期望值。

〔实例九〕 某企业某年度预计的有关资料参见表6－26。

表6－26　**概率情况表**

销　售　量		销售单价(元)	单位变动成本		固定成本(元)
数量(件)	概率		金额(元)	概率	
8 000	0.3	10	4	0.2	25 000
			3	0.6	
			3	0.2	
10 000	0.5	10	4	0.2	20 000
			3	0.6	
			3	0.2	
11 000	0.2	10	4	0.2	30 000
			3	0.6	
			3	0.2	

根据上面资料计算利润期望值(参见表6－27)。

表6－27的计算说明：当销售量为8 000件、单位变动成本为4元、固定成本为25 000元时，利润为23 000元〔8 000×(10－4)－25 000〕，而这种情况的可能性(联合概率)为0.06(0.3×0.2)，所以利润的期望值为1 380元(23 000×0.06)，以此类推，汇总计算，得到利润期望总值为41 780元。为便于更直接地说明问题，也可将表6－27的每一种组合改制为通用损益表的形式，参见表6－28。

表 6－27　　**利润期望值测算表**　　单位:元

组合	销售量	变动成本	固定成本	利润	联合概率	利润期望值
1	8 000 0.3	4 0.2	25 000	23 000	0.06	1 380
2		3 0.6	25 000	31 000	0.18	5 580
3		3 0.2	25 000	31 000	0.06	1 860
4	10 000 0.5	4 0.2	20 000	40 000	0.1	4 000
5		3 0.6	20 000	50 000	0.3	15 000
6		3 0.2	20 000	50 000	0.1	5 000
7	11 000 0.2	4 0.2	30 000	36 000	0.04	1 440
8		3 0.6	30 000	47 000	0.12	5 640
9		3 0.2	30 000	47 000	0.04	1 880
					1.00	41 780

表 6－28　　**概率损益预算表**

××年度　　单位:元

项目＼组合	(1)	(2)	(3)	(4)	(5)	(6)	(7)	(8)	(9)
销售收入	80 000	80 000	80 000	100 000	100 000	100 000	110 000	110 000	110 000
减:变动成本	32 000	24 000	24 000	40 000	30 000	30 000	44 000	33 000	33 000
边际贡献	48 000	56 000	56 000	60 000	70 000	70 000	66 000	77 000	77 000
减:固定成本	25 000	25 000	25 000	20 000	20 000	20 000	30 000	30 000	30 000
利润(E_i)	23 000	31 000	31 000	40 000	50 000	50 000	36 000	47 000	47 000
联合概率(P_i)	0.06	0.18	0.06	0.1	0.3	0.1	0.04	0.12	0.04
利润期望值	1 380	5 580	1 860	4 000	15 000	5 000	1 440	5 640	1 880

根据表 6－28,运用风险价值分析原理可做进一步的分析如下:

$$\text{利润期望值 } \bar{E} = \sum(\text{各组合下利润值 } E_i \times \text{联合概率 } p_i) = 41\ 780(\text{元})$$

$$标准差\ \sigma=\sqrt{\sum[(E_i-\bar{E})^2\times p_i]}=8\ 739(元)$$

这样，查“正态分布曲线面积表”（附表5）可知，实际利润在33 041元~50 519元之间（即置信区间为 $\bar{E}\pm\sigma$）的可能性为68.26%，实际利润在24 302元~59 258元之间（即置信区间为 $\bar{E}\pm2\sigma$）的可能性为95.44%，实际利润在15 563元~67 997元之间（即置信区间为 $\bar{E}\pm3\sigma$）的可能性为99.72%。

三、滚动预算（Rolling Budget）

滚动预算是一种预算编制的新方法，其主要特点是以“滚动”形式来编制预算。它把整个预算期分为若干段，前一段是比较详细的实施预算，后一段是比较粗略的预计预算。在执行了一个阶段的实施预算以后，根据所掌握的实施预算完成情况及在滚动预算的滚动期内的各种因素的变化情况，对预计预算进行调整，并续编一段预算。这样，整个预算的长度仍未改变，而每间隔滚动一次，就使预算前后相互衔接和协调。滚动预算的应用范围十分广泛，它既可以应用于一年以上的长期预算，也可应用于年度内分季、月的短期预算。滚动预算的基本模式（以短期预算为例）如图6-2所示。

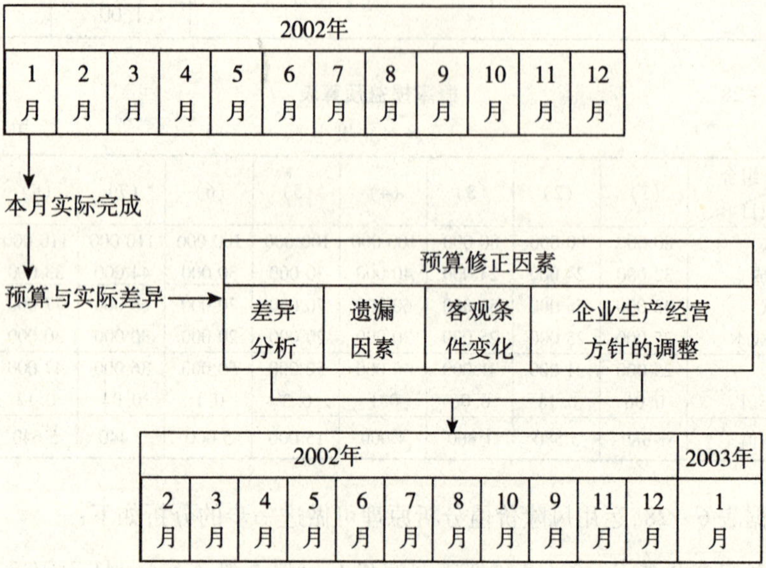

图6-2

编制滚动预算，必须注意几个基本要素的正确处理：

(1)滚动预算期和间隔期。前者是指编制预算的时间长度，它一般按年份、季度、月度来划分；后者是指间隔多长时间编制和修改一次预算。

(2)实施预算与预订预算。最近阶段的预算，是近期内要执行的，故称实施预算，它要求详细具体，措施得力；后面阶段的预算是预订的，在近期内不执行，故可概略一些。这实际上体现了"近细远粗"的原则。

(3)阶段预算量，它是指每个滚动间隔期内应完成的生产经营任务的具体数量。

企业采用滚动预算，其理由在于：

(1)企业的生产经营活动是延续不断的，因此，企业的预算也应该全面反映这一延续不断的过程，使预算方法与生产经营活动过程相适应。

(2)企业应根据目前的事项推断未来。企业生产经营活动是复杂的，随着时间的变迁，它将产生各种难以预料的变化，并且，人们对未来客观事物的认识也是由粗到细，由简单到具体的过程。

滚动预算之所以在短期内能够推广应用，这是由它的诸多优点所决定的，其优点主要表现在：

(1)保持预算的完整性和继起性，从动态预算中把握企业的未来。

(2)能使各级管理人员始终保持对未来一定时期(月、季、年)的生产经营活动做周详的考虑和全盘规划，保证企业的各项工作有条不紊地进行。

(3)便于外界(如银行、税务、投资者等)对企业经营状况的一贯了解。

(4)由于预算不断调整和修订，因而预算与实际情况更相适应，有利于充分发挥预算的指导和控制作用。当然，采用滚动预算的方法，预算编制工作的频率较传统方式有所增多。

思考题

1. 什么是预算？如何看待预算与计划的关系？

2. 预算有哪些主要作用？

3. 预算可以按不同标准划分为哪些类型？

4. 预算编制应遵循哪些基本原则？如何表述预算的编制程序？

5. 什么是全面预算？全面预算的内容体系包括哪三大部分？

6. 什么是固定预算？固定预算的主要特点是什么？固定预算有哪些主要优点和局限？

7. 什么是弹性预算？弹性预算的主要特点是什么？弹性预算的编制有哪些具体方法？弹性预算有哪些主要优点和局限？

8. 什么是增量(减量)预算？增量(减量)预算的主要特点是什么？增量(减量)预算有哪些主要优点和局限？

9. 什么是零基预算？零基预算的主要特点是什么？零基预算是怎样具体编制的？零基预算有哪些主要优点和局限？

10. 什么是概率预算和滚动预算？

计算题

习题一

一、目的:练习全面预算中的生产预算的编制。

二、资料:A 公司采用以销定产的方式,2007 年下半年的销售数量预测如下表:

月　份	7	8	9	10	11	12
预计销售量(台)	20 000	40 000	30 000	35 000	40 000	50 000

另外,2008 年 1 月的销售数量预测为 65 000 台,2007 年 6 月存货为 4 000 台,每月期末存货预计为下月销售量的 20%。

三、要求：确定 7～12 月的生产量预算。

习题二

一、目的：练习全面预算中销售预算现金收入部分的编制。

二、资料：B 公司 2007 年第二季度的销售预测如下：4 月份 300 万元；5 月份 280 万元；6 月份 380 万元。2007 年第一季度 2 月份销售额 310 万元，3 月份销售额 360 万元。公司每月销售额在当月收现 60%，在第二个月收现 30%。在第三个月收现 10%。

三、要求：编制公司 2007 年第二季度现金收入明细预算。

习题三

一、目的：练习全面预算中的现金预算的编制。

二、资料：C 企业 2007 年现金预算如下表所示。假定企业发生现金余缺均由归还或取得流动资金借款解决，且流动资金借款利息可以忽略不计。除表中所列项目外，企业没有有价证券，也没有发生其他现金收支业务。预计 2007 年末流动负债为 5000 万元，需要保证的年末现金比率为 30%。

现金预算

单位：万元

项　目	第一季度	第二季度	第三季度	第四季度
期初现金余额	2 000			1 200
本期现金收入	20 000	25 000	E	23 000
本期现金支出	15 000	C	18 000	26 000
现金余缺	A	800	2 200	G
资金筹措与运用	－1 000	800	F	I
取得流动资金借款		800		
归还流动资金借款	－1 000			
期末现金余额	B	D	1 200	H

三、要求：

根据所列资料，计算填列表中用字母表示的项目。

习题四

一、目的：练习弹性预算（公式法）的编制。

二、资料：D 公司预计 2007 年的生产量为 50 000 件，依此所编制的 2007 年的制造费用预算（固定预算）如下表：

D 公司制造费用预算

2007 年　　　　单位：元

间接材料	400 000
间接人工	600 000
维修费	750 000
动力费	650 000
油料费	800 000
折旧费	1 200 000
保险费	200 000
车间差旅和办公费	450 000
车间管理人员工资	1 050 000
合　计	6 100 000

经分析：间接材料和间接人工为变动成本，折旧费、保险费、车间差旅和办公费、车间管理人员工资为固定成本，维修费、动力费和油料费为混合成本（三项混合成本中的固定成本分别为 200 000 元、100 000 元和 150 000 元）。

三、要求：根据所列资料，采用公式法编制该公司 2007 年度的弹性预算。

习题五

一、目的：练习弹性预算执行情况报告的编制。

二、资料：依据习题四，D 公司 2007 年实际生产量为 65 000 件，各项制造费用实际发生额如下表：

间接材料(件)	650 000
间接人工(元)	720 000
维修费(元)	885 000
动力费(元)	840 000
油料费(元)	1 020 000
折旧费(元)	1 200 000
保险费(元)	220 000
车间差旅和办公费(元)	490 000
车间管理人员工资(元)	980 000
合计(元)	7 005 000

三、要求:根据所列资料,按照弹性预算对 D 公司 2007 年的制造费用编制执行情况报告。

第七章
标准成本系统

学习要点

标准成本是成本控制及其业务考核的基础，制定标准成本有助于明确成本管理的目标值，并便于成本的考核和分析。

标准成本是在事先经过调查研究、技术测定与分析而制定的，在企业目前的生产技术水平和生产经营条件下应发生的成本。

本章主要对标准成本系统进行简要介绍，并分别对直接材料标准成本、直接人工标准成本和制造费用标准成本的制定方法逐一介绍。本章的重点内容是对标准成本差异的计算与分析，并进行合理的账务处理，从而找出产生差异的直接原因并进行有效控制。

第一节　标准成本系统概述

19 世纪末至 20 世纪初，世界各主要发达国家的经济开始由自由竞争向垄断竞争发展，企业规模不断扩大，大公司、大财团迅速发展。这一客观实际状况使许多企业家逐渐意识到：预计成本比根据历史资料汇总的实际成本更为有用。1904 年，标准成本会计的先行者 H. 埃默森首次在美国铁路公司中运用了类似于标准成本的一些做法，之后，美国会计学家丁·惠特曼于 1908 年在美国纽约大学所作的“制鞋工厂的成本计算”讲学中，明确提出了“标准成本”（Standard Cost）这一概念。时隔不久，被誉为“现代标准成本会计之父”的美国会计学家 G. C. 哈里逊于 1911—1920 年设计出了世界上第一套完整的标准成本系统。经过以后几十年的实践，标准成本会计不断得到丰富和完善，成为当今世界各发达国家企业广泛采用的成本控制方法。标准成本系统之所以能在 20 世纪 20 年代的美国出现，除了客观现实的需要外，也同当时盛行的泰罗制科学管理紧密相关。泰罗制强调提高效率，运用时间动作研究，制定工作标准，作为对实际工作评价和考核的根据。这些要求，对标准成本内容体系建立影响甚深。

一、现代成本会计制度分类

西方企业的成本费用一般可以分为三类：一是制造成本，二是销售费用，三是一般行政管理费用。三类中的第一类称为制造成本，它是发生在产品的制造领域内，与产品生产密切相关，为生产产品而发生的支出，具体包括直接材料、直接人工和制造费用三项。在管理会计中，把制造费用按成本特性划分为变动制造费用和固定制造费用两种，前者属于变动成本，后者则归为固定成本。至于直接材料和直接人工，都应归入变动成本。制造成本是产品成本的主要构成部分，它的高低将直接影响企业当期的销售成本水平，也决定着企业当期损益的大小。因此，对制造成本的控制一直是会计核算、成本控制乃至整个企业管理工作的重心之一。

按照成本核算与管理的要求，现代成本会计可以划分为三类：实际成本会计、正常成本会计和标准成本会计。

实际成本会计是指产品生产成本（制造成本）完全根据各项目的实际发生数额来计算的一种成本会计制度。其运作的基本流程如图 7－1 所示。

根据图 7－1，实际成本会计所计算的产品成本为实际成本。这种成本会计制度的最大优点在于：产品实际成本是财务会计中的一项重要数据，可据以确定产品价格、对存货进行计价、计算销货成本，并最终编制出反映企业财务状况和经营成果的会计报表。但就管理而言，实际成本会计也有其局限性。首先，采用这种方法，只能在期末结算和分配实际的制造费用，如果在期初或期中已有一批产品完工，就无法计算其全部实际成本，若延至期末计算，就使成本资料失去时效。其次，实际发生的制造费用中，有一部分属于固定成本，每期金额基本相同，如果各期产量不同，则分配到单位产品上的固定成本就各不相同，特别是受季节影响的企业，单位产品成本波动就较大，这种波动对于计算存货价值、确定各期损益、进行成本控制等工作都是不利的。

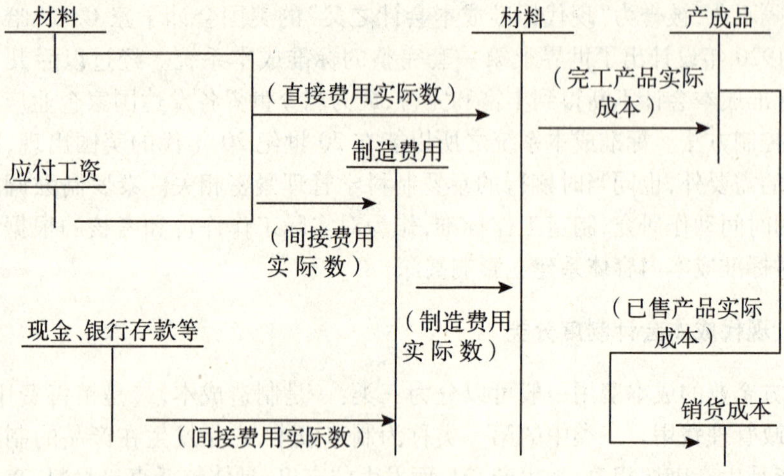

图 7 - 1

正常成本会计也是一种实际成本会计，它计算的产品成本也是实际成本。它与实际成本会计的主要差异在于：它使用一个“预计制造费用分配率”来分配产品应分摊的制造费用。预计分摊的制造费用与实际发生的制造费用之间有一个差额，这个差额在期末出现时，一般不再进行分配，而是直接进入本期的销货成本。正常成本会计的成本核算流程图如图 7 - 2 所示。

从正常成本会计的做法中不难发现，它不仅具有实际成本会计下的优点，同时，由于制造费用平时按“预计制造费用分配率”计算分摊完工产品应负担的制造费用，故可加快成本核算速度，提高成本核算的时效，同时也防止了因季节性产量波动对产品成本的影响。但是，由于在正常成本会计下所计算的成本仍然是实际成本，这就不可避免地存在一些局限性，即只能是事后算账，无法起到事前预测、决策和事中控制的积极作用。

标准成本会计的出现，正好弥补了实际成本会计和正常成本会计所存在的单纯事后算账的局限，使企业对成本的管理、控制不仅体现在事后，而且延伸至事中、事前，实施全方位的立体控制。

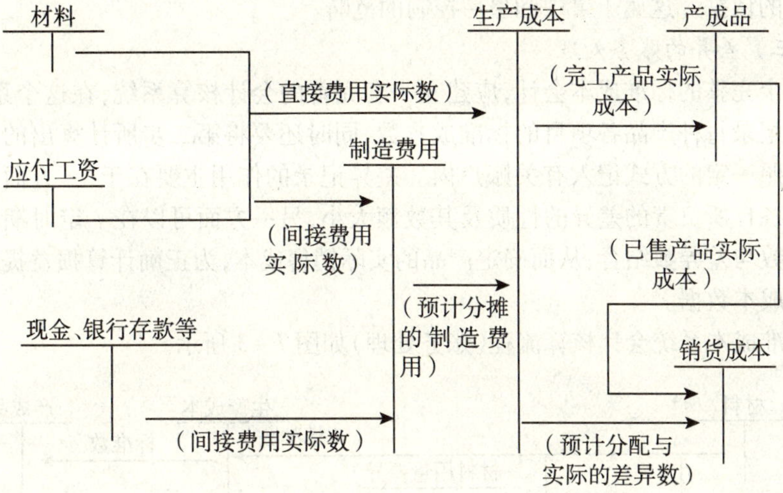

图7－2

二、标准成本系统

为了保证实现企业未来一定期间的经营目标，不断降低成本耗费，加强成本控制，应在科学决策的基础上，制定企业的全面经营预算，搞好成本管理。成本的有效控制取决于能否科学地开展事前的成本预测、事中的成本控制和事后的成本考核评价。标准成本系统（又称标准成本会计）是指将事先制定的标准成本与实际成本相比较，揭示实际成本脱离标准成本的差异，并对差异进行分析从而加强成本控制的会计信息系统。因此，一套完整的标准成本系统的基本内容应当包括以下三大方面：

（一）制定标准成本

在生产经营活动开始之前，在对影响成本的经济活动进行科学的预测和决策基础上，制定出每一种产品所要发生的直接材料、直接人工和制造费用的标准数，以此作为今后控制实际支出的目标。它属于事前控制的范畴。

（二）差异计算与分析

它是指通过会计核算，记录一定时期生产产品所发生的实际成本数，然后将实际数与事前制定的标准数相对比，计算出各项目的差异数，并在此基础上，对每一项差异的性质和产生原因做深入的分析，从而判明差异责任承担者，作为事后考核与评价的依据。这属于事中和事后控制的范畴。

（三）差异的账务处理

一个完整的标准成本会计，应建立一套完善的会计核算系统，在这个系统内，不仅要记录每种产品各项目的标准成本数，同时还要将第二步所计算出的成本差异数按照一定的方式记入有关账户内。差异记录的作用主要在于：一方面使管理者了解各自所负责的差异的性质及其数额大小，另一方面可以在一定时期结束时将标准数与差异数结合，从而确定产品的实际销售成本，为正确计算损益提供符合实际的成本数据。

标准成本系统会计核算流程（账务处理）如图7－3所示。

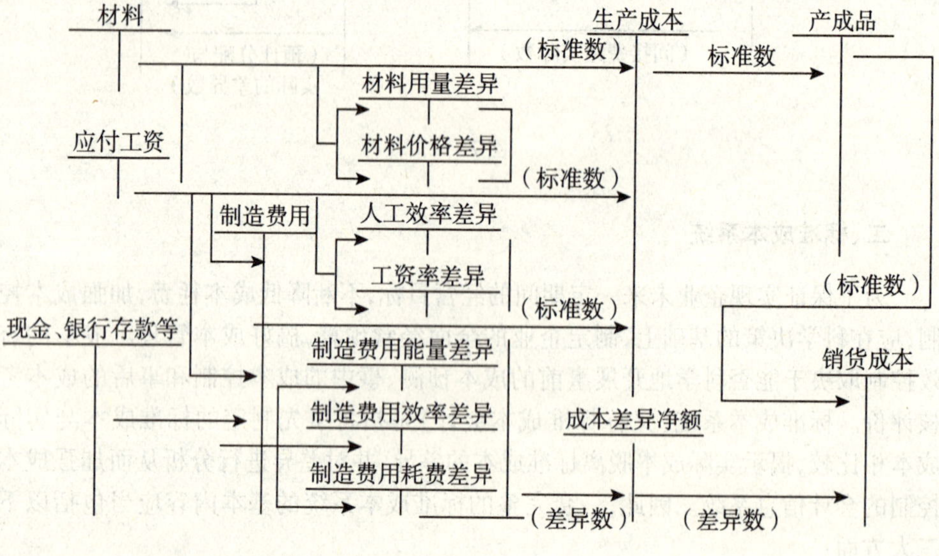

图7－3

三、标准成本系统的优越性

标准成本系统是正常成本会计的进一步发展。它在生产经营活动发生之前，就对构成每单位产品成本的直接材料、直接人工和制造费用，通过预计，以科学的程序制定出每一单位产品允许耗用的成本标准，然后以实际耗用数与之比较，从而计算出差异，并通过对差异的分析，查明原因和责任，采取措施，实现对成本的管理控制。因而,标准成本会计不是一种单纯的成本计算方法,而是成本计划、成本核算和成本控制的有机结合。企业既可以按全部成本法来建立标准成本系统,也可以按变动成本法来建立标准成本会计,它的应用范围比较广泛。在现代企业成本控制、企业管理中,标准成本会计越来越显示出它明显的优越性:

(1) 标准成本是一种目标成本,是职工应当努力完成的目标,如果把标准成本和考核业绩结合起来,可以起到激励作用。

(2) 标准成本是控制的依据,在生产过程中,随时可以将标准成本同实际成本比较,发现差异,即可采取改进措施,具体实现"按例外进行管理"的原则,收到控制的效果。

(3) 标准成本是考核的尺度,标准成本应用于责任会计中,能有效地评价和考核各个责任中心的经营管理工作质量和成果,是进行业绩评价的重要依据。

(4) 标准成本是企业经营决策的参考。由于标准成本是预计合理的、并且能达到的成本水平,因而可以广泛运用于企业短期经营决策,为定价决策、成本决策、生产决策提供参考。

(5) 在标准成本系统下,用预计数计算产品成本,只在期终调整差异,可以简化账务处理,并可及时计算出产品成本,有利于在复杂多变的市场形势下,加强竞争能力。

第二节　标准成本的制定

在企业中建立标准成本会计,首先就要正确合理地制定出标准成本,这是标准成本会计系统的第一步,它的好坏直接影响到以后的各环节。这里,首先应明确的是:标准和预算是两个不同的概念,但是在实际工作中往往容易混淆。预算和标准涉及的范围不同,预算是企业全部计划的数量总额反映,预算与企业全部活动有关,而标准则是以每一单位产品为根据所提出的预计成本指标。所以,标准是一个单位概念,预算是一个总括概念。也可以说,标准成本就是单位产品成本预算。

一、标准成本的概念

标准成本是事先经过调查研究、技术测定和分析而制定的,在目前生产技术水平和正常生产经营的条件下生产某产品应发生的成本。

标准成本作为控制成本开支、衡量实际成本水平、评价工作成绩的尺度，具有以下特点：

（一）科学性

标准成本是经过调查研究后，根据实际情况，采用科学的方法制定的，因此，具有科学性。

（二）正常性

所制定的标准成本是企业在正常生产技术水平条件下应该达到的成本水平，故标准成本亦称为“应该发生的成本”。

（三）相对稳定性

标准成本一经制定，不可经常更改，只要标准成本的制定依据（即企业的生产技术条件和经营条件）未发生大的变动，标准成本就应保持相对稳定，以利于实际贯彻和评价考核。

二、标准成本的分类

西方会计学界对于应当制定怎样的标准成本众说纷纭，他们提出了许多不同的标准成本观念。其中，通常提到的标准成本一般有以下三种：

（一）基本的标准成本

基本的标准成本，又称为静态的标准成本或固定的标准成本，它是指以某一时期（这里的时期通常为年）的成本为基础来制定标准成本。制定后一般多年保持不变，以后每年都将当年的实际数与这种标准成本进行对比，计算出差异并根据差异对有关部门进行考核与评价。

采用这种方式制定标准成本，优点在于标准成本的制定较少重复进行，故工作量较轻。缺点在于，由于这种标准成本一经制定多年不变，时间一长，随着产品生产技术和企业经营条件等发生变化，这种标准将显得陈旧过时，再用它去评价和考核，其结果就几乎毫无意义。因此，这种标准成本在实际中较少采用。

（二）理想的标准成本

它是指在采用最新先进技术设备，拥有最佳生产经营环境，工时、设备利用和原材料供应都不会出现低效和浪费情况的前提下所确定的标准成本。

这种标准成本只是一种理论上的标准成本，实际上是几乎无法达到的。有些管理人员认为，这种标准成本可以向职工提供一个心理上的生产经营目标，可以起到积极作用。而实际上，由于无人能达到这种标准，因此，它形同虚设，等于没有标准。故这种标准成本企业一般不采用。

(三) 正常的标准成本

这是根据企业现有生产技术水平和正常的生产经营条件所制定的标准成本。这种标准成本对于企业职工来讲,经过努力是可以达到的。在制定标准时考虑了正常的损耗、检修、闲置等低效因素以及不可避免的损失,实现这种标准既非轻而易举,又非高不可攀。当生产技术和经营条件发生变化时应及时修订。标准成本会计中所采用的标准成本一般是正常的标准成本。

三、标准成本的制定

进行标准成本会计工作,首先要制定标准成本,为以后的差异计算分析等提供目标和依据。

(一) 标准成本制定的一般方法

西方企业的标准成本会计一般只针对产品生产成本中的直接材料、直接人工和制造费用三大项目进行,至于公司管理部门、销售部门所发生的管理费用、销售费用,则采用编制费用预算的方式进行控制,一般不对其制定标准成本。在制定标准成本时,尽管三大项目具体内容、性质不同,但它们的基本形式相同,都是以“数量标准”乘以“价格标准”构成的。公式为:

单位产品标准成本=单位产品耗用数量标准×单位产品价格标准

公式表明,要制定三大项目中任何一个项目的标准数,都必须从数量标准和价格标准两方面进行,最后合并而得之。它们的制定,都要遵循“正常的标准成本”要求,从实际出发,对企业的生产技术和经营条件做出通盘考虑再行制定。一般来说,对于数量标准,主要应由工程技术部门研究决定,通常采用“工程估计法”、“时间与动作研究”等来确定每单位产品或每一工时需要的数量。对于价格标准,主要应由会计部门会同有关采购、工程技术、销售、人事或工会等部门共同制定,最后由企业管理当局审批同意后执行。

(二) 直接材料标准成本

直接材料标准成本是指生产单位产品应耗用材料成本的标准数,包括直接材料数量标准和直接材料价格标准。制定方法为:

(1)数量标准。指在现有的生产技术条件下生产单位产品应耗用的材料数量,包括正常的耗用数量、必要的损耗、不可避免的废品损失等。如果同时耗用多种材料，应分别按各种材料制定。

（2）价格标准。由采购部门与财会部门共同根据材料供货单位价格与运输距离、方式等因素加以确定，一般包括买价、运杂费、正常损耗等。同样，如果为多种材料，应按每一种材料分别确定。

当分别确定了材料的数量标准和价格标准后，就可以按下列公式制定直接材料的标准成本：

直接材料标准成本＝材料标准单耗×材料标准单价

〔**实例一**〕 假定跃华公司生产A产品仅需一种甲材料，经过工程技术人员测算，每生产单位A产品正常耗用甲材料2.1吨，生产过程允许损耗0.2吨，允许废品损失报废0.2吨。甲材料系外购取得，外购单价预计为每吨40元，运输费为每吨9元，装卸及搬运费为每吨1元。

则生产单位A产品耗用甲材料的标准成本制定如下：

材料标准单耗＝2.1＋0.2＋0.2＝2.5（吨）

材料标准单价＝40＋9＋1＝50（元）

A产品标准材料成本＝2.5吨×50元＝125（元）

（三）直接人工标准成本

直接人工标准成本是指每生产单位产品所耗用的人工成本标准数，它包括直接人工效率标准（数量标准）和直接人工工资率标准（价格标准）两部分。制定方法为：

（1）数量标准。数量标准是指生产单位产品所需要的工作时间，由生产技术部门根据历史资料或通过技术测定方式来确定，一般包括对产品直接加工所用的时间、必要的间歇和停工时间以及在不可避免的废品上耗费的时间等。实际制定时先按产品的加工步骤分别计算，然后再按产品分别加以汇总。

（2）价格标准。如果企业实行计时工资制，它就是每一工时应分配的标准工资。如果企业实行计件工资制，它就是每一工时的标准计件单价。在西方企业，人工价格一般由厂方与工会协商签订合同，按合同执行，在合同期内，变化是不大的。

当分别确定了直接人工效率标准和直接人工工资率标准后，应可按下列公式确定直接人工标准成本：

直接人工标准成本＝直接人工效率标准×直接人工工资率标准

＝标准工时单耗×标准工资率

〔**实例二**〕 依照实例一，假定跃华公司生产 A 产品，经技术测定，每件基本生产时间为 30 小时，允许休息时间为 2 小时，必要的整理时间为 1 小时，允许停工时间为 2 小时，允许的废品时间为 3 小时。每小时平均基本工资为 4 元，补贴为 1 元，则生产 A 产品的标准人工成本制定如下：

标准工时单耗 = 30 + 2 + 1 + 2 + 3 = 38（小时）

标准工资率 = 4 + 1 = 5（元）

A 产品标准人工成本 = 38 小时 × 5 元 = 190（元）

（四）制造费用标准成本

制造费用是指某产品在生产（制造）过程中发生的，除直接材料和直接人工以外的其他有关费用。对单位产品制造费用制定标准成本，应当注意的是：

（1）要将制造费用各项目按它们与生产能量的关系划分为变动制造费用和固定制造费用两大类。变动制造费用是因本期制造产品而引起的费用，其总额随生产量变动而成正比例变动，例如，生产过程中耗用的某些燃料、动力、辅助材料等。固定制造费用是维持一定生产能量而发生的费用，其总额并不随本期生产量的变动而变动，例如，车间管理人员工资、固定资产折旧费等。此外，若有混合性制造费用，则应采用适当的方法将其分解为变动与固定两部分。

（2）确定制造费用各项目的预算数。由于制造费用是一个综合性项目，包括了许多明细项目，因此，直接给每一单位产品制定出制造费用各个项目的标准成本是不切实际的，故一般在每个会计期开始之前，根据计划期间的预计生产量确定制造费用各项目的预算数，通过弹性预算方式加以确定。

（3）制定单位产品制造费用的标准成本。与直接材料和直接人工一样，制造费用也必须从两个方面加以确定：①数量标准。这是指生产单位产品需耗用的直接人工小时（或机器小时），这与确定直接人工的数量标准一样，制造费用的数量标准也是由生产技术部门根据历史资料或通过技术测定来确定。②价格标准。这是指制造费用的分配率标准，即单位生产能量应负担的固定制造费用或变动制造费用标准。它由两个因素决定：一是“计划生产能量”，这是指企业在充分利用现有生产能力后预算期可达到的最高生产量；二是“制造费用预算”，在预算年度开始前分别按固定制造费用和变动制造费用编制。

单位产品制造费用（包括固定制造费和变动制造费）标准成本制定步骤如下：

（1）在会计年度开始之前，预测全年的制造费用需用量，然后，按照变动制造费用和固定制造费用分别编制全年的制造费用预算。

(2)预计企业全年的计划生产能量。由于企业一般生产多种产品,生产能量若以实物量表示就无法综合统计,因此,一般都以直接人工小时或机器小时表示。

(3)在上述两步基础上,分别计算变动制造费用和固定制造费用的标准分配率(即价格标准)。公式为:

$$变动(固定)制造费用分配率=\frac{全年变动(固定)制造费用预算总额}{全年计划生产能量}$$

(4)制定单位产品变动制造费用和固定制造费用的标准成本。公式为:

$$变动(固定)制造费用标准成本=标准工时单耗\times变动(固定)制造费用标准分配率$$

〔**实例三**〕 依照实例二,假定跃华公司在现有生产能力充分发挥的条件下,预算期全年计划生产A产品的生产能量为16 500工时,生产A产品单位标准工时为38小时。公司预计全年将发生制造费用总额为107 250元。制定A产品制造费用标准成本如下:

第一,经过分析,全年预计制造费用总额107 250元中,固定制造费总额为24 750元,变动制造费用总额为82 500元。

第二,全年A产品计划生产能量为16 500工时。

第三,变动制造费用和固定制造费用的分配率(价格标准)计算如下:

$$变动制造费用标准分配率=82\ 500\div16\ 500=5(元)$$
$$固定制造费用标准分配率=24\ 750\div16\ 500=1.5(元)$$

第四,单位A产品制造费用(变动和固定)的标准成本为:

$$A产品变动制造费用标准成本=38小时\times5元=190(元)$$
$$A产品固定制造费用标准成本=38小时\times1.5元=57(元)$$

(五)单位产品标准成本的制定

在分别对直接材料、直接人工和制造费用制定出标准成本后,将它们加以汇总,就形成了单位产品的标准成本。但必须注意,产品的标准成本在采用不同的成本计算方法的情况下,其内涵是有差别的,以公式表现如下:

$$\text{全部成本法下产品标准成本}=\text{直接材料标准成本}+\text{直接人工标准成本}+\text{变动制造费用标准成本}+\text{固定制造费用标准成本}$$

$$\text{变动成本下产品标准成本}=\text{直接材料标准成本}+\text{直接人工标准成本}+\text{变动制造费用标准成本}$$

产品的标准成本通常是以填制"标准成本卡"的形式来制定的。它既是单位成本预算,又是单位产品标准成本。在生产活动开始前一式数份,分送给有关部门,作为领料、派工、支付费用等的参考。

〔**实例四**〕 跃华公司根据各项目的标准成本,采用全部成本法,编制出生产 A 产品的单位成本预算(标准成本卡),参见表 7-1(假定生产 A 产品只需经过一道工序)。

需要注意的是,此例是假定 A 产品的生产只需一道工序即可完成。如果实际工作中,产品的生产须经过两道或两道以上的工序才能完工,则在制定标准成本卡时,还须反映出在每道工序上各项目的耗用标准。这样,对于各部门进行成本控制就非常方便。

表 7-1　**标准成本卡**

(A 产品)　制定日期:××年×月×日

项　目	数量标准	价格标准(元)	标准成本(元)
直接材料	2.5 吨	50	125
直接人工	38 小时	5	190
变动制造费	38 小时	5	190
固定制造费	38 小时	1.5	57
合计	/	/	562

第三节　成本差异的计算与分析

企业在产品生产之前,经过周密分析计算确定单位产品的标准成本,并以"标准成本卡"的形式下达到各个生产部门,作为日常支出控制的参考。但是,实际的生产经营活动与制定标准成本时考虑的因素总是有差异的,这就会造成实际成本与标准成本不一致,出现成本差异。建立标准成本会计系统,就要对出现的差异进行计算和深入的分析,为控制成本指明方向。

一、例外管理原则

例外管理原则是企业对经营活动进行日常控制的一项管理原则，它要求企业的管理人员将注意力集中于未能符合预算或标准的一些重要的“例外事项”上。这一原则也可运用于标准成本会计的成本差异计算与分析。

按例外管理原则进行成本日常控制，要求通过对各种成本差异进行计算、分析与研究，从中发现问题，挖掘降低成本的潜力，提出改进工作或纠正缺点的具体措施。实际工作中，企业日常出现的成本差异，往往头绪纷繁，为提高成本控制的工作效率，管理人员就不应把精力和时间分散在全部成本差异上，而是应该突出重点，把注意力集中到那些属于不正常的、不符合常规的关键性差异（即“例外”）上，对它们要追根溯源，查明发生的原因，并及时反馈给有关责任中心，迅速采取措施进行控制，而对其他的细小差异则不必花费太大的精力。在西方企业中，确定“例外”的标准一般有以下几条：

（一）重要性

这是指对于任何成本差异，只要其相对量或绝对量超过规定界限即可认为属于例外，应当引起管理当局的重视。这种界限要视企业的具体情况而定。例如，规定凡实际成本与预算（或标准）成本金额相差10%以上或相差5 000元以上者，均属于重要的差异。这里所说的差异，既包括有利差异，又包括不利差异。对有利差异一概肯定是没有道理的，因为在企业中某一责任中心的有利差异，可能给另一个责任中心带来不利影响；有时造成有利差异的因素在较长时间内会对企业产生不良后果。确定重要性差异，不仅要看相对量，还要看绝对量。常有一些成本项目，虽然仅有5%的差异，但对利润的影响程度或许会超过差异为20%的成本项目。因此，用绝对量来补充相对量指标才可较全面地掌握和认识重要性差异。

（二）一贯性

这是指一项差异的相对量和绝对量虽然未超过规定的范围，但它经常与这个范围很接近，也应引起企业管理当局的重视。因为这类差异的频繁出现，可能表明成本预算或标准业已过时，也可能表明该项成本长期失控，应当加强业已松弛的成本管理。管理人员有必要查明原因，采取措施。西方国家一些小企业规定：任何一项差异，持续一个星期超过50元，或持续三个星期超过30元，均可视为例外。

（三）可控性

可控性是指管理人员可以控制的内容。在实际工作中，有些是管理人员无法控制的成本项目,这样,即使发生重要性的差异,也不应视为例外。例如,由于税率或水、电、气等收费标准的变动而发生金额较大的差异,管理人员无须加以追查,因为这不是企业所能控制的。

(四)特殊性

这是指对于企业的长期获利能力有举足轻重影响的项目,即使其差异没有达到重要性的程度,也应视为例外,对其加以高度重视。例如,固定资产的维修费,如果片面追求节约,在短期内可能降低成本,形成有利差异。但正因为维修不足,使固定资产(尤其是机器设备)带病运转,可能造成未来的停工损失,以及因生产能力及工作效率的降低而引起收益的减少。这些损失往往比节约的维修费数额要大得多。因此,必须引起管理人员的重视。

二、成本差异计算与分析原理

成本差异是由种种原因造成的产品的实际成本与预定的标准成本之间的差额。

成本差异包括直接材料成本差异、直接人工成本差异和制造费用差异三个部分。制造费用差异又可分为变动制造费用差异和固定制造费用差异两部分。成本差异计算与分析就是要将上述四大项目实际与标准的差额数额计算出来,并深入分析差异产生的原因和责任归属,为控制差异指明方向。实际成本超过标准成本的差异称为不利差异(用 U 表示),用正数表示;实际成本低于标准成本的差异称为有利差异(用 F 表示),用负数表示。

〔**实例五**〕　假定跃华公司本月实际生产 A 产品 400 件,其实际单位成本与总成本参见表 7－2,结合实例四的标准成本数据,编制出成本差异表,参见表 7－3。

表 7－2　　**实际成本表**(A 产品)　　完工数量:400 件

项　目	单位数量	单位价格(元)	单位成本(元)	总成本(元)
直接材料	2 吨	5.5	110	44 000
直接人工	40 小时	6	240	96 000
变动制造费用	40 小时	4.5	180	72 000
固定制造费用	40 小时	1.8	72	28 800
合　计	/	/	602	240 800

表 7－3　　　　　　　　成本差异表(A 产品)　　　　　　　产品数量:400 件

项　目	标准成本(元)	实际成本(元)	成本差异(元)
直接材料	50 000	44 000	6 000(F)
直接人工	76 000	96 000	20 000(U)
变动制造费用	76 000	72 000	4 000(F)
固定制造费用	22 800	28 800	6 000(U)
合　计	224 800	240 800	16 000(U)

表 7－3 表明,跃华公司本月成本总额出现了不利差异16 000元。从各项目来看,主要是直接人工不利差异20 000元和固定制造费用不利差异 6 000 元造成的,而同时,直接材料和变动制造费用分别出现了 6 000 元和 4 000 元的有利差异。

对于企业管理当局来说,差异是一种信号,反映出企业在各方面取得的成绩或存在的问题。要弄清差异产生的原因,还必须对差异进行进一步的计算。尽管直接材料、直接人工、制造费用具有的差异各有特点,但都可以把它们的具体差异归结为"价格差异"与"数量差异"两大类,每类差异的计算原理和方法基本相同。为了掌握各类差异的具体计算,我们可以将成本差异的通用模式归纳如下:

①实际价格×实际数量

②标准价格×实际数量

③标准价格×标准数量

价格差异＝①－②

＝实际价格×实际数量－标准价格×实际数量

＝(实际价格－标准价格)×实际数量

数量差异＝②－③

＝标准价格×实际数量－标准价格×标准数量

＝(实际数量－标准数量)×标准价格

总差异＝①－③

＝实际价格×实际数量－标准价格×标准数量

＝价格差异＋数量差异

通过上述差异计算的通用模式可以看出,差异计算分析的做法是:价格差异的计算是建立在实际数量基础之上的,数量差异的计算是建立在标准价格基础之上的。

三、各成本项目差异的计算与分析

（一）直接材料成本差异

直接材料成本差异是一定产品产量的直接材料实际成本与标准成本之间的差额。由于直接材料成本的标准包括价格标准和数量标准，因此，直接材料成本差异也由材料价格差异与材料用量差异两部分构成。根据成本差异的通用计算模式，可以演变出直接材料成本差异计算公式如下：

材料价格差异＝（实际单价×实际用量）－（标准单价×实际用量）
＝（实际单价－标准单价）×实际用量

材料用量差异＝（标准单价×实际用量）－（标准单价×标准用量）
＝（实际用量－标准用量）×标准单价

材料成本总差异＝（实际单价×实际用量）－（标准单价×标准用量）
＝材料价格差异＋材料用量差异

〔**实例六**〕 根据实例四和实例五的资料，跃华公司生产A产品耗用甲材料的成本差异计算如下：

材料价格差异＝(55－50)×400×2＝4 000元（不利差异）

材料用量差异＝(400×2－400×2.5)×50＝－10 000元（有利差异）

材料成本总差异＝44 000－50 000
＝4 000＋(－10 000)
＝－6 000元（有利差异）

实际工作中，企业生产产品消耗的直接材料也不止一种，那么，就要将产品消耗的各种材料按上述方式分别进行成本差异计算，然后再加以汇总。这一问题将在本章第五节中加以介绍。

（二）直接人工成本差异

直接人工成本差异是一定产量的直接人工实际成本与标准成本之间的差额。由于直接人工成本的标准包括价格标准和数量标准，因此，直接人工成本差异也由工资率差异（价格差异）和人工效率差异（数量差异）两部分构成。根据成本差异的通用计算模式，可以演变出直接人工成本差异计算公式如下：

工资率差异＝（实际工资率×实际工时）－（标准工资率×实际工时）

$$=(实际工资率-标准工资率)\times 实际工时$$

$$人工效率差异=(标准工资率\times 实际工时)-(标准工资率\times 标准工时)$$

$$=(实际工时-标准工时)\times(标准工资率)$$

$$人工成本总差异=(实际工资率\times 实际工时)-(标准工资率\times 标准工时)$$

$$=人工工资率差异+人工效率差异$$

〔实例七〕 根据实例四和实例五的资料,跃华公司生产A产品耗用直接人工的成本差异计算如下:

$$工资率差异=(6-5)\times 400\times 40=16\,000 元(不利差异)$$

$$人工效率差异=(400\times 40-400\times 38)\times 5=4\,000 元(不利差异)$$

$$人工成本总差异=96\,000-76\,000$$

$$=16\,000+4\,000$$

$$=20\,000 元(不利差异)$$

实际工作中,产品从投料到完工需要不同工种、不同熟练程度等级的工人加工,其工资率是不相同的,这就必须按不同等级人工进行成本差异分析,再进行汇总。这一问题将在本章第五节中加以介绍。

(三) 变动制造费用差异

变动制造费用差异是一定产量的实际变动制造费用与标准变动制造费用之间的差额。变动制造费用的标准与直接材料、直接人工一样,也是由价格标准和数量标准两部分构成的。因而,变动制造费用的差异也是由价格差异和数量差异两方面合计而得的。其中,变动制造费用的价格差异又称为变动制造费用开支差异,变动制造费用的数量差异又称为变动制造费用效率差异。根据差异计算的通用模式,可以演变出变动制造费用差异计算公式如下:

$$\begin{matrix}变动制造费用\\开支差异\end{matrix}=\left(\begin{matrix}实际\\分配率\end{matrix}-\begin{matrix}标准\\分配率\end{matrix}\right)\times\begin{matrix}实际\\工时\end{matrix}$$

$$\begin{matrix}变动制造费用\\效率差异\end{matrix}=\left(\begin{matrix}实际\\工时\end{matrix}-\begin{matrix}标准\\工时\end{matrix}\right)\times\begin{matrix}标准\\分配率\end{matrix}$$

$$\begin{matrix}变动制造费用\\总差异\end{matrix}=\left(\begin{matrix}实际\\分配率\end{matrix}\times\begin{matrix}实际\\工时\end{matrix}\right)-\left(\begin{matrix}标准\\分配率\end{matrix}\times\begin{matrix}标准\\工时\end{matrix}\right)$$

$$=\begin{matrix}变动制造费用\\开支差异\end{matrix}+\begin{matrix}变动制造费用\\效率差异\end{matrix}$$

〔**实例八**〕　根据实例四和实例五的资料，跃华公司生产 A 产品耗用变动制造费用的差异计算如下：

变动制造费用开支差异 =(4.5 −5) ×400 ×40 = −8 000 元(有利差异)

变动制造费用效率差异 =5 ×(400 ×40 −400 ×38) =4 000 元(不利差异)

变动制造费用总差异 =72 000 −76 000

= −8 000 +4 000

= −4 000 元(有利差异)

（四）固定制造费用差异

固定制造费用差异是一定期间的实际固定制造费用与标准固定制造费用之间的差额。固定制造费用差异仍然由价格差异和数量差异两方面构成。在具体计算时，方法有两种：一是将固定制造费用差异分为开支差异(价格差异)和能量差异(数量差异)；二是将固定制造费用差异分为开支差异(价格差异)、能量差异(数量差异)和效率差异(数量差异)三部分。本书按第二种方式对固定制造费用差异进行计算。

固定制造费用的开支差异反映的是固定制造费用实际开支与预算开支间的差异；固定制造费用能量差异是由生产总能量实际与计划之间的差异造成的；固定制造费用效率差异反映的是由单位生产时间(效率)变动所造成的差异。对固定制造费用进行差异计算，之所以不能像变动制造费用那样简单区分为“效率差异”和“开支差异”，而必须涉及“能量差异”，是因为固定制造费用开支的性质是与生产能力的形成和正常维护相联系的。生产活动水平在一定范围内发生变动，并不会对固定制造费用的数额产生多大影响。在产量的相关范围内，固定制造费用不会随产量变动而变动，所以固定制造费用标准分配率以计划生产能量作为分母计算，而计划期实际生产能量与计划生产能量经常不一致，实际生产能量小于计划生产能量就会使生产能力的利用程度达不到预算(计划)水平，相反则会使生产能力的利用程度超过预算所预定的水平。由于实际中企业一般生产多种产品，故计划生产能量与实际生产能量都是以工时计量的。根据成本差异计算的通用模式的基本原理，可以建立固定制造费用差异的计算公式如下：

$$\text{固定制造费用开支差异}=\left(\text{实际分配率}\times\text{实际耗用工时}\right)-\left(\text{标准分配率}\times\text{计划能量工时}\right)$$

$$=\text{固定制造费用实际发生数}-\text{固定制造费用预算数}$$

$$\text{固定制造费用能量差异}=\left(\text{标准分配率}\times\text{计划能量工时}\right)-\left(\text{标准分配率}\times\text{实际耗用工时}\right)$$

$$=\left(\text{计划能量工时}-\text{实际耗用工时}\right)\times\text{标准分配率}$$

$$\text{固定制造费用效率差异}=\left(\text{标准分配率}\times\text{实际耗用工时}\right)-\left(\text{标准分配率}\times\text{标准耗用工时}\right)$$

$$=\left(\text{实际耗用工时}-\text{标准耗用工时}\right)\times\text{标准分配率}$$

$$\text{固定制造费用总差异}=\left(\text{实际分配率}\times\text{实际耗用工时}\right)-\left(\text{标准分配率}\times\text{标准耗用工时}\right)$$

$$=\text{固定制造费用开支差异}+\text{固定制造费用能量差异}+\text{固定制造费用效率差异}$$

〔实例九〕 根据实例三至实例五的资料，跃华公司生产A产品耗用固定制造费用的差异计算如下：

固定制造费用开支差异=(1.8×400×40)-(1.5×16 500)

=28 800-24 750

=4 050元(不利差异)

固定制造费用能量差异=(1.5×16 500)-(1.5×400×40)

=750元(不利差异)

固定制造费用效率差异=(1.5×400×40)-(1.5×400×38)

=1 200元(不利差异)

固定制造费用总差异=28 800-22 800

=4 050+750+1 200

=6 000元(不利差异)

(五)差异责任归属

会计部门在计算分析差异后，应向管理当局和有关部门提供差异报告，各部门根据其责任范围，对这些差异产生的原因做出解释。

〔实例十〕 跃华公司会计部门根据A产品成本各项目差异计算(实例六—实例九)，将差异结果汇总编制差异汇总表，参见表7-4。

表7－4　　**跃华公司产品成本差异汇总表**

（A产品）　　产量:400件

单位:元

项目	实际	标准	量差	价差	开支差	效率差	能量差	总差异
直接材料	44 000	50 000	－10 000	4 000	/	/	/	－6 000(F)
直接人工	96 000	76 000	4 000	16 000	/	/	/	20 000(U)
变动制造费用	72 000	76 000	/	/	－8 000	4 000	/	－4 000(F)
固定制造费用	28 800	22 800	/	/	4 050	1 200	750	6 000(U)
合计	240 800	224 800	－6 000	20 000	－3 950	5 200	750	16 000(U)

企业管理当局通过对差异进行分析，可以发现差异产生的原因和责任者，并按“例外管理原则”提出改进措施。各项成本差异有不同的原因，也有不同的责任者，故要具体分析。

1. 直接材料成本差异原因及责任归属

当直接材料差异确定后，应进一步查明差异产生的原因及责任，才能使之在成本控制中发挥应有的作用。一般而言，直接材料用量差异应由领用料的生产部门负责。如果发生了有利差异，可能是加工技术有了改革、设备工具有了更新等；如果发生了不利差异，可能是生产中材料损失浪费增加、废品增多、设备工具陈旧等原因造成的。当然也不能一概而论，若由其他部门造成，则应由这些部门负责。直接材料价格差异一般是由采购部门负责。但影响实际价格的因素很多，诸如供应者及价格提升、购买数量及采购批量、运输方法、数量折扣、紧急订货、购入材料的质量等。如果是由外部因素或超过了材料采购部门能够控制范围的原因造成直接材料价格差异，则不应由采购部门负责。属于企业内部的原因，则由有关责任部门负责。

2. 直接人工成本差异原因及责任归属

当直接人工成本差异计算出来以后，分析差异的原因和落实其责任归属部门也很重要。工资率差异中，如果出现实际工资率超过标准工资率的情况，多数原因是人工效率差异，例如，用高技术等级的工人去做技术要求不高的工作，这种差异就应由生产部门或人事部门负责。人工效率差异的影响因素较多，例如，劳动者熟练程度与劳动态度、设备的保养及完好程度、能源供应保证程度、被加工材料质量等。人工效率差异一般应由生产部门负责，但属于其他部门原因造成的，应由这些部门负责。

3. 变动制造费用差异原因及责任归属

变动制造费用是一个综合性费用项目,如果直接根据前述计算结果,则不便于对变动制造费用进行考核及原因分析。在实际工作中,通常采用根据变动制造费用弹性预算的明细项目,结合同类项目的实际发生数编制“实绩报告”,将预算数与实际数进行对比,从而找出差异的原因及责任归属。应明确的是,变动制造费用效率差异实际上反映的是产品制造过程中的工时利用效率,在分析时应结合人工效率差异进行分析。由于这种差异实质上是工时利用的效率差异,因此,这项差异的形成与人工安排和工时利用有关,一般应由人事部门与人工管理人员对这项差异负责。

4. 固定制造费用差异原因及责任归属

固定制造费用同样是一个综合性的费用项目,仅仅反映一个预算总差异是不够的,为了较准确地查明差异产生的原因及责任,必须按固定制造费用预算项目与预算的实际发生数编制“实绩报告”,以便分别分析各个明细项目,逐项分析原因及责任。出现固定制造费用开支差异,原因可能是属于企业外部的,如市场人工及资源的提价、税率变动等,但大多数属企业内部原因,如选择性固定成本的增加、过量的管理人员及辅助生产人员的雇用等,会使本期固定制造费用增加,或经理为不突破预算,人为地延缓选择性固定成本支出等。固定制造费用能量差异的出现,原因可能是经济萧条、产品价格过高等造成销路不好或开工不足,或原材料、能源供应不足造成生产能力利用不充分。形成固定制造费用效率差异的原因与变动制造费用效率差异原因一样,是由工时利用效率所造成的,它一般由人事部门或人工管理部门负责。对固定制造费用三种差异应具体分析,仔细研究原因,以便确定责任人员,做到公正而又恰当地落实责任。

在分析认定各项成本差异责任承担者时,要注意一种“责任替换”(或称为责任转嫁)的现象,就是一个部门的工作绩效(或责任)会转移至另一个部门。例如,采购部门贪图便宜,购入了一些低质材料,可能产生有利的材料价格差异,但是影响了生产部门,产生不利的材料用量差异和人工效率差异;又如,计划部门发生临时订货,使采购部门产生不利的材料价格差异等。企业管理当局在注意这些相互替换现象时,应当权衡轻重,以企业的最终经济效益为准则,选择较优的措施。在认定这些差异的责任时,应当认真仔细分析,责任的归属必须公平,否则,各部门对于标准成本会计将会丧失信心,使其推行难获成功。

第四节　成本差异的账务处理

标准成本会计包括标准成本制定、成本差异的计算与分析、成本差异的账务处理三部分,可见,建立一套切合实际的完善的账务处理系统是标准成本会计不可缺少的重要组成部分。

一、标准成本会计的账户体系

会计账户是进行账务处理的必要工具。实行标准成本会计,必须设置和运用一系列账户,这些账户可以分为两大类:一类是进行基本业务处理的有关账户,如"材料"、"应付工资"、"制造费用"、"在产品"、"销货成本"等;另一类是专门用来登记、汇总差异的账户。根据差异的具体内容,标准成本会计的差异账户主要包括:"材料用量差异"、"材料价格差异"、"工资率差异"、"人工效率差异"、"变动制造费开支差异"、"变动制造费效率差异"、"固定制造费能量差异"、"固定制造费开支差异"、"固定制造费效率差异"、"成本差异净额"等。

标准成本会计系统的日常核算,既可按变动成本法核算,也可按全部成本法核算。标准成本会计系统日常核算的要点如下:

(1) 在平时,主要账户按标准成本入账,"材料"、"生产成本"、"产成品"、"销货成本"等账户借、贷方均按标准成本入账。

(2) 实际成本与标准成本之间的成本差异分别记入各类差异账户,借方登记不利差异,贷方登记有利差异。

(3) 每月月终,企业应将所有差异汇总,记入"成本差异净额"账户。借方汇总不利差异,贷方汇总有利差异,"成本差异净额"账户的余额表示本月成本差异汇总后的净额。

(4) 对成本差异净额的处理目前存在着两种意见:第一种意见认为,由于标准成本不是实际成本,为计算产品的实际成本,应当把这个成本差异净额按比例分配给当期的销货成本、产成品、在产品和原材料,从而使这些账户的余额由原来的标准成本调整为实际成本。这种方式的优点是使资产负债表上的存货项目以及损益表上的销货成本项目反映的都是实际成本,缺点是发生的超支和浪费将虚增资产负债表上的产成品、在产品、原材料等资产项目,而节约将贬低这些资产的价值,从而不能真实地反映企业的财务状况，而且，分摊会增加核算工作量。第二种意见认为，将成本差异净额全部由当期销货成本负担，不再分配给在产品和产成品。其理由在于，标准成本是采用科学的方法，严密计算确定的，故出现差异净额就不会很大。如果标准制定不合理，差异净额很大，那么，应当修订标准，而不是去分配差异。这样处理，有利于企业控制成本（因为差异净额全部计入销货成本，由当期收入承担），同时，使资产负债表上的在产品和产成品等资产项目按标准成本反映，避免因差异而造成波动，另外，可以简化核算工作量。目前，在实行标准成本会计的现代企业中，对成本差异净额的处理一般采用第二种意见的方式。

二、成本差异账务处理实例

〔**实例十一**〕 仍以本章跃华公司业务（实例四—实例九）为例介绍成本差异的账务处理过程。

1. 直接材料的购入与生产耗用

（1）购入材料。假定跃华公司月初购入甲材料 1 000 吨，实际单价 55 元，标准单价 50 元。实际总成本为 55 000 元，货款已付，编制会计分录如下：

借：材料	50 000
材料价格差异	5 000①
贷：银行存款	55 000

（2）领用材料（生产耗用）。跃华公司本月生产 A 产品 400 件，单位 A 产品实耗甲材料 2 吨，直接材料实际总成本为44 000元（见实例五），单位 A 产品甲材料耗用标准数量为 2.5 吨，标准单价为 50 元（见实例四），则：

按标准单耗计算的直接材料标准成本 $=400\times2.5\times50=50\ 000$（元）

按实际单耗计算的直接材料标准成本 $=400\times2\times50=40\ 000$（元）

材料用量差异 $=(400\times2-400\times2.5)\times50=-10\ 000$ 元（有利差异）

根据计算结果编制会计分录如下：

借：生产成本	50 000
贷：材料	40 000

① 实例六计算的材料价格差异 4 000 元，是耗用材料 800 千克的价格差异，本例计算的是购入材料 1 000千克的价格差异。

　　材料用量差异　　10 000

2. 生产中耗用直接人工成本

跃华公司本月生产 A 产品 400 件，应耗直接人工标准成本 76 000 元，实际耗用直接人工成本 96 000 元，实际与标准的总差异为 20 000 元的不利差异（见实例五）。经计算，其中直接人工工资率差异为 16 000 元的不利差异，直接人工效率差异为 4 000 元的不利差异（见实例七）。编制会计分录如下：

借：生产成本　　76 000
　　直接人工工资率差异　　16 000
　　直接人工效率差异　　4 000
　贷：应付工资　　96 000

3. 变动制造费用

跃华公司本月生产 A 产品 400 件，变动制造费用支出的标准成本总额为 76 000元，实际支出总额为 72 000 元，实际与标准的总差异为 4 000 元的有利差异（见实例五）。经计算，其中变动制造费用开支差异为 8 000 元的有利差异，变动制造费用效率差异为 4 000 元的不利差异（见实例八）。编制会计分录如下：

借：生产成本　　76 000
　　变动制造费效率差异　　4 000
　贷：变动制造费用　　72 000
　　　变动制造费用开支差异　　8 000

4. 固定制造费用

跃华公司本月生产 A 产品 400 件，固定制造费用支出的标准成本总额为 22 800元，实际发生固定制造费用总额为 28 800 元，实际与标准之间的总差异为 6 000元的不利差异（见实例五）。经计算，其中固定制造费用开支差异为 4 050 元的不利差异，固定制造费用能力差异为 750 元的不利差异，固定制造费用效率差异为 1 200 元的不利差异（见实例九）。编制会计分录如下：

(1)按全部成本法

借：生产成本　　22 800
　　固定制造费用开支差异　　4 050
　　固定制造费用能力差异　　750
　　固定制造费用效率差异　　1 200
　贷：固定制造费用　　28 800

(2) 按变动成本法

借:期间成本　　22 800

　固定制造费用开支差异　　4 050

　固定制造费用能力差异　　750

　固定制造费用效率差异　　1 200

　贷:固定制造费用　　28 800

5. 完工产品入库

假定跃华公司本月生产 400 件 A 产品全部完工,并且没有期初在产品,根据"在产品"丁字账借方发生额计算生产成本,再进行完工产品成本结转。

根据"生产成本"丁字账编制会计分录如下:

(1) 按全部成本法

借:生产成本　　224 800

　贷:生产成本　　224 800

(2) 按变动成本法

借:产成品　　202 000

　贷:生产成本　　202 000

生产成本（全部成本法）

借		贷	
材料	50 000	完工转出	224 800
人工	76 000		
变动制造费用	76 000		
固定制造费用	22 800		
本月发生额合计	224 800	本月发生额合计	224 800
月末结余额	—		

生产成本（变动成本法）

借		贷	
材料	50 000	完工转出	202 000
人工	76 000		
变动制造费用	76 000		
本月发生额合计	202 000	本月发生额合计	202 000
月末结余额	—		

6. 产品出售

假设跃华公司本月出售 A 产品 350 件,A 产品售价 1 200 元,销售收入为 420 000元,货款收存银行。编制会计分录如下:

借:银行存款　　420 000

　贷:销售收入　　420 000

7. 结转已售产品生产成本(生产 400 件,销售 350 件)

(1) 按全部成本法(单位成本 562 元,参见表 7-1)。

借:销货成本　　196 700

　贷:产成品　　196 700

(2)按变动成本法(单位成本 505 元,参见表 7-1)。

借:销货成本　　176 750

　贷:产成品　　176 750

8. 成本差异

月终,跃华公司根据各个成本差异账户的月末余额编制"成本差异汇总表",计算成本差异净额,参见表 7-5。

表 7-5　　**跃华公司成本差异汇总表**　　单位:元

差异项目	借方余额(不利差异)	贷方余额(有利差异)
直接材料价格差异	5 000	—
直接材料用量差异	—	10 000
直接人工工资率差异	16 000	—
直接人工效率差异	4 000	—
变动制造费用开支差异	—	8 000
变动制造费用效率差异	4 000	—
固定制造费用开支差异	4 050	—
固定制造费用能力差异	750	—
固定制造费用效率差异	1 200	—
本月成本差异发生额合计	35 000	18 000
成本差异净额	17 000	—

根据"成本差异汇总表"编制会计分录如下:

借:成本差异净额　　17 000

　材料用量差异　　10 000

　变动制造费用开支差异　　8 000

　贷:材料价格差异　　5 000

直接人工工资率差异　16 000
直接人工效率差异　4 000
变动制造费用效率差异　4 000
固定制造费用开支差异　4 050
固定制造费用能力差异　750
固定制造费用效率差异　1 200

9. 结转成本差异净额

跃华公司采用将“成本差异净额”全部转入当月销货成本的方式(不利差异用蓝字,有利差异用红字),编制会计分录如下:

借:销货成本　17 000
　贷:成本差异净额　17 000

如果“成本差异净额”分别由存货和销货成本负担,则会计分录格式为:

借:材料
　生产成本
　产成品
　销货成本
　贷:成本差异净额

10. 月终编制损益表

假定跃华公司本月生产A产品400件,销售A产品350件,发生销售费用58 200元(其中,变动销售费用为38 200元,固定销售费用20 000元),管理费用64 000元(其中,变动管理费用38 000元,固定管理费用26 000元),利息支出15 000元,所得税率30%。分别采用全部成本法和变动成本法编制损益表,参见表7-6和表7-7。

表7-6　**跃华公司损益表**

(按全部成本法计算)　单位:元

项目	金额	
销售收入		420 000
减:销货成本		
期初存货成本	0	
本期生产成本(标准)	224 800	
期末存货成本(标准)	28 100	
销售成本合计(标准)		196 700

表7-6(续)

项　目	金　额	
调整前毛利		223 300
减:成本差异净额(不利差异)		17 000
调整后毛利		206 300
减:销售费用	58 200	
管理费用	64 000	
利息支出	15 000	
税前净利		69 100
减:所得税	20 730	
税后净利		48 370

表7-7　**跃华公司损益表**

(按变动成本法计算)　单位:元

项　目	金　额	
销售收入		420 000
减:变动销售成本(标准)		
期初存货成本	0	
本期变动生产成本	202 000	
期末存货成本	25 250	
变动销售成本合计		176 750
变动销售费用		38 200
变动管理费用		38 000
调整前边际贡献		167 050
减:成本差异净额(不利差异)	17 000	
调整后边际贡献		150 050
减:期间成本		
固定制造费用	22 800	
固定销售费用	20 000	
固定管理费用	26 000	
利息支出	15 000	
税前净利		66 250
减:所得税	19 875	
税后净利		46 375

第五节　成本差异专题分析

标准成本的差异计算与分析中，对于直接材料、直接人工来说，往往是假设某种产品耗用一种材料和使用一个等级的人工。但实务中同一产品往往需要消耗多种材料和使用多等级的人工。不同材料和不同等级人工在生产同一产品中的投料比例不同和人工配合不同，将会使直接材料和直接人工的数量差异进一步分解为“耗用差异”和“配比差异”。

一、数量差异分解分析原理

数量差异是由某一成本项目中某一实物要素的实际用量与标准用量不一致造成的，如直接材料的千克量、直接人工的工时量等。在多种材料和多等级人工同时使用时，尽管材料总用量和人工工时总用量保持不变，也会产生由各种材料和各等级人工结构变动引起的“配比差异”。

配比是指产品中不同材料或不同人工等级之间的用量比例。不同材料或不同人工等级的单价或工资率水平是不同的，尽管材料总用量或人工工时总用量保持不变，也会产生多使用单价较高的材料或小时工资率较高的人工，从而使材料总成本或人工总成本上升的现象。由于各类材料或各级人工比重结构变动会使材料总成本或人工总成本发生变动，这种差异称为“配比差异”，所以，配比差异是由材料投料比例或人工组合比例变动造成的，属于数量差异。

对于直接材料和直接人工数量差异的分析，在多种材料或多种人工情况下，往往包含着配比差异和结构不变时的纯用量差异。我们把各种材料或人工配比结构不变时的纯用量差异，称为“耗用差异”。

〔**实例十二**〕　某产品生产耗用甲、乙两种材料，有关资料参见表7－8。

表7－8　材料耗用表　单位：千克

材料	标准用量		标准结构的实际用量		实际用量		单价
	用量	结构	用量	结构	用量	结构	
甲	60	60%	90	60%	105	70%	10
乙	40	40%	60	40%	45	30%	8
合计	100	—	150	—	150	—	—

根据表7-8的资料可知,该产品的材料成本数量差异为:

$$材料用量差异 = \sum[(实际用量 - 标准用量) \times 标准单价]$$
$$= (105-60) \times 10 + (45-40) \times 8$$
$$= 490(元)$$

本例中,用量差异490元是该产品耗用两种材料的共同用量差异。在甲材料用量由标准用量60千克变为实际用量105千克这一过程中,既包括纯用量变动(由60千克变为90千克),也包括配比结构变动(由90千克变为105千克)。乙材料也是如此。因此,上面计算的用量差异490元是一种混合性差异,应分解为材料总用量差异(即耗用差异)和各种材料用量差异(即配比差异)。由于:

$$材料总成本 = 材料总用量 \times 材料平均单价$$

其中:

$$材料平均单价 = \frac{\sum(各材料用量 \times 各材料单价)}{材料总用量}$$
$$= \sum(各材料比重 \times 各材料单价)$$

所以,材料配比差异是各材料结构比重变动造成的,表现在材料平均单价的变动上。这样:

(1) $$\begin{matrix}材料耗用\\总差异\end{matrix} = \left(\begin{matrix}实际\\总用量\end{matrix} - \begin{matrix}标准\\总用量\end{matrix}\right) \times \begin{matrix}标准配比的\\标准平均单价\end{matrix}$$

$$= (150-100) \times \frac{60 \times 10 + 40 \times 8}{100}$$

$$= (150-100) \times 9.2 = 460(元)$$

(2) $$\begin{matrix}材料配比\\差异\end{matrix} = \begin{matrix}实际\\总用量\end{matrix} \times \left(\begin{matrix}实际配比的\\标准平均单价\end{matrix} - \begin{matrix}标准配比的\\标准平均单价\end{matrix}\right)$$

$$= 150 \times \left(\frac{105 \times 10 + 45 \times 8}{150} - 9.2\right)$$

$$= 150 \times (9.4 - 9.2) = 30(元)$$

(3) 材料用量差异(总差异) = 460 + 30 = 490(元)

二、直接材料耗用差异与配比差异

在化工、纺织、药品等行业中，常常将几种直接材料按一定比例混合耗用生产同一产品，从而产生了材料耗用差异与配比差异。

材料耗用差异是产品生产中的材料纯用量差异，即由材料实际平均单耗与标准平均单耗不一致造成的差异。材料配比差异是产品生产中材料比重差异，即由实际投料比例与标准投料比例不一致造成的差异。其中：

$$\text{材料耗用差异}=\left(\text{材料实际总用量}-\text{材料标准总用量}\right)\times\text{材料标准平均单价}$$

$$=\text{实际产量}\times\left(\text{实际平均单耗}-\text{标准平均单耗}\right)\times\text{标准平均单价}$$

$$\text{材料配比差异}=\text{材料实际总用量}\times\left(\text{实际配比的标准平均单价}-\text{标准配比的标准平均单价}\right)$$

$$=\text{材料实际总用量}\times\sum\left[\left(\text{各材料实际比量}-\text{各材料标准比重}\right)\times\text{各材料标准单价}\right]$$

〔**实例十三**〕星光公司生产产品 M，需要 A、B、C 三种材料混合而成。生产一件 M 产品，标准需要消耗 4 千克混合材料。本期实际生产 M 产品 27 000 件，混合材料标准成本和实际耗用成本参见表 7－9 和表 7－10。

表 7－9　　混合材料标准成本

材料名称	标准数量（千克）	标准价格（元/千克）	标准成本（元）
A 材料	0.5	6	3
B 材料	0.2	4.5	0.9
C 材料	0.3	3	0.9
合　计	1		4.80

表 7－10　　混合材料实际成本

材料名称	实际用量（千克）	实际单价（元/千克）	金　额（元）
A 材料	40 000	5.5	220 000
B 材料	60 000	5	300 000
C 材料	20 000	3	60 000
合　计	120 000		580 000

根据上述资料，对星光公司 M 产品的材料成本差异分析如下：

(1) 材料成本总差异

$$总差异=580\ 000-27\ 000\times4\times4.8=+61\ 600(元)$$

(2) 材料价格差异

$$A材料=40\ 000\times(5.5-6)=-20\ 000(元)$$
$$B材料=60\ 000\times(5-4.5)=+30\ 000(元)$$
$$C材料=20\ 000\times(3-3)=\underline{0(元)}$$
$$材料价格差异合计:+10\ 000(元)$$

(3) 材料用量差异

$$A材料=(40\ 000-27\ 000\times4\times0.5)\times6=-84\ 000(元)$$
$$B材料=(60\ 000-27\ 000\times4\times0.2)\times4.5=+172\ 800(元)$$
$$C材料=(20\ 000-27\ 000\times4\times0.3)\times3=\underline{-37\ 200(元)}$$
$$材料用量差异合计:+51\ 600(元)$$

其中，材料用量差异进一步分解为：

$$①材料耗用差异=27\ 000\times\left(\frac{120\ 000}{27\ 000}-4\right)\times4.8=+57\ 600(元)$$

$$\begin{aligned}②材料配比差异&=120\ 000\times\left(\frac{40\ 000\times6+60\ 000\times4.5+20\ 000\times3}{120\ 000}-4.8\right)\\&=120\ 000\times(4.75-4.8)\\&=-6\ 000(元)\end{aligned}$$

三、直接人工耗用差异与配比差异

在制造企业中，产品（或劳务）的生产常常要由几种熟练等级不同的工人加工完成，由于各种不同等级的工人的工资率是不相同的，所以导致在一定总量的总工时中，等级不同的工人耗用工时所占的比重变动，从而引起直接人工成本发生差异，这种差异即为人工配比差异。

与直接材料分析相同，人工耗用差异是产品生产中的工时纯用量差异，即由工时实际平均单耗与标准平均单耗不一致造成的差异。人工配比差异是产品生产中人工等级比重差异，即由实际人工等级配合与标准人工等级配合不一致造成的差异。其中：

$$\text{人工耗用差异}=\left(\text{实际总工时}-\text{标准总工时}\right)\times\text{标准平均工资率}$$

$$=\text{实际产量}\times\left(\text{实际平均工时单耗}-\text{标准平均工时单耗}\right)\times\text{标准平均工资率}$$

$$\text{人工配比差异}=\text{实际总工时}\times\left(\text{实际配比的标准平均工资率}-\text{标准配比的标准平均工资率}\right)$$

$$=\text{实际总工时}\times\sum\left[\left(\text{各等级人工实际比重}-\text{各等级人工标准比重}\right)\times\text{各等级人工标准工资率}\right]$$

〔**实例十四**〕 星光公司本期生产M产品27 000件，由三种等级的工人加工完成。生产一件M产品需要标准混合人工工时0.5小时，混合人工标准成本和实际人工成本参见表7－11和表7－12。

表7－11 **混合人工标准成本**

人工等级	标准用量(工时)	工资率标准(元/小时)	金　额(元)
1级	0.2	2	0.4
2级	0.2	4	0.8
3级	0.1	6	0.6
合计	0.5	—	1.8

表7－12 **混合人工实际成本**

人工等级	实际用量(工时)	实际工资率(元/工时)	金　额(元)
1级	6 000	2.2	13 200
2级	5 300	3.8	20 140
3级	2 500	6.5	16 250
合计	13 800	—	49 590

根据上述资料，对星光公司M产品的人工成本差异分析如下：

(1) 人工成本总差异

$$\text{总差异}=49\,590-27\,000\times0.5\times\frac{1.8\text{ 元}}{0.5\text{ 工时}}=+990(\text{元})$$

(2) 人工工资率差异

$$工资率差异=6\,000\times(2.2-2)+5\,300\times(3.8-4)+2500\times(6.5-6)$$
$$=+1390(元)$$

(3) 人工效率差异

$$效率差异=(6\,000-27\,000\times0.5\times\frac{0.2}{0.5})\times2+(5\,300-27\,000\times0.5\times\frac{0.2}{0.5})$$
$$\times4+(2\,500-27\,000\times0.5\times\frac{0.1}{0.5})\times6$$
$$=-400(元)$$

其中,人工效率差异进一步分解为:

$$①人工耗用差异=27\,000\times(\frac{13\,800}{27\,000}-0.5)\times\frac{1.8}{0.5}=+1\,080(元)$$

$$②人工配比差异=13\,800\times(\frac{6\,000\times2+5\,300\times4+2\,500\times6}{13\,800}-\frac{1.8}{0.5})$$
$$=13\,800\times(3.49-3.6)$$
$$=-1\,480(元)$$

思考题

1. 何谓“标准成本”？它具有哪些特点？
2. 什么是标准成本系统？它包括哪些内容？
3. 标准成本一般分为哪几种类型，每种标准成本的适用性如何？
4. 如何判断例外的标准成本差异？
5. 如何制定标准成本？
6. 成本差异的计算与分析有哪些方面？
7. 对成本差异净额的期末结转如何处理？
8. 标准成本系统的优越性有哪些？
9. 标准成本会计系统的日常核算有哪些方面？

计算题

习题一

一、目的：练习计算产品的标准成本。

二、资料：某公司生产 A 产品，有关标准如下：①直接材料：用量标准 2.5 千克/件，价格标准 1.6 元/千克。②直接人工：用量标准 2 小时/件，价格标准 4 元/小时。③变动制造费：价格标准 2 元/小时。④固定制造费：预算总额 16 000 元。

全厂预计生产 2 000 件产品，实际生产 1 500 件。耗用材料 4 500 千克，计 6 750元。消耗人工 3 500 小时，计 13 125 元。发生变动制造费 6 750 元，固定制造费 15 700 元。

三、要求：

1. 计算 A 产品的标准成本和实际成本。
2. 对固定制造费进行成本差异分析。

习题二

一、目的：练习计算产品成本差异。

二、资料：某公司生产某种产品，需用A、B、C、三种材料构成的混合材料，每单位产品标准需要混合材料1.2千克，本期实际生产80 000单位产品，混合材料标准成本和实际耗用成本如下表所示：

混合材料标准成本

材料名称	标准数量（千克）	标准价格（元）	标准成本（元）
A B C	0.8 0.4 0.3	1.5 4.5 5.0	1.2 1.8 1.5
合计	1.5	—	4.5

混合材料实际成本

材料名称	实际用量（千克）	实际价格（元）	实际成本（元）
A B C	55 000 25 000 20 000	1.8 4.6 6.0	99 000 115 000 120 000
合计	100 000	—	334 000

三、要求：

1. 计算材料成本总差异。
2. 计算材料价格差异。
3. 计算材料用量差异。

习题三

一、目的：练习成本差异的计算。

二、资料：某公司固定制造费用有关资料如下表：

产能总工时	12 000 工时
实际总工时	13 000 工时
标准总工时	12 000 工时

预算总额　　24 000 元
实际发生数　　26 000 元
三、要求：
试计算固定制造费用总差异，并进行因素分析（按三因素法分析）。

习题四

一、目的：练习产品成本差异的计算。
二、资料：某产品的标准成本与实际成本信息资料如下表所示：

成本项目	标准成本	实际成本
原材料（每件）	10 千克 ×0.15 元/千克	11 千克 ×0.16 元/千克
直接人工	0.5 小时 ×4 元/小时	0.45 小时 ×4.20 元/小时

制造费用：

固定成本（总额）	5 000 元	5 000 元
单位变动成本	1 元/小时	1.2 元/小时
产量	预计 10 000 件	实际 8 000 件

三、要求：根据上述资料计算各成本项目的各项成本差额。

习题五

一、目的：练习成本差异分录的编制。
二、资料：某工厂装配车间采用标准成本计算产品成本，本月月末，成本会计师准备了有关成本的信息，如下表所示：

	原材料	直接人工	制造费用
实际成本	32 000	27 500	41 080
标准成本	30 000	28 000	38 500

另外，有关成本差异的信息如下：原材料价差 -800 元，原材料量差为 2 800 元；工资率差异为 -1 000 元，效率差异为 500 元；变动制造费用的支出差异为

1 080元，效率差异为1 500元。

月初无产成品存货，每单位产品标准成本为10元，本月完工入库产品9 000件，本月售出8 800件产成品。

三、要求：

1. 编制基本生产科目的会计分录。
2. 结转主营业务成本（标准成本）。
3. 结转成本差异。

第八章
存货控制

学习要点

存货控制的目的一方面是满足企业经营的需要,另一方面是要将存货的资金占用与成本支出控制在合理的水平上。

本章分别从存货控制的基本问题、经济订货批量的确定方法、存货的日常控制三大方面来阐述存货控制问题。

掌握存货控制的基本问题是学习货控制的切入点。在这里,首先要明确存货的概念,并进一步掌握存货成本的构成内容,明确存货控制的目标,同时也要了解存货的功能。

在此基础上,本章重点突出了经济订货批量的确定方法。这一问题又分为两个层次:一是简化条件下的经济订货批量的确定方法,通过这个问题,要掌握存货控制的相关成本及其关系、经济订货批量确定的三种方法以及不同采购方式下的存货控制等;二是经济订货批量数学模型的扩展应用,通过这个问题,要掌握在生产批量、陆续供应或陆续生产、数量折扣等条件下的经济订货批量数学模型的扩展应用。

本章最后介绍了存货日常控制的两个常用方法:挂签制度和 ABC 分析法。

第一节 存货控制概述

存货是指企业在生产经营中为销售或耗用而储存的各种资产,如原材料、燃料、包装物、低值易耗品、在产品、半成品、产成品以及外购商品等。在制造性企业中,原材料、半成品、产成品等存货往往要占极大部分流动资金,以保证生产部门加工的需要及其市场对产品的需求。加强对存货的控制是企业经营管理中的一个十分重要的内容。本章以制造性企业为例来研究存货控制。主要内容是介绍基本的经济订购批量模型和存货控制方法。

一、存货的功能

存货的功能是指存货在保证与维护企业生产经营活动的正常进行中所发挥的作用。存货的功能大致可以归纳为以下几个方面。

1. 平衡市场供求

一般说来,企业很难做到完全按市场需求适时按量供应商品,同时市场需求也是不均衡与不稳定的,因此,保持一定的库存以平衡供求是必须的。当市场需求超过当期企业提供商品的能力时,可减少库存存货以保证市场需要;当市场需求减少时,恢复和增加库存以吸收企业所生产的过量商品。这样,不仅可在产量少于市场需求时,能以存货满足需要,同时,又能使生产企业保持足够的生产批量,从而降低生产成本。

2. 保证生产需要

从事产品制造的企业,产品品种与批次不断更迭,所需材料的品种规格多种多样,供应厂商距离及渠道也各不相同。在这些情况下,要求将所需原材料与备件,按时、按质、按量源源不断地送到生产现场,是不太可能的。因此,按批次购进,保持一定存货是非常必要的。同时,上下工序之间还要保持一定数量的半成品。人们常把存货比做贮水池,进货如同向池中注水,领货如同水流出池外,注水量和流出量是决定水位高低即存货水平的因素。所以,一定数量的存货,是保证生产正常进行所必需的。

3. 降低购进成本

企业必须均衡生产或分批轮换产销才能利用设备潜力,获得较好的经济效益,因此,企业常采用数量折扣、区段价格等方式推销产品。购买量大,价格较低;购买量少,价格较高。企业有时还规定最低订货起点,低于起点不愿供货。此外,适当增大购进数量,企业还可采用廉价的运输工具,以降低购进成本。以上这些都会使企业形成存货。

4. 缓冲由工作失误或意外事故造成的损失

生产经营的各个环节和原材料及外购零部件采购、运输以及产品销售,不可能完全避免失误和意外,这就会引起缺料或缺货,从而给企业造成经济损失。因此,企业应有适当的存货。

综上所述,存货是企业生产与经营必须具备的经营条件之一,在现阶段提高管理水平仅能减少与降低存货数量,完全取消存货是不可能的。

二、存货成本构成

采购环节存货的成本主要包括:存货的买价、订购成本、储存成本和缺货成本。

1. 存货的买价

一般情况下,存货的价格并不随购买数量的增减而有所变动,这样,以购买数量乘以单价便可得存货的买价。如存货是企业生产的产品、半成品或自制工具,虽然单位成本可能不同,但也不会受每批生产数量影响,因此存货的买价在采购批量决策中,通常属于非相关成本。但是,当供应厂商采取"数量折扣"、"区段价格"等鼓励大批量购买的优惠办法时,存货的买价成为采购批量决策中的相关成本,应予以考虑。

2. 订购成本

订购成本是对外订货、采购而发生的成本,包括采购人员工资,采购部门的管理费(办公费、水电费、折旧等),采购业务费(如差旅费、邮费、检验费等)。订购成本就其与订购次数的关系可分为:与订购次数无关而具有相对稳定性的固定部分和随订购次数增加而成比例增加的变动部分。

订购成本的成本资料,均可以从账簿资料中取得,可按成本特性将其分解成固定成本和变动成本两部分。

3. 储存成本

储存成本,又称为持有成本,是指因储存与持有存货而发生的成本,包括因存货的资金占用而发生的费用和保管存货实物而发生的费用。

(1)与存货的资金占用有关的成本支出

利息:这是储存存货占用的资金的成本开支,对自有资金与借入资金都必须计算其使用效率,利息率一般应稍高于银行利率。自有资金来源的资金成本应考虑机会成本,存货占用资金越多,利息支出越多。

保险费:由于存货在企业的经营资金中占的比重较大,为减少盗窃与自然灾害所造成的风险损失,要进行财产保险。保险费发生的多少,视存货性质及投保种类而定。

陈旧与跌价损失:在存货的储存过程中,由于技术进步,新品种、新式样推陈出新,致使原有存货陈旧,因而只好降低价格出售,这会造成一定的损失,其损失大小可按占存货金额的比例来加以计算。

(2)与存货的实物保管有关的成本支出

仓储费用:包括仓库折旧费、保险费、维修费、通风照明费、冷气暖气费等。通常,仓储费用的发生额相对稳定,不随储存量的增减而变动,可以储存空间作为分摊仓储费的依据。

仓库内部搬运费:包括储存、调整、盘点、清仓等为搬运存货所发生的人工、设备油电消耗及其维修等开支。

仓库管理费:仓库管理人员工资及水电、办公、业务开支等。

储存成本可以划分为固定成本与变动成本两部分。对于订购成本与储存成本中的混合成本,可根据历史成本资料,采用适当的方法进行分解。将储存成本中不随存货存储数量变化的划归固定部分,随存货存储数量变化而变动的划归变动部分。存储成本中的变动部分可按两种方式表现:一是以每单位存货储存一年的变动储存成本来表现;二是以一元存货储存一年的储存成本率来表现,这是按利率的形式来表现的。至于订购成本中的固定订购成本和储存成本中的固定储存成本,在存货决策中是作为非相关成本的。

4. 缺货成本

缺货成本是因存货数量不能满足生产和销售需要而导致的产销中断、停工待料、设备闲置而发生的损失。例如,由于停工待料导致拖延交货而引起的罚金;停工后发生的固定成本开支;为补足拖欠订货所发生的额外成本开支;由于存货不足而失去的销售收入中的边际贡献;未能满足客户需要使企业的“商誉”方面所蒙受的损失等。缺货成本由机会成本与损失组成,牵涉的面较为广泛,很难精确计算,一般仅依企业的直接损失来确定。

以上四项成本的合计数,即为全部存货成本,但就存货控制来看,相关成本只是其中的变动成本。

三、存货控制的目标

企业为建立存货,总要付出一定的代价,包括仓库费用和占用资金的利息等。企业应力求以最低的成本来实现存货的目标。因此,企业面临两方面的威胁:一方面是存货不足,供应中断,将会给企业造成损失,包括停工损失和失去销售机会;另一方面是存货过多,要承担不必要的成本。存货不足的损失和建立存货的成本是此消彼长的,需要统一加以考虑。企业需要寻找一个最优的存货水平,使上述两方面能取得平衡。决定进货时间和批量,通常被称为存货控制。

存货控制研究的主要目标是探索经济上合理的存货量,以便为企业的经营决策提供定量的分析依据。通过适量的库存,用最低的存货成本,实现对企业生产经营活动的供应,即最佳或经济合理的供应。因此,科学的存货控制是提高企业经济效益的重要手段。

第二节　经济订购批量的确定方法

对于制造性企业来说,供应环节主要是指完成为生产而需外购的原材料、零部件或半成品等(其中主要是原材料)的储备工作。在进行采购之前,企业就应当做出计划,来控制采购数量和采购成本。

一、经济订购批量的确定方法

在企业采购环节,对上述外购存货进行成本控制的基本目标是确定经济订购批量。

经济订购批量(Economic Order Quantity,EOQ)是指在尽量避免缺货成本的基础上,使存货的订购成本与储存成本之和最低时的订购批量。

存货水平高低取决于订购批量,随着采购次数的增加,每次购入批量减小,可使存货水平降低,从而降低储存成本。在全年需要量确定的情况下,每次采购批量小,必然会使采购次数增多,这又会增加订购成本。在这两种互为消长的成本中,寻求能使这两种成本的年合计数达到最低的订购批量,即为经济订购批量。显然,经济订购批量应使这两个互为消长的矛盾的两个方面取得适当的协调,求得合理平衡,才能使存货总成本达到最低。

确定能使全年存货总成本最低的经济订购批量基本方法有三种:列表法、图解法和数学模型法。

（一）列表法

列表法又称为逐次测试法,它是假定全年总需求量一定时,列出各种订货状态下成本支出数额,通过比较来确定出经济订购批量的一种方法。

〔实例一〕　华西公司全年耗用某种材料2 000千克,预计采购单价为5元,每次订购该材料的成本为25元,存货的储存成本按平均存货金额的12.5%计算。

表8-1　各种订货批量所需总成本计算表

D=2 000千克

项　目	各种订货批量							
每批订货量(千克)	2 000	1 000	667	500	400	250	200	100
全年订货次数（全年需要量÷每批订货量）	1	2	3	4	5	8	10	20
每批订货金额(元)（每批订货量×5）	10 000	5 000	3 335	2 500	2 000	1 250	1 000	500
平均存货金额(元)（每批订货金额÷2）	5 000	2 500	1 667	1 250	1 000	625	500	250
年订购成本(元)（订货次数×每次订购成本）	25	50	75	100	125	200	250	500
年储存成本(元)（平均存货金额×12.5%）	625	313	208	156	125	78	63	31
年存货总成本(元)	650	363	283	256	250	278	313	531

表8-1表明,全年订货5次,每次订货400千克的全年存货总成本为最低,应为经济订购批量和经济订货次数,从表中还可看出当存货的储存成本下降时,订购成本则上升。这是由采购次数增多引起的。当储存成本与订购成本相等时,全年总成本就达到最低水平。

列表法的优点是能够简单明确地提供一项改进存货管理、加强存货控制的途径,但是列表法需要经过较多的计算与比较才能找到最优方案。列表法只能找到一个近似值,要得到比较精确的数据,则要依靠数学模型运算。

（二）图解法

图解法是指将所测算的订购成本、储存成本、全年总成本等数值描绘在坐标图上,在图中求出经济订购批量的一种方法。

如将表 8－1 计算的订购成本、储存成本、全年总成本等数值，分别反映在直角坐标系中，以曲线将各点连接起来，可得图 8－1。

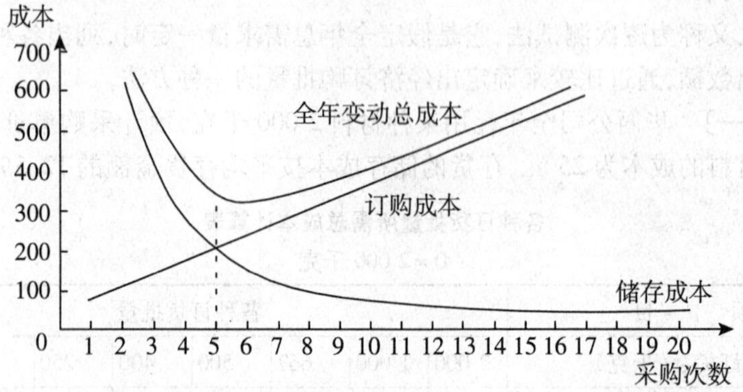

图 8－1

从图 8－1 中亦可看出经济订购批量为全年采购 5 次，全年总成本为 250 元。订购成本随着采购次数的增加而增加，储存成本随着采购次数的增加而减少，当订购成本线与储存成本线相交时(亦即两者相等时)，全年总成本线达到最低水平，即每次采购金额为 2 000 元时(400 千克)，全年总成本达到最低为 250 元(最佳点)。这与列表法计算结果一致。为了找到经济订购批量，从而达到尽量降低全年总存货成本的目的，根据坐标系中的曲线图，可以找到全年总成本曲线最低处相应总成本的近似值，从图中也可以看出全年总成本变化的规律性，可作为存货控制与决策的依据。

该图中，对缺货成本未加以反映，其原因在于：一方面是简化图示；另一方面缺货成本可以包含在订购成本之中，因为缺货成本的多少与订货次数有着密切的关系。如果订货次数少，每批订货可供使用的时间较长，自然是不易发生短缺的；如果订货次数多，情况则相反。因此，随着订货次数的增多，相应地提高订购成本，并在订购成本之中包括缺货成本，是合理的。同时，也可采取对每批订购成本附加一定的比率作为缺货损失。鉴于此，缺货成本可以不必在图中单独进行反映。

(三) 数学模型法

美国学者哈里斯(F. N. Harris)于 1919 年将数理分析的方法用于存货控制，创立了较为完善的存货控制的数学模型。

1. 平均储存量

平均储存量是为存货控制决策而进行计算分析时所运用的一个基本概念，它是指某种存货的平均值。通常情况下，企业全年进货不止一次，在假定每次都按等批量进货，并且按相等数量消耗的前提下，以每批进货数量的一半作为平均储存量。

〔实例二〕　某公司对甲材料全年进货4次（每季初进货一次），全年进货9 000件，每次进货批量为2 250件，其库存情况参见表8－2。

表8－2　　甲材料库存情况（全年进货4次）

日　　期	库存量（件）
1月1日	2 250
3月31日	0
4月1日	2 250
6月30日	0
7月1日	2 250
9月30日	0
10月1日	2 250
12月31日	0

根据以上资料可计算该公司平均储存量为：

$$平均储存量=\frac{1}{2}\times 进货批量=\frac{1}{2}\times 2\ 250=1\ 125（件）$$

以上计算如图8－2所示。

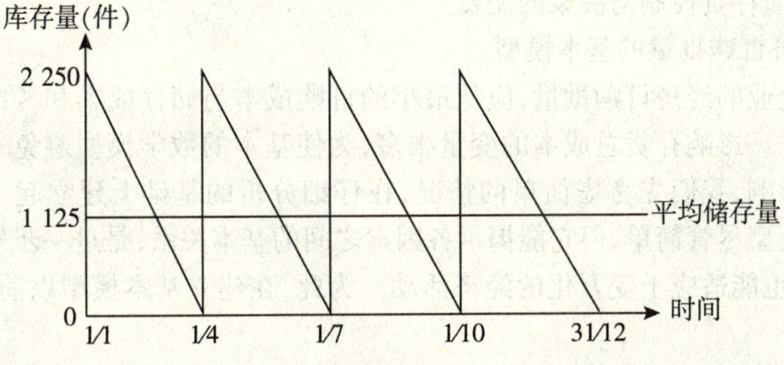

图8－2

$$平均储存量=\frac{\sum_{n=1}^{13}各期期初存量}{13}=\frac{年初存量}{2}$$

$$=\frac{58\ 500}{13}=\frac{9\ 000}{2}=4\ 500(件)$$

其平均储存量如下：

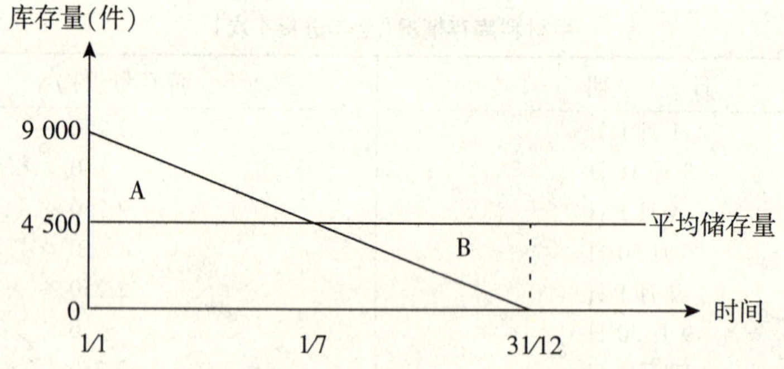

图 8－3

在图 8－3 中平均储存量线将库存量下降线平分为两段，形成两个相等的三角形 A、B，说明以期初库存量的一半可代表这种较为特殊情况下的全年的平均储存量。因此可以说：平均储存量为购入批量的一半。这种计算方法和结论在一般情况下都适用，因为多数企业的生产能力、销售量、规模大小都是相对稳定的，以每批进货量的一半作为平均储存量不会有多大出入。若遇较大变化则应相应调整、修正，才能适应存货控制与决策的需要。

2. 经济订购批量的基本模型

寻找企业的经济订购批量，应从最小的订购成本与储存成本和考虑避免缺货成本上着手。影响存货总成本的变量很多，为使基本的数学模型避免一些较为复杂因素的影响，我们先考虑简单的情况，在仔细分析的基础上建立起一个基本模型。基本模型尽管简单，但它能揭示各因素之间的基本关系，是进一步解决复杂问题的基础，也能适应千变万化的经济活动。为此，在建立基本模型以前，先做出以下假设：

(1)某种存货的全年需要量与平均消耗量是已知的，确定不会变动的。

(2)每次购买货物从订货到送达入库的时间间隔固定不变，并且每批货物均一次送达。

(3)存货购买单价不变,不考虑数量折扣与价格变动影响。

(4)不允许缺货发生,不考虑缺货成本。

(5)用于购买存货的资金充裕,不受限制。

在此假设的基础上,问题极大地简化了,从而可较顺利地建立起经济订购批量的基本模型。从前述列表法和图示法计算和寻求经济订购批量中可见,全年订购成本与储存成本的总和最小点,必然是订购成本与储存成本相等时的相应总成本线上的一点。从微分学来看,此点即为总成本曲线上对采购次数的微分为零之处,数学模型正是从这一基本概念推导而来的。

设:D 代表某种存货的全年需要量,Q 代表每批购进数量,N 代表全年采购次数,则:

$$N = \frac{D}{Q}$$

设:K 代表一次订货的订购成本,C_1 代表全年订购成本,

则:

$$C_1 = NK = \frac{D}{Q}K$$

设:k_i 代表年储存成本率(以平均存货百分率表示),k_c 代表单位存货储存一年的储存成本,C_2 代表全年储存成本,u 代表该种存货的单价,C 代表存货总成本,则:

$$k_c = k_i u$$

所以:

$$平均储存量 = \frac{Q}{2}$$

$$存货平均占用资金 = \frac{Q}{2}u$$

$$C_2 = \frac{Q}{2}uk_i = \frac{Q}{2}k_c$$

$$全年某种存货总成本 = C_1 + C_2 = \frac{D}{Q}K + \frac{Q}{2}uk_i = \frac{D}{Q}K + \frac{Q}{2}k_c$$

若在全年需要量中，随采购次数为转移的变动成本 E，则可表述为：

$$E=\frac{KD}{Q}+\frac{k_i uQ}{2}$$

$$E=\frac{KD}{Q}+\frac{k_c Q}{2} \quad (1)$$

上式说明，全年某种存货的全年需要量中，随订购次数变动的变动成本总额是每批购进数量的一元函数，它是由互为消长的两部分组成，现在要计算全年某种存货总成本最低的 EOQ 值，根据极值定理，则以 Q 为自变量对 E 进行微分使之等于零，且二次微分为正值时则 E 有最小值。

$$\frac{d(E)}{dQ}=\frac{-KD}{Q^2}+\frac{k_c}{2}$$

令：

$$\frac{d(E)}{dQ}=0,\frac{-KD}{Q^2}+\frac{k_c}{2}=0$$

并且：

$$\frac{d^2(E)}{dQ^2}+\frac{2KD}{Q^3}>0$$

则：

$$EOQ=\sqrt{\frac{2KD}{k_c}} \quad (2)$$

或：

$$EOQ=\sqrt{\frac{2KD}{k_i u}} \quad (3)$$

其次，由式(2)得：

$$\frac{KD}{Q^2}=\frac{k_c}{2},\frac{D}{Q^2}=\frac{k_c}{2K}$$

$$\frac{D^2}{Q^2}=\frac{k_cD}{2K}$$

所以全年最优采购次数

$$N'=\frac{D}{EOQ}=\sqrt{\frac{k_cD}{2K}} \tag{4}$$

设最优进货周期为 t'_s

则：

$$t'_s=\frac{12}{N'}, \quad N'=\frac{D}{EOQ}$$

$$t'_s=\frac{12}{D}EOQ=\frac{12}{D}\sqrt{\frac{2KD}{k_c}}$$

$$t'_s=\sqrt{\frac{2K}{k_cD}}\cdot 12 \tag{5}$$

将 EOQ 代入 $E=\frac{KD}{Q}+\frac{k_cQ}{2}$

则全年最小变动总成本 E'可按以下模型计算：

$$E'=\frac{KD}{\sqrt{\frac{2KD}{k_c}}}+\frac{k_c}{2}\sqrt{\frac{2KD}{k_c}}$$

$$E'=\sqrt{2KDk_c} \tag{6}$$

〔**实例三**〕　茫溪化工厂计划年度全年需要消耗原煤48 000吨，每次订货的订购成本为 250 元，每吨原煤每月储存成本是 0.125 元。试计算经济订购批量 EOQ，最优进货周期 t'_s 和最低全年变动总成本 E'。

解：$D=48\ 000$（吨），$K=250$（元）

$k_c=12\times 0.125$（元/吨·月）

依题意代入公式：

$$EOQ=\sqrt{\frac{2KD}{k_c}}=\sqrt{\frac{2\times 48\ 000\times 250}{12\times 0.125}}=4\ 000\text{（吨）}$$

$$N' = \frac{D}{EOQ} = \sqrt{\frac{12 \times 0.125 \times 48\ 000}{2 \times 250}} = 12(次)$$

$$t'_s = \sqrt{\frac{2K}{k_c D}} \cdot 12 = \sqrt{\frac{2 \times 250}{12 \times 0.125 \times 48\ 000}} \times 12 = 1(月)$$

或：

$$t'_s = \frac{12}{N} = \frac{12}{12} = 1(月)$$

$$E' = \sqrt{2KDk_c} = \sqrt{2 \times 48\ 000 \times 12 \times 250 \times 0.125} = 6\ 000(元)$$

〔**实例四**〕 沱江工具厂某种材料年度需要量2 000件，每件购价100元，一次订货的订购成本为40元，年度储存成本率为1%，试计算：应分几次采购才能使年度变动总成本最低？

解：

$$D = 2\ 000(件), K = 40(元)$$
$$u = 100(元), k_i = 1\%$$

代入公式：

$$EOQ = \sqrt{\frac{2 \times 2\ 000 \times 40}{100 \times 1\%}} = 400(件)$$

$$N' = \sqrt{\frac{100 \times 1\% \times 2\ 000}{2 \times 40}} = 5(次)$$

$$t'_s = \sqrt{\frac{2 \times 40}{100 \times 1\% \times 2\ 000}} \times 12 = 2.4(月)$$

或：

$$t'_s = \frac{12}{5} = 2.4$$

$$E' = \sqrt{2 \times 2\ 000 \times 100 \times 1\% \times 40} = 400(元)$$

上述资料的计算参见表8－3。

表 8－3　　各种订货批量所需总成本计算表

D＝2 000 件

项　　目	各种订货批量							
每批订货量(千克)	2 000	1 000	500	400	333	250	200	100
全年订货次数 (全年需要量÷每批订货量)	1	2	4	5	6	8	10	20
每批订货金额(元) (每批订货量×单价)	200 000	100 000	50 000	40 000	333 000	25 000	20 000	10 000
平均存货金额(元) (每批订货金额÷2)	100 000	50 000	25 000	20 000	16 650	12 500	10 000	5 000
年订购成本 (订货次数×每次订购成本)	40	80	160	200	240	320	400	800
储存成本 (平均存货金额×1%)	1 000	500	250	200	166.50	125	100	50
年存货总成本	1 040	580	410	400	406.50	445	500	850

从表 8－3 中可见订货量每批为 400 件时，全年订货 5 次，其年度变动总成本为最低(400 元)，与按经济订购批量公式计算所得结果是相同的，也会使图解法与列表法的结果相同，这里不再赘述。

二、不同采购方式下的存货控制

企业组织日常材料采购可按两种方式进行：一是定量采购方式，二是定期采购方式。两者虽然出发点不同、计算依据不同、适用条件不同，但都必须考虑满足材料供应和降低资金占用的要求。企业应根据自己的特点及取得有关信息的难易程度，决定选用何种方式组织日常采购。下面分别介绍这两种采购方式控制的特点。

(一) 定量采购方式控制

定量采购方式是以事先计算的经济批量为定量采购基础，以现有库存材料储备量是否达到固定的再订货点作为决定是否采购的标志的一种采购方式。

在该方式下，每次采购量应固定等于经济批量，事先确定各种材料采购的经济批量是应用该法的基础。在日常管理过程中，一旦发现库存材料储备量达到事先确定的再订货点，应马上组织订购。显然，再订货点的确定是应用该法的关键。

再订货点(用 R 表示)受到以下因素的影响：

(1)交货期(即从办理采购起,到货物验收入库可以使用为止的时间间隔,包括:办理订购手段、发运、在途、验收入库等所需时间,用 t_1 表示)。

(2)材料的每日平均耗用量(又叫发货量,用 f 表示)。

(3)保险储备量(指在前两个因素不稳定的情况下,为保证不至于缺货或将缺货限制在允许的范围内而准备的安全储备量,用 I 表示)。再订货点的计算公式为:

$$\begin{aligned}\text{再订货点}(R) &= \text{交货期日数} \times \text{每日平均耗用量} + \text{保险储备量}\\ &= \text{交货期平均耗用量} + \text{保险储备量}\\ &= t_1 f + I\end{aligned}$$

式中,保险储备量的确定比较复杂,一般可按经验估计或采用概率方法进行估算(具体方法略),亦可按保险日数(用 t_2 表示)乘以每日耗用量来计算(此时,$I = t_2 f$)。

若设任一时刻的库存储备量为 Q_2,当 $Q_2 > R$ 时,不需要组织采购;当 $Q_2 = R$ 时,应立即组织采购,采购量为经济批量 EOQ。

总之,定量采购方式的特点是:采购批量固定不变,采购日期不定期。

〔**实例五**〕 某企业生产使用的某种材料的全年需用量为4 000件,每次订货成本为 50 元,单位材料年均储存成本为 10 元,不允许出现缺货,没有商业折扣,交货期为 5 天,保险日数为 1 天,平均每天耗用量为 11 件。

要求:

(1)计算定量采购方式下的每次采购量及再订货点。

(2)判断当实际库存储备分别达到 80 件和 66 件时,企业是否应当马上组织采购该种材料?

解:

(1)每次采购量即为经济批量:

$$\because \quad D = 4\,000, K = 50, k_c = 10, t_1 = 5, f = 11, I = t_2 f$$

$$\therefore \quad EOQ = \sqrt{\frac{2KD}{k_c}} = \sqrt{\frac{2 \times 50 \times 4\,000}{10}} = 200(\text{件})$$

$$R = t_1 f + I = 5 \times 11 + 1 \times 11 = 66(\text{件})$$

(2)当 $Q_2 = 80$ 时,因为 $Q_2 > R$,所以,不用采购。当$Q_2 = 66$时,$Q_2 = R$,应马上采购 200 件。

答:(略)

(二) 定期采购方式控制

定期采购方式是在事先决定的固定采购周期的基础上,以预计的定期采购量标准与各采购日当时的实际库存采购量之间的差额作为每次实际采购量的一种采购方式。

采购周期是指两次采购之间的间隔(用 t_0 表示),它通常受到企业全年需用材料量、耗用情况以及供应方生产批量和供货特点等因素的影响。

定期采购量标准(用 M 表示)是指每次订货的最高限额,它由采购周期平均耗用量(等于进货同期平均需用量)、交货期平均耗用量与保险储备量三者之和构成,即:

$$\text{定期采购量标准}(M)=\text{采购周期平均耗用量}+\text{交货期平均耗用量}+\text{保险储备量}$$

$$=\text{供应间隔日数}\times\text{每日平均耗用量}+\text{交货期日数}\times\text{每日平均耗用量}+\text{保险日数}\times\text{每日平均耗用量}$$

$$=(t_0+t_1+t_2)f$$

则,每次采购的实际订货量 Q 的公式为:

$$\text{每次定期采购的实际订货量}(Q)=\text{定期采购量标准}-\text{采购日实际库存储备量}=M-Q_2$$

总之,定期采购方式的特点是:定期组织采购,但每次实际采购量不固定。

[实例六] 某企业需用某种材料,每个月定期采购一次,每日平均耗用量为 100 吨,交货期为 5 天,保险日数为 2 天。

要求:

(1)试计算该企业定期采购量标准。

(2)假定前三个采购日的实际材料盘存数分别为 800 吨、700 吨和 600 吨,试分别计算这三次的实际采购量应为多少?

解:

(1)求定期用量标准 M:

∵ $t_0=30$ 天,$t_1=5$ 天,$t_2=2$ 天,$f=100$ 吨

∴ $M=(t_0+t_1+t_2)f=(30+5+2)\times100=3\,700$(吨)

(2)将 $M=3\ 700$,Q_2 分别为800、700、600吨代入 $Q=M-Q_2$,则有:

第一次实际采购量 $Q=3\ 700-800=2\ 900$(吨),第二次和第三次实际采购量分别为3 000吨和3 100吨。

答:(略)

在材料采购控制中,还可以根据需要进行经济采购批量灵敏度分析,以确定影响经济批量的主要因素,具体方法此处从略。

第三节　经济订购批量数学模型的扩展运用

建立在一定假设条件之下的基本数学模型,经过对一些条件的改变和概念转换,还可以做多方面的运用。

一、经济订购批量数学模型在生产批量控制中的运用

成批生产或大批生产的制造业,可以将前述经济订购批量的计算原理,运用于企业生产方面,可在成批生产中确定一次投产的最经济的生产批量。对这类问题的研究,主要是考虑两个相关成本因素,即调整准备成本和储存成本。至于生产过程中发生的直接材料、直接人工等成本,则与此控制无关,不必加以考虑。

所谓调整准备成本是指每批产品投产前为做好准备工作而发生的成本。如调整机器、准备工具模具、清理现场、布置生产线、领取原材料、准备生产作业记录的成本等。这类成本每次发生额基本相等,它与生产数量没有直接联系,而与批次成正比:批次越高,调整准备成本就越高;反之越低。

储存成本是指单位产品或零部件在储存过程中所发生的年成本。如仓库及其设备的维修费、折旧费、保险费、保管人员工资、利息支出、自然损耗等。这类成本与批次的多少无直接联系,而与生产批量成正比例变化:批量越大,年储存成本越高;反之越低。

显然,调整准备成本与储存成本是性质相反的两类成本,由于调整准备成本与批量无关,而与批次成正比,因此,要想降低全年的调整准备成本,必须减少批次,而批次的减少,必将引起批量的增长,从而提高全年的平均储存成本。在这种情况下,就存在最优生产批量的控制问题。最优生产批量的控制就是要寻求一个适当的生产批量,使其全年的调整准备成本与其全年的平均储存成本之和为最低。

经济订购批量的基本数学模型如前所述为：

$$EOQ=\sqrt{\frac{2KD}{k_c}}$$

如果应用到生产上，式中各字母的经济含义应该改为：EOQ 代表某种成批生产的产品一次投产的最经济批量；D 代表该产品全年预计总产量；K 代表更换生产批次需花费的调整、安装、准备成本；k_c 代表单位产品存储一个单位期间的储存成本。

〔实例七〕 沱江工具厂预计全年生产某种机具48 000套，每套机具每月储存成本 0.20 元，每次更换生产批次需花费调整准备成本 1 600 元。试计算一次投产的最经济批量 EOQ，最优生产周期 t'_s 和最低年度变动生产成本 E′。

解：　　$D=48\ 000$（套），$K=1\ 600$（元），

$$k_c=0.20（元/套·月）\times 12$$

代入基本模型：

$$EOQ=\sqrt{\frac{2\times 48\ 000\times 1\ 600}{12\times 0.20}}=8\ 000（套）$$

$$N=\frac{48\ 000}{8\ 000}=6（次）$$

或：

$$N=\sqrt{\frac{12\times 0.20\times 48\ 000}{2\times 1\ 600}}=6（次）$$

$$t'_s=\sqrt{\frac{2\times 1\ 600}{12\times 0.20\times 48\ 000}}\times 12=2（月）$$

或：

$$t'_s=\frac{12}{N}=\frac{12}{6}=2（月）$$

$$E'=\sqrt{2\times 48\ 000\times 12\times 1600\times 0.20}=19\ 200（元）$$

二、陆续供应或陆续生产条件下经济批量计算

在建立基本模型时，是假定存货一次到达陆续消耗领用，在存货增加时，存量

变化表现为垂直的直线，其库存存货变动如图 8－4 所示。

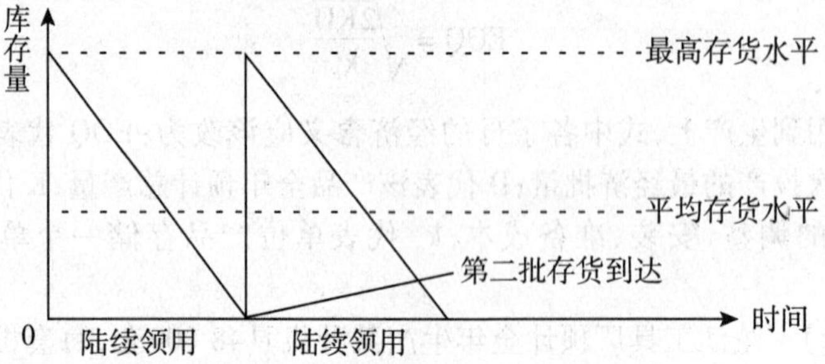

图 8－4

在企业的现实生产经营中，各批存货常常是陆续入库，使库存量增加，然后逐步耗用。产成品和在产品入库和转移也是陆续供应与陆续耗用的。无论是存货陆续送到供陆续使用，还是陆续自行生产供陆续领耗，这时库存存货变动如图 8－5 所示。

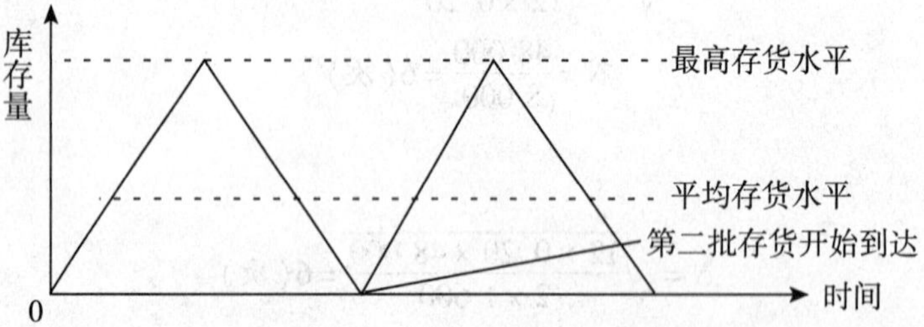

图 8－5

在这种条件下，供生产领耗的存货，是经过陆续自制加工入库或经购买陆续到达入库，供生产陆续领用消耗，为适应这种情况变化，应引入参数对前述基本模型做一些修正。

假设某厂生产所需的 F 材料由本厂自制，生产速度为 P，消耗速度为 d，为保证生产，要求 $P>d$，在自制期间，除去当日消耗，每天还要储存一部分 F 材料，其速度为 $P-d$，消耗周期为 t_1，$t_c=t_2-t_0$，生产时间为 $t_1-t_0<t_2-t_0$。

在每个消耗周期内，库存量从零增加至 M，再从 M 下降至零，如图 8－6 所示。

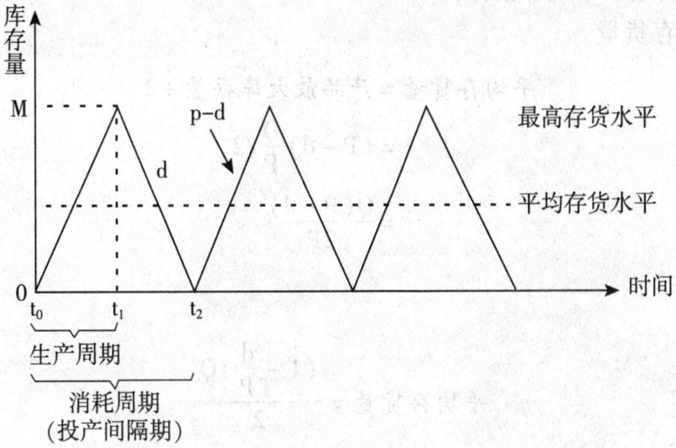

图 8-6

虽然“经济生产批量”的计算原理与“经济订购批量”是相同的，但两者所面对的存货动态是不同的。经济订购批量基本模型运用于计算经济生产批量时，可做如下概括：在整个周期内生产批量或消耗批量 $Q=(t_1-t_0)P$，或者 $Q=(t_2-t_0)d$，

则：

$$t_1-t_0=\frac{Q}{P},t_2-t_0=\frac{Q}{d}$$

即：一批产品的生产周期是一批产品的投产量 Q 除以每天产品产出量 P 所得的商；每次投产的间隔期是一批产品的投产量 Q 除以每天产品消耗量 d 所得的商。当一个生产周期终了，产品的最高存量可依下式计算出来：

$$\begin{aligned}\text{产品最大库存量}&=\text{生产周期内每天库存量净增加额}\times\text{生产周期天数}\\&=(P-d)(t_1-t_0)\\&=(P-d)\frac{Q}{P}\end{aligned}$$

或：

$$\text{产品最大库存量}=(1-\frac{d}{P})Q$$

可据此确定以下几个指标：

1. 平均存货量

$$平均存货量=产品最大库存量\div 2$$
$$=(P-d)\frac{Q}{P}/2$$
$$=\frac{Q(P-d)}{2P}$$

或：

$$平均存货量=\frac{(1-\frac{d}{P})Q}{2}$$

2. 储存成本总额

$$储存成本总额=\frac{k_c(P-d)}{2P}=\frac{k_c(1-\frac{d}{P})Q}{2}$$

3. 调整准备成本总额

$$调整准备成本总额=\frac{K}{(t_2-t_0)}=\frac{K}{\frac{Q}{d}}=\frac{Kd}{Q}$$

因此，单位期间变动总成本可表达为：

$$E=\frac{k_c(1-\frac{d}{P})Q}{2}+\frac{Kd}{Q} \tag{1}$$

欲要其值最小，应使：

$$\frac{dE}{dQ}=\frac{k_c(1-\frac{d}{P})}{2}-\frac{Kd}{Q^2}=0$$

并且：

$$\frac{d^2E}{dQ^2}=\frac{2Kd}{Q^3}>0$$

故有极小值，

所以：

$$EOQ=\sqrt{\frac{2Kd}{(1-\frac{d}{P})k_c}}$$

由于全年消耗速度 d 就是全年需要量，所以从全年来看 d = D，故上式可表达为：

$$EOQ=\sqrt{\frac{2KD}{(1-\frac{d}{P})k_c}} \tag{2}$$

将式(2)代入前式可得：

$$E^{-}=k_c\frac{EOQ(P-d)}{2P}+K\frac{d}{Q}$$

同理，从全年来看 d = D，故 E′可表述为：

$$E'=\sqrt{2DKk_c\times(1-\frac{d}{P})} \tag{3}$$

〔实例八〕　某厂全年要耗用某种零件438 000件，每天需要生产1 000件，消耗600 件，每件零件全年的储存成本为 0. 25 元，每批产品更换调整成本为 25 元。试计算经济批量 EOQ，最优库存量 M，最低年变动总成本 E′，最优消耗周期（t_2-t_0）和生产周期（t_1-t_0）。

解：代入公式

$$EOQ=\sqrt{[\frac{2\times438\ 000}{1-\frac{600}{1\ 000}}](\frac{25}{0.25})}=14\ 800(\text{件})$$

$$E'=\sqrt{2\times438\ 000\times0.25\times25\times(1-\frac{600}{1\ 000})}=1\ 480(\text{元})$$

$$t_1 - t_0 = \frac{EOQ}{P} = \frac{14\ 800}{1\ 000} = 14.8(\text{天})$$

$$M^- = \frac{EOQ}{P}(P-d) = \frac{14\ 800}{1\ 000}(1\ 000-600) = 5\ 920(\text{件})$$

$$t_2 - t_0 = \frac{EOQ}{d} = \frac{14\ 800}{600} = 24.67(\text{天})$$

最优经济生产批量成本公式还可用于比较企业零部件自制和外购的经济效果。自制零部件由于边生产边消耗，平均存量少，自制单位成本可能较低，但一批零部件投产的调整准备成本却可能比一次对外订购的外购成本高。因此，要全面衡量分析与此有关的全部成本，才能做出正确的选择。

设生产上有一零件，如向市场购买，每件采购单价为 16 元，如果自制，单位成本为 12.25 元，与外购有关的其他数据是：$D = 1\ 225$（件），$K = 10$（元），$k_c = 16 \times 20\% = 3.2$（元）。据此，可计算：

$$E' = \sqrt{2DKk_c} = \sqrt{2 \times 1\ 225 \times 10 \times 16 \times 0.2} = 280(\text{元})$$

全年外购零件的全部成本 $= 1\ 225 \times 16 + 280 = 19\ 880$（元）

设零件改为自制，取得相关数据如下：调整准备成本 $K = 5\ 000$（元），$d = 10$（件），$P = 50$（件），$k_c = 12.25\% \times 20\% = 2.45$（元），将以上数据代入公式：

$$E' = \sqrt{2DKk_c \times (1 - \frac{d}{P})}$$

$$= \sqrt{2 \times 1\ 225 \times 5\ 000 \times 12.25 \times 0.2 \times (1 - \frac{10}{50})}$$

$$= 4\ 900(\text{元})$$

全年自制零件的全部成本 $= 1\ 225 \times 12.25 + 4\ 900$

$= 19\ 906.25$（元）

计算表明，自制调整准备成本较高，不太合算，故仍应继续外购为宜。

至于原材料订购后陆续送达、陆续领用，则与上述自制零件、材料的情况类似。可以图 8－7 说明如下：

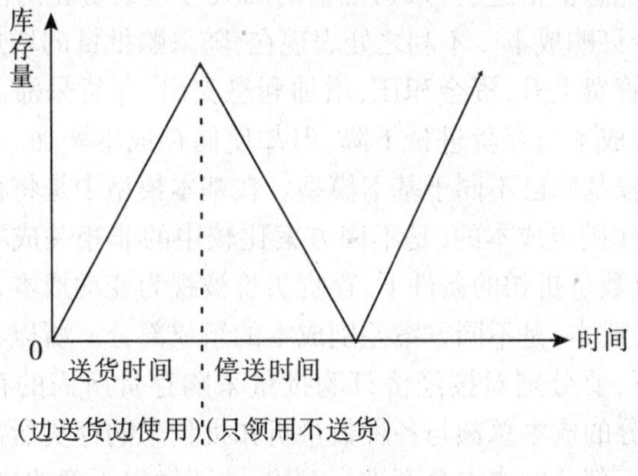

图 8 - 7

为了能合理使用储备资金,正确计算经济订购批量与经济生产批量,使用基本模型时,有关参数所代表的经济含义要做相应的变化。现列出基本模型并将各参数的经济含义对照,参见表8 - 4。

表 8 - 4　　参数经济含义对照表

符号	经济订购批量	经济生产批量
	经济含义	经济含义
D	全年需要量	全年生产量
K	每批订购成本	每批产品更换调整
k_c	存货储存成本	存货储存成本
c	存货购买单价	自制材料或零件单位成本
P	陆续送货速度	陆续生产速度
d	消耗领用速度	消耗领用速度

三、考虑数量折扣时的"经济订购批量"模型

在建立基本模型时曾假设购买存货单价保持不变,即单价不受一次购买量多寡的影响,在计算年最低变动总成本(E′)时,是把材料采购成本作为固定成本排除在外的。但在市场经济的市场营销策略中,实行数量折扣和区段价格是供货者鼓励人们大批购买商品的方法。这种推销方式对供货者是有利的,但对购买者来说却是有利有弊,因为这种折扣需要每次购买达到规定数量方可获得。有利之处表

现在,可以较低的优惠价格进货,采购批量的加大可使运费相对降低,也可使采购次数减少从而减少订购成本。不利之处表现在,随采购批量的增加,必然会提高存货水平,使仓库保管费上升,资金积压,增加利息支出,存货呆滞。由此可见,享受数量折扣虽使订购成本与存货进价下降,但却使储存成本增加。在有数量折扣的条件下,决策的比较基础已不同于基本模型。在基本模型中是将存货买价(采购数量×采购单价)当作固定成本的,是不同方案比较中的非相关成本,不作为决策计算的内容。而在有数量折扣的条件下,存货买价被视为变动成本,是不同方案比较中应予考虑的相关成本,是不同方案差别成本的组成部分。所以,在有数量折扣与区段价格的条件下,要分别对按经济订购批量采购存货所需的存货买价、订购成本、储存成本三部分的成本总额与各种数量折扣批量采购存货所需的存货买价、订购成本、储存成本三部分的成本总额进行对比,才能做出正确的决策。这时的成本总额是存货的完全成本。这项成本包括了存货买价,使它区别于基本模型。存货总成本的计算公式应为:

$$C_{MT}=Du+\frac{D}{Q}K+\frac{Q}{2}k_iu$$

式中:C_{MT}为全年存货总成本,D 为全年需求量,u 为存货购买单价,K 为每次订购成本,k_i 为以平均存货金额的百分数表示的储存成本,Q 为每次采购量。

〔实例九〕 某电冰箱厂使用 G 配件,全年需要量为 7 500 件,单价为 40 元,每次订购成本为 100 元,储存成本为平均存货金额的 15%,供应厂家规定,若每次采购量超过 2 500 件以上,在结算单价上可享受 8% 的数量折扣。该电冰箱厂应否按数量折扣向供应厂家购买 G 配件?

解:首先应对不接受数量折扣条件的存货总成本进行计算,即确定经济订购批量及全年存货总成本。

根据基本模型,则有:

$$EOQ=\sqrt{\frac{2KD}{k_iu}}=\sqrt{\frac{2\times 7\ 500\times 100}{40\times 15\%}}=500(件/批)$$

根据经济批量并将有关数据代入存货总成本计算公式:

$$G_{MT}=7\ 500\times 40+\frac{7\ 500}{500}\times 100+\frac{500\times 40}{2}\times 15\%$$
$$=300\ 000+1\ 500+1\ 500$$

$$=303\ 000(元)$$

其次,计算接受数量折扣的存货总成本,应注意的是采购批量应完全依折扣条件为准,存货购进单价应按扣除折扣率以后进行计算。

$$存货买价 = Du \times (1-8\%) = 7\ 500 \times 40 \times 92\% = 276\ 000(元)$$

$$存货订购成本 = \frac{D}{Q} \times K = \frac{7\ 500}{2\ 500} \times 100 = 300(元)$$

$$储存成本 = \frac{Q \times k_i \times (1-8\%)}{2} \times 15\%$$

$$= \frac{2\ 500 \times 40 \times 92\%}{2} \times 15\%$$

$$= 6\ 900(元)$$

$$G_{MT} = 276\ 000 + 300 + 6\ 900 = 283\ 200(元)$$

从以上两方面计算可见,如按经济订购批量采购,则该厂年存货总成本为303 000元。如果接受数量折扣,每次采购均要按2 500件采购,购货单价才能从40元降为36.8元[40×(1-8%)],平均存货额由10 000元($\frac{500 \times 40}{2}$)上升为46 000元($\frac{2\ 500 \times 36.80}{2}$),这必然使储存成本上升,增加5 400元(6 900-1 500),但订购成本却节约了1 200元(1 500-300)。而最大的节约是按数量折扣的批量采购使存货买价降低24 000元(300 000-276 000),不仅弥补了储存成本的增加支出部分,还可带来近20 000元的盈余,说明该企业应选择按数量折扣的批量购买的决策。

应否接受数量折扣的批量购买的决策,实质上是权衡数量折扣带来的订购成本与存货的购置成本(存货买价)的节约额与存货的储存成本的增加额,前者超过后者时才是可取的,否则顾客无法接受折扣条件。

对于一般供应厂商所提供的区域价格优惠,可将其看作一种特殊形式的数量折扣,在进行决策中,仍应在不同的方案成本比较时,把存货的买价包括在差别成本之中。它是不同方案的相关成本与变动成本。只是区段价格的形式有两区段、三区段、四区段乃至更多的区段形式。上述数量折扣情况下订购批量决策原理和方法,也适合于多种区段价格情况下的订购批量决策,只是比较的步骤更多,划分的区段越多,所需辗转比较的步骤越多。通常情况下,按以下程序确定经济定购批量：首先，计算不考虑数量折扣的经济批量，据此按所提供的区段价格优惠条件查出相应的采购价格，代入公式计算出相关成本总额；其次，按其余区段价格与采购批量分别计算各自条件下的相关成本总额；再次，比较各种情况的相关成本总额，相关总成本最低时的采购批量即为考虑数量折扣时的经济定购批量。

〔实例十〕 设某厂全年需外购 A 配件 6 400 件，每次订货成本 125 元，储存成本为平均存货成本的 25%，该配件供应商规定的区段价格为：

表 8－5

一次供货量(Q)(件)	每件单价(元)
1～579	20
580～629	18
630～669	16
670～729	14
730 以上	12

对于各区段相关总成本的计算结果可列表如下（参见表8－6）：

表 8－6

批量 Q (件)	单价 u (元)	全年购买金额 6 400×u (元)	平均存货 Qu/2 (件)	储存成本 Qu/2×0.25 (元)	批次 6 400/Q	订货成本 D/Q×125 (元)	总成本 (元)
565	20	128 000	5 650	1 413	11.33	1 416	130 829
596	18	115 200	5 364	1 341	10.74	1 343	117 884
632	16	102 400	5 056	1 264	10.12	1 265	104 929
676	14	89 600	4 732	1 183	9.46	1 183	91 966
730	12	76 800	4 380	1 095	8.76	1 095	78 990

在本例中视第一区段为不考虑数量折扣的经济订购批量，它是将数据代入基本模型计算的，以第三区段为例：

$$Q_3 = \sqrt{\frac{2DK}{k_i u}} = \sqrt{\frac{2 \times 6\ 400 \times 125}{16 \times 0.25}} = 632(件)$$

从表 8－6 的计算结果可以看出，每批采购 730 件时总成本（78 990元）为最低，是经济订购批量。

第四节　存货的日常控制

一、挂签制度

挂签制度(Hang Label System)是一种传统的存货日常控制方法,它对库存商品或材料物资的每一项目均挂上一张带有编号的标签,当存货发放给生产单位使用或售出时,即将标签取下,记在"永续盘存卡片"上以便控制。在这种情况下,为了保证不致发生停工待料或临时无货供应,必须事先在盘存卡片上注明最低储存量(即保险储备量),一旦实际结存余额达到这个水平,应立即提出订购申请。永续盘存卡片的格式大致如下表所示:

表 8-7　　永续盘存卡

经济订货量	1 400 千克
订货点	200 千克

编　　号	130456
品名规格	材料甲

定购			收入			支出			余额	
1996 年		数量	1996 年		数量	1996 年		数量	数量	单价
月	日		月	日		月	日			
1	2	1 000 千克	1	8	1 000 千克				1 000 千克	4 元/千克
						1	10	300 千克	700 千克	4 元/千克

如果企业没有使用永续盘存记录,则应将每次取下的存货标签集中存放,到规定的订购日期,再将汇集存放的标签分类统计其数量,并以此作为申请订购的依据。

采用挂签制度进行存货控制简易可行,但在一定时期内如果材料领用量或产品销售量起伏不定,波动很大,则往往需要有较高的保险储备量。

二、ABC 分析法

ABC 分析法(ABC Analysis Method)是对存货按其重要程度、消耗数量和资金占用量进行 A、B、C 分类,明确管理的重点和方向,从而节约时间,节省资金,加速资金周转的存货控制方法。ABC 分析法最初由意大利经济学家巴累托(Pareto)提出,故又称为巴累托分析法。

(一) ABC 分析法分类原理

ABC 分析法的基本分类原理是将企业全部存货划分为 A、B、C 三类。属于 A 类的存货是最重要的、价值高而品种少的存货,通常一个企业的 A 类存货仅占全部存货品种数的 10% 左右,而一定期间的领用金额占全部领耗金额的 70% 左右。A 类存货的管理处于举足轻重的地位,是管理的重点。B 类存货的品种占全部存货品种数的 20% 左右,一定期间领耗的金额占全部领耗金额的 20% 左右。对 B 类存货只能根据实际情况,予以相应的管理。属于 C 类的是品种较多而价值较低的存货,C 类存货品种占全部存货品种数的 70% 左右,但一定时期领耗存货金额只占全部领耗存货总金额的 10% 左右。对 C 类存货只需按常规进行一般性管理。经过上述排队分类后,ABC 三类存货的比例关系大体上是:在存货品种上表现为1:2:7;在领耗金额上则表现为 7:2:1。将以上分类反映在直角坐标系中,就形成所谓巴累托曲线,如图 8 -8 所示。

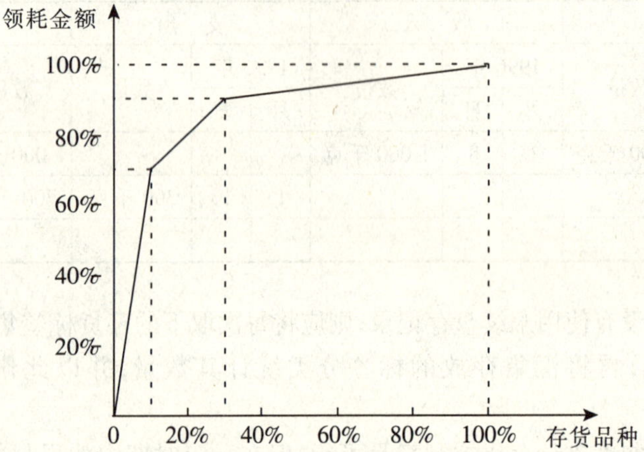

图 8 -8

对不同类别的存货,有不同的控制要求。A、B、C 三类存货的控制要求列表分别参见表 8 -8。

表 8－8

类别 / 项目	A　类	B　类	C　类
1. 控制程度	按品种严格控制	按小类控制	按大类控制
2. 储存量确定实行	仔细计算确定从严掌握	适当放松	留有余地简便手续
3. 记录要求	及时记录收发存	定期记录收发存	定期汇总记录收发存
4. 盘点要求	按存货品种实行永续盘存制	定期清查	实行实地盘存制
5. 保险储量要求	按存货品种计算确定	适当确定	较　宽

（二）按分类要求选择可及时提供存货信息的控制方法

对企业存货中的 A 类，由于其在资金控制与降低成本中有举足轻重的地位，所以应在保证生产需要的前提下尽量减少库存，制定严格的管理办法与采购方式，因而对 A 类存货信息的正确性与及时性要求最高。在存货管理中应对 A 类存货按存货品种设置"永续盘存卡"，按存货品种及时反映收入、发出、结存，严格控制这类存货的库存动态。当库存余额到达预先确定的订货点时，应及时向负责采购部门发出"信号"按预先确定的采购批量订购，并应对 A 类存货的采购、储存、耗用中出现的与预计相背离的偏差，及时研究并尽快纠正。

如果企业存货中的 A 类有 1 000 种，每年只需计算 100 种存货的经济订购批量，就能将存货总金额的 70% 置于有效的严格控制之下，事半功倍的效果是很明显的。

对 B 类存货的控制应采取略宽于 A 类的方式进行管理，对存货信息的要求也不如 A 类那样高，采用定量控制法可满足要求。定量控制法的一般做法是每季或每半年核定一次最高储存量和保险储备量，调整一次经济订购批量和再订货点，同时检查存货并纠正偏差，当某类存货降低到订货点时，即发出"信号"补充到最高储存量，但应按经济订购批量采购，并尽量多采取与其他存货联合订购的方式降低存货成本。定量控制法是一种不定期的采购，但每次采购量是一样的，是按经济订购批量采购。定量控制法如图8－9所示。

对 B 类存货的控制略宽于 A 类还表现在它的存货记录没有 A 类严格，可定期逐笔登记。检查存货和纠正偏差不必逐项具体分析对比，只需定期概括地进行检

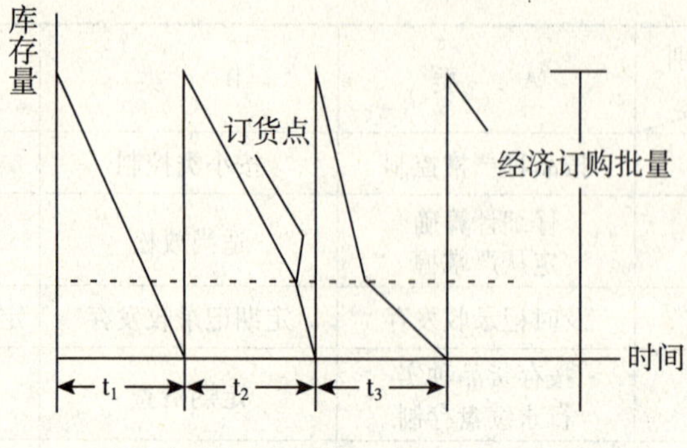

图 8 - 9

查分析即可。

对于存货中的品种繁多而单位价值较低的 C 类存货可采取一些简便的办法提供存货的信息，也可实行一些简化的方式对存货进行控制，通常采取定期控制法，要求定期盘存现存存货数量并与规定的存货水平相比较，及时补充此项不足的差额，不断维持预定的存货水平。定期控制法是一种定期采购，但采购量不一定固定不变，定期控制法如图 8 - 10 所示。

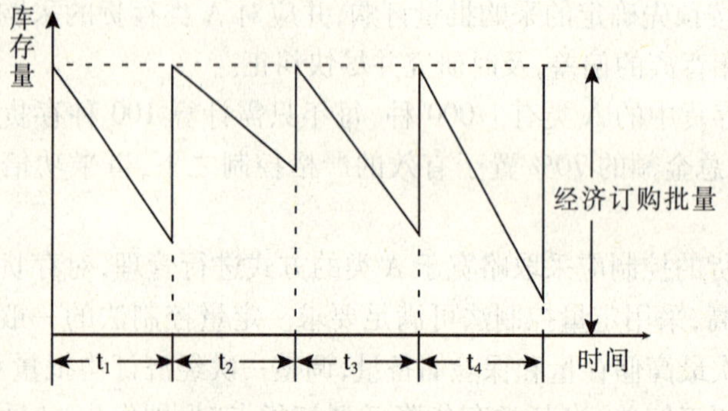

图 8 - 10

思考题

1. 什么是存货？存货有哪些基本功能？

2. 采购存货的成本包括哪些内容？

3. 存货控制的目标是什么？怎样具体理解？

4. 什么是经济订货批量？经济订货批量的相关成本是什么？经济订货批量相关成本的关系怎样？

5. 经济订货批量确定的方法有哪些？

6. 什么是定量采购方式和定期采购方式？两种方式的做法与特点怎样？

7. 在生产批量条件下的经济订货批量数学模型的扩展应用与简化条件下的经济订货批量的确定方法相比有哪些差异？

8. 在陆续供应或陆续生产条件下的经济订货批量数学模型的扩展应用与简化条件下的经济订货批量的确定方法方法相比有哪些差异？

9. 在数量折扣条件下的经济订货批量数学模型的扩展应用与简化条件下的经济订货批量的确定方法相比有哪些差异？

10. 什么是挂签制度和 ABC 分析法？两种方法的做法怎样？

计算题

习题一

一、目的：练习在简单条件下，经济订购批量（列表法）的确定计算。

二、资料：A 公司生产需要甲材料，每天需要 1 吨，生产期为 360 天，总需要量为 360 吨。甲材料购价为每吨 1 000 元。每次采购费用为 9 000 元，每吨材料一年的仓储费用为 1 800 元。

三、要求：采用列表法确定经济订购批量。

习题二

一、目的：练习在简单条件下，经济订购批量（公式法）的确定计算。

二、资料：依习题一 A 公司资料。

三、要求：采用数学模型法确定 A 公司经济订购批量、经济订购次数和最低相关成本。

习题三

一、目的：练习在陆续到货条件下，经济订购批量（公式法）的确定计算。

二、资料：B 公司每年耗用乙材料 40 000 千克，每次采购费用为 25 元，每千克材料一年的仓储费用为 8 元。公司订货陆续到货，每天到货量为 198 千克，每天耗用量为 110 千克（ =40 000 ÷ 365）。

三、要求：确定公司陆续到货时的经济订购批量和最低相关成本。

习题四

一、目的：练习存货管理中，采用定量采购管理方式下的计算。

二、资料：C 公司生产耗用丙材料，全年耗用量为 5000 千克，每次采购费用为 400 元，每千克材料一年的仓储费用为 100 元。交货期为 6 天，保险期为 2 天，平均每天耗用量为 13 千克。公司采用定量采购管理方式。

三、要求：

1. 确定再订货点。

2. 确定当实际库存量分别为 120 千克和 90 千克时是否应立刻组织采购，每次采购多少？

习题五

一、目的：练习存货管理中，采用定期采购管理方式下的计算。

二、资料：D 公司需要丁材料，每月定期采购一次，每天平均耗用量为 80 吨，交货期为 3 天，保险期为 3 天。

三、要求：

1. 确定公司定期采购量标准。

2. 假定采购日前的实际库存分别为 1 900 吨、1 200 吨和 2 300 吨，确定实际采购量。

第九章
责任会计

学习要点

随着世界范围内的经济及科学技术的迅速发展,企业之间的竞争更为激烈。作为一个现代企业,在激烈竞争中要立于不败之地,必须做到对外要提高竞争力,对内要加强控制和管理。本章着重讨论现代企业的内部控制和管理问题。比如,如何合理设置企业的组织机构;如何确定各组织机构的业务范围和工作责任;如何使各个机构互相配合、协调行动;如何使各下属单位充分发挥其能动性等。这就促使企业对组织管理模式、组织结构、建立责任中心、实行责任会计制度等问题进行认真的研究,以便更有效地控制整个企业的经济活动。

现代企业的管理模式大致可分为两种:集权制与分权制。责任会计是分权制下的一个产物。

实施责任会计的前提是建立责任中心。责任中心分为成本中心、利润中心、投资中心三大类。

责任会计与传统财务会计有一定区别。责任会计的主要特点是以各个责任中心为对象来组织并开展会计工作。

责任中心与责任会计的产生,必然会导致内部转移价格的出现。内部转移价格涉及到各责任中心的利益,因此,如何制定内部转移价格十分重要。内部转移价格通常包括:实际成本、实际成本加成、标准成本、标准成本加成、市场价格、协商价格、双重价格等。责任中心建立后,要求对责任中心进行评价与考核。评价是指对每种责任中心的优缺点进行评价;考核是指对责任中心的业绩进行考核。不同责任中心有不同的考核指标。在实际工作中,责任会计与财务会计的工作内容与工作重点不相同,因此,本章还讨论了两种会计如何结合的问题。

第一节 企业管理模式概述

现代企业组织的管理模式大致可分为两种:集权制和分权制。

一、集权制

集权制是指由企业最高管理当局集中控制企业经营管理活动的各种决策权限的管理形式。

在这种管理模式下,企业最高管理当局集中一切权力,或者只将某些权限有条件地授予企业内部各职能部门,但各职能部门在行使这些权限时,要向最高管理当局事前请示和事后汇报。企业总经理总揽大权,指挥企业的生产、经营、销售、开发和财务等活动,对企业的成本、收入、利润和资金等全面负责。企业下属的各部门及其所属的工厂、车间、工段、班组、工人等,都要贯彻执行最高管理当局的指令。

集权制下的企业组织结构一般比较简单,最高管理当局能够对经营活动进行统一指挥管理。其弊病在于,随着生产经营业务的发展,最高管理当局将不能胜任繁复多变的决策工作,不能尽快详尽地掌握一些较为具体的资料,如产品品种的变化和市场销售的情况等,不利于培养有全面管理能力的企业高层经营管理者。同时,在这种体制下,企业内部各级机构只是被动地接受上级的指令,而没有充分发挥企业各级人员的主观能动性。

二、分权制

分权制是指企业内部的各级机构能够对一定范围内的经营管理问题进行全面决策的管理形式。

在这种管理模式下,企业成为由若干层次的单位或个人组成的一个大系统,每一层次的单位或人员直接对上一层次的单位或人员负责,上一层次对下一层次实施领导。

采用这种管理模式,企业可按地区或项目横向综合管理,即所有的生产、经营、销售、开发和财务等活动都按地区或项目分块,按块进行综合领导和综合协调。

在这种管理模式下，企业最高管理当局可将一些总括性的、全面的决策权限，分散到各层次中去，使之承担相应的责任和享受相应的利益，从而充分调动各层次人员的积极性，并使高层管理人员从日常繁复的决策工作中解脱出来，集中处理企业的具有战略性的重大问题。

实行分权制，企业按地区或项目设置各分权单位，这样，各分权单位就比较容易了解和适应产品和市场的变化及发展情况。同时，各级管理人员都具有一定范围内的全面决策权限，分权单位的这种权限在某种程度上相当于企业全面决策权限的缩影，这就有利于培养企业的高层管理人员。实行分权制能够更加有效地贯彻经济责任制，充分调动各级机构和人员的积极性，并克服集权制的弊病。

三、两种管理模式的结合使用

企业采用哪种管理模式，要视具体情况而定，不能强求统一。集权制或分权制只是相对的概念，事实上不存在完全的集权制或完全的分权制。一个实行集权制的企业，只是在某些方面集权程度高一些；一个实行分权制的企业，只是在某些方面分权程度高一些。完全的集权制，可能使企业不能适应经济发展的要求，最高管理人员也无法处理大量的决策问题；完全的分权制则意味着企业拥有若干相互独立的单位，有可能使最高管理当局失去对这些单位应有的管理和控制。

第二节　责任中心

一、责任中心概述

（一）责任中心（Responsibility Center）的基本概念

责任中心是指有专人负责的、具有明确的责任和权限并能反映其经济责任履行情况的企业内部单位。这里的“企业内部单位”，是指处于企业中不同管理层次的内部单位，如个人、班组、工段、车间（或部门）、分厂、分公司等。

（二）建立责任中心的目的

现代企业的规模较大，经营范围广，高层管理人员纵然精明能干，但毕竟精力和时间有限，不可能万事俱揽，因而必须调动各级人员的积极性，共同执行企业的政策，实现一致的目标。建立责任中心的主要目的在于：

1. 建立责任中心是贯彻实施经济责任制的前提

经济责任制是现代管理的一项基本原则，其基本点是，将经济责任、管理权限和经济利益三者有机地结合起来，充分发挥各个责任层次、各级管理人员以及全体职工的积极性，为企业的总目标而奋斗。责任中心是按经济责任、管理权限和利益分配等机制建立起来的责任单位，这就为贯彻执行经济责任制奠定了必要的基础。

2. 建立责任中心是加强企业内部控制管理的必要方式和手段

随着企业规模的扩大，企业在管理形式方面多采用分权制。分权制不是企业最高管理当局的权力被分割和削弱，相反，分权制的实行促使企业最高管理当局有可能从企业整体的角度来控制整个企业的经营活动。建立责任中心，一方面是职权的下放和责任的确定；另一方面，则要制定一系列措施，使企业最高管理当局能够对各责任中心的经济活动进行评价与考核，从而达到加强内部控制管理的目的。

3. 建立责任中心可促使各负责人员各司其职、各负其责

建立责任中心，首先要将企业逐级划分为若干责任单位，规定每个责任单位从事经济活动的责任范围，指定专人为单位负责人，并规定其责任范围和职权。这样各责任中心的负责人员就可各司其职，各负其责。企业根据各中心的业绩，实行考核奖惩。当然，在同一组织内，各责任中心的职权范围也不一定能截然划分，各责任中心互有联系，其业绩同时受到其他责任中心行为的影响。但是，建立起责任中心并规定了职权范围，便为贯彻经济责任制奠定了基础，彼此影响的问题可以在实施过程中逐步加以解决。

二、责任中心的种类

按照责任中心经理人员所能控制的区域和承担责任的范围，责任中心可以划分为三大类：

1. 成本中心(Cost Center)

成本中心是指只需要对成本进行控制的责任单位，其特点是成本中心只发生成本而不取得收入，或是虽有收入但上级并不考核其收入的企业内部单位。成本中心的负责人员只对自己控制范围内发生的成本负责。

成本中心的适用范围很广。凡是发生成本并能控制成本的责任单位，都可建立成本中心。例如，在企业内部，分公司、分厂、车间(或部门)、工段、班组、个人，都可建立成本中心。一个大的成本中心可以由其内部的若干小成本中心组成。

在企业内部单位中，一些单位是直接从事生产产品和提供劳务的，如生产车

间、维修车间等,这些单位被称为生产单位。如按经济责任制的要求,需要生产单位对其发生的成本负责,则生产单位可建为成本中心。另一些单位并不直接从事生产经营活动,而只提供一些专门性的服务,如财会部门、人事部门、经理办公室等,这些单位是非生产单位。非生产单位开展工作也要发生一定的费用支出,如果要求这些非生产单位对其发生的费用负责,则非生产单位可以建为费用中心。

2. 利润中心(Profit Center)

利润中心是指既要发生成本、取得收入并获得利润,又要对成本、收入、利润等负责的责任单位。

利润中心的特点是:在企业中,利润中心视同一个独立核算的单位,它不仅要控制成本费用的支出,而且要负责生产经营和劳务的收入,从而对本中心的利润负责。利润中心比成本中心拥有更大的权力,同时也负有更大的责任。

利润中心的收入,按范围划分,主要有来自企业外部的收入和来自企业内部的收入;按类别划分,主要有产品收入和劳务收入。

利润中心可以划分为两种类型,一类是自然利润中心,它是指可以直接向企业外部的单位销售产品和提供劳务,从而取得销售收入的利润中心。其特点是:一般都拥有生产和销售产品以及提供劳务等的决策权、定价权等,如为便于结算,甚至还可以在银行开设结算账户。由此可见,自然利润中心获得的利润是产品销售后真正实现的利润。另一类是人为利润中心,它是指只能按照企业规定的内部转移价格向企业内部的其他单位销售产品或提供劳务,从而取得收入的利润中心。其特点是:一般没有产品产销和提供劳务等的决策权、定价权等,其生产的产品品种、数量和提供劳务的性质等,均要根据企业或内部其他责任单位的需要来确定。由此可见,人为利润中心获得的利润,实际上只是内部销售收入与产品或劳务的成本之间的差额,即内部利润。

利润中心适用于企业中具有收入来源,能计算出利润的中层以上的责任单位,如分厂、分公司等。有些车间,如修理车间或封闭式的生产车间,只要条件具备,也可建为利润中心。有些部门,如销售部门,其业务性质与销售收入密切联系,也可根据企业具体情况,建为利润中心。企业内部各成本中心,在相互提供产品或劳务时,如能制定合适的内部转移价格,亦可转化为利润中心。

建立利润中心时应考虑一些因素。由于利润中心应对成本、收入和利润负责,是相对独立的经济核算单位,与其他责任单位和企业整体,均有经济利害关系。这种关系处理得当,可取长补短,充分体现责任中心的优越性;如处理不当,则会影响经济责任制的贯彻。所以，在建立利润中心时，应考虑一些因素。比如：在同一企业中，应至少有两个或两个以上具备建立利润中心条件的责任单位，这样有利于企业制定责、权、利的标准并实施考核；利润中心一切收支均应进行核算，为此，应制定各责任中心之间出售产品和提供劳务的恰当的内部转移价格；中心的经理有权对该中心的一切成本和收入实施全面控制管理；应制定对利润中心进行考评以使之与企业整体目标保持一致的政策措施等。总之，建立利润中心必须有利于经济责任制的贯彻，维护企业的整体利益。

3. 投资中心(Investment Center)

投资中心是指既要发生成本、取得收入、获得利润，同时又有权进行投资的责任单位。也就是说，投资中心既要对责任成本、责任利润负责，又要对投资及其收益负责。

投资中心的特点是：投资中心的责权范围较利润中心更大。它不仅具有利润中心的一切权利，而且还具有对资金的使用调配的权利，包括流动资金和固定资金，但要对资金的使用效果负责。投资中心除有日常经营活动的资金收支决策权外，还有扩大生产规模，开发新产品，科学研究等方面的投资决策权。从这个意义上看，投资中心已类似于一个独立的企业组织。

投资中心适用于企业中较高层次的单位，如分厂、分公司等。这些单位一般都具有相当的生产经营规模，都有较大的经营管理权限和从事独立生产经营的物力、人力条件，因而可以建为投资中心。

三、建立责任中心需注意的问题

1. 与企业现有组织结构相适应

建立责任中心最好在企业现有组织结构基础上进行。企业的组织结构是一个相互依存、相互制约的有机体系。整个企业按管理职能划分为若干单位和部门，如各分厂、车间、职能管理部门等。每个单位和部门都行使一个专门的职能。同时，企业的组织结构分为若干层次，有较高层次的，如分公司、分厂、车间、职能管理部门等；有较低层次的，如工段、班组等。它们形成了一个组织结构体系。至于是否每一个层次都要建立责任中心，这就要视企业的具体情况而定，关键是既要满足管理的需要，不打乱企业正常的经营活动和组织管理程序，又要起到充分贯彻经济责任制的作用。由于企业的组织结构是按管理职能划分设立的，故称为“管理职能”的划分。而责任中心是按经济责任划分的，凡可单独进行管理、明确责任，并可对其业绩加以评价和考核的任何个人、部门或单位,均可建为责任中心。这是“经济责任”的划分。

2. 能够分清经济责任,单独进行核算

建立责任中心的前提是能够划清经济责任,而划清经济责任又必须使每个责任中心能够单独进行核算,以便进行责任控制和责任考核。在企业的组织结构中,中层以上的组织机构(例如生产车间、职能部门等)通常能够分清经济责任,单独进行核算。至于中下层的组织结构(如班组或个人),如能够分清责任,单独计量、单独核算,也可以列做一个责任中心。

3. 能够使责权利紧密结合

建立责任中心必须明确每个责任中心的责任范围,赋予与其经济责任相适应的管理权利以及让其享受与其责权大小相匹配的经济利益。责权利是建立责任中心不可或缺的三因素统一体,缺少其中任何一个因素,责任中心就不是完整意义上的责任中心,甚或是不可能建立起来的。责任主要是指经济责任(当然部分情况下也存在法律责任);权利主要是指包括人、财、物、供、产、销六个方面的权利;利益主要是指物质利益。权利和利益的大小,主要视责任的大小而定。责任大,权利就大,可控范围就大,应当享受的物质利益也就多(当然是在履行了相应责任的基础上享受的利益),反之则否。

四、适应企业组织结构建立责任中心

企业不论大小,都有一定形式的组织结构,并且形成一个体系。建立责任中心,应以企业组织结构为基础,形成一个相互联系的责任中心网络。

企业的组织结构是一个纵横交错的体系。以单个企业为例,所谓纵的组织结构,是指以生产部门——车间——班组——个人等形成的纵向组织结构;所谓横的组织结构,是指以企业各职能管理部门(如供应部门、生产部门、销售部门、财会部门、人事部门以及其他部门等)形成的横向组织结构。如图 9－1 所示。

(一)以横向组织结构建立责任中心

单个企业中的横向组织结构主要是指各职能管理部门。每个职能管理部门从事的业务不同,管理内容不同,承担的责任也不相同。因此,应根据具体情况建立不同类型的责任中心。

1. 供应部门

供应部门主要负责材料采购工作,通常只发生成本费用支出而不取得收入,发生的成本费用又主要包括两个方面的内容:一是材料采购成本;二是供应部门本身

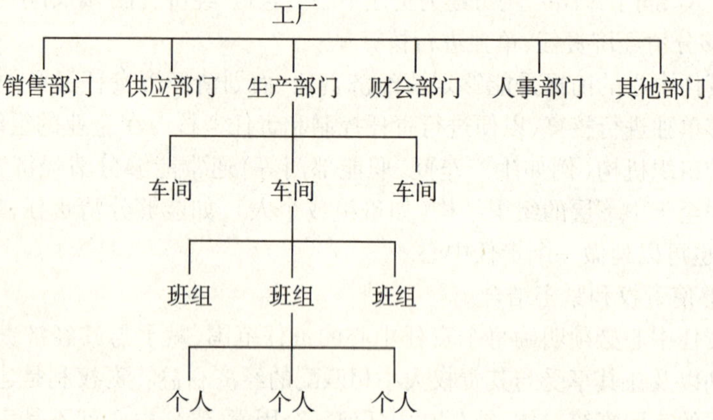

图 9－1

发生的各项可控费用。根据供应部门的具体情况，可将其建为成本中心。当然，供应部门采购业务执行的好坏，还直接影响到资金占用的数量，因而还有必要对资金使用效果承担一定责任。

2. 生产部门

生产部门主要负责企业的生产计划和调度等管理工作，并不直接从事生产活动，因而生产部门通常也只发生本部门的各种费用支出，而并不取得收入。根据生产部门的具体情况，可将其建为费用中心。

3. 销售部门

销售部门主要负责企业产品或劳务的销售，既要发生费用支出，又要取得销售收入。根据销售部门的具体情况，可将其建为自然利润中心。这样做的好处在于：通过考核责任利润，促使销售部门尽量扩大销售收入，降低成本。由于销售部门负责产成品的储存和销售工作，其工作质量的优劣必然影响到资金占用的数量及使用效果，因此，还需要对资金使用效果承担一定责任。

4. 财会部门

财会部门主要负责企业的财务与会计工作，通常只发生各种费用支出，而不取得收入（正常情况下财会部门取得的收入，都是企业的收入，而不应计入财会部门的收入）。根据财会部门的具体情况，可将其建为费用中心。

（二）以纵向组织结构建立责任中心

单个企业中的纵向组织结构主要是指生产车间、班组、个人等。可根据不同层次的具体情况，建立不同类型的责任中心。

1. 生产车间

生产车间是企业组织结构的重要组成部分。在企业中，不同的生产车间，其业务内容不同，设置原则不同，管理方式也不相同。通常分为两类：一类是按生产步骤或工艺设置的生产车间，上一生产车间为下一生产车间提供半成品或劳务，车间之间相互依存和制约，这类生产车间一般没有生产经营决策权，其整个生产活动主要受企业的控制。生产车间通常只发生成本费用，而不取得收入。这类生产车间应建为成本中心。另一类是按产品品种设置的生产车间，即封闭式车间，从材料投入到产品完工，整个生产活动全部在车间范围内完成。这类车间具有生产经营决策权，可以在满足产品销售的前提下调整生产结构，取得销售收入，独立核算和自计盈亏，因而，可以建为自然利润中心。如果其不独立核算和自计盈亏，而是由企业定期对其业绩进行评价和考核，则可建为人为利润中心。

2. 生产班组

生产班组是企业组织结构中的较低层次，不具备生产决策权，其生产活动由生产车间统一调度和指挥，只发生成本，不取得收入，因此，应建为成本中心。如果车间和班组的分级核算较为健全，车间责任核算和班组责任核算协调一致，班组之间的产品转移也采用包含利润的内部转移价格进行结算，则班组也可以建为人为利润中心。

3. 工人个人

工人个人的工作范围、责任及权限等都较小，如果符合建立责任中心的要求，可建为成本中心。

第三节　责任会计

一、责任会计概述

（一）责任会计（Responsibility Accounting）的基本概念

责任会计是对责任中心的经济活动进行规划、核算、控制与考核的一种会计制度。

责任会计制度是企业内部控制制度的重要组成部分之一。会计随着经济的发展而发展，为经济发展的要求和企业管理的需要服务。当经济发展要求企业在内部贯彻经济责任制、建立各种责任中心、加强内部控制管理时，就需要建立与之相适应的内部控制制度之一的责任会计制度。

（二）责任会计的对象

企业财务会计的对象是以企业为主体的资金运动。责任会计也属于会计的范畴，因此，责任会计的对象也应当是资金运动。但由于责任会计是为责任中心服务的，责任中心的责权利范围不同，责任会计的工作内容也不相同。因此，具体地说，责任会计的对象是以特定责任中心为主体的资金运动。但是，责任中心（特别是成本中心和利润中心）一般不是完全独立的生产经营单位，也不能完成资本运动的全过程，而只是完成企业整个资本运动中某一个或某几个环节。责任会计通过对各个责任中心资本运动的各个环节或阶段进行预算、控制、核算与考核，保证企业总体目标的实现。责任中心是企业的组成单位，各个责任中心内的资本运动构成了企业的整个资本运动。因而可以说，企业内责任会计的对象的总和，就构成了企业财务会计的对象。

（三）责任会计的特点

责任会计较之财务会计，具有一些特点，其中最主要的特点是责任会计以各个责任中心为对象来组织并开展责任会计工作，而不像传统会计那样以产品或劳务为核算对象。责任会计重点对每个责任中心（包括成本中心、利润中心和投资中心）所承担的责任进行责任核算、评价和考核。财务会计则主要以产品或劳务为对象来计算企业生产的产品或提供的劳务的单位成本、总成本和取得的收入，并计算出盈利或亏损。

（四）责任会计的目的

实行责任会计制度必须遵循目标管理和责、权、利相结合的基本原则以及行为科学的基本原理，将企业整体划分为若干责任中心并使之成为企业整体的有机组成部分。企业要实现总体目标，必须充分调动各个责任中心的积极性。实行责任会计制度的目的在于理顺企业内部各种利益关系，充分调动各个责任中心的积极性，以保证企业总体目标的实现。

（五）责任会计的职能

1. 计划职能

就是编制各责任单位的责任预算，并以之作为各责任单位工作的目标以及对其进行评价和考核的标准。责任预算的编制要与责任单位的责、权、利相一致，要与企业的总计划相协调。

2. 控制职能

控制职能也称为监督职能,主要是指对责任中心的经济活动按责任预算进行事前和事中的控制。这种控制包括两个方面:一是上级单位对所属责任单位的控制;二是各责任单位根据责、权、利相结合的原则进行的自我控制。

3. 核算职能

核算职能是指采用会计核算的记账、算账、报账等方法,对各责任单位的经济活动进行记录、计算,并提出汇总报告。

4. 考核职能

考核职能是指以责任单位的责任预算为依据,对责任单位一定期间的实际业绩进行分析、评价并做出结论,最终使工作成果与物质利益紧密结合起来。

(六) 责任会计的工作内容

1. 划分责任中心

根据责、权、利相结合的原则,将企业内部各个部门、单位乃至个人,按其职责范围,划分成若干责任中心,规定每个责任中心的控制范围和承担的责任,使各责任中心能分别在成本、收入、利润、投资等有关方面对其上级单位负责。

2. 编制责任预算

各责任中心的经济活动及其目标必须与企业整体利益和目标一致,因此必须根据企业的总预算,编制各责任中心的责任预算,以便对责任中心的经济活动进行事前控制和事后考核。

3. 责任分析与控制

责任会计根据各责任中心的成本、收入、利润、投资额等预算资料和责任指标,搜集和整理责任中心的实际资料并将其与预算资料进行对比,对各项差异进行分析。在分析时,注意贯彻"例外管理原则",要特别注意较大的差异。然后编制责任中心业绩报告,向上一级管理当局及其他有关部门报送。同时,责任会计人员还应经常将各责任中心的实际成绩脱离预算的差异数(特别是不利差异数)及其差异分析报告,通过一定的信息渠道,反馈给各责任中心,使之能随时了解并控制本中心的经济活动情况,以便采取各种专门措施,扩大成绩,改正缺点,提高责任中心的经济效益。

4. 责任考核

考核责任中心的业绩,应规定考核的内容和标准。考核的内容包括责任中心的全部经济活动,考核的标准应根据责任中心的权责范围来制定。

（七）责任会计的原则

责任会计原则是指从事责任会计工作应遵循的标准或规范。由于责任会计是企业根据各自特点自行设计的一种会计制度，因此，不可能强求一律。但为了规范责任会计工作，使之在理论上有一定水平，在方法上具有可操作性，因此，把一些带有共性的东西集中起来，形成一些原则，是完全有必要的。

1. 目标一致性原则

目标一致是指各责任中心的目标要与企业整体目标保持一致。企业整体目标是制定各责任中心具体目标的依据，而各责任中心的目标又是实现企业整体目标的必要保证。

2. 责、权、利相结合的原则

责任是责任中心对实现企业整体目标的基本承诺，是衡量责任中心业绩的基本标准；权力是顺利履行责任、完成工作的前提条件；利益是调动责任者积极性的动力。责、权、利三者相辅相成，不可分离。

3. 公平性原则

公平是指对各责任中心的管理、评价、控制和考核等都应当公平合理。这样做，有利于责任会计制度贯彻实施，有利于调动各方面的积极性。

4. 反馈性原则

反馈是指信息的传递和交换，管理当局通过信息反馈，随时跟踪、监控各责任中心的经济活动，从而做出符合客观实际的判断和决策。

二、责任成本与产品成本

成本是每个责任中心都必须负责的一个内容，也是责任会计进行核算、控制和考核的一个重要指标。前文已述及，责任会计制度的一个重要特点是以责任中心为对象开展工作，责任会计核算、控制和考核的成本便是责任中心的责任成本，而不是传统会计核算的产品成本。责任成本和产品成本的本质区别在于，两者的成本计算对象不同。

众所周知，成本计算对象是指成本计算中为归集和分配费用而确定的承受费用的客体。以产品为成本计算对象而计算的成本，叫产品成本。其核算原则是：谁受益，谁承担。哪种产品耗用的费用或应当分摊的费用，由哪种产品承担。

以责任中心作为会计工作对象而进行核算、控制和考核的成本称为责任成本。其核算原则是：谁负责，谁承担。哪个责任中心发生的成本费用，就记在哪个责任中心的账上，即以责任中心为对象进行成本的归集、控制和考核。

产品成本和责任成本这两个概念，既有区别，又有联系。其主要区别是：

(1)成本计算对象不同。产品成本的计算对象是产品；责任成本的计算对象是责任中心。

(2)核算的原则不同。产品成本核算的原则是谁受益，谁承担；责任成本核算的原则是谁负责，谁承担。

(3)核算的主要目的不同。核算产品成本的目的是计算生产一定数量的产品所发生的成本费用，以便与产品成本计划对照，为管理当局提供控制和决策的资料；核算责任成本的目的是积累责任中心的成本费用发生情况，并与责任预算对照，以便责任中心经理人员和企业管理当局对成本费用的发生情况进行控制和考核。

产品成本和责任成本的主要联系是：从一定时期来看，企业的产品成本与生产单位的责任成本总额相等，只是成本的划分不同而已；另外，企业计算成本的最终目的是计算产品成本，计算责任成本只是经济责任制的一种手段，而不是企业计算成本的最终目的。责任中心的责任成本最终仍要分摊到各种产品的成本中去。

下面举例说明产品成本和责任成本之间的区别与联系。

〔实例一〕 建华工厂全年生产甲、乙、丙三种产品，三种产品的总成本资料如下：

直接材料	150 000 元
直接人工	120 000 元
制造费用	
其中：折旧费	90 000 元
间接材料	7 000 元
间接人工	6 000 元
管理人员工资	8 000 元
其他	500 元

该工厂有 A、B、C 三个责任中心，其中 A、B 为产品制造责任中心，C 为修理责任中心。

根据上述资料，编制产品成本计算单和责任成本计算单，参见表 9－1。

表 9－1　　　　　　**产品成本与责任成本的区别和联系**　　　　　　单位:元

成本项目	产品成本				责任成本			
	甲产品	乙产品	丙产品	总成本	A 中心	B 中心	C 中心	总成本
直接材料	60 000	50 000	40 000	150 000	80 000	70 000	—	150 000
直接人工	45 000	40 000	35 000	120 000	65 000	55 000	—	120 000
制造费用								
折旧费	36 000	28 000	26 000	90 000	45 000	27 000	18 000	90 000
间接材料	2 800	2 200	2 000	7 000	2 500	2 000	2 500	7 000
间接人工	2 400	1 900	1 700	6 000	2 000	1 800	2 200	6 000
管理人员工资	3 200	2 500	2 300	8 000	3 000	2 500	2 500	8 000
其　他	200	160	140	500	250	100	150	500
合　计	149 600	124 760	107 140	381 500	197 750	158 400	25 350	381 500

三、可控成本与不可控成本

责任中心发生的各项成本,有些是该责任中心能够控制的,有些则是不能控制的。按责任中心能否控制划分,责任中心的成本可以划分为可控成本与不可控成本两类。

可控成本(Controllable Cost)是指责任中心能够加以控制的成本,即责任中心能够决定是否开支、开支的数量并能随时调节其额度的成本。

不可控成本(Uncontrollable Cost)是指责任中心不能加以控制的成本。

划分可控成本与不可控成本的目的,是为了明确责任归属,以便作为评价和考核责任中心的依据。责任中心的可控成本是责任中心有权利、有责任加以控制的成本,责任中心对这些成本的发生要完全负责。上级对责任中心成本的评价与考核,也只限于可控成本。因此,可控成本才是责任成本。至于不可控成本,责任中心无权控制,因此,它不构成责任成本,上级也不对它进行考核。在编制责任中心的业绩报告时,也只包括可控成本,不可控成本不包括在内,如必须列入,则应加以说明,以示区别。

应当注意,成本的可控性是随条件而变化的。如折旧费,短期内是不可控的,但长期的折旧总额是可控的;某项成本在此一责任中心属可控成本,在彼一责任中心则属不可控成本;对上级管理人员来说是可控的,对下级管理人员则属不可控,如职工培训费、新产品开发费等。为了充分发挥责任成本的作用,应当尽可能创造条件将不可控成本转化为可控成本。

四、责任会计与财务会计的比较

(一) 主要区别

责任会计是管理会计的一个重要组成部分,属于内向型的会计。责任会计与传统财务会计的主要区别在于:

(1)主要目的不同。责任会计的主要目的是加强企业的内部管理,调整和处理企业内部各类责任中心之间的经济关系,对企业内部的经济活动加以控制;而财务会计的主要目的是反映企业的全部经济状况,主要为企业外部的单位或个人服务,提供财务报表等资料。

(2)遵循的原则不同。责任会计需要遵循的总原则是经济责任制原则,具体原则则由企业根据具体情况制定;财务会计需要遵循统一的会计准则或由国家制定的各项制度和规定。

(3)核算的对象不同。责任会计的核算对象是责任中心及其应承担的责任;财务会计核算的对象是产品、劳务以及它们发生的耗费和收益。

(4)开展工作的形式不同。责任会计属于不定型的会计,不拘形式,具有灵活性;财务会计要按照统一的要求开展工作,具有统一性。

(二) 主要联系

责任会计和财务会计是有联系的,主要表现为:

(1)责任会计和财务会计都属于会计工作。

(2)两者都要运用会计的一些基本原则、基本原理、基本方法和基本概念。例如,历史成本核算原则、折旧方法、费用摊销等。

(3)两者所需的信息可互为补充。例如,责任会计在编制责任预算时,在评价和考核责任中心的业绩时,都需要收集各种资料,包括财务会计信息资料;而财务会计在进行整体财务状况分析时,也需要借助于责任会计的有关资料等。

(4)在机构的设置和人员的配置等方面可以互相结合。例如,两种会计根据具体情况,可以在同一个会计机构里工作,也可以由同样的会计人员分别从事责任会计和财务会计这两项不同的会计工作。

明确责任会计和财务会计的区别和联系,有利于建立责任会计制度,从而更好地开展责任会计工作。

五、建立责任会计制度的基本方法

责任会计是为加强企业内部管理，对内实施责任控制的一种会计工作，其形式和内容虽视企业的情况不同而有所不同，但其建立的基本方法大致相同，现简介如下：

(1)根据经济责任制原则，严格划分责任中心，建立一个完整的责任组织体系。

(2)确定各责任中心的权责范围，划分可控项目与不可控项目，以便进行评价与考核。

(3)所有成本项目都应按照成本特性划分为固定成本和变动成本两大类。

(4)编制责任预算，以便控制、分析和评价责任中心的实际业绩，并对经济活动进行适当调节。

(5)制定合理的内部转移价格，以便确定各责任中心的责任和业绩。

(6)制定合理恰当的责任考核标准，以便公平正确地对各责任中心进行考核和奖惩。

(7)建立完善的责任会计信息系统，包括信息的搜集、整理、计算、分析、评价、反馈等。

(8)设计一套行之有效的责任会计报告的编制和传递方式。

第四节　内部转移价格

一、内部转移价格概述

1. 内部转移价格(Interdivisional Transfer Price)的基本概念

内部转移价格是企业内部各责任中心之间相互提供产品或劳务所采用的一种价格。

企业内部建立责任中心后，责任中心之间相互提供产品或劳务，均视作内部销售。各责任中心应分别对成本、收入和利润等进行核算和控制。鉴于此，对责任中心之间的经济交易，要用一定的价格进行计算，这种价格称为内部转移价格。

2. 内部转移价格的作用

企业制定合理的内部转移价格，具有十分重要的意义。

首先,制定合理的内部转移价格,是贯彻经济责任制的重要手段之一。经济责任制强调责、权、利相结合,合理的内部转移价格,能划清各责任中心的责任,理顺它们之间的经济关系,促使其顺畅地进行各种经济往来。

其次,只有制定合理的内部转移价格,才能正确地评价责任中心的活动业绩。内部转移价格的高低,直接影响到转出方的收入和转入方的成本。如内部价格制定不当,必然影响双方的活动业绩,使管理当局不能正确评价责任中心的业绩。

再次,合理的内部转移价格,可调动各责任中心的积极性,各责任中心尽量降低成本,努力扩大收入,从而提高企业的经济效益。

最后,合理的内部转移价格,是各责任中心编制责任预算,对经营活动进行核算以及编制业绩考核报告的依据。

下面举例说明内部转移价格的意义。

〔实例二〕 某企业有甲、乙两个责任中心,生产一种 A 产品。甲中心每月可向乙中心提供半成品 10 000 件,其单位成本为 80 元,内部转移价格为 120 元。乙中心将半成品加工为产成品,每件加工成本为 50 元,产成品的外销售价为 180 元。

解:根据上述资料,甲、乙两个责任中心每月的销售利润参见表 9 – 2。

表 9 – 2

项　　目	甲 中 心	乙 中 心
单 位 成 本(元)	80	170①
销 售 价 格(元)	120	180
单位销售利润(元)	40	10
销 售 数 量(件)	10 000	10 000
销售利润总额(元)	400 000	100 000

注:①170 元等于甲中心的销售价格 120 元加上乙中心的每件加工成本 50 元。

计算结果表明,甲、乙两个责任中心的销售利润分别为400 000元和 100 000 元。由此看来,甲中心的业绩较乙中心好。经分析,两个中心利润总额出现较大差别,内部转移价格是一个重要的影响因素。乙中心的销售利润少于甲中心,是因为 A 产品的内部转移价格定得较高。如将转移价格稍加降低,则两个中心各自的利润总额会趋于平衡。由此可见,制定合理的内部转移价格,在正确评价责任中心业绩,激发其工作积极性等方面,具有重要的意义。

二、制定内部转移价格的方法

制定内部转移价格通常有以下几种方法：

1. 实际成本（Actual Cost）

实际成本是指以转出单位的产品或劳务的实际成本作为内部转移价格。转出单位按实际成本记为“销售收入”，转入单位按实际成本记为“购进成本”。

这种方法的优点是简便易行，容易取得资料，只要在期末转出单位计算出产品或劳务的实际成本，即可以此作为内部转移价格。

这种方法的缺点较多：

（1）功过不分。转出单位在经营管理上产生的功过，全部转嫁给转入单位。转出单位经营管理好，产品或劳务成本低，其好处全部由转入单位享受；反之，转出单位经营管理不善，造成产品或劳务成本较高，其不利因素全部由转入单位承担。

（2）不利于转出单位加强成本控制。由于功过不分，转出单位便没有降低产品成本的积极性。

（3）转入单位的成本不可控。实际成本要在期末才能计算出来，在此之前，转入单位是不可能知道即将购入的产品或劳务的价格的，这就无法做到事前计划和控制。

（4）转出单位不能获得利润，责、权、利相结合的原则不能充分体现。

2. 实际成本加成（Actual Cost－Plus）

实际成本加成是指在转出单位的产品或劳务的实际成本的基础上加一定比例的利润作为内部转移价格。例如，以产品实际成本为基础加10%的利润，作为内部转移价格。如果产品实际成本是10元，则内部转移价格为11元（10元＋10元×10%），转出单位的利润为1元（11元－10元）；如果产品实际成本为50元，则内部转移价格为55元，转出单位的利润为5元。

这种方法的优点是转出单位可以获得一定利润，有利于调动转出单位的积极性，并作为考核的依据。但这种方法也具有按实际成本计价的缺点，而且在按实际成本加成的比例上，成本越高，定价越高，利润也越高，这是一种反常现象。这同样不利于促使转出单位降低成本，会挫伤转入单位的积极性。同时，对加成比例的确定有一定主观性，不容易做到合理和准确。

3. 标准成本（Standard Cost）

标准成本是指以企业事先制定的标准成本作为内部转移价格。标准成本是企业根据周密的分析研究,在已经达到的生产技术水平和正常生产经营条件下应该发生的成本。这是一种比较正常合理的成本,排除了不应该发生的费用和损失。

这种方法的优点有:

(1)可以克服实际成本计价的缺点,比较正确地反映转出和转入单位的工作业绩,双方采用正常的标准成本作为结算价格。

(2)可以促使转出单位努力降低成本。因为标准成本是一个定数,实际成本越低,转出单位的利润就越多。

(3)使转入单位的成本成为可控成本。

标准成本是事先定好的,转出单位和转入单位均按此结算,可以事先制定出有关计划并实施控制。

当然,标准成本的合理制定也并非易事。偏高,会给转入单位增加负担;偏低,会使转出单位无利可图。同时,标准成本中的固定成本是按一个固定的数量(产量或作业量)来分配的,如果实际数量发生增减变动,标准成本本身的合理性就会出现偏差。这样,转出单位就要结合数量仔细测算由于数量增减而带来的成本差异。

4. 标准成本加成(Standard Cost - Plus)

标准成本加成是指在标准成本的基础上加一定比例的利润作为内部转移价格。采用这种方法,可以通过加成比例来调整责任中心之间的利益关系,从而调动各方的积极性。这样,可以使转出单位获得一定利润。但是加成的比例难以制定得合理和准确,可能影响到各责任中心工作业绩的合理考评。

5. 市场价格(Market Price)

市场价格是指产品或劳务在市场上的现时价格。以市场价格作为内部转移价格,其前提是各责任单位必须有充分的外购外销产品(或劳务)的自主权,这些产品或劳务具有市场价格,而且这些产品或劳务都具有进入竞争市场的价格优势。

这种方法的优点是比较客观、方便,可以公正反映责任中心的产品或劳务在市场上的获利能力,促使责任中心提高产品质量,降低产品成本,改善经营管理,以争取获得更多的利润。

这种计价方式也有缺点:

(1) 如果各责任中心之间提供的中间产品没有市价,或在市场上难以找到相同产品,就难以确定其转移价格。

(2) 以市场价格作为内部转移价格,对转出单位有利,而对转入单位则不利,因为转出单位可节约一部分销售费用、生产费用以及仓储运输费用等。为了公正地评价转出单位和转入单位的业绩,就有必要对市场价格进行调整,将转出单位可节约的部分成本从市场价格中扣除,以正确反映企业内部各责任中心之间的经济关系。

下面举例说明其调整方法。

〔实例三〕 甲中心向乙中心转出A产品,两中心已就A产品的转移价格采用市场价格达成协议。A产品目前的市场价格为100元。甲、乙两中心同意按市场价格进行调整。调整后的价格作为内部转移价格。调整内容如下:

(1)销售费用15%。因产品并不在市场上销售,可以减少正常销售产品才发生的销售费用(如销售机构和人员的费用、宣传广告费用等)。

(2)利息费用3%。这是对外销售产品时在储存待销过程中占用的资金利息(内部转移时则不会发生)。

(3)生产成本2%。对外销售的产品需要更多的加工过程,而内部转移时则因是半成品而可少花费一些生产成本(如精加工成本等)。

(4)仓储及运输费用5%。内部转移不发生或很少发生仓储及运输费用。

经过调整后的内部转移价格为:

$$A产品内部转移价格 = 100 - (15 + 3 + 2 + 5) = 75(元)$$

调整后的A产品内部转移价格即是按市场价格制定的内部转移价格,可以比较正确地反映企业内部各责任中心的业绩和利益分配情况。

6. 协商价格(Negotiated Price)

协商价格是以往来双方根据一定标准自行协商的价格作为内部转移价格。采用此法的前提是:各部门之间的中间产品或劳务均可在外部市场上购销。外部市场的存在可使双方在协商价格时减少讨价还价的余地。

为了保证企业的整体利益,管理当局可能会对各部门在市场上购销中间产品加以限制,这样就会使协议双方因失去协商价格的前提而难以达成协议。此时上级管理部门应加以公断,并以公断价格作为转移价格。不过这样做已失去协商的含义,在某种程度上影响到双方的自主权,给对责任中心业绩的评价与考核带来一系列问题。因此,管理当局在公断或裁决时要十分慎重。

转入转出双方在协商价格时,应考虑的一个重要因素是转出单位的生产能力利用程度如何(这里假设协商双方都是产品制造责任中心)。比如,转出单位的生产能力达到饱和(即外部订货已满)时或转出单位的生产能力未能充分利用(即有

空闲生产能力)时,应以何种价格作为协商基础。下面是一个制定协商价格的参考公式:

产品的(协商)转移价格=单位变动成本+产品外销可能获得的单位边际贡献

上式表明,如果转出单位的生产能力达到饱和,能向市场出售全部产品,转出单位可按上述公式制定产品的内部转移价格,如内部的转入单位不愿意接受,转出单位可按上述价格外销。如果转出单位的生产能力不能得到充分利用(有空闲生产能力),而转入单位要求低于市价,转出单位需要对上述计价公式加以变通,只要转入单位的出价高于产品的单位变动成本,即可考虑接受。否则,固定费用将白白浪费。转入单位的出价如高于单位变动成本,其差额可补偿一部分固定费用,这对转出单位总是有利的。下面举例说明。

〔实例四〕 长城公司下属 A、B 两个责任中心。A 中心生产一种甲产品,每月的有关资料如下:

生产能力	100 000 件
对外销售单价	30 元
单位变动成本	16 元
单位固定成本(按生产能力计)	9 元

B 中心每月需购进 10 000 件甲产品,市场购价为 29 元。

根据以上资料,试计算:

(1) 假设 A 中心现有空闲生产能力(现外部订货只是 80 000 件),如果 B 中心向 A 中心购买,其内部转移价格应为多少?

(2) 如果 A 中心能够向外部市场销售所有生产的甲产品,问 B 中心是否仍向 A 中心购买?

(3) 假设 A 中心能够向外部市场销售所有生产的甲产品,但如向 B 中心销售,单位变动成本可减少 3 元(销售费用)。那么,A、B 两中心之间的转移价格应如何制定?

(4) B 中心拟向 A 中心订购 20 000 件乙产品,单位变动成本 20 元。如 A 中心接受此项订货,将减少原有生产能力的一半(50 000件甲产品),那么乙产品的转移价格应为多少?

解:根据公式

产品的(协商)转移价格=单位变动成本+产品外销可能获得的单位边际贡献

（1）由于A中心有空闲生产能力(20 000件)，如B中心向A中心购买甲产品，其内部转移价格应为：

甲产品的(协商)转移价格＝16＋0＝16(元)

因为A中心的空闲生产能力20 000件，没有外销可能获得的单位边际贡献。内部转移价格定为16元(即等于单位变动成本)，是最低价格。如B中心向外部购买的价格是29元，A、B两中心之间内部转移价格的协商余地在16～29元之间。

（2）由于A中心能够向外部市场销售所有产品(即生产能力达到饱和)，如B中心向A中心购买甲产品，A中心的出价将为：

甲产品的(协商)转移价格＝16＋14＝30(元)

注：上式中的14元是A中心外销售价30元与单位变动成本16元之差。

A中心的售价为30元，而B中心从外部市场的购价为29元，所以，B中心将不愿从A中心购进甲产品。

（3）如A中心向B中心销售甲产品，可减少单位变动成本3元，则其转移价格为：

甲产品的(协商)转移价格＝(16－3)＋14＝27(元)

A中心的售价为27元，B中心从市场购买的价格为29元，所以，B中心愿意从A中心购买。

（4）如A中心接受B中心的20 000件乙产品的订货，将减少原有生产能力的一半(50 000件甲产品)，因而将失去对外销售50 000件甲产品可能获得的边际贡献，其总额为：

损失的边际贡献总额＝14元×50 000件＝700 000(元)

以上的700 000元应由20 000件乙产品分摊：

$$每件乙产品分摊的边际贡献=\frac{700\ 000}{20\ 000}=35(元)$$

乙产品的(协商)转移价格＝20＋35＝55(元)

可见，如A中心同意B中心的乙产品订货，又拟保持原来的盈利水平，则乙产品的转移价格至少应为55元。如果A中心还要求获得比原来更多的利润，则出价可能高于55元。这要取决于双方协商的情况。

7. 双重价格(Dual Price)

企业内部可采用两种不同的价格作为内部转移价格,这就叫做双重价格。当只采用单一的转移价格不能满足各责任中心之间的需要,不能正确反映、评价和考核各责任中心业绩时,应采用双重价格。例如,当一种产品或劳务的价格很难确定,或市场上不止一种价格,而责任中心之间又难于达成协议时,可由企业管理当局出面协调,在考虑产品或劳务的市价和实际成本的基础上,允许转出单位和转入单位采用不同的价格进行计算,即转出单位可采用较高的价格转出,转入单位可采用较低的价格转入。这样,双方利益均沾,易为责任中心接受。

例如,乙中心打算从甲中心购入 B 产品,甲中心提出转出价格为 100 元,乙中心提出目前市场价格仅为 80 元,如达不成协议,乙中心将从外部购入。如果这样,企业整体利益会受到影响。但如果以 80 元作为转移价格,则甲中心由于种种客观原因,其经营业绩和经济效益会受到很大影响。鉴于此,企业当局同意采用双重价格,即甲中心以 100 元作为转出价格,乙中心以 80 元作为转入价格。其结果,甲中心因转出价格高而导致收入高,利润增加;乙中心因购入成本低,导致利润增加。双方均受益。

采用双重价格也存在一些缺陷。首先是制定双重标准困难,不易做到合理公正;同时,采用双重价格,转出单位能从高价出售中获利,转入单位也能从低价购进中受益,这就容易导致各责任中心放松对成本的控制,并且大大降低了责任感,这对企业整体利益有不良影响。

三、制定内部转移价格的原则

为了有效地发挥内部转移价格的作用,制定内部转移价格时应遵循以下原则:

1. 目标一致性原则

责任中心是企业整体的组成部分,其目标应与企业整体目标一致。因此,在制定内部转移价格时,对整体利益和局部利益均应考虑。维护企业整体利益,并使之最大化,是贯彻经济责任制、制定内部转移价格的最终目的。不能为了某个责任中心自身的利益而损害其他责任中心甚至企业整体的利益。

2. 公平性原则

企业制定的内部转移价格,应使转出方和转入方均感到公平合理,都有利可图。否则,就不能正确考评责任中心的工作业绩,也不利于调动各责任中心的积极性。

3. 自主性原则

在目标一致的前提下,各责任中心具有制定内部转移价格的自主权以及维护自身利益的权利。自主性是责任中心行使权力的表现,其他部门和个人不得干涉。当各责任中心不能对内部转移价格达成一致意见时,任何一方都要充分尊重对方的意见,无权强制对方执行自己的意图。

当然,自主性并不等于固执己见。如责任双方就内部转移价格达不成协议,发生争执,并可能损害企业的整体利益,企业的权威机构应予以协调或仲裁。

第五节　责任转账和责任仲裁

一、责任转账

责任转账就是由承担损失的责任中心向发生损失的责任中心就损失事项索取赔偿。

责任中心在从事经济活动中,可能发生各种各样的损失。造成损失的原因是多方面的。有些损失可能是本责任中心造成的,如工人在生产中因加工不慎出现的废品;有些损失可能是由其他责任中心造成但在本责任中心被发现的,如前一工序责任中心转入的废品等。

为了分清各责任中心的经济责任,正确反映各责任中心的工作业绩,对于发生的责任承担单位与责任发生单位不一致的各种损失,应在调查了解并确定责任后,进行责任转账。

为了使蒙受损失的责任中心在经济上得到合理补偿,有关方面应对损失进行正确计价。

二、责任仲裁

责任仲裁又称为内部经济仲裁。它是指在企业内部设置专门机构或人员,对责任中心之间在责、权、利等方面发生的争议事项加以调解和裁决。

各责任中心之间在进行经济往来的过程中,难免发生一些经济纠纷。如:内部转移价格选用问题上意见分歧;产品质量问题的责任应由谁来承担;未履行内部经济合同带来的经济损失应由谁来承担;损失价值如何计量等。上述这些问题,有时一下子不能判明责任承担者，如果各责任中心为此争执不下，问题不能及时得到解决，势必影响企业的正常生产经营活动。为此，企业应建立内部责任仲裁机构。

内部责任仲裁机构是对各责任中心之间的经济纠纷进行调解和裁决的权力机构。这个机构必须具有权威性。为此，通常由企业最高管理当局出面组织，人员包括各责任中心负责人以及各种专业人员（如会计人员、质量检验人员、工程技术人员等）。这些专业人员从专业角度对经济纠纷提出解决意见，供企业最高管理当局参考。

当各责任中心为某项经济责任争执不下时，可由内部责任仲裁机构出面负责裁决。内部责任仲裁机构在处理经济纠纷时，必须保持公正的态度，既要解决问题，又不能挫伤各责任中心的积极性。

第六节　对责任中心的评价与考核

对责任中心的评价与考核包括两个方面：一是对责任中心的各种形式进行评价；二是对责任中心的实际业绩进行评价与考核。业绩评价与考核的方式是将各责任中心的实际业绩和成果进行记录、计量、汇总，定期编制业绩报告，与事先编制的各责任中心的责任预算进行对比，找出差异，并对差异进行说明和分析，从而对责任中心的业绩做出评价，实行奖惩。

一、对成本中心的评价与考核

1. 对成本中心形式的评价

建立成本中心的目的是使责任单位对其成本费用承担责任。上级以成本中心的实际成本与预算成本相比较，即可据以对该成本中心的预算成本执行情况进行考核，并做出评价和奖惩，从而促使成本中心关心成本费用的发生情况，并严加控制。

成本中心这种形式的不足之处在于：成本中心虽然能对自身的成本进行控制，但是，成本的高低与其经济利益没有直接联系，从而可能影响成本中心的成员对降低成本的兴趣。

2. 对成本中心业绩的评价与考核

对成本中心业绩考核的重点是责任成本。一个成本中心之下又可划分若干低一级的成本中心，因此，对业绩的评价与考核包括两个方面：如一个成本中心并无下属中心,则只对该成本中心本身的责任成本进行考核;如一个成本中心有若干下属成本中心,则该成本中心的责任成本就既包括该成本中心本身的可控成本,又包括下属成本中心的责任成本,对这些成本都要进行评价与考核。

对成本中心业绩的评价与考核的具体方式是编制成本中心的业绩报告。将成本中心当期的实际成本数和预算成本数填入业绩报告并进行比较,计算差异数。如果实际成本数小于预算成本数,表明成本节约,是有利差异(在业绩报告中通常以"F"表示);如果实际成本数大于预算成本数,表明成本超支,是不利差异(在业绩报告中通常以"U"表示)。

下面举例说明成本中心业绩报告的编制方式。

〔**实例五**〕 福特公司的装配车间是成本中心,该车间下属的翻砂、电路和总装三个小组也是成本中心,隶属于装配车间成本中心。

装配车间成本中心20××年1月的业绩报告如表9-3所示。

表9-3 **福特公司装配车间(成本中心)业绩报告**

20××年1月 单位:元

摘要	预算成本	实际成本	差异
各小组成本中心转来的责任成本			
翻砂	30 000	32 000	2 000(U)
电路	25 000	24 500	500(F)
总装	10 000	9 000	1 000(F)
小计	65 000	65 500	500(U)
装配车间发生的可控成本			
间接材料	7 000	7 200	200(U)
间接人工	8 000	8 100	100(U)
管理人员薪金	3 000	2 900	100(F)
折旧费	12 000	12 000	—
维修费	2 000	2 500	500(U)
小计	32 000	32 700	700(U)
装配车间责任成本合计	97 000	98 200	1 200(U)

成本中心的业绩报告中列示的预算成本数和实际成本数,都是装配车间成本中心的责任成本,即各项可控成本之和。上级对其业绩考核也仅以责任成本为限。

各成本中心发生不可控成本,在编制成本中心的业绩报告时有以下几种处理方式:

(1) 不在业绩报告中列出;

(2) 在业绩报告中单独列出,以供参考;

(3) 在业绩报告的后面用文字加以说明,以便业绩报告的使用者全面了解成本中心的全部成本费用发生情况。

对业绩报告中反映的差异数,不管是有利差异,还是不利差异,都应进行分析,找出发生差异的原因。差异分析的主要目的是发扬成绩,改正缺点。

本例中只反映两级成本中心的成本情况。如企业中设置有多级成本中心,则各级都应编制责任预算和业绩报告。从最基层的成本中心开始,逐级编制上报,除最基层成本中心外,每一级成本中心的责任成本都应包括下级成本中心转来的责任成本和本身的可控成本。

二、对利润中心的评价与考核

1. 对利润中心形式的评价

利润中心,顾名思义,就是对利润负责。而利润的多少,又与成本和收入直接相关。为了增加利润,必须努力降低成本,扩大收入,改善经营管理,调动利润中心及其所属人员的积极性。建立利润中心,可将责任单位的经营管理成绩与经济利益直接挂钩,从而克服成本中心的缺点。所以,在条件具备的情况下,可以将成本中心转为利润中心,以更好地贯彻责、权、利相统一的原则。

利润中心这种形式也有不足之处。建立利润中心后,由于责、权、利范围的进一步扩大,责任中心将更多地考虑自身的利益和自身的环境,容易造成各责任中心之间经济关系的对立,甚至形成有害的竞争,以致损害企业的整体利益。这是与贯彻经济责任制、建立责任中心的宗旨等相违的;又由于利润中心只对成本、收入和利润负责,并不对资金的占用负责,这就导致对企业资金的分配出现困难,同时利润中心对资金的占用和使用效果不会精打细算,此外,由于对利润中心主要考核利润,可能导致其负责人为了近期的业绩和利益而忽视对长期效益的考虑。

2. 对利润中心业绩的评价与考核

对利润中心的业绩进行评价与考核的重点是边际贡献和税前利润。

对利润中心业绩进行评价与考核的具体方式是编制利润中心“业绩报告”。在业绩报告中,将利润中心的销售收入、变动成本、边际贡献、固定成本、税前利润等项目的预算数与实际数相比较,计算出差异数。在区分各项目差异的性质时应注意,如销售收入、边际贡献、税前利润等项目的实际数大于预算数,其差额为有利差异;反之为不利差异。而成本差异的性质的区分与上述项目刚好相反。

下面举例说明利润中心业绩报告的编制方式(参见表9-4)。

表9-4　　福特公司一分厂(利润中心)业绩报告

20××年1月　　单位:元

摘　　要	预　算	实　际	差　异
销售收入	256 000	255 000	1 000(U)
减:变动成本			
变动生产成本	110 000	110 500	500(U)
变动非生产成本	69 200	69 000	200(F)
小　计	179 200	179 500	300(U)
边际贡献	76 800	75 500	1 300(U)
减:固定成本			
直接发生的固定成本	8 000	8 500	500(U)
上级分配来的固定成本	7 000	6 900	100(F)
小　计	15 000	15 400	400(U)
税前利润	61 800	60 100	1 700(U)

需要注意的是,上级分配给利润中心的固定成本数,对利润中心来说就是不可控成本,利润中心不能对其负责。但这部分不可控成本又直接影响到利润中心的税前利润额。为了排除这一影响,上级部门可不将这部分固定成本分配给各利润中心,或者将这部分固定成本列在业绩报告的底部,以供参考。

三、对投资中心的评价与考核

1. 对投资中心形式的评价

投资中心是贯彻经济责任制和责、权、利相结合的最完整的体现,因为投资中心除对成本、收入和利润负责外,还要对投资负责。上级在考核投资中心的业绩时,不仅要考核利润数,更重要的是要结合投资额考核投资效益,促使投资中心用尽可能少的资金,创造更多的利润。建立投资中心,使责任中心在责、权、利等方面有更大的机动性,同时也可以克服利润中心不顾资金使用效果,以及上级部门在资金的分配上存在困难等不足之处。

但是投资中心这种形式同利润中心一样,也有一定局限性,某些方面甚至较利润中心更甚。例如,过分强调和注重自身的利益而削弱对企业整体利益的考虑。投资中心在某种程度上类似一个独立的企业,使企业权力过于分散。为此,企业必须加强管理才能免于失控。

2. 对投资中心业绩的评价与考核

对投资中心业绩评价与考核的重点,除成本、收入和利润等指标外,还有投资效益指标。在西方企业中,主要通过投资报酬率对投资中心的投资效益进行考核。

(1) 投资报酬率概述

投资报酬率是一项综合反映投资中心在一段时期内经营成果的指标,其计算公式如下:

$$投资报酬率=\frac{营业利润}{营业资产} \tag{1}$$

公式(1)中的营业利润是指扣除利息和所得税款之前的利润,亦即"税后利润+所得税+利息费用"。营业资产是指投资中心为进行生产经营活动而占用的全部资产,包括现金、应收账款、存货、固定资产及其他资产等。投资中心拥有但尚未使用的土地、已出租的厂房设施等,不包括在营业资产内。营业资产的数额按当年投资中心的期初数和期末数的平均余额计算。

为了对投资报酬率这项指标更具体详尽地进行分析,还可将这项指标进一步分解如下:

$$投资报酬率=\frac{营业利润}{销售收入}\times\frac{销售收入}{营业资产}=销售报酬率\times投资周转率 \tag{2}$$

〔实例六〕 华伦公司下属A投资中心,当年的有关资料参见表9-5。

表9-5

项　　目	金　　额(元)
营业利润	10 000
销售收入	100 000
营业资产(期初余额)	60 000
营业资产(期末余额)	40 000

试计算投资中心的投资报酬率。

解:将表中资料代入式(2),得:

$$投资报酬率=\frac{10\ 000}{100\ 000}\times\frac{100\ 000}{(60\ 000+40\ 000)\div 2}=20\%$$

式(2)表明,销售收入这项指标与营业利润和营业资产分别结合,就形成了销售报酬率和投资周转率这两个指标。投资报酬率等于这两项指标之乘积,也就是说,投资报酬率的高低,直接受销售报酬率和投资周转率这两项指标的影响,投资中心提高投资报酬率的途径之一,就是提高销售报酬率和投资周转率。

从式(2)可见,投资报酬率主要受营业利润、销售收入和营业资产三个因素的影响。鉴于此,要提高投资报酬率,可以通过三个途径:

第一,增加销售收入。销售收入的多少取决于销售数量和销售价格两个因素。如果销售价格不变,销售数量越多,销售收入也越多。如果销售数量的增加使销售收入增加的比例大于成本增加的比例,那么,企业的投资报酬率就会提高。特别是在销售数量增加后,仅仅变动成本发生变动而固定成本相对不变或变化很小时,投资报酬率提高的幅度会更大。

第二,降低成本。努力降低成本是提高投资报酬率的一项十分有效的措施。降低成本的方法主要是加强成本控制,特别是对选择性固定成本的控制,同时,也应尽可能减少变动成本。

第三,减少营业资产。减少营业资产的方法有:尽快处理过时滞销的商品存货,以减少库存商品数量;尽快收回和处理应收账款等。

由于投资报酬率可以综合反映企业或投资中心的经营成果,所以,利用投资报酬率来衡量企业或投资中心的业绩,是比较客观公正的。投资报酬率指标还有一些用处,例如,可以使同一企业不同时期的经营成果或不同企业之间的经营成果进行比较,可以作为投资者进行投资决策的依据等。

需要进一步探讨的问题是,在计算投资报酬率时,营业资产中的固定资产如何计价。企业的固定资产价值有原始价值和净值两种计价基础,采用不同的计价基础,所计算出来的投资报酬率是不同的。与固定资产原值相比,固定资产净值会随着时间的推移而逐年减少。所以,如采用固定资产净值作为固定资产的计价基础,那么,企业或投资中心并不需要付出比以前更多的代价,投资报酬率也会不断增加。这是虚增的投资报酬率。鉴于此,在计算投资报酬率时,一般都采用固定资产原值作为计算依据。

(2) 投资报酬率的局限性

投资报酬率指标也有一定的局限性,主要表现在当一个投资中心的投资报酬率高于公司整体的投资报酬率时，该投资中心就不太愿意接受可以提高公司整体的投资报酬率但可能降低该投资中心投资报酬率的进一步投资。

〔**实例七**〕　依据实例六的资料。已知A投资中心的投资报酬率为20%。现假设华伦公司的投资报酬率仅为10%。为了提高公司整体的投资报酬率，华伦公司打算采用一新方案，给A投资中心一笔新的投资50 000元，修建新的生产设施，以扩大生产能力。该方案实现后，每年增加利润7 500元。

解：这个方案一旦实施，对公司整体是有利的，因为该投资方案的投资报酬率为15%（$\frac{7\ 500\text{元}}{50\ 000\text{元}}$），高于公司整体的投资报酬率。

但是A投资中心却不愿意接受这一投资方案，因为接受后会使该投资中心的投资报酬率降低，计算结果参见表9－6。

表9－6

项　　目	新方案实施前	新方案的有关数据	新方案实施后
营业资产（元）	50 000	50 000	100 000
营业利润（元）	10 000	7 500	17 500
投资报酬率	20%	15%	17.5%

计算结果表明，如果A投资中心接受新方案，该投资中心的报酬率将由20%下降到17.5%。如果公司今后仅以投资报酬率指标来评价和考核投资中心的业绩，那么A投资中心显然不愿意接受这项对公司整体有利但对投资中心相对不利的投资方案。这样，公司整体利益与责任中心的局部利益之间就产生了矛盾。这是用投资报酬率来评价和考核投资中心业绩的局限性。

（3）剩余利润

为了克服投资报酬率指标的局限性，促使各投资中心从公司整体利益出发，接受对公司整体有利的投资，使责任中心的利益与公司整体利益相统一，在现代企业中，又采用另一项指标——剩余利润来评价和考核投资中心的业绩。

剩余利润是指预期获得的营业利润与平均营业资产按最低投资报酬率计算的营业利润之间的差额。其计算公式如下：

剩余利润＝营业利润－（平均营业资产×最低投资报酬率）

剩余利润是一个绝对数指标。剩余利润越多，表明投资中心的经营成果越好。

〔实例八〕 依据实例六的资料假定华伦公司的最低投资报酬率为10%，试计算A投资中心的剩余利润额。

解:关于A投资中心的剩余利润额计算参见表9－7。

表9－7

项目	金额
平均营业资产(元)	50 000
营业利润(元)	10 000
最低投资报酬率	10%
减:最低投资报酬额(元)	5 000
剩余利润(元)	5 000

再依据实例七的资料，如果A投资中心接受公司的投资方案，它的剩余利润额计算参见表9－8。

表9－8

项目	金额
平均营业资产(元)	100 000
营业利润(元)	17 500
最低投资报酬率	10%
减:最低投资报酬额(元)	10 000
剩余利润(元)	7 500

表9－8的计算结果表明，A投资中心接受新投资方案后的剩余利润为7 500元，比原来的5 000元多出2 500元。由于剩余利润越多说明投资中心的业绩越好，所以，如果采用剩余利润指标来评价和考核投资中心的业绩，则A投资中心将愿意接受新投资方案，使整体利益与局部利益统一。

当然，剩余利润指标也有不足之处。如果各投资中心的投资规模不相同，就不能仅用剩余利润指标考核投资中心的业绩，否则将得出不公正结果。下面举例说明(参见表9－9)。

表 9-9

项　　目	A 投资中心	B 投资中心
平均营业资产(元)	250 000	1 000 000
营业利润(元)	40 000	120 000
最低投资报酬率	10%	10%
减:最低投资报酬额(元)	25 000	100 000
剩余利润(元)	15 000	20 000

如果仅用剩余利润考核两个投资中心业绩,显然 B 投资中心比 A 投资中心好。但进一步考虑两个投资中心占用的平均营业资产额不同,上述结论就不正确了。如果计算投资报酬率,A 投资中心为 16%,B 投资中心为 12%,则 A 投资中心的业绩要好些。

综上所述,投资报酬率和剩余利润这两个指标各有优点和局限性,在实际应用中,可将两个指标结合使用,以便照顾各方面的利益,并对投资中心的业绩做出正确的评价。

(4) 投资中心的业绩报告

对投资中心的业绩进行评价与考核的具体方式是编制投资中心的业绩报告。业绩报告中反映投资报酬率和剩余利润两个指标以及与这两个指标的计算有关的销售收入、销售成本、营业利润、平均营业资产等资料,然后将各项实际数与预算数进行对比,计算差异,并对差异数进行分析,从而对投资中心的业绩进行全面的评价与考核。

［实例九］　华伦公司 A 投资中心根据搜集到的销售收入、销售成本、营业利润、平均营业资产等资料的预算数和实际数,编制成该投资中心 20××年度的业绩报告(该投资中心的最低投资报酬率为 10%),参见表 9-10。

表 9-10　　**华伦公司 A 投资中心业绩报告**

20××年度

项　　目	预 算 数	实 际 数	差　　异
销售收入(元)	1 040 000	1 015 000	25 000(U)
销售成本(元)	936 000	903 350	32 650(F)
营业利润(元)	104 000	111 650	7 650(F)
平均营业资产(元)	400 000	406 000	6 000

表 9-10(续)

项　　目	预算数	实际数	差　　异
销售利润率	10%	11%	1%(F)
投资周转率(次)	2.6	2.5	0.1(U)
投资报酬率	26%	27.5%	1.5%(F)
最低投资报酬额(元)	40 000	40 600	600
剩余利润(元)	64 000	71 050	7 050(F)

A 投资中心的业绩报告表明,A 投资中心的投资报酬率和剩余利润等两项指标实际数都超过了预算数,这说明 A 投资中心的经营活动成绩较好。但在肯定成绩的同时,还应进行分析。比如,投资周转率的实际数低于预算数,这是不利差异,对此要做进一步分析,找出造成不利差异的原因,予以改正。

另外,在业绩报告中,平均营业资产的实际数大于预算数,这个事实本身不能说明什么问题,应结合投资报酬率或剩余利润等指标来判断,所以,在差异分析栏中没有注明(F)或(U)的符号。

第七节　责任会计与财务会计相结合的问题

责任会计的出现,使会计工作的内容增加。如何建立适应现代企业的责任会计体系,如何处理责任会计与传统财务会计之间的关系,会计界人士有着不同观点。目前大致有两种观点:一种认为应采用"单轨制",一种认为应采用"双轨制"。现分述如下。

一、单轨制

"单轨制"是指责任会计与财务会计相互结合融为一体开展会计工作的一种会计核算制度。其主要特点是:建立责任会计体系时,不必另起炉灶单搞一套,而是在财务会计体系的基础上,根据企业内部管理的要求进行适当的调整,使之既满足财务会计核算的要求,又满足责任会计工作的要求。

主张实行"单轨制"的观点认为,责任会计与财务会计在核算对象、目的、职能、要求、计价等方面，都有着密切的联系，二者密不可分，有必要也有可能相互融合开展工作。

二、“双轨制”

“双轨制”是指责任会计与财务会计相互并行、相对独立地开展会计工作的一种会计核算制度。其主要特点是：责任会计根据经济责任制和企业内部管理等的要求，建立新的责任会计体系，与财务会计体系并行，形成两种会计体系、两种核算制度、两套核算人员等。

主张实行“双轨制”的观点认为，责任会计与财务会计在核算对象、目的、职能、要求、计价等方面都存在着差别，是两种完全不同的会计，因而二者不能合二为一。

三、单轨制与双轨制的比较

“单轨制”和“双轨制”各有其特点和优缺点，下面从几个方面加以比较：

1. 核算工作的难易程度

实行“双轨制”会计核算，各企业可以在不打乱财务会计核算程序的情况下，根据各自的具体情况，建立责任会计体系及其具体的核算程序和方法，责任会计工作可以由不成熟到成熟，不完善到完善，有一个逐步积累、渐进的过程。这样开展责任会计工作难度较小。

实行“单轨制”会计核算，一方面要适应财务会计核算的要求，另一方面要适应责任会计核算的要求。既不能为强化企业内部管理而不遵守国家统一规定的财务会计制度，也不能使责任会计核算失实或过于繁杂。两种会计工作，一个机构和一套人马，这种结合核算的技术处理难度较大，对会计人员的业务素质和企业管理水平等都有较高的要求。

2. 核算工作量

实行“双轨制”会计核算，对已有的信息资料要按照财务会计核算和责任会计核算的不同要求分别加以分类、加工、处理，双重工作量，因而核算工作量大。

实行“单轨制”会计核算，会计人员可以根据自己工作的性质和特点，以及从工作方便的角度考虑，对有关信息资料用最优的方法进行分类、加工和处理，这样，就可以减少重复劳动，简化核算工作，从而减少核算工作量。

3. 核算数据的衔接

实行"双轨制"会计核算,财务会计数据与责任会计数据缺少直接联系,很少衔接,这会给财务会计的财务状况分析,对责任会计的责任控制、业绩评价、责任考核等工作带来诸多不方便。

实行"单轨制"会计核算,财务会计工作与责任会计工作融为一体,各种数据直接联系,易于衔接,易于取得。

综上所述,"单轨制"会计核算具有更多的优越性,因此,会计人员业务素质和企业管理水平较高的企业,一般以实行"单轨制"会计核算为好;不具备上述条件的,可以先实行"双轨制"会计核算,然后创造条件,逐步向"单轨制"会计核算过渡。

四、单轨制或双轨制在实施中应注意的问题

首先,责任会计与财务会计既有区别,又有联系,因而为选择"单轨制"或"双轨制"提供了前提条件。

其次,采用"单轨制"还是采用"双轨制",主要不取决于责任会计与财务会计有无区别或联系,而取决于企业管理水平的高低。如果企业管理水平高,会计人员素质高,可以采用 "单轨制"形式;反之,如果企业管理水平不太高,会计人员素质尚待提高,则应当先采用"双轨制"形式,然后过渡到"单轨制"。

最后,不论采用"单轨制"还是"双轨制",责任会计体系均应包括以下内容:

(1) 按企业组织结构建立不同层次的责任中心;

(2) 编制责任预算;

(3) 制定内部转移价格,进行内部计价核算;

(4) 控制责任计划执行过程;

(5) 对各责任中心进行责任核算;

(6) 考核责任计划执行结果。

第八节 责任预算与责任报告的传递

责任会计的职能主要是控制和考核。实行责任会计制度的企业由若干责任层次组成,企业管理当局对这些责任层次的控制和考核是通过编制责任预算和责任

报告进行的。这样,就有一个责任预算和责任报告的传递方式问题。传递方式与企业的组织结构形式密切相关。在西方,企业的组织结构形式大致分为两种:纵向组织结构形式和横向组织结构形式。下面分别介绍其传递方式。

一、纵向组织结构形式

纵向组织结构亦即集权组织结构,在这种组织结构形式下,企业的生产经营管理大权集中于总经理一人手中。以制造企业为例,其组织层次是:最高层次为总经理,其次为副总经理、分厂厂长、车间主任、工段长和工人。各级负责人对上一级负责,总经理对整体企业负责并实行控制。这种组织结构形式如图 9 - 2 所示。

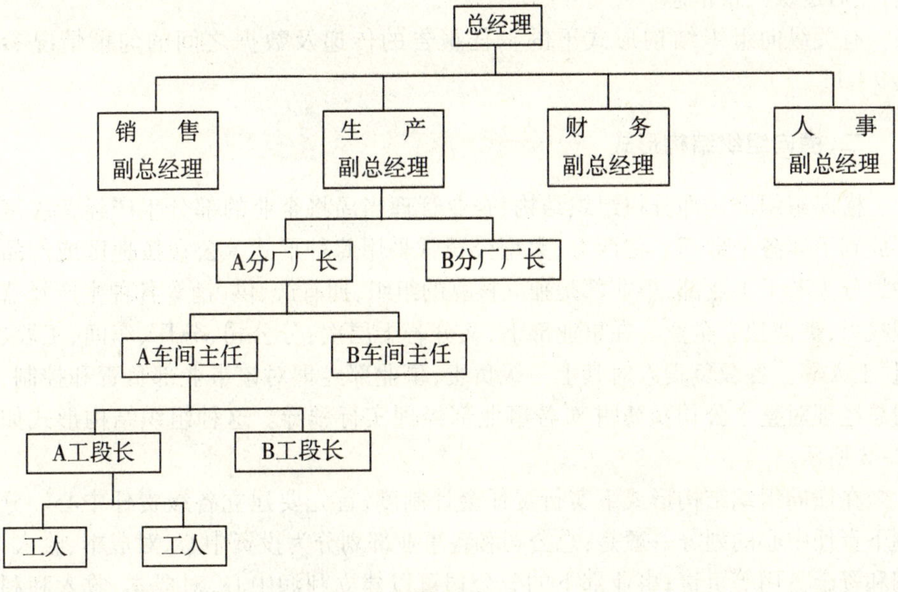

图 9 - 2

在纵向组织结构形式下实行责任会计制度,责任预算的传递方式为:首先,企业管理当局根据企业一段时期的经营总目标,编制全面预算;其次,将全面预算按责任层次逐级分解,直至最基层,形成各级责任中心的责任预算。责任预算是根据每个责任中心可以控制的范围,即应当承担的责任编制下达的,是各责任中心工作的目标,又是管理当局考核责任中心业绩的标准,同时也是全面预算的具体化。所以,责任预算的分解下达是一件十分重要的工作。

责任报告是各责任中心定期编制的业绩报告,是责任中心了解和控制经济活动的重要资料,也是上级评价和考核责任中心业绩的主要依据。责任报告从最基层起逐级汇总,除最基层责任中心的责任报告只反映自身的责任成本外,其他各级的责任报告均应同时反映所属下级转来的责任成本和自身的可控成本。各级责任报告的有关数字环环相扣,形成了一条“责任锁链”。基层的责任报告应当较为详细,以便中下层管理人员了解较为具体的情况。高层管理人员所需的责任报告应当简明扼要。下面举例说明责任报告的传递方式。

〔实例十〕 设某公司采用纵向组织结构形式,整个公司划分为四个管理层次:总经理、副总经理、车间主任和工段长。责任报告的编制从最基层的工段长开始,然后逐级上报汇总。

有关纵向组织结构形式下的责任报告的传递及数据之间的勾稽情况参见表9-11。

二、横向组织结构形式

横向组织结构即分权组织结构,企业管理当局将企业的部分生产经营决策权下放到下属各个部门。在西方,大型公司常采用此种形式。公司按地区或产品品种划分为若干事业部,事业部是独立核算的组织,拥有产、供、销等各种生产经营管理权力,类似独立企业。在事业部下,又分若干层次:分公司、分厂、车间、工段、班组、工人等。各级负责人对其上一级负责,事业部经理对该事业部负责和控制,公司总经理对整个公司负责并对各事业部经理实行领导。这种组织结构形式如图9-3所示。

在横向组织结构形式下实行责任会计制度,首先要建立各级责任中心。分权制下责任中心的划分一般是:总公司和各事业部划分为投资中心,对成本、收入、利润和资金占用等负责;事业部下的分公司可以建立利润中心,对成本、收入和利润负责;分厂及其下属的单位可以建立成本中心,对其所能控制的成本负责。由此可见,实行事业部制的大公司有条件建立三种类型的责任中心。由于每种类型的责任中心的控制范围和承担责任不同,所以对其运用的考核指标也不相同。成本中心主要考核责任成本;利润中心主要考核利润;投资中心主要考核投资报酬率。

横向组织结构形式下责任预算和责任报告的传递,与纵向组织结构形式大致相同。首先将公司的全面预算按责任层次逐级分解下达,形成各级责任中心的责任预算;其次,从最基层起,定期编制各级责任中心的责任报告,逐级上报,到公司

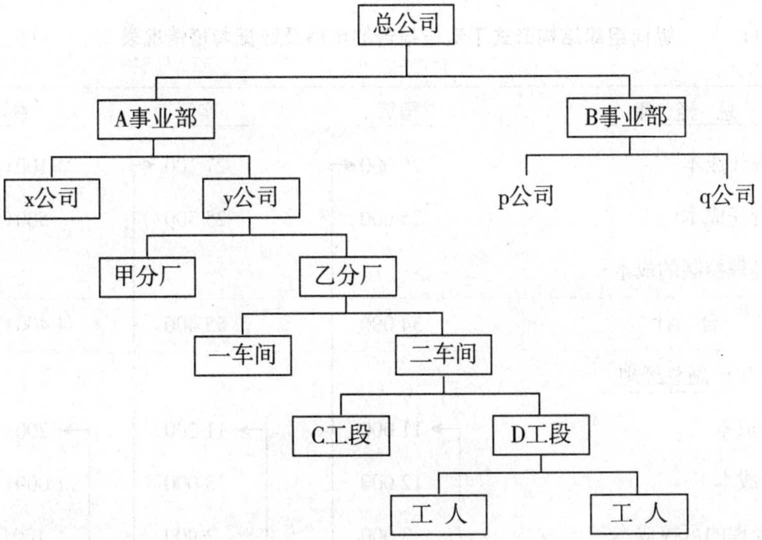

图 9－3

总经理处汇总。下面举例说明。

〔实例十一〕 设某公司采用横向组织结构形式。公司设立两个事业部,事业部以下划分为四个管理层次:分公司、分厂、车间、工段。责任报告从最基层的工段开始编制,然后向上逐级汇总。有关横向组织结构形式下责任报告的传递及数据之间的勾稽情况参见表 9－12(为简化起见,该表只列出总公司、事业部、公司等三个层次,公司以下责任层次的责任报告传递可参见表 9－11)。

表 9 - 11　　纵向组织结构形式下责任报告的传递及数据勾稽情况表　　单位:元

总经理	预算	实际	差异
生产部门责任成本	26 000	27 100	1 100(U)
销售部门责任成本	25 000	25 500	500(U)
不由副总经理控制的成本①			
合　计	54 000	55 400	1 400(U)
生产副总经理			
A车间责任成本	11 000	11 200	200(U)
B车间责任成本	12 000	13 000	1 000(U)
生产副总经理的可控成本②	3 000	2 900	100(F)
合　计	26 000	27 100	1 100(U)
A车间主任			
甲工段责任成本	5 000	5 100	100(U)
乙工段责任成本	4 500	4 400	100(F)
A车间的可控成本③	1 500	1 700	200(U)
合　计	11 000	11 200	200(U)
甲工段长			
可控成本	1 800	1 900	100(U)
直接材料	2 200	2 000	200(F)
直接人工			
制造费用④	1 000	1 200	200(U)
合　计	5 000	5 100	100(U)

注:表中①②③④一般应分项目列出,以便分析评价,这里从简。

表 9－12　横向组织结构形式下责任报告的传递及数据勾稽情况表　单位:元

x公司(利润中心)	预算	实际	差异
销售收入	100 000	105 000	5 000(F)
甲分厂责任成本	37 000	38 000	10 000(U)
乙分厂责任成本	28 000	28 500	500(U)
x公司可控成本	15 000	14 500	500(U)
合　计	80 000	81 000	1 000(U)
x公司利润	20 000	24 000	4 000(U)
A事业部(投资中心)			
x公司销售收入	100 000	105 000	5 000(U)
y公司销售收入	120 000	110 000	10 000(F)
合　计	220 000	215 000	5 000(U)
x公司责任成本	80 000	81 000	1 000(U)
y公司责任成本	95 000	92 000	3 000(F)
A事业部的可控成本	33 000	31 000	2 000(F)
合　计	208 000	204 000	4 000(F)
A事业部利润	12 000	11 000	1 000(U)
总公司			
A事业部销售收入	220 000	215 000	5 000(U)
B事业部销售收入	190 000	191 000	1 000(F)
合　计	41 000	406 000	4 000(U)
A事业部责任成本	208 000	204 000	4 000(F)
B事业部责任成本	168 000	170 000	2 000(U)
不由事业部负责的成本	17 000	20 000	3 000(U)
合　计	393 000	394 000	1 000(U)
总公司利润	17 000	12 000	5 000(U)

思考题

1. 什么是集权制？什么是分权制？各自有哪些优缺点？

2. 什么是责任中心？为什么要建立责任中心？

3. 什么是成本中心？成本中心有哪些主要的特点？

4. 什么是利润中心？利润中心有哪些主要的特点？

5. 什么是投资中心？投资中心有哪些主要的特点？

6. 什么是责任会计？责任会计的主要特点是什么？

7. 什么是责任成本？责任成本与产品成本的主要区别是什么？

8. 什么是可控成本与不可控成本？为什么要区分这两种成本？

9. 责任会计与财务会计有何区别与联系？

10. 什么是内部转移价格？制定内部转移价格有哪些基本的方法？每种方法的优缺点是什么？

11. 对每种责任中心的考核指标分别是什么？

12. 责任会计与财务会计如何结合？

计算题

习题一

一、目的：掌握投资报酬率，剩余利润及其有关因素的计算方法。

二、资料：某公司下属甲、乙、丙三个投资中心。20××年10月份的有关资料如下表：

摘　　要	甲中心	乙中心	丙中心
销售收入(元)	400 000	750 000	600 000
营业利润(元)		450 000	150 000
平均营业资产(元)	160 000		
投资报酬率	20%	18%	

表(续)

摘　　要	甲中心	乙中心	丙中心
最低投资报酬率	15%		12%
最低投资报酬额(元)		250 000	
剩余利润(元)			6 000

三、要求：根据已给资料，通过计算，将其结果填入上表空白处。

习题二

一、目的：掌握对投资中心业绩的评价方法以及提高投资报酬率的途径。

二、资料：下表为A、B、C三个公司某月份的比较资料：

摘　　要	A公司	B公司	C公司
销售收入(元)	900 000	200 000	
营业利润(元)	60 000	20 000	
平均营业资产(元)	450 000		200 000
销售利润率			5%
投资周转率			2%
投资报酬率		10%	

三、要求：

1. 通过计算，将计算结果填入表中空白处。
2. 对三个公司的业绩进行评价。
3. 对业绩较差的公司指出提高投资报酬率的途径。
4. 说明对投资报酬率进行分解的优点。

习题三

一、目的：掌握内部转移价格的制定方法。

二、资料：某公司有甲、乙两个相互独立的责任中心，甲中心生产一种G产品，有关资料如下表：

销售单价(元)	40
单位变动成本(元)	21
单位固定成本(元)	9(按生产能力计算)
生产品数量(每月)(个)	50 000

乙中心需购进G产品10 000件,如从市场上购进,购价为40元,且有5%的销售折扣。

三、要求:

1. 假设甲中心每月只能销售40 000件G产品,甲中心可能按什么价格出售给乙中心? 为什么?

2. 假设甲中心每月能向外部销售所有生产的产品,那么,甲中心又可能按什么价格售给乙中心? 为什么?

习题四

一、目的:掌握内部转移价格的确定方法。

二、资料:某公司下属A、B两个责任中心。A中心生产一种甲产品,有关资料如下表:

销售单价(元)	75
单位变动成本(元)	50
单位固定成本(元)	15(按生产能力计算)
生产品数量(每月)(件)	25 000

A中心能够产销25 000件甲产品,B中心希望A中心每月生产工艺5 000件新型产品——乙产品,这样,A产品就要减少原有生产能力的40%。乙产品的有关资料如下表:

单位:元

单位变动成本	80
单位固定成本	32

A中心可以利用现有的人力和设备生产乙产品。

三、要求:试问乙产品的内部转移价格应当制定为多少?

第十章
作业成本计算

学习要点

市场竞争给企业的生存带来很大的困难,但同时也给企业的发展留下了很大的空间。谁掌握了先进的管理技术和方法,谁就能生存和发展,这就使得企业管理者越来越强调准确的成本信息对市场销售和产品决策的重要性。成本信息准确与否在很大程度上取决于如何把间接费用(成本)分摊到产品成本中去,这就是费用分配方法问题。作业成本法就是针对这一问题而产生和发展起来的一种新的成本计算方法。它改革了间接费用的分配方法,使产品成本计算更加准确,大大提高了成本信息的真实性。

作业成本计算是针对共同费用而建立的一种因果关系分配机制。它并不强调共同费用的划分,而更注重这些共同费用与其成本对象的因果联系。作业成本计算系统与传统成本计算体系相比能够提供更为准确的成本信息。作业成本计算认为,作业消耗资源,成本对象消耗作业。因此,资源应通过资源动因基准分配给作业,形成作业成本;作业成本应通过作业动因基准分配给成本对象。选定每一作业的动因是解决成本分配的关键所在。

作业成本管理,主要是利用作业成本计算的特定优势,帮助企业管理者做出各种正确的决策。这些决策包括:定价决策、产品替代、产品设计、生产过程改善、技术投资以及产品是否继续生产等。所有这些决策在作业成本计算体系下更容易实现。

本章重点介绍了作业、作业链、作业中心、作业成本库、成本动因、资源动因、作业动因等基本概念以及作业的分类、作业成本计算的原理以及作业成本计算的基本程序和方法，要求掌握这些基本概念和方法。

了解作业价值分析法。

第一节　作业成本计算的产生

一、作业成本法产生的时代背景

（一）制造环境的变化

20 世纪 70 年代以来，第三次技术革命兴起，其主要特征为电子数控机床和机器人（Computer Numerical Machines and Robotiecs）、电脑辅助设计（Computer - Aided Design，CAD）、电脑辅助工程（Computer - Aided Engineering，CAE）和弹性制造系统（Flexible Manufacturing System，FMS）的广泛应用，其高级形式是电脑集成化制造系统（Computer Integrated Manufacturing System，CIMS）的形成和应用，它从产品订货开始，直到设计、制造、销售等所有阶段，将所使用的各种自动化系统综合成一个整体，由电脑中心统一进行调控。它使生产的电脑化、自动化进入一个崭新的发展阶段，在为生产经营管理变革提供了技术上的可能的同时，也使得由此引起的间接费用在产品成本中所占的比重越来越大。同时，随着技术改变加快，经营环境将变得越来越不确定，从而计划安排可能缩短为一系列的短期安排，因此，年度经营预算以及经营绩效的衡量和评价将变得更加重要和困难。技术改变带来的另一个冲击是产品的市场寿命和制造设备的经济寿命变得更短和更加不确定，从而加剧了全球性的竞争，加剧了资本密集度、组织规模、生产方式以及管理技术、管理思想的变革。变革又影响着管理会计的使用和发展。

另外，由于生活水平的提高，顾客要求企业提供的产品日益多样化和个性化，这使得生产组织由传统的、以追求“规模经济”为目标的大批量生产方式转变为对顾客需求迅速做出反应的“顾客化生产”，以保证能在较短时间内生产出不同的新产品，及时满足消费者多样化的要求，这是经济发展的一种必然趋势。这一趋势同样也使得诸如产品设计等间接费用在产品成本中所占的比重越来越大。

在新的制造环境下，变动成本法的重要性日趋减弱，变化的原因有两个：一是在总制造成本中，变动成本的比重越来越小，特别是那些技术先进的组织，变动成本的比重低于10%；二是把各个固定费用项目按期间归集处理，并不能为控制日益增长的固定成本提供良策。因此，在新的制造环境下，为了给企业决策提供正确、详细的信息，必须改进传统的成本计算方法。

（二）制造模式的变化

目前，在理论上人们基本认同在实践上已取得成效的先进制造模式主要有三类：以计算机为手段的集成制造（Computer Integrated Manufacturing，CIM）、精益生产（Lean Production，LP）和灵捷制造（Agile Manufacturing，AM）。

"集成制造"的发展可以追溯到20世纪60年代美国的MRP（Material Requirement Planning），即根据生产计划表上何时需要什么物料来定货的物料需求计划。70年代，生产能力需求计划、车间作业计划、采购作业计划等又被纳入MRP，形成一个闭环系统。80年代，又出现了将生产、供应、销售和财务等功能集于一体的一个一体化的系统，称为制造资源计划（Manufacturing Resource Planning），为了区别于MRP而将制造资源计划称为MRPⅡ。随着以计算机为手段的集成制造系统（CIMS）的发展，MRPⅡ已成为CIMS的重要组成部分管理信息系统（Management Information System，MIS）的核心。在这种新的制造模式中，物流、信息流和资金流被集成在一起。

"精益生产"其实指的是丰田生产方式，它是由美国麻省理工学院在总结日本推广应用丰田生产方式的基础上，将各类相关的生产系统归纳而成的一种制造模式。适时制（Just In Time，JIT）是精益生产的核心。JIT是20世纪50年代初丰田汽车公司副总裁大野耐一先生为减少制造过程的浪费、降低成本，从美国超级市场运作中受到启发，形成看板系统①的构想后提出，经过了20多年的技术改进，特别是克服了人的僵化思想和因循守旧的习惯势力后于20世纪70年代获得成功的一种管理哲学、管理方法。JIT指产品要按照顾客要求的时间准时生产出来并准时发送。要达到此目标，组件或总成必须要准时进入总装，部件要准时进入组装，零件要准时进入部装，原材料要准时进入生产线转为零件。这种倒流水式的"拉动方式"完全不同于传统的"推进方式"，它代表了在"卖方市场"向"买方市场"转变的

---

①　看板系统：看板，即Kanban，在日文中是"卡片"的意思。看板系统指以卡片或记号板来控制生产进程的信息系统。在JIT环境中，往往需通过该系统确保在必要时生产或取得必需的产品及数量。看板系统中通常包括三种"看板"，即提领看板、生产看板和供应商看板。提领看板是后制程向前制程指标必须提领的产品名称及数量，生产看板用以指标前制程必须生产的产品及数量，供应商看板则用以通知供应商交货的品名、数量及地点。看板的使用由后制程开始，即提领看板制约着生产看板，生产看板又制约着供应商看板。看板系统的使用可引导前制程只提供和生产后制程所需领取的产品及数量，以此来控制前制程，并借以实现"需求拉动"。

情况下，企业管理适应新环境的一种转型。与JIT相适应，看板系统是生产线运行中物流、信息流合一的“中枢神经”系统，生产中自动识别缺陷的“自律化”和全面质量管理是生产顺利进行的重要保障。JIT要求小批量生产、小批量运送，工序间仅留有很少的在制品（称为零库存），不允许向后工序传送不合格品（称为零缺陷），要保障生产的连续性和产品100%合格，必须实施全面质量管理（Total Quality Management，TQM）。

全面质量管理①同适时生产系统有着直接的联系。适时生产系统要求生产经营的各个环节实现“零存货”，在原材料、外购件的供应，在产品、半成品的生产等每一个环节都必须把好质量关，使之尽量做到“零缺陷”，否则废次品的出现将引起生产次序的混乱，在各个方面产生连锁性的不良后果。可见，“全面质量管理”是使适时生产系统得以顺利实施的一个必要条件。

“灵捷制造”是由美国通用汽车公司（GM）等和Leigh大学的Iacocca研究所联合研究，于1988年提出来的。1992年美国政府将这种全新的制造模式作为21世纪制造企业的战略。根据美国机械工程师学会（ASME）1994年的定义，“灵捷制造是制造系统在满足低成本和高质量的同时，对变幻莫测的市场需求的快速反应”。

由上文可见，在激烈的市场竞争条件下，降低成本是上述三种制造模式的共同要求，传统的累计成本会计制度无法满足这样的要求，必须有新的财务信息系统与先进制造模式相适应。

二、对传统成本计算法的评价

（一）对完全成本计算法的评价

这里所说的完全成本计算法，实际上是指传统的间接成本分配法，即是指以直接人工工时、直接人工成本、机器工时等作为分配基础来分配间接费用的一种成本计算方法。按完全成本计算法，某产品的成本是由直接成本和间接成本两部分组

① 全面质量管理是指全过程、全员、全方位的质量管理控制活动。全面质量管理与传统的质量管理理念不同，它不容许任何缺陷的存在，永无止境地追求完美的品质。全面质量管理首先是一种观念，其次才是一种方法。全面质量管理的观念包含四个重要要素：一是将满足顾客的需求放在首位，质量就是对顾客而言的价值。二是提高质量，降低成本。为此，质量控制的着重点不再是传统的“绝不运出不合格品”，而是“绝不做出不合格品”；优质也不能仅依靠最后的质检来实现，而是从产品设计开始，到产品生产各个环节的全过程的质量监控。三是全员均是“质检员”，让每一个员工都成为抓质量的主人，这是全面质量管理得以实施的有力保证。四是树立生产百分之百合格产品的责任感。其实，100%的合格率并非高不可攀，很多行业都是这样要求的，如航空公司、铁道系统等。

成的。一般情况下，间接成本的计算公式是：

某产品间接成本＝该产品直接人工工时（或机器工时等）总数×间接费用分配率

式中，间接费用分配率的计算公式是：

$$间接费用分配率=\frac{间接费用总额}{\sum(产量\times单位直接人工工时)}$$

用直接人工分配制造费用的方法在几十年前是合理的，因为当时的大多数公司只生产少数几种产品，构成产品成本最重要的因素是直接人工成本和直接材料成本，且这两种成本占产品成本的很大部分，而制造费用的比重很小。因此，对少量的制造费用以构成产品成本主体的直接人工去分配，所导致的扭曲是较小的，产品成本信息相对比较准确。随着科学技术的快速发展，全球性竞争的加剧，公司及其生产经营环境发生了巨大的变化，这些变化使传统的费用分摊方法遇到了两大问题。

问题之一：在产品成本中，固定制造费用比重增大，直接人工比重下降。科技进步及其导致的资本密集，反映到生产工具上就是设备价值的提高和经济寿命的缩短。设备价值提高和经济寿命缩短反映到会计上就是会计期间内的固定资产折旧增大（制造费用增大）。科技进步的另一个后果是需要越来越多掌握现代科学技术的高素质生产人员，他们可以以一当十（如加工中心或机器岛的操作人员），其结果是传统方法下用以分配制造费用的直接人工工时大大减少。在制造费用增大和直接人工减少的双重作用下，如仍采用传统的成本分摊法，那么，制造费用分配率会很大，且生产自动化程度越高，分配率越大。在产品工时变化不大时，分配率的过大变化会导致产品成本的巨大误差。显然这时的产品成本反映的不是产品的真实消耗，而是由成本分摊方法本身所造成的虚假表象。

问题之二：随着与工时无关费用的快速增加，用不具因果关系的直接人工去分配这些费用，必定产生虚假的成本信息。科技发展促进了产品更新换代，生产力的提高使世界上大多数市场成为买方市场，顾客需求的个性化、多样化已成为潮流。激烈的竞争使得传统的少品种、大批量生产模式让位于多品种、小批量的生产模式。这样，与单个产品生产工时无关的费用，如设备调整准备费用、搬运费用、质检费用、设计费用、试验费用、采购费用等生产支持费用大大增加。经过仔细观察，很多生产支持费用与产出数量并无对应关系，如设备调整准备费用、生产管理费用、工模具费用、设备及其维护费用等，如果把这些与产品生产工时无关的费用强行按工时分配给产品，必然造成扭曲的分配结果。例如，某种产品虽然使用工时很多，但是用于对它的质量检验的费用却很少,那么,在传统成本分摊方法下,该产品就会多分摊了质量控制费用;又如,另一种产品需要很多的工模具费用,但是对它进行加工的时间很短,同理,在传统成本分摊方法下,该产品一定少分了工模具费用等。另外,以工时为基准的成本计算体系是建立在基本劳动时间基础上的,即以基本劳动时间作为分配基准。基本劳动时间是按基本加工生产时间统计的,它不包括原材料采购、工模具加工、搬运以及转换产品花在调整准备上的时间等,甚至不包括质量检验、设备启动时间在内,这样,产品耗用工时的统计值大大小于其实际值,从而更加大了成本的扭曲。

传统的完全成本计算法使产品成本失真。失真的成本信息导致经营决策失误、成本失控,降低财务报告的可靠性和公允性。

(二)对变动成本计算法的评价

在传统的经营环境下,公司直接成本占总成本的比重很大。人们试图通过采用变动成本计算法,对产品成本加以管理和控制。该方法将成本按成本特性划分成变动成本和固定成本,产品成本仅包括变动成本,固定成本被视做期间费用。随着间接费用的增加,变动成本的比重越来越小,特别是在高新技术企业,固定成本占绝大部分,直接人工成本和直接材料成本都很少,甚至变动成本的比重低于10%,在这种情况下,实施变动成本法的意义显得不大。此外,变动成本法主要是对变动成本的管理和控制,它不能为控制日益增长的固定费用提供良策,同时有可能掩盖固定成本的可变性,不利于全面、准确地把握投入与产出之间的本质联系。

在变动成本计算法的重要性日趋减弱的情况下,人们又重新提出采用完全成本计算法。到底采用什么样的成本计算方法,才能既控制固定成本,又真实地反映成本情况呢?为了满足这些客观需要,作业成本计算法应运而生。

三、作业成本计算的产生和发展

作业成本计算(Activity - Based Costing,ABC)的产生,最早可以追溯到20世纪50年代。1952年,杰出的会计大师——美国人埃里克·科勒(Eric Kohler)教授在他编著的《会计师词典》中,首次提出作业、作业账户、作业会计等概念。1971年,乔治·斯托布斯(George I. Staubus)教授在《作业成本计算和投入产出会计》(Activity Costing and Input - Output Accounting)中对"作业"、"成本"、"作业会计"、"作业投入产出系统"等概念做了全面系统的讨论,这是理论上研究作业会计的第一部宝贵著作。20世纪80年代末期,由于传统成本计算的弱点暴露得更加充分,ABC

才引起了人们的广泛注意。经以哈佛商学院两位教授卡普兰(Kaplan)和库珀(Cooper)为主的西方学者的大力倡导,到20世纪90年代初,这种方法在理论上日趋成熟,实业界亦有部分企业在试行。随着ABC应用软件的开发与应用,近年来ABC进入了一个新的发展时期。

目前,ABC的应用已由最初的美国、加拿大、英国等国,迅速地向其他国家扩展。在行业领域方面,也由最初的制造行业扩展到商品批发、零售业、金融、保险机构、医疗卫生等公用品部门,以及咨询类社会中介机构等。

在我国,对ABC的认识和研究始于20世纪80年代末。值得注意的是,除了会计界,工程技术界也很关注ABC。ABC被纳入工业工程学科的研究内容,这与ABC产生于制造业,以及国内多年来推行MRPⅡ、CIMS有关。因为ABC的产生和应用是与先进制造技术紧密联系在一起的,而先进制造技术又是中国2010年中长期发展规划中国家科技发展的重点领域之一。可以展望ABC在未来还将在商业、金融、交通运输、公用事业等行业得到推广应用。在ABC的应用方面,国内已有企业将ABC用于经营决策、成本控制等方面。

第二节 作业成本计算的基本概念

一、作业成本计算

作业成本计算,即基于作业的成本计算法,是指以作业为间接费用归集对象,通过资源动因的确认、计量,归集资源费用到作业上,再通过作业动因的确认、计量,归集作业成本到产品或顾客上去的间接费用方法。ABC为作业、经营过程、产品、服务、客户等提供了一个更精确的分配间接成本和辅助资源的方法。ABC系统认为、组织的资源不仅在产品的物质生产中被消耗,在许多辅助作业中同样被消耗。为不同顾客提供不同的产品,往往需要消耗不同的辅助作业。ABC的目标是把所有为不同顾客和产品提供作业(包括上述辅助作业)所耗费的资源价值测量和计算出来,并恰当地把它们分配给各位顾客和产品。

二、资源和成本标的

此处的资源是指支持作业的成本、费用来源。它是一定期间内为了生产产品或提供服务而发生的各类成本、费用项目,或者是作业执行过程中所需要花费的代价。制造行业中典型的资源项目一般有:原材料、辅助材料、燃料、动力费用、工资及附加费、折旧、办公费、修理费、运输费等。与某项作业直接相关的资源应该直接计入该作业。如果一项资源支持多种作业,那么,应当使用资源动因基准将资源计入各项相应的作业中去。

成本标的是经济组织执行各项作业的原因,是归集成本的最终点。典型的成本标的有:产品、顾客、服务、销售区域和分销渠道等。

三、作业及其相关概念

1. 作业(Activity)

作业是相关的一系列任务的总称,或指组织内为了某种目的而进行的消耗资源的活动。它代表组织实施的工作,是连接资源与成本标的的桥梁。作业可以被看作由一系列的任务构成的。例如,"发出订货单"作业是由以下步骤构成的:从使用部门收到购买需求信息,索取供应商报价并评估价格,编制比较分析表,认定供应商,编制并发出订单。

2. 作业链(Activity Chain)

一个企业实际上是由大大小小的各种各样的作业有机组合而成的。现代企业是一个为了满足顾客需要而建立的一系列前后有序的作业集合体,这个集合体相互连接,称为作业链,如图 10-1 所示。

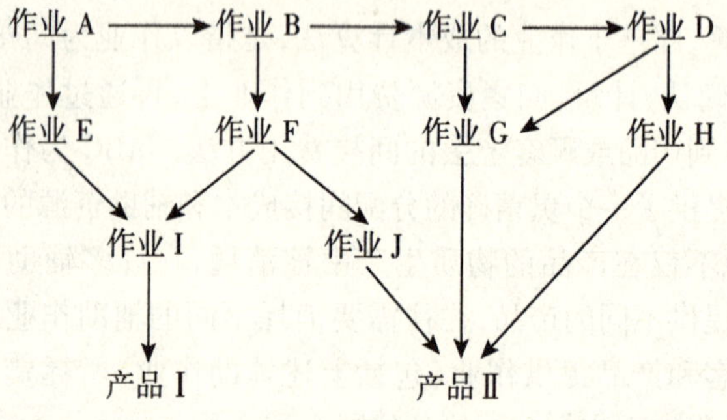

图 10-1

3. 价值链(Value Chain)

由价值来表现的作业链或者作业链的价值表现称为价值链。按照 ABC 的原理,产品消耗作业,作业耗费资源,因此作业的产出形成价值,作业的转移伴随其价值的转移。

作业逐步转移到最终产品,最终产品表现为全部作业的集合和全部作业价值的集合。因此,企业作业链的形成过程,同时也是价值链的形成过程,它包含每一个作业价值的形成和转移,从而构成价值运动过程。

4. 作业中心及作业成本库

作业中心是一系列相互联系、能够实现某种特定功能的作业集合。例如,原材料采购作业中,材料采购、材料检验、材料入库、材料仓储保管等都是相互联系的,并且都可以归类于材料处理作业中心。把相关的一系列作业(或任务)消耗的资源费用归集到作业中心(或作业),构成各作业中心(或作业)的作业成本库,作业成本库是作业中心(或作业)的货币表现形式。

四、作业分类

作业可以从不同的角度进行分类。库珀及卡普将作业分为以下四类:

1. 单位作业(Unit Activity)

这是指使单位产品和顾客受益的作业。如对每件产品的人力加工、机械加工等。这种作业的成本一般与产品产量或某种属性(产品重量、长度等)成比例变动。

2. 批别作业(Batch Activity)

这是指使一批产品或顾客受益的作业。如对每批产品的检验、机器调整准备、原料处理、生产计划等。这种作业的成本与产品的批数成比例变动。

3. 产品别作业(Product Activity)

即品种别作业,它是使某种产品或顾客的每个单位都受益的作业。如对每一种产品进行工艺设计,编制数控程序、材料清单等。这种作业的成本与产品产量和批数无关,但与产品种类数成比例变动。

4. 过程作业(Process Activity)

又称管理级作业,是指为了支持和管理生产经营活动而进行的作业,如生产协调、意外事件处理等。它与产量、批次、品种数无关,而取决于组织规模与结构。

另外,依据“作业是否增加顾客价值”,还可以将作业划分为增值作业和非增值作业。增值作业指那些能让顾客感到对其所购买的商品或劳务增加了效用(有用性)的作业,也就是说,这种作业的增减变动会导致顾客价值的相应变化;非增值作业指不会增加顾客所购买商品或劳务的效用的作业,也就是这种作业的增加或减少并不会影响顾客价值。典型的非增值作业有：

(1)储存。储存仅增加存货成本,并不增加产品价值,减少储存可以采用 JIT 管理模式。

(2)移动。在企业内部移动零部件、原材料、在制品,不会增加产品价值,因此需要合理地进行厂内布局、车间内布局以减少移动作业。

(3)等待。等待作业不增加产品价值,因此可以通过加强部门间协作以降低等待时间。

(4)检测。检验产品质量的作业,只是消极的预防措施,它不会增加产品价值,因此可以说"质量是制造出来的,不是因检验而生的"。通过全面质量管理(TQC)制度,可以有效降低检测成本。

上述增值作业、非增值作业的分类方法有利于企业进行作业管理,减少浪费。

五、成本动因

(一)成本动因(Cost Driver)的概念

成本动因是指诱导成本发生的原因,是成本标的与其直接关联的作业和最终关联的资源之间的中介因素。作业和成本标的是其起因,资源的消耗是其结果。成本动因是成本形成的起因,是确定成本的决定性因素。成本发生的基础因子是资源,而仅有成本基础因子并非形成产出成本的充要条件,还必须实施作业以驱动资源,因而作业是成本驱动因子。成本动因重在揭示具体的成本驱动因子,即作业的量化标准。

(二)成本动因分类

成本动因可分为资源动因(Resource Driver)和作业动因(Activity Driver)两类。资源动因是衡量资源消耗量与作业之间的关系的某种计量标准,它反映了消耗资源的起因,是资源费用归集到作业的依据。在分配过程中,由于资源是一项一项地分配到作业中去的,于是产生了作业成本要素(Cost Element),将每个作业成本要素相加形成作业成本库。通过对作业成本库成本要素的分析,可以揭示哪些资源需要减少,哪些资源需要重新配置,最终决定如何改进和降低作业成本。

作业动因是指作业发生的原因,是将作业成本库中的成本分配到成本标的中去的依据,也是将资源消耗与最终产出联系起来的中介。通过作业动因分析,可以揭示哪些作业是多余的,应该减少,哪些作业是关键作业,应密切注意其变化等。各层次作业及其成本动因参见表 10-1。

表 10－1　　　　各次级作业及其成本动因

层　　级	代表作业	作业动因
单位级作业	每件产品质量检查 直接人工操作 机器耗用的动力	产品数量 直接工时 机器工时
批次级作业	机器调试准备 每批产品质量检查 采购物料	准备小时 批次数或小时 采购次数
产品品种级作业	产品设计 零件管理 生产流程	产品种类 零件数量 产品种类
管理级作业	厂务管理 应收账款 会计人事	厂房面积 顾客数量 员工人数

第三节　作业成本计算的基本原理及开发程序

一、作业成本计算的原理

作业成本计算认为，由于作业消耗了资源，产出消耗了作业，因此资源应该通过资源动因基准分配给作业，形成作业成本，而作业成本应通过作业动因基准分配给产出。成本动因是重要的量化基准，即作业动因是产出消耗作业的量化基准；资源动因是作业消耗资源的量化基准。作业成本计算涉及两个阶段的制造费用分配过程：第一阶段，把有关生产或服务的制造费用（资源）归集到作业中心，形成作业成本；第二阶段，通过作业动因把作业成本库中归集的成本分配到产品或服务（成本标的）中去，最终得到产出成本。ABC 原理如图 10－2 所示。

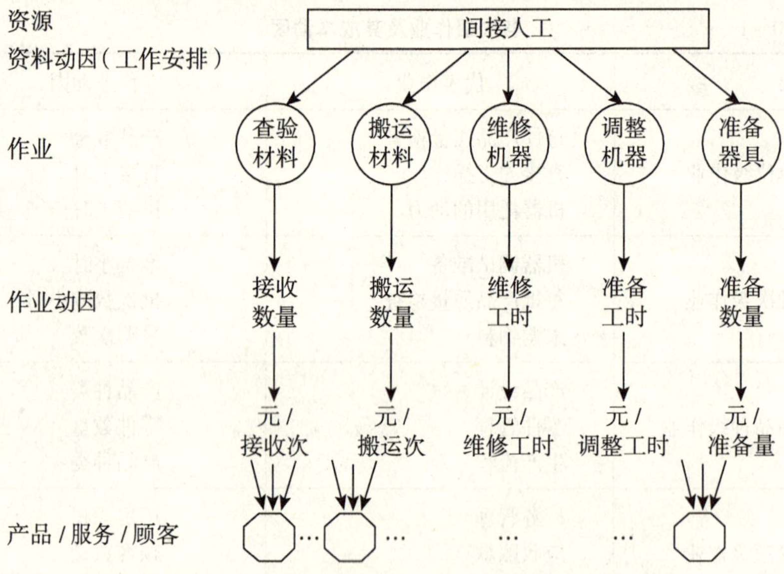

图 10－2　作业成本计算：费用从资源流向作业，再流向产品、服务和顾客

二、ABC 系统技术开发程序

ABC 系统技术开发程序分两个阶段：第一阶段分两步，首先识别出消耗组织资源的作业，其次确认资源动因，计量和归集资源费用到相关作业；第二阶段包括建立作业中心、作业成本库，确认成本动因，计算成本动因率并把作业成本分配给相关的成本对象。具体步骤如下：

第一步，确认主要作业和作业中心。

对组织中生产和服务的作业进行界定并给出定义，这是作业成本计算的基础。如前所述，作业是一个组织为达到其组织目标而开展的具体活动；作业中心是构成经营过程的各种作业的集合。作业成本计算以作业为核算对象，以作业中心归集成本，成本的归集不再像传统成本计算方法下按环节或空间进行，而是按成本动因自始至终贯彻到底。

第二步，确定资源动因，将资源分配到每个作业中心的成本库中。

资源是企业生产耗费的最初形态。从企业日常生产的经营角度，资源可以分为：①人力；②材料、外购零部件；③设备、房屋建筑物；④能源动力；⑤现金；⑥无形资源。它们反映的是作业消耗资源的具体形态。这些资源以价值形态表现出来就是工资、奖金、福利费、劳保费、材料费、设备折旧费、房屋建筑物折旧费、动力费、差旅费、办公费等资源成本。作业消耗了这些资源,因此,要依据作业消耗的资源数量,将资源成本分配到每个作业中心的成本库中。资源成本可按以下资源动因分配:人工按人工小时,材料按材料消耗数量,电按千瓦时,水按立方米,机器设备折旧按机器小时,房屋建筑物折旧按使用面积等。

每个成本库所代表的是它所在的那个中心所执行的作业,因此,该步骤要确认每个成本中心的资源耗用量。

第三步,确定作业动因,将各个作业中心的成本分配到成本对象。

一旦将资源耗费分配给作业成本库后,就可以确定作业动因。作业动因反映了作业的消耗量与企业产出量的关系。例如,准备作业的成本动因是准备小时或准备次数,准备小时假定资源的消耗量是随着产品所需要的准备时数的变动而变动;准备次数则假定每次准备作业耗用的资源都是相同的。再如,抽样检验作业的成本动因是生产的批次;钢板打眼作业的成本动因是打出的眼数;组装作业的成本动因是直接人工小时。这一步骤的分配工作反映了作业成本计算的基本前提:产出量(成本对象)决定作业耗用量。这种作业消耗量与企业产出量(成本对象)之间的关系就是“作业动因”(activity driver)。

确定了成本动因后,可按下面的公式计算成本动因率:

$$R_j = \sum_{i=1}^{n} C_{ij} / A_j$$

式中,R_j 表示 j 作业成本的成本动因率;C_{ij} 表示 j 作业中心 $i(i = 1 \sim n)$ 作业的成本;n 表示归入 j 作业中心的作业数目;A_j 表示 j 作业成本库中成本动因的数量。

第四步,将作业成本库的成本分配到成本对象,计算单位成本。

根据计算出来的成本动因率和产品/劳务消耗的成本动因数量,可以计算出产品/劳务的作业成本和单位作业成本。

$$C_m = \sum R_j \times q_{mj}$$

$$C_m' = C_m / Q_m$$

式中,C_m 表示 m 产品/劳务的总作业成本;C_m' 表示 m 产品/劳务的单位作业成本;R_j 表示 j 作业成本库成本动因率;q_{mj} 表示 m 产品/劳务耗用 j 成本动因的数量;Q_m 表示 m 产品/劳务消耗的成本动因总数量。

由以上公式可知,求取作业成本,必须获取产品/劳务耗用的成本动因数量,因此，在选择成本动因时，必须考虑成本动因数量的可获得性。

三、作业成本计算法应用举例

AST公司生产三种电子产品，分别是产品X、Y、Z。产品X是三种产品中工艺最简单的一种，公司每年销售10 000件；产品Y工艺相对复杂一些，公司每年销售20 000件，在三种产品中销量最大；产品Z工艺最为复杂，公司每年销售4 000件。公司设有一个生产车间，主要工序包括零部件排序准备、自动插件、手工插件、压焊、技术冲洗及烘干、质量检测和包装。原材料和零部件均外购。AST公司一直采用传统成本计算方法计算产品成本。

（一）采用传统成本计算方法

（1）公司有关的成本资料，参见表10－2。

表10－2　**成本资料**

	产品X	产品Y	产品Z	合计
产量（件）	10 000	20 000	4 000	
直接材料（元）	500 000	1 800 000	80 000	2 380 000
直接人工（元）	580 000	1 600 000	160 000	2 340 000
制造费用（元）				3 894 000
年直接人工工时（小时）	30 000	80 000	8 000	118 000

（2）在传统成本计算法下，AST公司以直接人工工时为基础分配制造费用，参见表10－3。

表10－3　**传统成本计算法下的费用分配**

	产品X	产品Y	产品Z	合计
年直接人工工时（小时）	30 000	80 000	8 000	118 000
分配率	3 894 000/118 000＝33			
制造费用（元）	990 000	2 640 000	264 000	3 894 000

（3）采用传统成本法计算的产品成本资料，参见表10－4。

表 10－4　　传统成本法下的产品成本资料

	产品 X	产品 Y	产品 Z
直接材料(元)	500 000	1 800 000	80 000
直接人工(元)	580 000	1 600 000	160 000
制造费用(元)	990 000	2 640 000	264 000
合计(元)	2 070 000	6 040 000	504 000
产量(件)	10 000	20 000	4 000
单位产品成本(元)	207	302	126

(二)公司的定价策略及产品销售方面的困境

1. 公司的定价策略

公司采用成本加成定价法作为定价策略,按照产品成本的 125% 设定目标售价,参见表 10－5。

表 10－5　　目标及实际售价

单位:元

	产品 X	产品 Y	产品 Z
产品成本	207	302	126
目标售价(产品成本 ×125%)	258.75	377.50	157.50
实际售价	258.75	328	250

2. 产品销售方面的困境

近几年,公司在产品销售方面出现了一些问题。产品 X 按照目标售价正常出售;来自外国公司的竞争迫使公司将产品 Y 的售价降低到 328 元,远远低于目标售价 377.5 元;产品 Z 的售价定于 157.5 元时,公司收到的订单的数量非常多,超过其生产能力,因此公司将产品 Z 的售价提高到 250 元。即使在 250 元这一价格下,公司收到订单依然很多,其他公司在产品 Z 的市场上无力与公司竞争。上述情况表明,产品 X 的销售及盈利状况正常,产品 Z 是一种高盈利低产量的优势产品,而产品 Y 是公司的主要产品,年销售量最高,但现在却面临困境,因此产品 Y 成为公司管理人员关注的焦点。在分析过程中,管理人员对传统成本计算法提供的成本资料的正确性产生了怀疑。他们决定使用作业成本计算法重新计算产品成本。

(三)作业成本计算法

(1)管理人员经过分析,认定了公司发生的主要作业并将其划分为几个同质作业成本库,然后将间接费用归集到各作业成本库中。归集的结果,参见表10－6。

表10－6　重新归集的成本库　单位:元

制造费用	金额
装配	1 212 600
材料采购	200 000
物料处理	600 000
启动准备	3 000
质量控制	421 000
产品包装	250 000
工程处理	700 000
管理	507 400
合计	3 894 000

(2)管理人员认定各作业成本库的成本动因并计算单位作业成本,参见表10－7、10－8。

表10－7　各产品作业量

制造费用	成本动因	作业量			
		产品X	产品Y	产品Z	合计
装配	机器小时(小时)	10 000	25 000	8 000	43 000
材料采购	订单数量(张)	1 200	4 800	14 000	20 000
物料处理	材料移动(次数)	700	3 000	6 300	10 000
启动准备	准备次数(次数)	1 000	4 000	10 000	15 000
质量控制	检验小时(小时)	4 000	8 000	8 000	20 000
产品包装	包装次数(次)	400	3 000	6 600	10 000
工程处理	工程处理时间(小时)	10 000	18 000	12 000	40 000
管理	直接人工(小时)	30 000	80 000	8 000	118 000

表 10－8　　各作业成本

制造费用	成本动因	年制造费用	年作业量	单位作业成本
装配	机器小时(小时)	1 212 600	43 000	28.20
材料采购	订单数量(张)	200 000	20 000	10.00
物料处理	材料移动(次数)	600 000	10 000	60.00
启动准备	准备次数(次数)	3 000	15 000	0.20
质量控制	检验小时(小时)	421 000	20 000	21.05
产品包装	包装次数(次)	250 000	10 000	25.00
工程处理	工程处理时间(小时)	700 000	40 000	17.50
管理	直接人工(小时)	507 400	118 000	4.30

(3)将作业成本库的制造费用按单位作业成本分摊到各产品,参见表 10－9。

表 10－9　　各产品制造费用

制造费用	单位作业成本	产品 X		产品 Y		产品 Z	
		作业量	作业成本(元)	作业量	作业成本(元)	作业量	作业成本(元)
装配	28.20	10 000	282 000	25 000	705 000	8 000	225 600
材料采购	10.00	1 200	12 000	4 800	48 000	14 000	140 000
物料处理	60.00	700	42 000	3 000	180 000	6 300	378 000
启动准备	0.20	1 000	200	4 000	800	10 000	2 000
质量控制	21.05	4 000	84 200	8 000	168 400	8 000	168 400
产品包装	25.00	400	10 000	3 000	75 000	6 600	165 000
工程处理	17.50	10 000	175 000	18 000	315 000	12 000	210 000
管理	4.30	30 000	129 000	80 000	344 000	8 000	34 400
合计			734 400		1 836 200		1 323 400

(4)经过重新计算,管理人员得到新的产品成本资料参见表 10－10。

表 10－10　　各产品成本分布

单位:元

项目	产品 X	产品 Y	产品 Z
直接材料	500 000	1 800 000	80 000
直接人工	580 000	1 600 000	160 000
装配	282 000	705 000	225 600
材料采购	12 000	48 000	140 000
物料处理	42 000	180 000	378 000
启动准备	200	800	2 000
质量控制	84 200	168 400	168 400
产品包装	10 000	75 000	165 000
工程处理	175 000	315 000	210 000
管理	129 000	344 000	34 400
合计	1 814 400	5 236 200	1 563 400
产量(件)	10 000	20 000	4 000
单位产品成本	181. 44	261. 81	390. 85

(四)问题的解决

采用作业成本计算法取得的产品成本资料令人吃惊。产品 X 和产品 Y 在作业成本法下的产品成本都远远低于传统成本计算法下的产品成本。这为公司目前在产品 Y 方面遇到的困境提供了很好的解释。用不同成本计算方法取得的产品资料结果对比参见表 10－11。

表 10－11　　不同成本计算方法结果的对比

单位:元

项　　目	产品 X	产品 Y	产品 Z
产品成本(传统成本计算法)	207. 00	302. 00	126. 00
产品成本(作业成本计算法)	181. 44	261. 81	390. 85
目标售价(传统成本计算法下产品成本×125%)	258. 75	377. 50	157. 50
目标售价(作业成本计算法下产品成本×125%)	226. 80	327. 26	488. 56
实际售价	258. 75	328. 00	250. 00

如表 10－11,根据作业成本法计算的产品成本,产品 Y 的目标售价是 327. 26 元,公司原定的 377. 50 元的目标售价显然是不合理的。公司现有的 328 元的实际售价与目标售价基本吻合。产品 X 的实际售价 258. 75 高于重新确定的目标售价 226. 80 元,是一种高盈利的产品。产品 Z 在传统成本法下的产品成本显然低估

了,公司制定的目标售价过低,导致实际售价250元低于作业成本计算得到的产品成本390.85元。如果售价不能提高或产品成本不能降低,公司应考虑放弃生产产品Z。

AST公司的管理人员利用作业成本计算法取得了较传统成本计算法更为准确的产品成本信息,对公司的定价策略进行了及时调整,提高了公司的经济效益。

四、对作业成本计算的评价

自20世纪80年代以来,作业成本计算方法已受到越来越多的国家和企业的重视。作业成本计算不仅适用于工业、商业,也适用于金融、财务、卫生等服务行业。美国、加拿大以及新加坡等国的各大银行也纷纷采用作业成本计算,进行银行作业管理。生产过程复杂、产品种类多的公司使用该方法,可以获益不少。但它不太适用于生产过程简单,品种少的公司。因为该方法本身较为复杂,需要较高的技术,且费时。因此,是否采用此方法取决于公司生产过程难易程度、管理会计师的专业技术水平等,各公司应根据自身情况与效益原则判断是否采用作业成本计算方法计算产品成本和进行作业管理。

总的看来,实施作业成本计算的好处在于:

(1)有利于提高成本信息的质量,克服了传统成本分配的主观因素的影响。

(2)有利于现代生产系统的作业管理,为作业管理提供必需的成本信息。

(3)有利于分析成本升降的原因,采取措施,扩大增值作业,消除不增值作业。

(4)有利于完善成本责任管理,建立一种新的责任会计体系(以作业中心取代成本中心)。

(5)有利于成本预测和决策(新成本特性的划分和作业成本信息均对预测、决策有利)。

其局限性在于:

(1)仍以历史成本为基础,同未来企业战略决策缺乏直接的相关性。

(2)未能完全消除主观分配因素,如计提折旧、递延资产摊销、无形资产摊销等。

(3)增加计算程序,加大工作量,信息成本可能提高。

(4)成本动因的选择有一定难度,甚至可能出现随意性,特别是诸如广告费、外部审计费、商誉摊销等。

(5)要求严格的适时生产系统和高素质的人员,尚不具备推广条件的企业是难于实施的。

第四节 作业成本管理

ABC 揭示了成本产生的直接原因，为成本管理打开了一个新天地，从而产生了以作业为基础的成本管理（Activity - Based Cost Management，ABM），简称作业成本管理。

一、作业成本管理

ABM 把企业看成为最终满足顾客需要而设计的一个由此及彼、由内到外的作业链，要求通过不断改进和优化企业的作业链来不断改进和优化企业价值链，从而增强企业的竞争实力。因此，作业成本管理的基本原理是：视企业的工作流程为一系列作业的集合，根据市场需求，以顾客订单为起点，采取“倒挤法”从后向前确定相关作业，核定作业消耗量、作业成本，揭示资源动因、作业动因，并进行成本动因管理、作业管理，以消除不增值作业，提高增值作业运作效率，减少供、产、销各环节的存货积压、资金占用，提高公司经营效益。

二、ABM 基本方法——作业价值分析

由于企业的效益不仅是增值作业和不增值作业的函数，而且是高效作业和低效作业的函数。因此，以作业为成本控制点，对作业进行价值分析就成为作业基础成本控制的基本方法。

（一）作业价值分析的概念

作业价值分析是通过对作业的识别与计量，资源费用的归集与确认，产出消耗作业的确认与计量，产出成本费用的归集等步骤，分析评价作业的有效性和增值性，以提高作业效率、减少资源消耗、增加产出价值的一种分析方法。

（二）作业价值分析的一般程序

作业价值分析的一般程序是：①按产品类别进行全过程调查；②识别、计量作业，建立作业中心；③归集资源费用到相应的作业；④分析作业消耗资源的有效性；⑤归集作业成本为作业成本库，选择代表作业，计量成本动因率；⑥确认、计量产出消耗的作业；⑦计算、归集产出的作业成本；⑧分析作业对产出的贡献，区分增值作

业与不增值作业。

(三)作业价值分析分类

作业价值分析可分为资源动因价值分析、作业动因价值分析以及作业的综合分析三类。

(四)作业价值分析模型

作业价值分析的最终目的是提高产出对顾客的价值,因此可以用产出价值为标的。产出价值的大小与作业效率和作业价值成正比,影响作业效率的因素有作业量和资源消耗,影响作业价值的因素有产出功能和作业量,作业价值分析模型如下:

$$产出价值=作业效率\times作业价值=\frac{作业量}{资源费用}\times\frac{产出功能}{作业量}$$

由该模型可知:一定的作业量,消耗的资源费用越少,作业效率越高,产出价值越大;资源费用一定,完成的作业量越多,作业效率越高,产出价值越大;完成一定的产出功能,消耗的作业量越少,作业价值越大,产出价值越大;一定的作业量,提供的产出功能越强,作业价值越大,产出价值越大。

三、资源动因价值分析、作业动因价值分析及作业的综合分析

(一)资源动因价值分析

资源是一个物质范畴,资源进入作业系统,并非都被作业合理有效地消耗,所以必须进行资源动因价值分析。资源动因价值分析是通过对作业的识别、计量,对作业消耗资源费用的确认与归集,来分析评价各项作业有效性的一种方法。资源动因价值分析的程序是:①调查产品从设计、试制、生产、储备、销售、运输到用户使用的全过程;②在熟悉产品流程的基础上识别、计量作业,并将作业适当合并,建立作业中心;③归集资源费用到各相应的作业;④分析作业消耗资源的情况,确定作业的有效性。

通过对作业耗用资源的分析,揭示哪些资源是必需的,哪些可以减少,哪些需要重新配置,最终确定如何降低作业消耗资源的数量,进一步降低作业成本,提高作业效率。资源动因价值分析的过程正是判断作业消耗资源必要性、合理性的过程,即评价作业有效性的过程。

确定作业效率高低时,结合资源动因价值分析对每项作业开展以下问题的调查，并进行细微的分析：①作业人数可否减少？②作业时间可否缩短？③可否使用既保证产品质量又更廉价的原材料？④可否使用性能相同的，更廉价的机器设备和辅助用具？⑤可否使用既保证质量而又更简单的工艺方法？⑥设备利用率可否提高？⑦能源消耗率可否降低？⑧有关某作业的一些生理、心理方面的问题，例如该作业的劳动条件、工作环境如何？人对该作业的安全感、舒适感、满意感和兴趣如何？

这些问题一般是将本企业的作业或其他企业类似的作业，或本企业历史上的最高水平相比较，以进一步判断该作业消耗资源的水平和作业的效率高低。对一些生理、心理方面的问题，可采用观察法、直接询问法或问卷调查法等分析评价。

（二）作业动因价值分析

作业动因价值分析是通过产品、劳务等对作业消耗的确认、计量，作业成本库费用的分配与产出成本的归集，来分析评价各项作业增值性的方法。作业动因价值分析的程序是：①从构成作业成本库的各项作业中，选择代表作业，计量成本动因率；②确认并计量各产出消耗的代表作业；③计算、归集各产出的作业成本；④分析各作业对产出的贡献，确认作业的增值性。增值作业必须同时满足以下条件：①该作业的功能是明确的；②该作业能为最终产品或劳务提供价值；③该作业在企业的整个作业链中不能去掉、合并或被替代。如果有一个条件不符合，该作业就是不增值作业。一般企业的各种加工作业、装配作业等都是增值作业，而大部分的仓储、搬运、维护、检验、整理、分类、清洁作业，因质量不合格而进行的返工、修理，以及供产销中任一环节的等待、延误等都属不增值作业。作业动因价值分析的主要目的是揭示哪些作业是必需的，哪些作业是多余的，应该减少，最终确定如何减少产品消耗作业的数量，从整体上降低作业成本和产品成本。

资源动因价值分析和作业动因价值分析都是分层次分析的方法，其目的是揭示产出消耗作业、作业消耗资源的因果关系，以判断作业的有效性和增值性。因此，提高产出、控制成本必须从作业价值分析开始。资源动因价值分析和作业动因价值分析的关系可用图 10－3 表示。

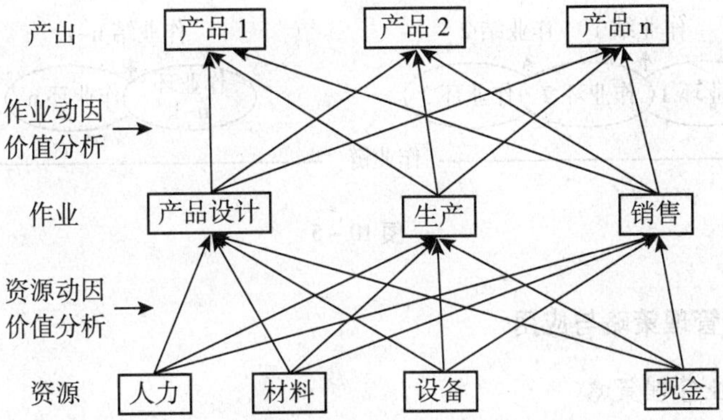

图 10－3

(三)作业的综合分析

作业的综合分析是指分析各项作业之间的联系。理想的作业链应是作业与作业之间环环相连,无断开和重叠,作业之间的等待、延误应最小,如图 10－4 所示。

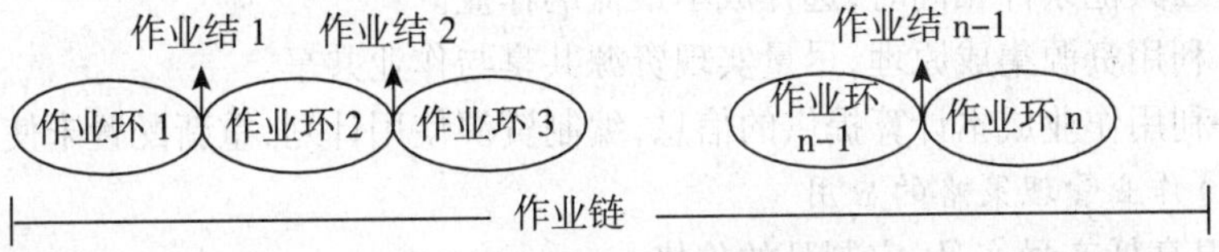

图 10－4　理想作业链和作业结图

否则,即使链上的每个环都是增值高效作业,也可能由于“结”的问题,影响整个作业链的效率和价值。因而,不但要分析的各个环节,还要分析各作业之间的联系。

现实企业的生产经营活动中,作业与作业之间一般都存在重叠,如图 10－5 所示。

分析作业发生的原因,评价作业价值及有效性的方法贯穿于作业成本管理的整体过程,所以,作业价值分析是作业成本管理的基本方法,是确认并最终消除浪费,达到降低成本的目的的有效手段。

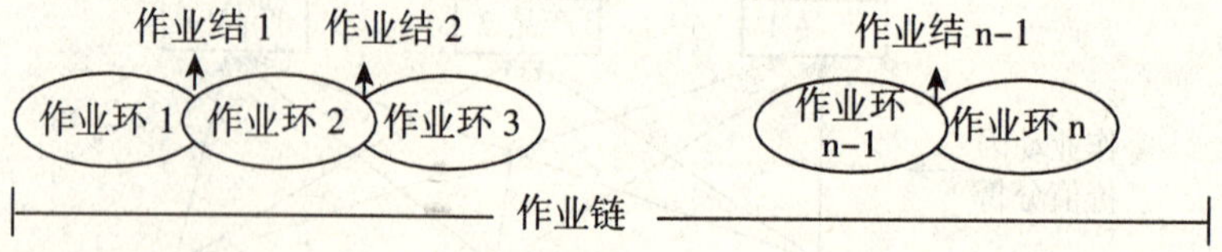

图 10－5

四、作业管理策略与应用

(一)作业管理策略

管理者们在进行了作业成本分析,了解其产品成本之后,就可以采取许多可行的策略来增加产品的获利能力。这些策略如下:

(1)减少作业所需要的时间和资源,改善增值作业的效率或者在短期内改进不增值作业。

(2)消除不增值作业(包括不增值高效作业和不增值低效作业)。

(3)当其他条件相同时,选择成本最低的作业。

(4)利用资源集成原理,尽量实现资源共享与作业共享。

(5)利用作业成本计算提供的信息,编制资源使用计划,重新配置未使用资源。

(二)作业管理策略的应用

1. 提高低产量产品、定制品的价格

在产品不在高度竞争的市场上销售的情况下,管理者通常是根据对成本的补偿或根据现有的类似产品价格进行推断来定价的。当价格来源于传统的成本计算方法时,由于传统成本法对产品成本的扭曲,管理者无法定出正确合理的价格。在作业成本法下,在进行初步的作业成本分析之后,公司往往能将那些特殊的、顾客化的和豪华产品的价格定得较高。只要顾客愿意为同品质、可靠的产品,或特殊产品的独特性能付出相当的高价,那么,这种定价策略就是可行的。另一方面,一旦那些低产量的特殊产品的成本被正确分配了以后,那些高产量普通产品的成本就会下降,这样,这些高产量普通产品的价格可以定得稍低一些,从而使产品在价格上更有竞争力。

2. 产品替代

如果顾客不愿为特殊产品付出高价,这时,用现有的低成本的可供选择的产品对其进行替代也是一个很好的办法,可以达到与提高低产量产品和订制品的价格相同的效果。

3. 重新设计产品

一些产品价格昂贵的原因是设计不合理。在没有作业成本引导产品设计的情况下,工程师们往往忽略了许多部件及产品多样性和复杂的生产过程的成本。他们为性能而设计产品,却不考虑添加独特部件的成本、新部件供应商和复杂生产过程的需要。通过出色的设计来削减产品成本的最好机会是产品的初次设计。作业成本分析将揭示一些设计中存在的非常昂贵的复杂部件以及独特的生产过程,它们很少增加产品的绩效和功能,可以被删除或修改。产品的重新设计是非常有吸引力的选择,因为它通常不会被顾客发现,如果设计成功地完成了,公司也不必进行重新定价或替代以其他产品。

4. 改进生产经营过程

对作业成本法计算的产品成本水平进行仔细分析,也会给改进生产过程带来机会。传统的复杂产品成本的计算是通过一个由最终产品所需的全部零部件和配件组成的材料清单来进行的,但还需要作业清单。在作业清单中除了要显示材料、人工和机器小时等单位水平作业成本外,还要揭示生产产品所需的批量水平和产品水平的作业,如定购部件、安排生产、处理顾客订单、机器准备、加工产品清单、设计产品和生产过程。在前面,我们讨论了如何利用这些信息进行定价和同顾客讨论使用更便宜的替代产品的可能性,作业清单能提供额外的一系列可以降低产品所需资源成本的行为。例如,企业可以通过定购材料、加工产品、订单、机器准备、处理订单、发运、收款来改进其经营过程。

在企业的生产经营过程被改进以后,完成相同任务就会需要更少的资源。这种效率上的收益将通过较低的作业成本动因比率的形式,在未来的作业成本模式中予以量化,较低的作业成本动因又会反过来导致对使用这些作业的产品分配更少的成本,这是因为作业成本分析将显示出在经营作业和过程上的改进是怎样导致了较低的产品成本的。

5. 技术投资

弹性制造系统(FMS)是为了高效地制造呈弹性变化的多种类产品而组成的一个一体化的集合,它由数控机床、自动传送带机器仓库、工业机器人与计算机控制中心这几个硬件设施构成,这些设施对零部件的形状差异、数量变化等具有充分的适应能力。弹性制造系统的构成解释了先进的制造技术是怎样解决大量生产的效率与灵活性之间的矛盾的。弹性制造系统和其他信息密集型的制造技术如电脑辅助设计(CAD)、电脑辅助工程(CAE)和计算机辅助软件技术(CASE),极大地降低了批量与产品水平作业成本,而同时又保持了高度自动化生产的效率。因此,在这些高级且复杂的信息密集型制造技术上的投资,实际上是出于降低传统的制造技术导致的批量水平作业和产品水平作业成本的愿望。然而这些成本只有在工厂为计算批量水平作业和产品水平作业而采用了作业制度时才是可视的。这些大量的、可视的批量水平作业和产品水平作业成了计算机综合制造技术的主要缩减任务。

6. 削减产品

上面介绍的方法都是将不获利产品转变为获利产品的方法,如果上述方法不能奏效,那么管理者将不得不采取最后的办法:终止不获利产品的生产。即使有些产品不能获利,但销售人员也不愿放弃。他们认为,这些产品是对获利产品的补充。从满足顾客需要和销售的角度来讲,企业必须拥有全面的产品线。在这种情况下,如果不获利产品确实能够增加整体产品的获利性,通过不获利产品和获利产品组合能使企业利润达到最大化,可以继续对不获利产品进行生产和销售;否则,要对之进行停产处理。

思考题

1. 为什么说传统的成本计算方法丧失了决策的相关性?
2. 为什么说变动成本法无法反映产品成本的基本概貌?
3. 作业成本计算法中的作业有什么特点?
4. 什么是成本动因,如何确定成本动因?
5. 作业成本计算的基本程序是什么? 可以分为哪几个步骤?
6. 按照作业动因,作业应该如何分类?
7. 试述作业成本计算法产生的原因。
8. 试述作业成本计算法的成本计算对象。
9. 试对作业成本法加以评价。

第十一章
战略管理会计

学习要点

本章对传统管理会计的局限性，战略管理会计的产生、概念、主要特征、目标与主要内容等问题进行了全面阐述。具体介绍了战略管理会计的主要内容，包括战略定位分析、价值链分析、战略成本动因分析、战略成本管理方法及战略性业绩评价等。

战略管理会计是为企业战略管理服务的会计，它从战略的高度，既提供具有战略相关性的外向型信息(strategy - related Outward information)，也对本企业的内部信息进行战略审视，帮助企业的领导者知己知彼，进行高屋建瓴式的战略思考，进而据以进行竞争战略的制定和实施，借以最大限度地促进本企业价值链的改进与完善，保持并不断创造其长期竞争优势，以促进企业长期健康地向前发展。战略管理会计，是适应社会经济环境的变化而对传统管理会计的丰富和发展。

战略管理会计的对象与内容随着战略管理实践的发展而动态地发展。本章重点介绍了战略管理、战略管理会计、战略成本管理等概念以及价值链分析、战略成本动因分析、产品生命周期成本法、目标成本规划法、标竿法、平衡计分卡等方法。要求了解其基本概念、基本方法以及每种方法的优缺点。

第一节　战略管理会计的产生

一、战略与战略管理

“战略”(Strategy)一词起源于军事科学,它是同“战术”、“战役”相对应的概念。这种由军事科学确立的“战略”概念,推广应用于政治、社会、经济等各个领域,其含义也变得越来越广泛了。概括地说,“战略”是指重大的、带全局性、长远性的谋划。

20世纪60年代,美国学者安索夫的《企业战略论》一书出版后,战略一词正式进入企业经营管理领域,一种全新的管理理论——战略管理理论也随之诞生了。战略管理一经产生,即以其强调外部环境对企业管理的影响,重视内外协调和面向未来等显著的特点而显示出强大的生命力。不过二三十年,战略就成为企业管理中的一个重要范畴,战略管理已为世界上许多国家的企业所采用,并成为企业成长与繁荣的重要保证。

一般而言,战略管理是制定、实施和评价使组织能够达到其目标的跨功能决策的艺术与科学。企业的战略管理包括三个阶段,即战略制定(Strategy Formulation)、战略实施(Strategy Implementation)和战略评价(Strategy Evaluation)。

战略制定是从对内部和外部环境的分析入手,确定企业的战略目标,制定并选择相应的战略。这一战略决策将使公司在相当长的时期内与特定的产品、市场、资源和技术相联系,对企业产生持久的影响,决定了企业的长期竞争优势。战略实施包括制定战略计划并组织实施。战略计划是战略目标的具体化,构成战略实施的依据和行为纲领。这一阶段要求企业树立年度目标,建立有效的组织机构,制定预算,以便使已制定的战略得以贯彻执行。战略评价是对前面两个阶段的监控和评价,主要包括战略性业绩以及重新审视不断变化的企业外部与内部因素并调整现时战略。

二、传统管理会计无法适应企业战略管理的要求

客观环境的巨大变迁、知识经济的挑战和“职能管理”向战略管理的转化,全面冲击着传统管理会计的理论和方法体系。在新的管理环境下,传统管理会计自

身的缺陷显露无遗，从战略的观点看，传统管理会计存在几个方面的不足：

1. 目标、方法及行为存在短期性

受新古典经济学理论和方法的影响，传统管理会计以利润最大化作为最终目标。以利润最大化为目标，能够促使企业讲求核算、加强管理，但却忽视了企业的长远发展，忽视了市场经济条件下的一个重要因素——“风险”，容易造成行为的短期化（如为了一时的利益而降低质量标准等），这最终将损害企业声誉和品牌形象乃至长远利益。从战略角度来说，管理会计的最终目标跟企业目标一样也应是“企业价值最大化”，以获得一种持久的竞争优势。相应地，对企业业绩评价的尺度应采用战略业绩评价。

传统管理会计目标的短期性引出了传统管理会计在许多方法中同样存在着短期性。例如，固定成本与变动成本的划分是传统管理会计各种分析行为的基础，而这一划分是建立在“相关范围”这一假定之上的，即在一定范围内的一段有限的时期内才能成立，而时间的限定性显然不能满足企业长期成本特性分析的需要。再如在本—量—利分析中，传统管理会计假定销售量与收入呈线性相关，这一假定在短期内尚可成立，但从长远来看，该假定与现实相差甚远，从经济学角度讲，边际收入递减规律是客观存在的。因此，本—量—利分析亦不适应企业长远发展的需求。

2. 注重内部环境，缺乏重视外部环境的战略观

管理会计一直担当为内部管理服务的角色，第二次世界大战后更获得了长足发展，它在实现企业目标、加强内部管理方面发挥了重要作用。这是因为当时主要是实行大批量、标准化生产，市场提供给企业的是几乎固定的“蛋糕”，企业经营的重心是在“蛋糕”中争取更大份额，企业管理的关键是降低内部经营成本。管理会计将眼光局限于企业内部，倾向于使用账簿中已有的财会数据来看问题，并依据已发生的事件来解释环境的变化，使管理会计成了财务会计的“副产品”。实际上，由于激烈的市场竞争和全球化的经营战略，企业的内部情况与外部条件之间水乳交融、息息相关。开放的市场要求开放的企业。企业应从立项、设计、生产到销售全过程进行管理，加强市场动态研究，正确审视自己所处的地位，通过与外部其他企业的比较来评价企业自身经营状况的优劣，根据外部经济、科技环境的变化，更新观念，及时调整自身与环境不相协调的方面。

管理会计作为信息的输出系统，应该能够反映企业所处的相对竞争地位，提供有利于企业竞争战略调整的会计资料，达到预警的目的。但是传统的管理会计却不能提供这种信息。

3. 提供的信息不全面,信息渠道单一

传统管理会计长期以来一直重视企业内部的、货币计量的、物质资源方面的信息,而对企业外部的、非货币计量的、人力方面的信息很少考虑,信息面较为狭窄。这些不完整的信息,如果用于短期的、局部的决策,影响还不是很大,一旦用于企业长期的战略决策,就会给企业带来不利的影响。信息的不充分使得管理会计的决策支持功能松弛,进而使得企业的各项决策严重受阻。为此,需要拓展信息渠道,提供超越企业本身的更为广泛、更为有用的与战略管理相关的信息,不仅包括内部信息和财务信息,还包括诸如市场需求量、市场占有率等外部信息和非财务信息。

三、战略管理会计的产生

战略管理这一新的决策分析范式(Decision Analysis Paradigm)的蓬勃发展,使人们开始重新审视传统管理会计的理论与方法,并普遍认为其缺乏战略相关性,不能为战略管理提供强有力的决策分析信息支持。因此,自 20 世纪 80 年代,特别是自 80 年代末期以来,人们开始将战略的因素引入管理会计的理论与方法中,从而将其逐步推向战略管理会计(Strategic Management Accounting,SMA)的新阶段。

战略管理会计的出现是理论和现实的必然要求。从理论方面看,管理理论中出现的战略管理理论、全面质量管理、柔性管理思想,经济学中的委托—代理理论,行为学派的行为理论和权变理论等,特别是管理会计方法的发展,如价值链分析方法、成本动因分析方法、产品生命周期成本法等,为战略管理会计的产生提供了可能。

从现实情况来看,信息技术的进步为战略管理会计的发展提供了技术条件(余绪缨,1999)。战略管理会计提供的信息是多种多样的,既有历史、现在和未来的会计信息,也有会计主体及其竞争的内外会计信息,还有财务的和非财务的会计信息。显然,传统的会计信息处理手段是无法完成上述不同的任务的,信息技术的发展使战略管理会计有可能以较低的成本及时提供战略管理所需要的上述信息。

战略管理会计于 20 世纪 80 年代初由英国学者西蒙(Simmonds,1981)提出,他认为战略管理会计侧重于本企业与竞争对手的对比,收集竞争对手关于市场份额、定价、成本、产量等方面的信息,着重强调了管理会计与企业战略结合的重要性。美国学者迈克尔·波特(Michael E. Porter,1985)在《竞争优势》一书中提出三种基本的竞争优势:成本领先(或成本优势)、差异化(别具一格)和目标积聚战略,并专章探讨了“成本优势”和“差异化”战略。

经过不断探索，美国学者 Keith Ward 于 1992 年出版了《战略管理会计》一书，1993 年 J. K. Shank（美国）等出版了《战略成本管理》等专著，使战略管理会计更加具体化。近年来，在英、美、日等发达国家，战略管理会计已成为企业加强经营管理，取得竞争优势的有力武器。

第二节 战略管理会计概述

一、战略管理会计的基本概念

对于什么是战略管理会计（Strategic Management Accounting，SMA），目前尚无统一的认识。Simmonds（英国）将战略管理会计描述为提供并分析有关企业和其竞争者的管理会计数据以发展和监督企业战略，强调注重外部环境以及企业相对竞争者的位置和趋势，包括成本、价格、市场份额等，以实现战略目标；Bromwich（英国）和 Bhimani（英国）在一份 CIMA（the Chartered Institute of Management Accountants，英国特许管理会计师协会）研究报告中将战略管理会计解释为提供并分析有关公司产品市场和竞争者成本及成本结构的财务信息，监控一定期间内企业及其竞争对手的战略；而 CIMA 的正式术语将战略管理会计定义为一种管理会计形式，它不仅重视内部产生的信息，还重视非财务信息和与外部相关的信息。

我国也有部分学者对此进行了积极的探索，如余绪缨教授认为“战略管理会计”是为企业“战略管理”服务的会计，它从战略的高度，围绕本企业、顾客和竞争对手组成的“战略三角”，既提供顾客和竞争对手具有战略相关性的外向型信息，也对本企业的内部信息进行战略审视，帮助企业的领导者知彼、知己，进行高屋建瓴式的战略思考，进而进行战略的制定和实施，以最大限度地促进本企业“价值链”的改进与完善，保持其竞争优势并不断创新，以促进企业长期、健康地向前发展。

还有学者认为战略管理会计是以取得整体竞争优势为主要目标，以战略观念审视企业外部和内部信息，强调财务与非财务信息、数量与非数量信息并重，为企业战略及其战术的制定、执行和考评，揭示企业在整个行业中的地位及其发展前景，建立预警分析系统，提供全面、相关和多元化信息而形成的现代管理会计与战略管理融为一体的新兴交叉学科。

总之,战略管理会计是服务于战略管理的会计信息系统,是服务于战略比较、选择和战略决策的一种新型会计,它是管理会计向战略管理领域的延伸和渗透。

二、战略管理会计的特征

尽管对战略管理会计的定义多种多样,但它们有一个共同特征,就是都涉及战略管理会计的一些基本要素,体现了管理会计的一些基本特征,概括起来有以下几点:

1. 外向性

战略管理会计的着眼点是外部环境,提供了超越管理会计主体、范围更广泛、更有用的信息,增强对环境的应变性,从而大大提高了企业的竞争能力。战略管理会计关注外部环境,收集其主要竞争对手过去和将来的有关战略经营方针、市场占有率、产品定价及趋势、销售方式及投入的费用等信息,并据以分析、预测和估计竞争者的各方面经营状况,从而帮助企业管理当局制定长期发展战略规划。比如,在成本管理方面,外延向前延伸到采购环节,乃至研究开发与设计环节,向后考虑至售后服务环节;在经营方面,既重视与上游供应商的联系,也重视与下游客户和经销商的联结等。总之,战略管理会计将企业纳入整个市场环境中予以全面考察,根据企业自身的特点,确定和实施正确适当的管理战略,把握机遇,主动积极地适应和驾驭外界环境,在竞争中取得主动,最终实现预定的企业战略目标。传统管理会计的对象主要是企业内部的生产过程,对企业的供应与销售环节则考虑不多,对于企业外部的价值链更是考虑较少。

2. 长期性

传统的管理会计以利润最大为目标,并将这一目标贯穿到预测、决策和成本控制中。战略管理会计更具战略眼光,它以企业长期发展战略目标为基础,结合企业年度经营计划,不断扩大市场份额,从长远利益来分析、评价企业的资本投资,并随长期发展战略的改变而改变。由于市场份额和竞争优势代表着企业未来的收入或利润,所以,战略管理会计不是不注重利润,而是更注重企业长期的利润和发展,其目标具有长期性,有时为了扩大市场份额而不惜牺牲短期利润。

3. 全局性

战略管理会计以企业的全局为对象,将视角扩大到企业整体,研究的范围更加广泛,从而提供更及时、更广泛、更有效的信息。战略管理会计既重视主要活动,也重视辅助活动;既重视生产制造,也重视其他价值链活动,如人力资源管理、技术管理、后勤服务的活动;既着眼于现有的活动,即经营范围的活动,也着眼于各种可能的活动，如扩大经营范围的前景分析等。总之，战略管理会计以企业管理的整体目标为最高目标，把企业管理作为一个整体进行分析，只有整体最佳才是最优的管理对策。

4. 灵活性

灵活性是指战略管理会计所用的方法比传统管理会计更加灵活多样，提供信息的种类也更加丰富多彩。为适应战略管理的要求，战略管理会计突破了原始意义上的会计只强调提供货币信息的局限，把它扩展到更广的范围和更深的层次，提供以外向型信息为主体的多样化信息，包括财务的和非财务的、数量的和质量的、物质层面和精神层面的，乃至有关天时、地利、人和等方面的信息，借以帮助企业高层领导在进行战略思考时，能从更广阔的视野、更深层次的内涵进行由此及彼、由表及里的分析研究，为企业保持和发展长期的竞争优势创造有利条件。与战略具有相关性的信息是以外向型信息为主体的多样化信息，这种类型的信息可从企业外部多种多样的渠道获得。图 11－1 列示了主要的信息来源渠道。

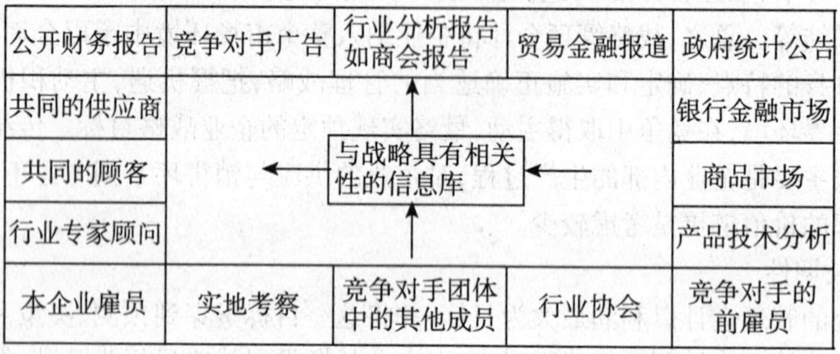

图 11－1

另外，战略管理会计采用了较为灵活的方法体系，不仅要联系竞争对手进行"相对成本动态分析"、"顾客盈利性动态分析"和"产品盈利性动态分析"，而且采取了一些新方法，如产品生命周期成本法、价值链分析等。

三、战略管理会计的目标

战略管理会计目标在战略管理会计理论与方法体系中处于最高层次，它是决定战略管理会计的本质、对象、假设、原则、要素和方法的基础。战略管理会计的目标，可以分为最终目标、直接目标和具体目标三个层次。战略管理会计的目标应立足于企业的长远发展，权衡收益与风险。企业价值是企业现实与未来收益、有形资产与无形资产、自身经济走势与外部资本市场等的综合表现。企业价值最大化是企业及其各方面利益关系都能接受的目标，因此，可以把战略管理会计的最终目标确定为企业价值最大化。

战略管理会计的直接目标是为企业战略管理决策提供信息。这种信息不仅包括财务信息，如竞争对手的价格、成本等，更重要的是包括了有助于实现企业战略目标的非财务信息，如市场需求量、市场占有率、产品质量、销售和服务网络等。提供多样化的会计信息，既能适应企业战略管理和决策的需要，也改变了传统会计单一的计量模式。

战略管理会计的具体目标主要包括以下四个方面：①协助管理当局确定战略目标；②编制战略规划；③协助管理当局实施战略规划；④进行战略性业绩评价。

四、战略管理会计的对象

关于管理会计的研究对象，学术界还没有达成共识。一般认为，一门科学或学科的对象，是其特定领域有关内容的集中和概括，是贯穿于该科学或学科的始终的（余绪缨，1996）。就战略管理会计而言，研究其对象需要考虑几点：首先，战略管理会计的对象不能局限于单位内部。企业进行战略决策当然要研究内部条件，但还要研究外部环境，如国家产业政策、产品市场状况及竞争对手情况等。其次，战略管理会计的对象不能局限于价值信息，甚至不能局限于经济信息，因为一些非价值方面的信息如人才市场供求状况，非经济方面的信息如国家政治情况的变化等，均会对企业战略管理产生重要影响。基于以上考虑，战略管理会计的对象可以表述为对企业战略决策和战略实施有重要影响的各种信息资源。

五、战略管理会计循环

企业战略管理的过程一般包括四个阶段：即战略环境分析、战略规划、战略实施与控制、业绩计量与评价，如图 11－2 所示。

从图 11－2 中可以看到，企业管理过程包括了从企业内部和外部环境因素的分析到对企业战略管理的结果进行评价和控制的一系列活动。这一系列活动不断地循环周转，构成企业战略管理循环。

战略管理会计是为企业战略管理服务的，要将会计系统与战略管理要求直接结合，对战略管理循环的每个步骤要求在战略管理会计中应有相应的步骤与之配

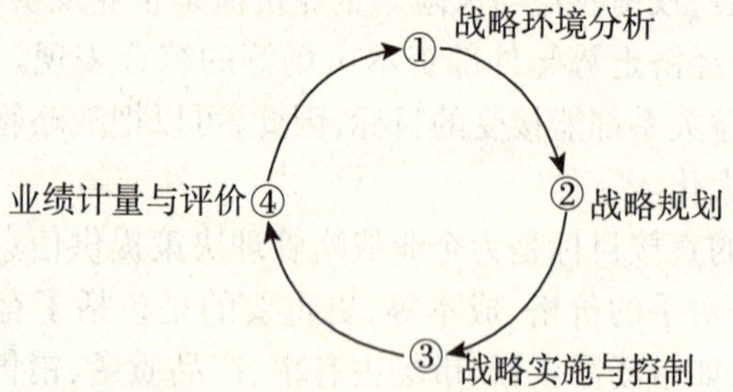

图 11 – 2

合，从而形成战略管理会计循环。战略管理会计循环相应地分为如下四个步骤，如图 11 – 3 所示。

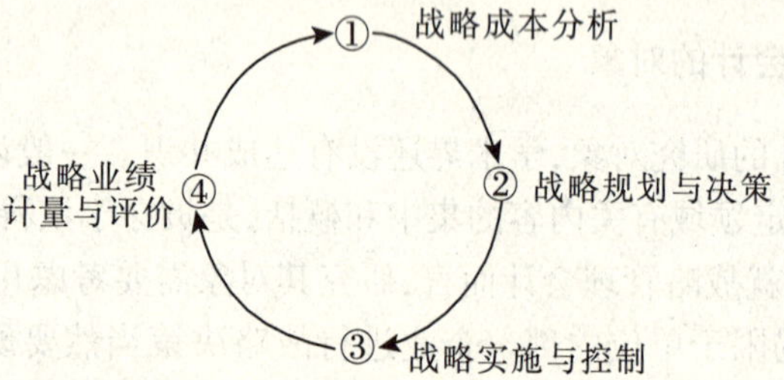

图 11 – 3

第一步，战略成本分析。战略成本分析是战略管理会计的起点。通过对企业战略成本管理资源和外部环境的考察，评判企业现行战略成本的竞争地位——强项、弱点、机会、威胁等，以决定企业是否进入、发展、固守或是撤出某一行业的某一段价值链活动。

第二步，战略规划与决策。在战略成本分析的基础上，确定企业是否进入、发展、固守或撤出某一行业某一段价值链活动后，下一步就是进行战略规划与决策，确定企业如何进入、发展、固守或撤出该价值链活动。战略规划与决策首先在明确战略成本管理方向的基础上确定战略成本管理的目标，包括总目标（全面的、长期的目标）和一系列具体目标。各目标之间须保持一致性和层次性，组成目标网络。准确的目标有助于战略的制定、实施和控制，组成目标网络。为了实现所确定的目标，根据企业内部资源、外部环境及目标要求，制定相应的基本战略、策略及实施计划。

第三步,战略实施与控制。战略实施按实施计划中的要求与进度进行。在战略实施过程中,由于内部资源、外部环境的变化,会使实施过程产生偏差,因此必须进行战略控制。战略控制包括确立预期工作成效的标准,对照标准,衡量、辨析与纠正偏差,从而控制成本动因。企业只有控制成本动因,特别是主要价值链活动的成本动因,才能真正控制成本,保证战略成本管理目标的实现。战略控制的基本方式有前馈控制和反馈控制,控制过程包含研究控制因子,确定控制标准,及时处理与传送控制信息等。战略控制系统应由企业层次、业务单元层次、作业层次组成一体化的控制系统,实行全面的、全过程的控制。当战略目标已实现,或内、外部条件发生重大变化,超过了控制能力时,则需进行战略调整,即重新开始进行战略成本分析、战略规划与决策等,进入新一轮循环。

第四步,战略业绩计量与评价。战略业绩计量与评价是战略成本管理的重要组成部分。业绩计量与评价通常包括业绩指标的设置、考核、评价、控制、反馈、调整、激励等。传统的业绩指标主要是面向作业的,缺少与战略方向和目标的相关性,有些被企业鼓励的行为其实与企业战略并不具有一致性。因此,需要将战略思想贯穿于战略成本管理的整个业绩评价之中,以竞争地位变化带来的报酬取代传统的投资报酬指标。战略业绩指标应当具有以下基本特征:①全面体现企业的长远利益;②集中反映与战略决策密切相关的内外部因素;③重视企业内部跨部门合作的特点;④综合运用不同层次的业绩指标;⑤充分利用企业内、外部的各种(货币的、非货币的)业绩指标;⑥业绩的可控性;⑦将战略业绩指标的执行贯穿于计划过程和评价过程。战略业绩计量与评估需在财务指标与非财务指标之间求得平衡。它既要能肯定内部业绩的改进,又要借助外部标准衡量企业的竞争能力;它既要比较成本管理战略的执行结果与最初目标,又要评价取得这一结果的业务过程。具体方法是比较"不采取战略行动"和"采取战略行动"条件下企业竞争地位的变化而带来的相对收益或损失。总之,战略成本管理的业绩计量与评价应围绕战略目标来进行,并促进战略目标的实现,增加企业的战略成本优势。根据战略业绩计量与评价的结果,对过去进行总结分析,对未来进行新的预测分析,提出新的目标,规划新方案并进行决策,进入新一轮循环。

第三节 战略管理会计的主要内容

战略管理会计所包括的具体内容随战略管理实践的发展而动态地发展，目前基本上得到大家共同认可的主要内容包括战略成本分析、战略成本管理及战略性业绩评价等。

一、战略成本分析

战略成本分析是指管理人员运用专门方法提供企业本身及其竞争对手的分析资料，帮助管理者形成和评价企业战略，从而创造竞争优势，以达到企业有效地适应外部持续变化环境的目的的一种分析方法。战略成本分析包括战略定位分析、价值链分析以及战略成本动因分析三个部分。

（一）战略定位分析

环境对企业发生双重的影响。一方面为企业的发展提供机遇，另一方面又制约着企业的经营活动，甚至会带来风险。企业必须对环境所产生的影响迅速做出反应，以充分适应环境变化对企业各个方面所产生的影响。战略管理会计必须根据企业以及所在行业的特点，关注环境的变化，研究与判断环境变化可能带来的机会与威胁，提供相关信息，并对可供采取的管理措施提出建议，使企业战略建立在多方位、多层次分析的基础之上。

战略定位分析方法较多，下面以 SWOT 分析法为例加以介绍。

SWOT 分析法是一种很有用的分析方法。SWOT 是英文 Strength（优势）、Weakness（劣势）、Opportunity（机会）、Threat（威胁）的开头字母缩写，意思是首先要确认企业各项业务经营面临的优势、劣势、机会和威胁等要素，并据此选择业务战略方法等。这种方法的理论基础是有效的战略能最大限度地利用业务优势和环境机会，同时使劣势和环境威胁降到最低。机会是企业业务环境中重大的有利形式，如环境发展的趋势和政府控制的变化、技术变化、买方及供应关系的改善等；威胁是环境中的重大不利因素，构成企业业务发展的障碍；优势是企业相对于竞争对手而言所具有的资源、技术以及其他优势，反映了企业在市场上具有竞争力的特殊实力；劣势是严重影响企业经营效率的资源、技术和能力等方面的限制，企业的设施、资金、管理能力、营销技术等都可能成为造成企业劣势的原因。

SWOT 分析法将企业面临的外部机会和威胁，与企业内部具有的优势和劣势进行对比，得出四种组合方式，分别以四个区域表示，如图 11 -4 所示。

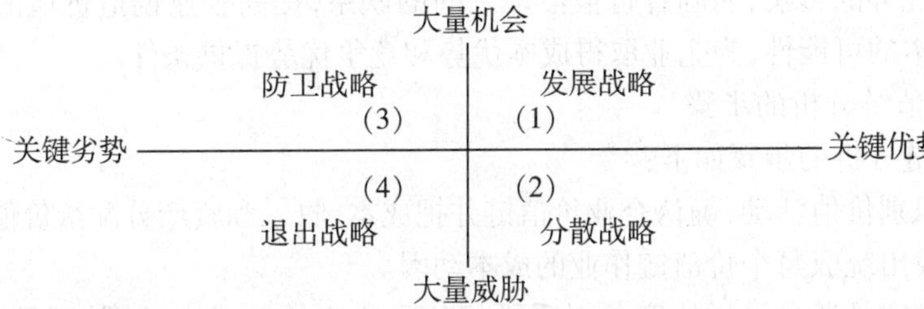

图 11 -4

图 11 -4 中区域(1)是最理想的组合，企业面临较多的机会和优势，应采取发展战略。区域(2)的业务以主要优势面对不利环境，这时企业要么利用现有优势在其他产品或市场上建立长期机会，要么以其优势克服环境设立的障碍。区域(3)的业务具有较大的市场机会，同时内部劣势也较明显。这时企业应有效地利用市场机会，并努力减少内部劣势。区域(4)是最不理想的形势，企业应采取减少产品或市场，或者改变产品或市场的战略。

SWOT 分析法通过对各项业务所面临的环境及内部能力的分析，提出了选择相应的战略方案类型的思路的合理框架。

(二)价值链分析

1. 基本概念

价值链(Value Chain)的名称最早由美国学者迈克尔·波特在《竞争优势》(Competitive Advantage，1985)一书中提出。价值可以看成是资金的生成和增值活动，价值链则可以看作价值增值的各个环节。价值链是和企业作业链联系在一起的，如在钢铁企业，炼铁→炼钢→轧钢，可看做一条作业链，在这条作业链中贯穿着一条价值链，即价值 1→价值 2→价值 3。因此作业链同时也表现为价值链，作业链的形成过程也就是价值链的形成过程。

价值活动是企业所从事的物质上的和技术上的界限分明的各项活动。它们是企业创造对买方有价值的产品的基础。利润是总价值与从事各种价值活动的总成本之差。

价值链分析就是指通过考察价值活动本身及其相互之间的关系来确定企业的竞争优势的一种分析法。

由于价值活动是构成竞争优势的基石,因此,对价值链的分析不仅要分析构成价值链的单个价值活动,更重要的是,要从价值活动的相互关系中分析各项活动对企业竞争优势的影响,明确各价值活动之间的联系,提高企业创造价值的效率,增加降低成本的可能性,为企业取得成本优势和竞争优势提供条件。

2. 价值链分析的步骤

价值链分析的步骤如下:

(1)识别价值活动,确认企业价值链并把成本、收入和资产分配给价值作业。

(2)找出统驭每个价值链作业的成本动因。

(3)确定是通过采用比竞争对手更好的手段来控制成本动因,还是通过重新配置价值链来创造可持续性竞争优势。

通过价值链分析,帮助管理当局认清各价值链作业活动的成本与价值,了解该公司的主要作业活动及其成本动因、所需成本、投入资源和所获收入,哪些作业活动是增值活动,哪些作业活动最没有价值,各作业活动之间有何相互关系,从而达到消除不增值作业、减少损失浪费、降低成本的目的。

3. 价值链分析的内容

价值链分析包括企业内部价值链分析、产业(行业)价值链分析和竞争对手分析三个方面的内容。

(1)企业内部价值链分析。企业内部价值链分析可以分为两个部分:内部成本分析和内部差异价值分析。内部成本分析的主要步骤有:找出企业价值产生的主要作业活动;对每一主要作业活动进行成本动因分析;进行竞争优势分析。内部差异价值分析的主要步骤有:找出产生顾客价值的主要作业活动;评估增加顾客价值的各种差异化策略;决定最佳的差异化策略。

(2)产业(行业)价值链分析。任何一个产业(行业)从最初原材料的开发到产品的最终消费,都形成一系列不同价值作业的结合——产业价值链。产业中,任何一个企业都居于产业价值链中的一个或多个链节,产业价值链中的企业互为现存的或潜在的竞争对手。通过产业(行业)价值链分析,了解企业在整个产业(行业)中的位置,以便寻求利用上、下游价值链管理成本的可能性,从而决定往上游或下游的并购策略,或决定将一些价值低的作业活动予以出售等。

(3)竞争对手分析。战略管理会计的主要特点是超越了会计主体的限制,可以在与竞争对手对比的基础上提供具有比较性的管理信息。企业能否取得竞争优势,在很大程度取决于如何面对竞争对手。如果对主要竞争对手的优势、劣势和战略缺乏必要的了解，企业就有可能过于注重短期决策，忽视长期战略问题，使企业遭受不必要的攻击，遇到意料之外的竞争压力。竞争对手分析的目的就是要通过对竞争对手的价值链进行分析，了解竞争的形势和企业面临的问题，明确企业与竞争对手的差异。

竞争对手分析的主要内容包括：①确定企业的竞争对手，包括现存的和潜在的竞争对手；②识别竞争对手的价值链及其价值活动形式，确定竞争对手在价值链活动中的有关成本动因及其相对地位，运用成本动因的性态来估测竞争对手成本的差异；③确定竞争对手的目标。掌握竞争对手的具体目标，就可以大致判断竞争对手会采取的竞争手段；④竞争对手的竞争战略及其功效；⑤分析竞争对手的优势和劣势；⑥竞争对手对外部进攻的反应。

4. 对价值链分析方法的评价

价值链分析方法给企业的战略成本管理提供了一种新的思路。其优势表现在以下几个方面：

首先，利用价值作为评价指标，可以极大地扩展评价的范围。如做投资决策时，不仅要考虑投资项目本身的现金流量，更重要的是要考虑国家利益和社会责任评价，而这一层次的评价，显然只能利用价值，如项目的社会价值、贡献价值等。其次，可以利用价值来评价非财务信息。如顾客对某一产品的认知价值可以作为产品定价的重要依据，而这种认知价值显然不是具体的财务数据。最后，价值可以有多种表现形式，如现金流量、产品质量、服务品质、认可程度等，这些可使管理会计研究范围扩大到企业外部，从而突破传统管理会计的思维束缚，为管理会计的重新构筑找到突破口。总之，通过价值链分析，确定价值活动及价值增值过程，找出各价值活动和成本间的关系以及价值活动与产品间的关系，对所有价值活动提供成本和效益的测量，使管理人员能够针对具体产品或服务，从宏观和微观上了解企业的成本状况和相应的竞争优势，并在这种基础上进行决策。

目前，对于价值链分析法在实务中的应用，理论界和实务界已有不少的探索。然而，价值链分析在目前的实施过程中仍受到多方面的限制，主要是数据收集方面存在困难，因为现行会计系统建立的基础不是基于价值链这种活动与流程的思想，不能为其提供所需要的数据。因此，战略管理会计必须跟踪分布于价值链中的各种作业的有关信息，开发能反映顾客满意程度的各种财务指标与非财务指标，促进价值链分析法在实务中的运用。

(三)战略成本动因分析

战略成本动因是与战略管理有关的成本动因,它是成本动因的一种,是从企业整体的、长远的宏观战略高度出发所考虑的成本动因。与作业成本动因相比,战略成本动因有如下特点:①与企业密切相连,如企业规模、整合程序、地理位置、技术、员工凝聚力等;②对成本标的成本大小的影响更长期、更持久、更深远;③动因的形成与改变均较困难。

从战略的角度看,影响企业成本态势(Cost Position)的因素主要来自企业经济结构和企业执行作业程序,从而构成结构性成本动因(Structural Cost Driver)和执行性成本动因(Executional Cost Driver)。两类成本动因的划分,从不同的战略角度影响企业的成本态势,从而为企业的战略选择和决策提供支持。

1. 结构性成本动因分析

结构性成本动因是与企业基础经济结构有关的成本驱动因素。结构性成本动因具有以下特点:

(1)形成时间较长,一经确定,往往很难变动,因此,对企业成本的影响将是持久的和深远的。

(2)发生在生产之前,其支出属资本性支出,构成生产产品的约束成本。

(3)既决定企业的产品成本,也会对企业的产品质量、人力资源、财务、生产经营等方面产生重要的影响,并最终决定企业的竞争态势。

结构性成本动因一般包括构成企业基础经济结构的企业规模、业务范围、技术、地理位置和经验等因素。

(1)规模(Scale)。这是指企业在研究、开发、制造、营销等方面的规模。企业规模适度,形成规模经济,有利于成本下降。企业规模过大,扩张过度,会形成规模不经济导致成本上升。可见,在规模的战略选择中成本是一个基本因素,必须加以考虑。

(2)业务范围(Scope)。这是形成成本的又一结构性动因,它是指企业垂直一体化的程度。企业业务范围属于整合的范畴,体现企业的整合程度。整合是指垂直式(纵向)扩张。垂直式扩张又分为向前整合和向后整合,垂直扩张意味着企业业务范围扩大,其中,向后整合使企业扩张进入一个提供某些目前所需要原材料的产业,例如,电视机制造厂自行建立显像管生产基地,以摆脱对供应商的依赖。向前整合使企业扩张进入产品的营销领域,建立自己的营销市场体系。业务范围扩张适度,可降低成本,带来整合效益,如避免契约的协商,掌握原材料服务及市场,掌握行销及技术情报等。相反，业务范围扩张过度，则可造成成本提高，效益下滑。企业可通过战略成本动因分析，进行整合评价，确定选择或解除整合的策略。当整合的市场体系（包括供应市场与销售市场）僵化，破坏了供应商和客户的关系，导致成本上升，对企业发展不利时，可降低市场的整合程度或解除整合。

（3）技术（Technology）。这是指企业价值链的每一个环节中运用的处理技术。技术对企业价值的贡献份额越来越大。技术对企业成本的影响有两方面。一方面技术的采用可能降低成本，企业除了应该注意保持当前企业成本领先地位的技术之外，特别要注意能为企业带来持久成本优势的创新技术；另一方面，技术变革常有较高的变革成本，这些成本包括技术开发成本、引进的巨额投资和可能的变革失败成本等。技术成本动因的确认有利于企业技术决策。技术成本动因的确认与分析，有助于企业选择能够带来持久性成本优势的技术，有助于实现技术革新成本与所得利益的平衡，有助于企业选择适合自己的技术战略（领导战略、追随战略）等。鉴于技术开发与应用付出成本较高，技术更新迅速，开发技术被淘汰的风险较大，企业在选择能获得持久性成本优势的技术创新时，其革新的成本应与取得的利益保持平衡。技术领先或技术追随的策略选择，应视条件而定，若能形成独特的持久领先技术，或获得独占稀有资源优势，可采用技术领先（领导）策略，否则，应采用追随战略，或者予以放弃。

（4）地理位置。企业地理位置对成本的影响表现在：①不同国家、不同地区、不同城市的工资和税率差异，会影响企业的工资成本和纳税支出；②地区交通便利程度和基础设施状况会影响企业生产经营成本，例如原料、能源供应商的位置影响到企业原材料成本，客户的位置影响到企业销售成本；③所在地气候、文化、观念等环境，不仅影响产品需求，而且影响企业经营观念和方式；④地理位置影响到企业人才的去留。

地理位置对经营成本的影响决定了企业在厂址选择、工业布局等活动中要十分慎重。

（5）经验（Experience）。这是一个重要的结构性成本动因。企业是否有过生产该产品的经验，生产多长时间，是影响成本的综合性基础因素。经验积累，即熟练程度的提高，不仅带来效率提高，人力成本下降，同时还可降低物耗，减少损失。经验积累程度越高，操作就越熟练，成本降低的机会就越多。经验的不断积累和发展是获得“经验—成本”曲线效果，从而形成持久竞争优势的动因。经验来自对实践的不断总结和学习，前者为直接经验，后者为间接经验。在技术更新、全球经济环境变化迅速、竞争加剧的情况下,加大学习力度将获得“学习曲线”的明显效果。有人提出“未来最成功的企业将是学习型企业”。学习效应在企业初建时尤为明显,成熟企业的学习效应相对不够明显,价格敏感性强的企业,学习效应显著,它可拉动需求,加大产量,推动学习,降低成本。可见,学习策略的选择,也有一个权衡的问题。

2. 执行性成本动因分析

执行性成本动因是指与企业执行作业程序有关的动因,即影响企业成本态势的与执行作业程序有关的驱动因素。这类动因具有以下特点:

(1)属于中观成本动因。与结构性成本动因相比,执行性成本动因属于中观成本动因,即这些成本动因是在结构性成本动因决定以后才成立的成本动因。

(2)非量化的成本动因。

(3)因企业而异,并无固定的因素。

(4)其形成与改变均需较长时间。

执行性成本动因通常包括:

(1)参与(Participation)。人是执行作业程序的决定因素,每个员工参与执行都与成本相关,员工参与的责任感是影响成本的人力资源因素。企业取得成本优势而采取的组织措施中,亦包括了人力资源的开发管理,这些措施都可能提高员工参与的积极性,从而导致成本降低。

(2)全面质量管理(Total Quality Management, TQM)。质量与成本密切相关,质量与成本的优化是实现质量成本最佳、产品质量最优这一管理宗旨的内在要求。在质量成本较高的情况下,TQM 更是一个重要的成本动因,能为企业带来降低成本的契机。

(3)能力利用(Capcity Utilization)。在企业规模既定的前提下,员工能力、机器能力和管理能力是否得到充分利用,以及各种能力的组合是否最优,都将成为执行性的一个成本动因。如进行技术改造,采用先进的生产管理方法,都会使能力得到充分发挥,从而带来降低成本的机会。

(4)联系(Linkages With Suppliers or Customers)。这里指企业各种价值活动之间的相互联系,包括内部联系和外部联系。内部联系通过协调和最优化的策略提高效率或降低成本。外部联系主要指与供应商和顾客的合作关系。上下游通力合作,互惠互利的“临界式生产管理”是重视“联系”的典范,它同时为企业和供、销(客户)方创造降低成本的机会,从而成为重要的成本动因。

(5)产品外观(Product Configuration)。指产品设计、规格、样式的效果要符合市场需要。

(6)厂址布局(Plant Layout Efficiency)。指厂内布局的效率,要求按现代工厂布局的原则和方法进行合理布局。

3. 成本动因分析的战略应用

两类成本动因对企业的扩张战略选择具有不同的意义。结构性成本动因涉及的是对企业规模、范围、技术、经验和厂址等因素的合理选择。盲目扩大规模、范围、技术开发和迁移厂址会给成本带来负面影响,于企业发展不利;放弃发展战略,固守原有规模、范围、技术和不利的地理位置,甚至故步自封,则必将处于竞争劣势,不利于企业的生存和发展。可见,从结构性成本动因看,归根到底是一个扩张战略目标的选择问题。执行性成本动因涉及的是参与全面质量管理、能力利用、联系、厂内布局、产品外观等因素的加强,而非“选择”的问题。可见,结构性成本动因分析有助于扩张战略目标的选择;执行性成本动因分析有助于全面加强管理,从而确保战略目标的实现。前者是优化基础资源的战略配置,后者是强化内部管理,完善战略保护体系。

二、战略成本管理(Strategic Cost Management, SCM)

(一)战略成本管理的基本概念

战略成本管理指管理人员运用专门方法,提供企业本身及其竞争对手的成本分析资料,帮助管理者形成和评价企业战略,从而创造竞争优势,以达到企业有效地适应外部持续变化的环境的目的。战略成本管理的首要任务是关注成本战略空间、过程、业绩,可表述为“不同战略选择下如何组织成本管理”。战略成本管理是将成本信息贯穿于战略管理整个循环过程之中,通过对公司成本结构、成本行业的全面了解、控制与改善,寻求长久的竞争优势,这就是波特所讲的取得“成本优势”(Porter,1985)。简言之,战略成本管理是企业为了获得和保持企业长期的竞争优势而进行的成本分析与管理,其目的是为了适应企业越来越复杂多变的生存和竞争的环境,使企业立足于不败之地。

(二)战略成本管理的意义

战略管理的核心是要寻求企业持之以恒的竞争优势。竞争优势是一切战略的核心,它们归根结底来源于企业能够为客户创造的价值,这一价值要超过该企业创造它的成本。价值是客户愿意为其所需要的东西所付出的代价。超额价值来自于以低于竞争厂商的价格而提供同等的受益,或提供的非同一般的受益足以抵消其高价且有余。因此,竞争优势有两种基本形式,即成本领先和别具一格(标歧立异)。可见,成本是战略管理的关键,战略管理促使战略成本产生。在竞争优势的战略选择和决策中,涉及大量的成本问题,包括领先战略中的成本优势,标歧立异战略中的歧异成本,规模经济、整合战略中的整合成本,替代经济中的转换成本,分析市场中的成本行为,分析竞争对手的相对成本与比较信息,以及战略决策分析的成本考虑等。只有取得成本优势,才可能在竞争中获胜。因而,战略成本管理对企业意义重大。

(三)战略成本管理的方法

由于受战略管理的思想和方法的影响,SCM 的方法有别于传统的成本管理方法。至于 SCM 的方法究竟有哪些,目前国内外文献中说法不一。从战略成本规划的角度来看,战略成本管理方法主要有源于战略管理的价值链分析法,以及用于制定成本目标的产品生命周期成本法、目标成本规划法等。

1. 产品生命周期成本法(Product Life Cycle Cost)

从生产经营者的角度来看,产品生命周期意指产品从"孕育"到"消亡"的全过程,这一过程包括如下五个阶段:①产品研究和初始设计;②产品开发和测试;③生产;④销售;⑤顾客使用。

产品在上述五个阶段中所发生的全部耗费即是产品生命周期成本。近年来,由于对环境的日益重视,有关专家认为应将产品废置之后对环境的影响所造成的产品废置成本考虑进来,以更全面地反映其生命周期成本。

对产品生命周期成本的全面计量与分析有三个目的:

第一,帮助企业更好地计算产品的全部成本,便于企业在将产品推向市场之前,做好总体成本效率预测,以决定开发该产品是否有利可图。

第二,帮助企业根据产品生命周期成本各阶段的分布状况,来确定进行成本控制的主要阶段。产品的研究开发与设计阶段现已成为 SCM 所关注的焦点。这不仅因为开发设计本身的成本很高,而且因为设计方案确定之后,会导致相关的成本锁入(Locked - in Cost)。据专家测算,这一阶段所确定的产品成本占全部成本的比例高达 75% ~90%。这意味着其成本经基本确定后,各阶段只能在这一框架内进行小幅调整,成本降低余地不大。

第三,由于扩大了对成本的理解范围,有利于在产品设计阶段就能考虑顾客使用与产品废置成本,以便有效地管理这些成本。

2. 目标成本规划法

目标成本规划(Target Costing/Cost Design),又译为成本企划或成本设计。这种方法于20世纪80年代被日本企业广泛采用,大大增强了日本企业的国际竞争力。20世纪90年代开始,该方法开始被欧美企业所引进,并引起了欧美学者日渐浓厚的研究兴趣。1995年之后,我国学者对目标成本规划开始给予关注,做了许多介绍和分析,这对推动我国的成本管理理论与实践都起到了积极的作用。

目标成本是指企业在新产品开发设计过程中,为了实现目标利润而必须达到的成本目标值,即产品生命周期成本下的最大成本容许值。目标成本规划法的核心工作就是制定目标成本,并且通过各种方法不断地改进产品与工序设计,以最终使得产品的设计成本小于或等于其目标成本。这一工作需要由包括营销、开发与设计、采购、工程、财务与会计甚至供应商与顾客在内的设计小组或工作团队来进行。主要操作过程如下:

第一步,在进行产品设计时,识别顾客的需求和顾客对满足其需求所认可的价格,消除那些不被顾客认可的产品功能。

第二步,确定目标成本。确定目标成本有很多方法。

(1)公式法

$$目标成本=\frac{有竞争能力的市场价格}{销售单价}\times 实际成本$$

(2)倒算法

目标成本=产品销售收入-税金-目标利润

目标单位成本=预测单价×(1-税率)-预测单位销售量的目标利润

第三步,目标成本的分解及达成。这是成本企划的中心环节。在这一环节中,企业可以根据自身的特点,按照产品的功能、构成、质量要求或不同人员等进行目标成本的分解,然后采用一定的方法使目标成本达成。若目标成本未达成,则返回到上一步,进行目标成本的重新设定。如此反复测试,直至目标成本达成。目标成本不能达成,产品就不能投入生产。这一环节体现了成本企划的成本挤压的特点,即目标成本设定、分解、达成、再设定、再分解、再达成……这也是日本企业为什么能持续地保持低成本的一个原因。价值工程、拆卸分析、工程再造、权衡法、设计评价法、成本保留法等方面是目标成本达成经常采用的方法。其中,价值工程是目标成本达成所采用的主要方法。价值工程是一种评价与改进设计方案,提高产品价值的系统性方法。可通过下述两种方式实现降低成本的目标:其一是在保证产品功能的前提下,削减其零部件成本和制造成本;其二是通过削减不必要的产品功能来降低成本。工程再造是指对已设计的或已存在的加工工程进行再设计,以期进一步降低成本。

目标成本规划体现了战略成本管理的基本思想,曾被美国《幸福》杂志誉为"锋利的日本秘密武器",它是日本公司以低价与西方企业竞争、以新产品击败竞争对手的法宝。概括起来,目标成本规划具有以下特点:

(1)顾客导向。目标成本规划以顾客认可的价格、功能、需求量等因素为出发点进行产品设计,其"价格引导的成本计算"(Price - led Costing)机制令其提供的产品适销性、竞争力更强。目标成本规划中所确定的各个层次目标成本都直接或间接来源于激烈竞争的市场,按照这种目标成本进行成本控制和业绩评价明显有助于增强企业的竞争地位。

(2)源流控制思想。目标成本规划抓住要害,在产品的设计阶段就考虑占产品成本80%的约束性成本,拓展了成本管理的空间、加大了成本管理的力度。

(3)管理工程的控制手段。账簿上的成本仅仅是生产结果的财务反映,目标成本规划从工学、技术方面改进生产过程,对控制成本产生更为直接的影响。

(4)全生命周期成本。目标成本规划的实施意味着成本管理的范围得以向产品的整个生命周期扩张,全生命周期成本涵盖产品从开发设计、生产、营销到消费者的使用、维修、废弃等全过程的成本,这使得目标成本规划眼光长远,关注顾客,有助于企业持久竞争优势的建立。

三、战略业绩评价

从战略管理的角度看,业绩评价是连续战略目标和日常经营活动的桥梁。良好的业绩评价体系可以将企业的战略目标具体化,并且有效地引导管理者的行为。

(一)战略业绩评价的步骤

战略业绩评价的实施由以下几个步骤组成:

1. 辨认企业采取的战略

进行战略业绩评价,关键在于要体现出业绩评价与企业战略的相关性,制定一套战略相关指标体系。因此,在进行战略业绩评价时,先辨认企业所采用的战略是非常必要的,这是战略业绩评价的第一步。

2. 确定关键获胜因素

在战略的实施过程中,总会有许多因素需要企业考虑,并努力加以控制。但真正对整个战略起决定作用的因素往往为数不多。企业在这些方面必须做到万无一失,否则将影响到战略的实施。这些因素称为关键获胜因素。由于这些因素数量不多,并对战略的实施至关重要,企业就有必要而且也有可能对其进行控制。造成关键获胜因素的原因是多方面的,或者是成本比重较大,或者是技术上的关键之处,这要视企业的特点和具体的战略而定,不能绝对化。如采用成本领先战略,其关键获胜因素就是相对于其他竞争对手的产品开发和创新能力。如果企业在这方面不能有所作为的话,这些战略也可能以失败告终。

3. 设计适当的指标体系

在确定关键获胜因素之后,应当就此进行指标体系的设计。我们可以把指标视为关键获胜因素特征的表现形式,通过适当的指标,就可以掌握企业的关键获胜因素方面任务完成的情况。例如,对于将成本视为关键获胜因素的企业来说,就应以各项成本水平作为业绩评价指标。

4. 选择评价标准

对于一项指标值,我们很难绝对地说其是好还是坏。要选择一个适当的评价标准,据以比较,以发现本身存在的问题或本企业的优势所在。但在战略业绩评价系统中,由于将眼光放在了外部环境中,因此,在选择评价标准时,也常常从外部进行选取,其中较为流行的一种方法是标竿法,这将在下文中具体讨论。

5. 反馈与提高

进行战略业绩评价的最后一个步骤是将上一步骤比较的结果迅速及时地反馈给有关的业务执行人员,供他们作为改进的依据。这一步骤使整个战略业绩评价构成一个环路,从而更有利于信息的流动和业绩的进一步提高。根据产生差异的原因,企业应采取不同的改进方案。如属于执行中的失误,则应当督促执行人员注意和改正;如属于结构性原因,则要对一些结构性因素加以改进,甚至考虑改变企业的战略选择。

(二)战略业绩评价的方法

业绩评价问题自20世纪初出现以来,经过近百年的发展,出现了许多评价思想和评价方法。总结近百年业绩评价的发展历程,总的思路是:由单一指标向综合指标发展,由注重财务指标转向注重包括财务指标与非财务指标的综合指标。业绩评价的重心从事后评价转到为实现企业战略目标服务,将智力资本纳入评价体系，体现无形资产在业绩方面的作用。战略业绩评价的方法较多，这里主要讨论标竿法（Benchmarking）和平衡计分卡（Balanced Score Card）两种方法。

1. 标竿法

（1）标竿法的含义及分类

标竿法是指从企业个体的外部寻找绩优企业作为标准，评价本企业的产品、服务或工艺的质量，以便发现差距，并持续地加以改进的方法。绩优企业是指那些在某一特定工艺或服务方面业绩更好的公司。

标竿分为内部标竿、行业或竞争对手标竿以及工艺标竿三类。内部标竿是指从本集团公司内选取其他关联或兄弟企业作为绩优企业。行业或竞争对手标竿是指与本行业的其他公司建立标竿伙伴关系。工艺标竿是指不受行业限制，跨行业、跨地区在世界范围内选取某一工艺或服务业绩最好的公司作为绩优企业。

（2）标竿法实施步骤

标竿法由以下5个阶段或步骤组成：

第一步，确定标竿对象。在此阶段中，企业要提出哪些产品或工艺（服务）需要实施标竿法，选择什么企业作为标竿目标，需要什么样的数据和信息等。在这一步骤中，应结合企业的竞争战略，分析哪些是关系到竞争战略成败的关键获胜因素，并选取评价它们的指标作为关键业绩指标，这些指标可能是有关成本的，或是围绕产品质量、顾客满意度、生产周转期等有关产品差异战略的指标。选取适宜的关键业绩指标作为标竿对象，是决定标竿法实施成败的一个主要因素。

第二步，选取标竿伙伴公司。它们被认为是某一特定领域业绩最好的公司。

第三步，收集和分析数据。这一步骤的目的是进行调查研究。收集标竿公司的业绩指标和成功经验，与本企业业绩相比较，找出薄弱环节，确定业绩差距。业绩差距反映了企业为了实现最好业绩而需要采取措施提高业绩的程度。详细而有准备地收集数据的能力是标竿实施成功的关键因素之一。获取标竿数据的方法有二：一是直接获取，即成立观察小组，让观察小组到标竿伙伴公司去，直接观察它们的生产工艺和管理服务活动，学习它们的成功经验。观察小组成员通常包括来自基层的雇员，因为他们直接参与生产经营活动，更有利于将学到的经验运用到本企业的生产实践中去，达到实行标竿法的目的。二是间接获取，主要是从顾客、商业杂志、年报、公司出版物以及公开学术研讨会获取。

第四步，建立业绩目标。针对上一步骤的结果，结合本企业的具体情况，确定标竿对象实现的目标，作为今后评价业绩的标准，并制定具体的改进计划来缩小业绩差距。

第五步,实施计划。实施改进计划,并定期、经常地收集有关关键业绩指标的信息,分析评价其与业绩目标的差异,采取必要的改善措施,促使业绩目标最终实现。

(3)标竿法评价

实施标竿法就是从企业外部寻找绩优企业作为一种可衡量的标竿,通过与标竿的比较,了解本企业与绩优企业的差距,进而分析其经营成功之道,通过系统地、有组织地学习和改进,不断提高本企业产品、服务或工艺的质量,使本企业也获得成功。采用标竿法,并不是为了简单地将本企业与绩优企业的业绩作比较,而是为了获取绩优企业经营成功的经验。选取的绩优企业也并非局限于同行业的佼佼者,可以在各种业务流程的活动中,与那些取得出色成绩的企业比较。因此,标竿法克服了传统业绩评价或非财务性指标业绩评价中评价标准制定不科学、不客观、缺乏激励效用,制定时较少考虑外部因素等缺陷,有利于企业在日益激烈的竞争环境中提高本身的竞争力和效率。

2. 平衡计分卡

美国哈佛大学的卡普兰教授(R. S. Kaplan)和复兴方案公司总裁诺顿(D. P. Norton)对12家在绩效测评方面处于领先地位的公司进行了为期一年的项目研究,于1992年提出了著名的平衡计分卡法(Balanced Score Card,BSC),并很快在实践中推广应用。

(1)平衡计分卡的基本内容。BSC与传统的业绩评价系统不同,并非仅从企业财务方面,而是从企业的财务、客户、内部经营过程和学习与成长四大方面来平衡传递和相互强调企业的战略目标,如图11-5所示,每个方面包括三个层次:①期望达到的若干总目标;②由每个总目标引出的若干具体目标;③每个具体目标执行情况的若干衡量指标。其图如同金字塔的网状结构,把企业为实现长期战略目标而制定的所有目标和指标系统地结合在一起,从而形成一个企业实现长远目标的程序规划。由此可见,平衡计分卡不仅是一个综合评价企业长期战略目标的指标评价系统,而且还是一个战略管理系统。

第一,财务方面。企业各个方面的改善只是实现目标的手段,而不是目标本身。企业所有的改善都应当通向财务目标,因此,综合业绩评价制度将财务目标作为其他目标评价的焦点。如果说每项评价方法都是综合业绩评价制度这条纽带的一部分的话,那么,这条纽带的因果关系最终结果还是归于“提高财务业绩”。在

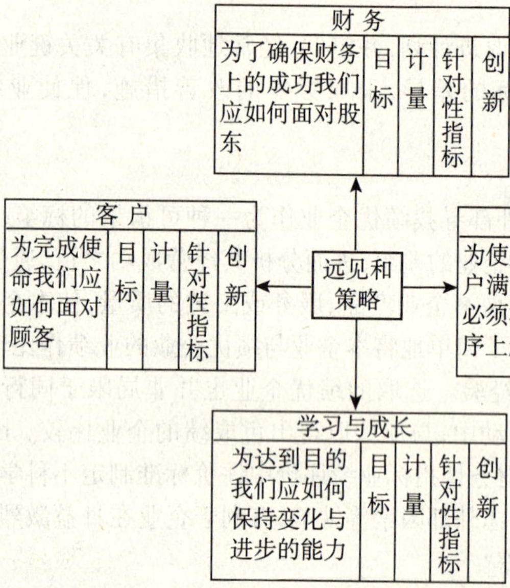

图 11－5

不同的经营战略阶段，企业财务评价的侧重点不同。处于成长阶段的企业，其财务目标侧重于销售收入增长率，以及目标市场、客户群体和地区销售额增长等；处于维持阶段的企业，大多采用与获利能力有关的财务目标，如经营收入、毛利、投资回报率和经济附加值等；处于收获阶段的企业更应注意现金流动，以使现金流量达到最大化与“成长”、“维持（保持）”、“收获”这三大战略方向相适应，这就会形成三个财务性主题：“收入成长及组合”、“成本降低—生产力改进”、“资产利用—投资战略”。这样将财务目标与战略相结合，企业既可制定出战略性计划的细分目标，又可细分出多个标准，以分析企业财务业绩的影响因素，适应企业不同成长及生命阶段的具体需要。例如，收入的增长可能来自市场份额的扩大，企业应该进一步分析市场份额的扩大是来自富有竞争力的系统的改善，还是来自市场份额总体规模的扩大。同样，虽然收入在增长，但在市场上所占份额却遭受损失，这可能表明企业的战略或其他产品或服务的吸引力存在问题。因此，财务目标与企业经营战略要联系起来。同样，财务评价也应与企业经营战略联系起来。

第二，顾客方面。各企业要想获取长远的、出色的财务业绩，就必须创造出受顾客青睐的产品或服务。平衡计分卡为解决顾客方面的问题,选择了一套企业为达到在顾客方面所期望的绩效而采用的评价指标。由于它几乎适用于所有企业,所以又称为“核心评价组”指标,主要包括“市场份额”、“顾客留住率”、“顾客获得率”、“顾客满足程度”、“顾客给企业带来利润率”等。其含义参见表11－1。

表11－1　核心评价组指标及其含义

指　标	含　义
市场份额	反映业务部门在销售市场上的业务比率
顾客留住率	从绝对或相对意义上,反映业务部门保留或维持同顾客现有关系的比率
顾客获得率	从绝对或相对意义上,评估业务部门吸引或赢得新顾客或业务的比率
顾客满足程度	根据具体业绩标准来评价顾客对产品或服务的满意程度
顾客给企业带来利润率	在扣除支持某一顾客所需的独特支出后,评估一个顾客或一个部门带来的定期净利润

第三,企业内部经营过程。平衡计分卡的第三个方面是为企业内部经营过程制定目标和评价指标,这是平衡计分卡与传统的业绩评价制度最显著的区别之一。传统的业绩评价制度集中控制和改善了现有职能中心和部门的作用,有些企业即使加入了“产品质量回报率”、“生产能力”和“生产周期”等评价指标,也大都停留在改善单个部门业绩上,仅靠改善这些指标,只能有助于企业生存而不能形成企业独特的、可持续发展的竞争优势。平衡计分卡从满足投资者与顾客需要的经营战略出发,制定了针对研究开发过程、生产过程和售后服务过程的不同评估指标。针对研究开发过程的主要评价指标是:新产品在销售额中所占的比重、专利产品在销售额中所占的比重、在竞争对手之前推出产品的能力、比原计划提前推出新产品的能力、生产程序的适应性及开发下一代新产品的时间等。相比之下,生产过程是企业创造价值的一个短暂过程,这个过程强调对顾客及时、有效、连续地提供产品或服务。时间、质量和成本是经营过程的业绩评价指标,因此,在经营过程中,传统财务手段如“标准成本”、“预算控制”和“差异分析”等可作为监控手段,但这些远远不够,还应再附加如“企业经营灵活性”、“生产周期”、“对顾客需求反应的时间”、“对顾客提供产品的多样性”、“废品率”及“返工率”等指标;在企业售后服务中,可采用有关“时间、质量、成本”等方面的指标,如“服务反应周期”、“人力成本”、“物力成本”、“售后服务的一次成功率”等。

第四,企业的学习与成长。平衡计分卡的第四个方面即企业的学习与成长过程,它是为前三个方面取得业绩突破而提供的推动力量。这方面采用的评价指标主要包括“员工满意程度”、“员工留住率”、“员工意见采纳百分比”、“员工工作能力”、“员工的劳动生产率”、“员工的培训与提升”、“员工素质”及“企业内部信息沟通能力”等,其中“员工满意程度”至关重要。改善企业业务流程和业绩的建议与想法越来越多地来自第一线的员工,他们离企业内部顾客(业务流程)和企业外部顾客最近,员工本身就是企业内部各生产流程的顾客,要使企业外部顾客满意,首先必须使企业内部满意,企业员工只有“乐业”才能“爱业”、“敬业”。当然,要使企业员工充分发挥作用,必须使他们获得足够的信息,让他们了解有关企业的顾客、内部经营过程以及决策的后果等方面信息,因此,“企业内部信息沟通能力”指标也很重要。企业只有不断学习与成长,才能不断创新。应该说,企业能否实现其雄心勃勃的财务、顾客和内部业务流程等方面的目标将取决于企业的学习与成长过程。

(2)平衡计分卡(BSC)评价。财务、顾客、企业内部企业流程、企业的学习与成长联系紧密,这四个方面确立了 BSC 的基本框架,但 BSC 既不是上述四个方面的简单组合,也不是一些财务指标与非财务指标的简单拼凑,它是与企业战略和整套评价手段相联系的。它从经营单位的角度为整个企业的未来绘制了蓝图,制定了全盘战略,促进了各单位之间的相互了解,使员工看到自己是如何为企业的成功做出贡献的。BSC 具有如下优点:

一是评价指标全方位化。国内外竞争的加剧,买方市场的形成,使得产品寿命周期越来越短,对交货期的要求越来越高,因此,企业要从内、外环境入手,从市场需要出发,以长远的战略眼光,在市场、科研、人才、产品等方面投入资金。传统的财务指标已不能适应这种要求。平衡计分卡在财务指标的基础上,又增加了客户、内部经营过程、学习和成长三方面的非财务指标,从而可以全面描述企业业绩。

二是评价指标长期化。信息时代的到来,科学技术的飞速发展,使得产品升级换代的频率越来越快。企业为适应市场的快速多变,必须主动把握未来,努力提高绩效,这就需要制定长期的发展战略。平衡计分卡从四个方面评价企业业绩,从而能避免单独地使用财务指标给企业带来误导的缺陷。比如:企业本来是知道提高信息系统水平和提高员工素质的重要性的,但当有财务压力时,就可能较少予以考虑。而平衡计分卡四方面的因果关系却能实现长期财务目标之间的联系。同时,实证研究表明,客户的满意度与企业的长期财务业绩有很强的相关性。

平衡计分卡尽管有以上优点，但也存在以下两个方面的不足。

一是指标不易收集且难以量化。对于非财务指标，有些是次要的，有些是不易收集的，如关于客户满意程度及保持方面的指标，这就需要企业在不断探索中总结。另外，有些指标虽然重要但很难量化，如员工受激励程度方面的指标，需要收集大量信息，并且要经过充分的加工后才有实用价值，这就对企业信息传递和反馈系统提出了很高的要求。

二是实施的成本较大。平衡计分卡要求企业从财务、客户、内部经营过程、学习和成本四个方面考虑战略目标的实施，并为每个方面制定详细而明确的目标和指标。它需要全体成员参加，使每个部门、每个人都有自己的平衡计分卡，企业付出的代价较大。

(3)平衡计分卡的适用条件。BSC 要求使用它的企业应具备一定的条件，如成本管理水平较高，以目标、战略作为导向，实行民主式领导体制等。同时，就特定企业而言，BSC 的四个方面内容要视行业、企业的不同而有所不同。即使是同一个企业，不同时期也可能有所不同。这就需要通过“案例研究”或“实地研究”对特定企业设置具体的评价指标，而 BSC 只能提供一个分析问题和解决问题的基本框架。

思考题

1. 什么是企业的战略管理？怎样认识它在现代市场经济体系中的重要性？
2. 企业应怎样正确制定最适宜于本企业的竞争战略？
3. 什么是“价值链”？为什么说优化“价值链”是提高企业竞争优势的关键？
4. 什么是战略管理会计？怎样认识它和企业战略管理的关系？
5. 战略管理会计有哪些特点？
6. 战略管理会计的基本内容包括哪些重要方面？
7. 价值链分析的目的是什么？
8. 企业战略层可选择的结构性成本动因与执行性成本动因主要包括什么？
9. 平衡计分卡的基本内容、优缺点是什么？
10. 试述传统管理会计的局限性。
11. 试述战略管理会计主要研究的问题。

附表 1

1元的复利终值表

n	1%	2%	3%	4%	5%	6%
1	1.010	1.020	1.030	1.040	1.050	1.060
2	1.020	1.040	1.061	1.082	1.102	1.124
3	1.030	1.061	1.093	1.125	1.153	1.191
4	1.041	1.082	1.126	1.170	1.216	1.262
5	1.051	1.104	1.159	1.217	1.276	1.338
6	1.062	1.126	1.194	1.265	1.340	1.419
7	1.072	1.149	1.230	1.316	1.407	1.504
8	1.083	1.172	1.267	1.369	1.477	1.594
9	1.094	1.195	1.305	1.423	1.551	1.689
10	1.105	1.219	1.344	1.480	1.628	1.791
11	1.116	1.243	1.384	1.539	1.710	1.898
12	1.127	1.268	1.426	1.601	1.796	2.012
13	1.138	1.294	1.469	1.665	1.886	2.133
14	1.149	1.319	1.513	1.732	1.980	2.261
15	1.161	1.346	1.558	1.801	2.079	2.397
16	1.173	1.373	1.605	1.873	2.183	2.540
17	1.184	1.400	1.653	1.948	2.292	2.693
18	1.196	1.428	1.702	2.026	2.407	2.854
19	1.208	1.457	1.754	2.107	2.527	3.026
20	1.220	1.486	1.806	2.191	2.653	3.207
25	1.282	1.641	2.094	2.666	3.386	4.292
30	1.348	1.811	2.427	3.243	4.322	5.743

1元的复利终值表(续1)

n	7%	8%	9%	10%	12%	14%
1	1.070	1.080	1.090	1.100	1.120	1.140
2	1.154	1.166	1.188	1.210	1.254	1.300
3	1.225	1.260	1.295	1.331	1.405	1.482
4	1.311	1.360	1.412	1.464	1.574	1.689
5	1.403	1.469	1.539	1.610	1.762	1.925
6	1.501	1.587	1.677	1.772	1.974	2.195
7	1.606	1.714	1.828	1.949	2.211	2.502
8	1.718	1.851	1.993	2.144	2.476	2.853
9	1.838	1.999	2.172	2.358	2.773	3.252
10	1.967	2.159	2.367	2.594	3.106	3.707
11	2.105	2.332	2.580	2.853	3.479	4.226
12	2.252	2.510	2.813	3.138	3.896	4.818
13	2.410	2.720	3.066	3.452	4.363	5.492
14	2.579	2.937	3.342	3.797	4.887	6.261
15	2.759	3.172	3.642	4.177	5.474	7.138
16	2.952	3.426	3.970	4.595	6.130	8.137
17	3.159	3.700	4.328	5.054	6.866	9.276
18	3.380	3.996	4.717	5.560	7.690	10.575
19	3.617	4.316	5.142	6.116	8.613	12.056
20	3.870	4.661	5.604	6.728	9.646	13.743
25	5.427	6.848	8.623	10.835	17.000	26.462
30	7.612	10.063	13.268	17.449	29.960	50.950

1元的复利终值表(续2)

n	15%	16%	18%	20%	24%
1	1. 150	1. 160	1. 180	1. 200	1. 240
2	1. 323	1. 346	1. 392	1. 440	1. 538
3	1. 521	1. 561	1. 643	1. 728	1. 907
4	1. 749	1. 811	1. 939	2. 074	2. 364
5	2. 011	2. 100	2. 288	2. 488	2. 932
6	2. 313	2. 436	2. 700	2. 986	3. 635
7	2. 660	2. 826	3. 185	3. 583	4. 508
8	3. 059	3. 278	3. 759	4. 300	5. 590
9	3. 518	3. 803	4. 435	5. 160	6. 931
10	4. 046	4. 411	5. 234	6. 192	8. 594
11	4. 652	5. 117	6. 176	7. 430	10. 657
12	5. 350	5. 936	7. 288	8. 916	13. 215
13	6. 153	6. 886	8. 599	10. 699	16. 386
14	7. 076	7. 988	10. 147	12. 839	20. 319
15	8. 137	9. 266	11. 974	15. 407	25. 196
16	9. 358	10. 748	14. 129	18. 488	31. 245
17	10. 761	12. 468	16. 672	22. 186	38. 741
18	12. 375	14. 463	19. 673	26. 623	48. 039
19	14. 232	16. 777	23. 214	31. 948	59. 568
20	16. 367	19. 461	27. 393	38. 338	73. 864
25	32. 919	40. 874	62. 669	95. 396	216. 542
30	66. 212	85. 850	143. 371	237. 376	634. 820

1元的复利终值表(续3)

n	28%	32%	36%	40%	50%
1	1.280	1.320	1.360	1.400	1.500
2	1.638	1.742	1.850	1.960	2.250
3	2.097	2.300	2.515	2.744	3.375
4	2.684	3.036	3.421	3.842	5.062
5	3.436	4.007	4.653	5.378	7.594
6	4.398	5.290	6.328	7.530	11.391
7	5.630	6.983	8.605	10.541	17.086
8	7.206	9.217	11.703	14.758	25.629
9	9.223	12.166	15.917	20.661	38.443
10	11.806	16.060	21.647	28.925	57.665
11	15.112	21.199	29.439	40.496	86.498
12	19.343	27.983	40.037	56.694	129.746
13	24.759	36.937	54.451	79.371	194.620
14	31.691	48.757	74.053	111.120	291.929
15	40.565	64.359	100.712	155.568	437.894
16	51.923	84.954	136.69	217.795	656.84
17	66.461	112.139	186.277	304.913	985.26
18	85.071	148.024	253.338	426.879	1 477.89
19	108.890	195.391	344.540	597.630	2 216.80
20	139.380	257.916	468.574	836.683	3 325.26
25	478.905	1 033.59	2 180.08	4 499.88	25 251
30	1 645.504	4 142.07	10 143.0	24 201.4	191 750

附表 2

1元的复利现值表

n	1%	2%	3%	4%	5%	6%	7%	8%	9%	10%	12%
1	0.990	0.980	0.971	0.962	0.952	0.943	0.935	0.926	0.917	0.909	0.893
2	0.980	0.961	0.943	0.925	0.907	0.890	0.873	0.857	0.842	0.826	0.797
3	0.971	0.942	0.915	0.889	0.864	0.840	0.816	0.794	0.772	0.751	0.712
4	0.961	0.924	0.889	0.855	0.823	0.792	0.763	0.735	0.708	0.683	0.636
5	0.951	0.906	0.863	0.822	0.784	0.747	0.713	0.681	0.650	0.621	0.567
6	0.942	0.888	0.838	0.790	0.746	0.705	0.666	0.630	0.596	0.565	0.507
7	0.933	0.871	0.813	0.760	0.711	0.665	0.623	0.584	0.547	0.513	0.452
8	0.924	0.854	0.789	0.731	0.677	0.627	0.582	0.540	0.502	0.467	0.404
9	0.914	0.837	0.766	0.703	0.645	0.592	0.544	0.500	0.460	0.424	0.361
10	0.905	0.820	0.744	0.676	0.614	0.558	0.508	0.463	0.422	0.386	0.322
11	0.896	0.804	0.722	0.650	0.585	0.527	0.475	0.429	0.388	0.351	0.288
12	0.887	0.789	0.701	0.625	0.557	0.497	0.444	0.397	0.356	0.319	0.257
13	0.879	0.773	0.681	0.601	0.530	0.469	0.415	0.368	0.326	0.290	0.229
14	0.870	0.758	0.661	0.578	0.505	0.442	0.388	0.341	0.299	0.263	0.205
15	0.861	0.743	0.642	0.555	0.481	0.417	0.362	0.315	0.275	0.239	0.183
16	0.853	0.728	0.623	0.534	0.458	0.394	0.339	0.292	0.252	0.218	0.163
17	0.844	0.714	0.605	0.513	0.436	0.371	0.317	0.270	0.231	0.198	0.146
18	0.836	0.700	0.587	0.494	0.416	0.350	0.296	0.250	0.212	0.180	0.130
19	0.828	0.686	0.570	0.475	0.396	0.331	0.277	0.232	0.195	0.164	0.116
20	0.820	0.673	0.554	0.456	0.377	0.312	0.258	0.215	0.178	0.149	0.104
25	0.780	0.610	0.478	0.375	0.295	0.233	0.184	0.146	0.116	0.092	0.059
30	0.742	0.552	0.412	0.308	0.231	0.174	0.131	0.099	0.075	0.057	0.033

1元的复利现值表(续1)

n	14%	15%	16%	18%	20%	24%	28%	32%	36%	40%	50%
1	0.877	0.870	0.862	0.847	0.833	0.806	0.781	0.758	0.735	0.714	0.667
2	0.770	0.756	0.743	0.718	0.694	0.650	0.610	0.574	0.541	0.510	0.444
3	0.675	0.658	0.641	0.609	0.579	0.524	0.477	0.435	0.398	0.364	0.296
4	0.592	0.572	0.552	0.516	0.482	0.423	0.373	0.329	0.292	0.260	0.198
5	0.519	0.497	0.476	0.437	0.402	0.341	0.291	0.250	0.215	0.186	0.132
6	0.456	0.432	0.410	0.370	0.335	0.275	0.227	0.189	0.158	0.133	0.088
7	0.400	0.376	0.354	0.314	0.279	0.222	0.178	0.143	0.116	0.095	0.059
8	0.351	0.327	0.305	0.266	0.233	0.179	0.139	0.108	0.085	0.068	0.039
9	0.308	0.284	0.263	0.226	0.194	0.144	0.108	0.082	0.063	0.048	0.026
10	0.270	0.247	0.227	0.191	0.162	0.116	0.085	0.062	0.046	0.035	0.017
11	0.237	0.215	0.195	0.162	0.135	0.094	0.066	0.047	0.034	0.025	0.012
12	0.208	0.187	0.169	0.137	0.112	0.076	0.052	0.036	0.025	0.018	0.008
13	0.182	0.163	0.145	0.116	0.093	0.061	0.040	0.027	0.018	0.013	0.005
14	0.160	0.141	0.125	0.099	0.078	0.049	0.032	0.021	0.014	0.009	0.003
15	0.140	0.123	0.108	0.084	0.065	0.040	0.025	0.016	0.010	0.006	0.002
16	0.123	0.107	0.093	0.071	0.054	0.032	0.019	0.012	0.007	0.005	0.002
17	0.108	0.093	0.080	0.060	0.045	0.026	0.015	0.009	0.005	0.003	0.001
18	0.095	0.081	0.069	0.051	0.038	0.021	0.012	0.007	0.004	0.002	0.001
19	0.083	0.070	0.060	0.043	0.031	0.017	0.009	0.005	0.003	0.002	0.000
20	0.073	0.061	0.051	0.037	0.026	0.014	0.007	0.004	0.002	0.001	0.000
25	0.038	0.030	0.024	0.016	0.010	0.005	0.002	0.001	0.000	0.000	
30	0.020	0.015	0.012	0.007	0.004	0.002	0.001	0.000	0.000		

附表 3

1元的年金复利终值表

n	1%	2%	3%	4%	5%	6%
1	1.000	1.000	1.000	1.000	1.000	1.000
2	2.010	2.020	2.030	2.040	2.050	2.060
3	3.030	3.060	3.091	3.122	3.152	3.184
4	4.060	4.122	4.184	4.246	4.310	4.375
5	5.101	5.204	5.309	5.416	5.526	5.637
6	6.152	6.308	6.468	6.633	6.802	6.975
7	7.214	7.434	7.662	7.898	8.142	8.394
8	8.286	8.583	8.892	9.214	9.549	9.897
9	9.369	9.755	10.159	10.583	11.027	11.491
10	10.462	10.950	11.464	12.006	12.578	13.181
11	11.567	12.169	12.808	13.486	14.207	14.972
12	12.683	13.412	14.192	15.026	15.917	16.870
13	13.809	14.680	15.618	16.627	17.713	18.882
14	14.947	15.974	17.086	18.292	19.599	21.015
15	16.097	17.293	18.599	20.024	21.579	23.276
16	17.258	18.639	20.157	21.825	23.675	25.673
17	18.430	20.012	21.762	23.698	25.840	28.213
18	19.615	21.412	23.414	25.645	28.132	30.906
19	20.811	22.841	25.117	27.671	30.539	33.760
20	22.019	24.297	26.870	29.778	33.066	36.786
25	28.243	32.030	36.459	41.646	47.727	54.864
30	34.785	40.568	47.575	56.085	66.439	79.058

1元的年金复利终值表(续1)

n	7%	8%	9%	10%	12%	14%
1	1.000	1.000	1.000	1.000	1.000	1.000
2	2.070	2.080	2.090	2.100	2.120	2.140
3	3.215	3.246	3.278	3.310	3.374	3.440
4	4.440	4.506	4.573	4.641	4.779	4.921
5	5.751	5.867	5.985	6.105	6.353	6.610
6	7.153	7.336	7.523	7.716	8.115	8.536
7	8.654	8.923	9.200	9.487	10.089	10.730
8	10.260	10.637	11.028	11.436	12.300	13.233
9	11.978	12.488	13.021	13.579	14.776	16.085
10	13.816	14.487	15.193	15.937	17.549	19.337
11	15.784	16.645	17.560	18.531	20.655	23.044
12	17.888	18.977	20.141	21.384	24.133	27.271
13	20.141	21.495	22.953	24.523	28.029	32.089
14	22.550	24.215	26.019	27.975	32.393	37.581
15	25.129	27.152	29.361	31.772	37.280	43.842
16	27.888	30.324	33.003	35.950	42.753	50.980
17	30.840	33.750	36.974	40.545	48.884	59.118
18	33.999	37.450	41.301	45.599	55.750	68.394
19	37.379	41.446	46.018	51.159	63.440	78.969
20	40.995	45.762	51.160	57.275	72.052	91.025
25	63.249	73.106	84.701	98.347	133.334	181.871
30	94.461	113.283	136.308	164.494	241.333	356.787

1元的年金复利终值表(续2)

n	16%	18%	20%	24%	28%	32%
1	1.000	1.000	1.000	1.000	1.000	1.000
2	2.160	2.180	2.200	2.240	2.280	2.320
3	3.506	3.572	3.640	3.778	3.918	4.062
4	5.066	5.215	5.368	5.684	6.016	6.362
5	6.877	7.154	7.442	8.048	8.700	9.398
6	8.977	9.442	9.930	10.980	12.136	13.406
7	11.414	12.142	12.916	14.615	16.534	18.696
8	14.240	15.327	16.499	19.123	22.163	25.678
9	17.518	19.086	20.799	24.712	29.369	34.895
10	21.321	23.521	25.959	31.643	38.592	47.062
11	25.733	28.755	32.150	40.238	50.399	63.122
12	30.850	34.931	39.580	50.895	65.510	84.320
13	36.786	42.219	48.497	64.110	84.853	112.30
14	43.672	50.818	59.196	80.496	109.61	149.24
15	51.660	60.965	72.035	100.815	141.30	197.99
16	60.925	72.939	87.442	126.01	181.87	262.36
17	71.673	87.068	105.93	157.25	233.79	347.31
18	84.141	103.74	128.12	195.99	300.25	459.45
19	98.603	12.41	154.74	244.03	385.32	607.47
20	115.38	146.63	186.69	303.60	494.21	802.86
25	249.21	342.60	471.98	898.09	1706.8	3226.8
30	530.31	790.95	1181.9	2640.9	5873.2	12 941

1元的年金复利终值表(续3)

n	36%	40%	50%
1	1. 000	1. 000	1. 000
2	2. 360	2. 400	2. 500
3	4. 210	4. 360	4. 750
4	6. 725	7. 104	8. 125
5	10. 146	10. 946	13. 187
6	14. 799	16. 324	20. 781
7	21. 126	23. 853	32. 172
8	29. 732	34. 395	49. 258
9	41. 435	49. 153	74. 887
10	57. 352	69. 814	113. 33
11	78. 998	98. 739	170. 90
12	108. 44	139. 24	257. 40
13	148. 48	195. 93	387. 24
14	202. 93	275. 30	581. 86
15	276. 98	386. 42	873. 78
16	377. 69	541. 99	1 311. 7
17	514. 66	759. 78	1 968. 5
18	700. 94	1 064. 7	2 953. 3
19	954. 28	1 491. 6	4 431. 7
20	1 298. 8	2 089. 2	6 648. 5
25	6 053. 0	11 247	50 500
30	28 172	60 501	583 500

附表4

1元的年金复利现值表

n	1%	2%	3%	4%	5%	6%	7%
1	0.990	0.980	0.971	0.962	0.952	0.943	0.935
2	1.970	1.942	1.913	1.886	1.859	1.833	1.808
3	2.941	2.884	2.829	2.775	2.723	2.673	2.624
4	3.902	3.808	3.717	3.630	3.546	3.465	3.387
5	4.853	4.713	4.580	4.452	4.330	4.212	4.100
6	5.796	5.601	5.417	5.242	5.076	4.917	4.767
7	6.728	6.472	6.230	6.002	5.786	5.582	5.389
8	7.652	7.326	7.020	6.733	6.463	6.210	5.971
9	8.566	8.162	7.786	7.435	7.108	6.802	6.515
10	9.471	8.983	8.530	8.111	7.722	7.360	7.024
11	10.368	9.787	9.253	8.760	8.306	7.887	7.499
12	11.255	10.575	9.954	9.385	8.863	8.384	7.943
13	12.134	11.348	10.635	9.986	9.394	8.853	8.358
14	13.004	12.106	11.296	10.563	9.899	9.295	8.746
15	13.865	12.849	11.938	11.118	10.380	9.712	9.108
16	14.718	13.578	12.561	11.652	10.838	10.106	9.447
17	15.562	14.292	13.166	12.166	11.274	10.477	9.763
18	16.398	14.992	13.754	12.659	11.690	10.828	10.059
19	17.226	15.679	14.324	13.134	12.085	11.158	10.336
20	18.047	16.351	14.877	13.590	12.462	11.470	10.594
25	22.023	19.524	17.413	15.622	14.094	12.783	11.654
30	25.808	22.397	19.600	17.292	15.373	13.765	12.409

1元的年金复利现值表(续1)

n	8%	9%	10%	12%	14%	16%	18%
1	0.926	0.917	0.909	0.893	0.877	0.862	0.847
2	1.783	1.759	1.736	1.690	1.647	1.605	1.566
3	2.577	2.531	2.487	2.402	2.322	2.246	2.174
4	3.312	3.240	3.170	3.037	2.914	2.798	2.690
5	3.993	3.890	3.791	3.605	3.433	3.274	3.127
6	4.623	4.486	4.355	4.111	3.889	3.685	3.498
7	5.206	5.033	4.868	4.564	4.288	4.039	3.812
8	5.747	5.535	5.335	4.968	4.639	4.344	4.078
9	6.247	5.995	5.759	5.328	4.946	4.607	4.303
10	6.710	6.418	6.145	5.650	5.216	4.833	4.494
11	7.139	6.805	6.495	5.937	5.453	5.029	4.656
12	7.536	7.161	6.814	6.194	5.660	5.197	4.793
13	7.904	7.487	7.103	6.424	5.842	5.342	4.910
14	8.244	7.786	7.367	6.628	6.002	5.468	5.008
15	8.559	8.060	7.606	6.811	6.142	5.575	5.092
16	8.851	8.313	7.824	6.974	6.265	5.669	5.162
17	9.122	8.544	8.022	7.120	6.373	5.749	5.222
18	9.372	8.758	8.201	7.250	6.467	5.818	5.273
19	9.604	8.950	8.365	7.366	6.550	5.877	5.316
20	9.818	9.129	8.514	7.469	6.623	5.929	5.353
25	10.675	9.823	9.077	7.843	6.873	6.097	5.467
30	11.258	10.274	9.427	8.055	7.003	6.177	5.517

1元的年金复利现值表(续2)

n	20%	24%	28%	32%	36%	40%	50%
1	0. 833	0. 806	0. 781	0. 758	0. 735	0. 714	0. 667
2	1. 528	1. 457	1. 392	1. 332	1. 276	1. 224	1. 111
3	2. 106	1. 981	1. 868	1. 766	1. 674	1. 589	1. 407
4	2. 589	2. 404	2. 241	2. 096	1. 966	1. 849	1. 605
5	2. 991	2. 745	2. 532	2. 345	2. 181	2. 035	1. 737
6	3. 326	3. 020	2. 759	2. 534	2. 339	2. 168	1. 824
7	3. 605	3. 242	2. 937	2. 678	2. 455	2. 263	1. 883
8	3. 837	3. 421	3. 076	2. 786	2. 540	2. 331	1. 922
9	4. 031	3. 566	3. 184	2. 868	2. 603	2. 379	1. 948
10	4. 192	3. 682	3. 269	2. 930	2. 650	2. 414	1. 965
11	4. 327	3. 776	3. 335	2. 978	2. 683	2. 438	1. 977
12	4. 439	3. 851	3. 387	3. 013	2. 708	2. 456	1. 985
13	4. 533	3. 912	3. 427	3. 040	2. 727	2. 469	1. 990
14	4. 611	3. 962	3. 459	3. 061	2. 740	2. 478	1. 993
15	4. 675	4. 001	3. 483	3. 076	2. 750	2. 484	1. 995
16	4. 730	4. 033	3. 503	3. 088	2. 758	2. 489	1. 997
17	4. 775	4. 059	3. 518	3. 097	2. 763	2. 492	1. 998
18	4. 812	4. 080	3. 529	3. 104	2. 767	2. 494	1. 999
19	4. 844	4. 097	3. 539	3. 109	2. 770	2. 496	1. 999
20	4. 870	4. 110	3. 546	3. 113	2. 772	2. 497	1. 999
25	4. 948	4. 147	3. 564	3. 122	2. 776	2. 499	2. 000
30	4. 979	4. 160	3. 569	3. 124	2. 778	2. 500	2. 000

附表 5

正态分布曲线面积表

n	0·00	0·01	0·02	0.03	0.04	0.05	0.06	0·07	0.08	0.09
0.00	0.0	0.0040	0.0080	0.0120	0.0160	0.0199	0.0239	0.0279	0.0319	0.0359
0·10	0.0398	0.0438	0.0478	0.0517	0.0557	0.0596	0.0636	0.0675	0.0714	0.0753
0.20	0.0793	0.0832	0.0871	0.0910	0.0948	0.0987	0.1026	0.1064	0.1103	0.1141
0.30	0.1179	0.1217	0.1255	0.1293	0.1331	0.1368	0.1406	0.1443	0.1480	0.1517
0.40	0.1554	0.1594	0.1628	0.1661	0.1700	0.1736	0.1772	0.1808	0.1844	0.1879
0.50	0.1915	0.1950	0.1985	0.2010	0.2054	0.2088	0.2123	0.2157	0.2190	0.2224
0.60	0.2257	0.2291	0.2324	0.2357	0.2389	0.2422	0.2454	0.2486	0.2517	0.2549
0.70	0.2580	0.2611	0.2642	0.2673	0.2703	0.2734	0.2764	0.2793	0.2823	0.2852
0.80	0.2881	0.2910	0.2939	0.2967	0.2995	0.3023	0.3051	0.3078	0.3106	0.3133
0.90	0.3159	0.3186	0.3212	0.3238	0.3264	0.3289	0.3315	0.3340	0.3365	0.3389
1.00	0.3413	0.3438	0.3461	0.3485	0.3508	0.3531	0.3554	0.3577	0.3599	0.3621
1.10	0.3643	0.3665	0.3686	0.3703	0.3729	0.3749	0.3770	0.3790	0.3810	0.3830
1.20	0.3849	0.3869	0.3888	0.3907	0.3925	0.3943	0.3962	0.3980	0.3997	0.4015
1.30	0.4032	0.4049	0.4066	0.4082	0.4099	0.4115	0.4115	0.4747	0.4162	0.4177
1.40	0.4192	0.4207	0.4222	0.4236	0.4251	0.4265	0.4279	0.4292	0.4306	0.4319
1.50	0.4332	0.4345	0.4357	0.4370	0.4382	0.4394	0.4406	0.4418	0.4429	0.4441
1.60	0.4452	0.4463	0.4474	0.4484	0.4495	0.4550	0.4515	0.4525	0.4535	0.4545
1.70	0.4454	0.4564	0.4573	0.4582	0.4591	0.4599	0.4608	0.4616	0.4625	0.263
1.80	0.4641	0.4649	0.4656	0.4664	0.4671	0.4678	0.4686	0.4693	0.4699	0.4706
1.90	0.4713	0.4719	0.4726	0.4732	0.4738	0.4744	0.4750	0.4756	0.4761	0.4767
2.00	0.4772	0.4778	0.4783	0.4788	0.4793	0.4798	0.4803	0.4808	0.4812	0.4812
2.10	0.4821	0.4826	0.4830	0.4834	0.4838	0.4842	0.4846	0.4850	0.4854	0.4857
2.20	0.4861	0.4864	0.4868	0.4871	0.4875	0.4878	0.4881	0.4884	0.4887	0.4890
2.30	0.4893	0.4896	0.4898	0.4901	0.4904	0.4906	0.4909	0.4911	0.4913	0.4916
2.40	0.4918	0.4920	0.4922	0.4925	0.4927	0.4929	0.4931	0.4932	0.4934	0.4936
2.50	0.4938	0.4940	0.4941	0.4943	0.4945	0.4946	0.4948	0.4949	0.4951	0.4952
2.60	0.4953	0.4955	0.4956	0.4957	0.4959	0.4960	0.4961	0.4962	0.4963	0.4964
2.70	0.4965	0.4966	0.4967	0.4968	0.4969	0.4970	0.4971	0.4972	0.4973	0.4974
2.80	0.4974	0.4975	0.4976	0.4977	0.4977	0.4978	0.4979	0.4979	0.4980	0.4981
2.90	0.4981	0.4982	0.4982	0.4983	0.4984	0.4984	0.4985	0.4985	0.4986	0.4986
3.00	0.4986	0.4987	0.4987	0.4988	0.4988	0.4989	0.4989	0.4989	0.4990	0.4990
3.10	0.4990	0.4991	0.4991	0.4991	0.4992	0.4992	0.4992	0.4992	0.4993	0.4993
3.20	0.4993	0.4993	0.4994	0.4994	0.4994	0.4994	0.4994	0.4995	0.4995	0.4995
3.30	0.4995	0.4995	0.4995	0.4996	0.4996	0.4996	0.4996	0.4996	0.4996	0.4997
3.40	0.4997	0.4997	0.4997	0.4997	0.4997	0.4997	0.4997	0.4997	0.4997	0.4998
3.50	0.4998	0.4998	0.4998	0.4998	0.4998	0.4998	0.4998	0.4998	0.4998	0.4998
3.60	0.4998	0.4998	0.4999	0.4999	0.4999	0.4999	0.4999	0.4999	0.4999	0.4999
3.70	0.4999	0.4999	0.4999	0.4999	0.4999	0.4999	0.4999	0.4999	0.4999	0.4999
3.80	0.4999	0.4999	0.4999	0.4999	0.4999	0.4999	0.4999	0.4999	0.4999	0.4999
3.90	0.5000	0.5000	0.5000	0.5000	0.5000	0.5000	0.5000	0.5000	0.5000	0.5000